POLYGLOTT APA GUIDE

MAURITIUS REUNION SEYCHELLEN

Zeichenerklärung

Gebietspläne

1 ★ ★	Sehenswürdigkeit
	Autobahn
	Schnellstraße
	Hauptstraße
	sonstige Straßen, Wege
	Eisenbahn
	Staatsgrenze
	Landesgrenze
	Nationalpark, Naturpark

Stadtpläne

1 ★ ★	Sehenswürdigkeit
	Autobahn
	Hauptstraße
	sonstige Straßen
	Fußgängerzone
	Fußwege
	sehenswerte Gebäude
	bebaute Fläche
	Grünfläche
	unbebaute Fläche
i	Information
✉	Post
P	Parkplatz
S M U	S-Bahn, Metro, U-Bahn

PT 07D4

Autoren: Jane Anderson (Romantische Hochzeiten), Anja Bech (Top 50 Seychellen), Marina Carter (Menschen des Indischen Ozeans, Der Tourismus und seine Folgen, Die Entdecker der Maskarenen), Carl Jones (Wunderbare Tier- und Pflanzenwelt, Vulkanische Lebensräume), Jacques Lee (Mauritius und seine Menschen, Lingua Franca), Ulrich Quack (Top 50 Mauritius und Réunion), Katerina und Eric Roberts (Inseln des Indischen Ozeans, Blüten der Tropen, Drei ungleiche Schwestern, Geschichtlicher Überblick, Der Tod des Dodo, Im Land des Lächelns, Die Sega, Farbenfrohe Feste, Kulinarisches Wunder-land, Rettung seltener Arten, Lockruf des Meeres, Dicke Fische, Die Perle des Indischen Ozeans, Port Louis – kontrastreicher Inselhafen, Der Norden, Der Osten, Die Südküste, Rund um das Zuckerrohr, Der Westen, Städte des Hochlands, Rodrigues – die vergessene Insel, Aus dem Meer geboren, Die Réunionais, Cases Créoles, Die Küche von Réunion, Insel der Abenteuer, Wandern auf den Grandes Randonnées, Gipfel des Feuers, Vielfalt auf kleinstem Raum, St-Denis – Hauptstadt en miniature, Küste der Gegensätze, Rund um den Vulkan, Die Talkessel – das Herz der Insel, Infoteile Mauritius und Réunion), David Rowat (Maritimes Leben, Magische Unterwasserwelt), Judith und Adrian Skerrett (Atlantis im Indischen Ozean, Der Ursprung der Seychellen, Geschichtlicher Überblick, Geburt einer Inselnation, Die Seychellois, Bummel durch die Galerien, Erhaltung der Natur, Highlights für Taucher, Petri Heil, Kreolische Küche, Paradies auf Erden, Die Topstrände der Seychellen, Mahé – Insel des Überflusses, Frégate, Silhouette und North, Praslin, Cousin, Cousine und Aride, La Digue, Bird und Denis, Die Äußeren Inseln, Infoteil Seychellen)

Übersetzung: Diethelm Hofstra
Bearbeitung: Anja Bech
Karten und Pläne: Colin Earl
Typographie: Ute Weber, Geretsried
Titeldesign: APA Publications; Carmen Marchwinski, München
Satz: Sonja Weigold

Alle Informationen stammen aus zuverlässigen Quellen und wurden sorgfältig geprüft. Für ihre Vollständigkeit und Richtigkeit können wir jedoch keine Haftung übernehmen.
Ergänzende Anregungen, für die wir dankbar sind, bitten wir zu richten an: Apa Publications c/o Langenscheidt KG, Postfach 40 11 20, 80711 München.
E-Mail: redaktion@polyglott.de

Polyglott im Internet: www.polyglott.de
im Travel Channel unter www.travelchannel.de

Polyglott APA Guide
Mauritius – Réunion – Seychellen
Ausgabe 2007/2008

Printed in Singapore
ISBN 978-3-8268-1915-5

Hintergrund

Gute Reise

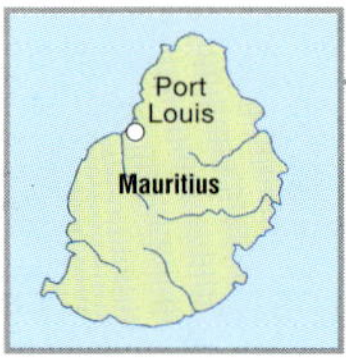

Mauritius – Die Perle des Indischen Ozeans 101

Réunion – Vielfalt auf kleinstem Raum 193

Seychellen – Paradies auf Erden 285

Karten

Baie Beau Vallon
De Quincy Village
Beau Vallon
Danzil
Ste Anne
Île Moyenne
Île Longue
Île au Cerf
Victoria
Île Conception
Morne Seychellois 905
Cascade
Île Thérèse
Grand Anse
Mahé
Anse aux Pins
Anse Boileau
Anse a la Mouche
Anse Royale
Anse Royale
Baie Lazare

La Pirogue
Mauritius
La Pirogue
Mauritius

Philippe
Hurlimann
Chef de Cuisine

RAISES
RHUM

Inseln des Indischen Ozeans

Indischer Ozean – mit diesem Namen verbindet man ferne Inseln, weiße Strände, kristallklare Gewässer, eine fantastische Unterwasserwelt und nicht zuletzt einen Hauch von Luxus. Wer sowohl Mauritius als auch die Seychellen bereist hat, räumt in der Regel feste Sympathien ein: »Die schönsten Strände gibt es auf den Seychellen.« – »Aber die Menschen auf Mauritius sind einfach wundervoll ...« – »Reden wir jetzt mal vom Tauchen, da hat Rodrigues die Nase vorn!« Und wer spricht von Réunion? Nur wenige erwähnen den von atemberaubenden Vulkanlandschaften geprägten Außenposten Frankreichs im Indischen Ozean, der zusammen mit Mauritius und Rodrigues die Maskarenen bildet.

Bis zu einem gewissen Grad haben die Inseln im westlichen Indischen Ozean dieselbe Geschichte: Sie alle wurden kolonisiert, mit Tee-, Zucker- und Vanilleplantagen kultiviert und ihre Einwohner sind Nachkommen von Entdeckern und Siedlern, Sklaven und Vertragsarbeitern. In der ein oder anderen Form wird überall Créole – eine Mischung aus Französisch und anderen Immigrantensprachen – gesprochen, viele der Lieder und Tänze lassen auf gemeinsame Wurzeln schließen – das Gleiche gilt für die einheimische Küche. Trotzdem strahlt jede Insel ihre eigene Atmosphäre aus.

Die kulturelle Vielfalt, deren Ursprünge in drei verschiedenen Kontinenten zu suchen sind, zeigt sich auf den Maskarenen deutlicher als auf den Seychellen. Von der Politik bis zur Küche ist die Kultur von Mauritius stark von asiatischen, insbesondere indischen Bräuchen und Glaubensvorstellungen beeinflusst. Rund zwei Drittel der heutigen Bevölkerung sind Inder, die unter britischer Herrschaft ab Anfang des 19. Jhs. als Vertragsarbeiter auf die Insel kamen. Überall auf Mauritius findet man Schreine und Tempel, in denen noch die farbenprächtigen Zeremonien aus der alten Heimat gefeiert werden. Unbestrittene Hauptattraktion der Insel aber sind die vielen herrlichen Strände und die große Anzahl von luxuriösen Hotelanlagen. Mauritius ist ein Paradies für Schnorchler, Taucher und Hochseefischer, die hier exzellente Bedingungen erwarten.

Das einsam gelegene Rodrigues dagegen weckt Erinnerungen an Afrika. Seine Bewohner sind überwiegend Nachkommen von frühen Siedlern und Sklaven, die das Eiland im Auftrag des französischen Königs Ludwig XV. ab 1725 zu kolonisieren versuchten. Seitdem hat sich zwar vieles getan auf Rodrigues, aber der Tourismus steckt noch immer in den Kinderschuhen. Es gibt nur wenige größere Hotels, dafür viele unberührte Strände, Natur pur und schöne Wanderwege. Auf der Insel herrscht eine weltentrückte Stimmung, die den Besuchern das Gefühl vermittelt, geradewegs in der Vergangenheit gelandet zu sein.

Auf Réunion ist zwar französische Lebensart allgegenwärtig, sie vermag aber nicht über die immense ethnische Vielfalt hinwegzutäuschen, die auf dieser Insel in gewisser Hinsicht am deutlichsten zum Vorschein kommt. Ebenso abwechslungsreich präsentieren sich die faszinierenden Landschaften Réunions, die von langen Stränden über schroffe Talkessel und 3000 m hoch aufragende Berge bis zu einem der aktivsten Vulkane unserer Erde reichen.

Den vielen Inseln der Seychellen mangelt es zwar am Kolorit von Mauritius oder Réunion, doch die Strände suchen ihresgleichen auf der Erde und die Vogelwelt bringt Ornithologen zum Schwärmen. Dank einer umweltbewusst handelnden Regierung, die früh erkannt hat, wo ihr wahres Kapital verborgen liegt, ist fast die Hälfte der Bodenfläche der Seychellen als Naturreservat oder Nationalpark ausgewiesen und in nahezu jungfräulichem Zustand erhalten.

Das vorliegende Buch will nicht nur die Tatsachen hinter den Klischees, die so oft mit diesen tropischen Inseln verknüpft sind, beleuchten, sondern auch die weniger bekannten Inseln und Hintergründe der Region vorstellen. ■

◄◄ Fischer beim Sortieren des Fangs, Seychellen; Köche im Hotel La Pirogue präsentieren die frischen Landesprodukte, Mauritius; Der Barmanager vom Touessrok testet den »rhum arrangé«, Mauritius; Kinder mit Drachen, Seychellen
◄ Ein Lächeln als Willkommensgruß auf Rodrigues

Menschen des Indischen Ozeans

Untrügliches Kennzeichen eines Mauritier oder Seychellois fern von der Heimat ist sein Englisch, das von einem charmanten französischen Akzent überlagert wird. Ohne diese Eigenart wäre jedem verziehen, der einen Menschen europäischer, asiatischer oder ostafrikanischer Abstammung vor sich zu haben glaubt. Blickt man nämlich einige Generationen zurück, so stößt man auf genau diese ethnischen Gruppen. Sie sind im Verlauf der vergangenen 400 Jahre auf den Inseln eingewandert und haben durch ihre Vermischung zu dem faszinierenden Konglomerat an Kulturen und Hautfarben beigetragen, das auf den Inseln des westlichen Indischen Ozeans heute anzutreffen ist.

Vielfalt der Völker

Schon viele Besucher haben sich über die ethnische Vielfalt der Insulaner geäußert. Charles Darwin, der 1836 mit der *Beagle* auf Mauritius eintraf, notierte, dass »die verschiedenen Menschenrassen auf den Straßen ein höchst interessantes Schauspiel darstellen«. Er wird arabische und persische Händler mit langen wehenden Gewändern, Madagassen mit kunstvollen Frisuren, Inder mit Turbanen und Hüfttüchern sowie chinesische Kaufleute mit langen Zöpfen gesehen haben.

Das bunte Völkergemisch ist auf die schrittweise Besiedlung der Inseln zurückzuführen. Im 17. und 18. Jh. gründeten französische Gefangene und Pioniere zusammen mit Madagassen, Indern und Malaien zuerst auf den Maskarenen und später auf den Seychellen und Rodrigues Niederlassungen. Als aus denselben Herkunftsgebieten die ersten Frauen eintrafen, war die Grundlage für »weiße« und »farbige« Gemeinschaften geschaffen. Freiwillige Einwanderer erhielten Land und wurden dazu ermutigt, Agrarprodukte wie Baumwolle, Kaffee oder Gewürze für den Export nach Europa anzubauen. Andere kultivierten Gemüse und züchteten Vieh, um den Schiffen auf deren Weg von oder nach Indien mit Proviant dienen zu können.

Schon bald zogen die neuen Häfen und Handelszentren Kaufleute, Abenteurer, Piraten und Flüchtlinge aus vielen Nationen an und die Nachfrage nach fachmännischer Arbeit stieg. Da europäische Arbeitskräfte zu teuer waren, bediente man sich in Asien. Die mit indischen Handwerkern geschlossenen Verträge führten im späten 18. Jh. zur Entstehung der wohlhabenden freien *Malabar*-Klasse. Auch Schiffsmannschaften – *Lascar* genannt – wurden häufig in Asien rekrutiert; viele davon gehörten der muslimischen Glaubensgemeinschaft an.

Arbeit war mehr als genug vorhanden und so entluden vorbeifahrende Schiffe Sklaven und Sträflinge aus so unterschiedlichen Regionen wie Guinea, den Kanaren, Bengalen, Java und Timor. Ab Mitte des 18. Jhs. gelangten im Zuge des organisierten Sklavenhandels zahlreiche Mosambikaner und Madagassen auf die Inseln, wo sie zu bestimmenden ethnischen Gruppen wurden. Die ehemalige Minderheitenvielfalt nahm ab und es

◄◄ Zeitvertreib mit Dominospiel, Seychellen
◄ Leben im Indischen Ozean aus dem Blickwinkel des Künstlers Michael Adams, Seychellen
► Malagassi-Frauen, ca. 1860

bildete sich eine kreolische Bevölkerung heraus, die immer stärker das kulturelle Erbe Ostafrikas reflektierte.

Asiatische Einwanderer

Die im späten 18. und frühen 19. Jh. erfolgte Einführung der Plantagenbewirtschaftung auf Mauritius und Réunion führte zu einem noch höheren Bedarf an Arbeitskräften, der zumeist mit Indern aus den verschiedensten Bundesstaaten gedeckt wurde. Während Mauritius insbesondere Bihari und Tamilen sowie in geringerem Maße Marathen und Telinga rekrutierte, warb Réunion hauptsächlich Tamilen an; die meisten von ihnen waren Hindus, doch es wurden auch muslimische und christliche Inder unter Vertrag genommen. Weitaus geringer zu jener Zeit war die Anzahl der afrikanischen und chinesischen Arbeiter. In den 1860er und 1870er Jahren brachte man mehrere Tausend »befreite Afrikaner«, ein Großteil davon aus Malawi, auf die Seychellen und nach Mauritius.

Malabar und Lascar
→ heißen Hindus bzw. Muslime in der Umgangssprache; Ausländer sollten die Wörter nicht verwenden, da sie als Herabsetzung aufgenommen werden können.

Den Arbeitern folgten Gewerbetreibende. Kaufleute aus dem indischen Staat Gujarat und aus China beherrschten zunächst auf Mauritius und alsbald in der gesamten Region den Handel. Da chinesische Frauen erst nach der Wende zum 20. Jh. in größerer Zahl einwanderten, wuchs der kreolisch-chinesische Bevölkerungsanteil beträchtlich.

Auf Grund ihrer Größe und ihrer Bodenbeschaffenheit waren die Seychellen und Rodrigues für den Zuckerrohranbau eher ungeeignet; sie nahmen daher weniger asiatische Immigranten auf und blieben überwiegend kreolisch.

Katholisches Brauchtum

Die meisten Kreolen der Inseln sind fromme Katholiken. Wie ihre Glaubensbrüder in der restlichen Welt putzen sich auch die Kreolen für den Kirchgang gerne heraus, die Gottesdienste sind gut besucht und alle singen kräftig mit.

Wer auf den Inseln mit öffentlichen Verkehrsmitteln unterwegs ist, wird immer wieder Passagiere beobachten, die sich bekreuzigen – über die ganzen Inseln verteilt stehen am Straßenrand kleine Schreine, Figuren und Grotten, in denen man Opfer darbringen und beten kann.

Alte Strukturen, neue Verhaltensweisen

Auf den Maskarenen und Seychellen bildeten sich typische Sklavenhalter-Gesellschaften heraus, in denen die drei Bevölkerungsgruppen Weiße, Farbige und Sklaven klar voneinander abgegrenzt und Eheschließungen zwischen Angehörigen unterschiedlicher Volksgruppen und Schichten verpönt waren. Auf allen Inseln sind jene im »Farbcode« verwurzelten Unterschiede teilweise noch heute erhalten.

Nur noch geringe Bedeutung haben die Spuren der alten hierarchischen Gesellschaft im modernen Réunion und auf den Seychellen, wo Mischehen die Regel sind und Chancengleichheit groß geschrieben wird. Aber Ausnahmen bestätigen die Regel: Auf den Seychellen konnte die hellhäutige Elite ihren politischen und gesellschaftlichen Einfluss bis heute bewahren und auf Réunion sagt man den *z'oreilles,* d. h. den in Frankreich geborenen Weißen nach, einen begünstigten Status zu besitzen.

In der heutigen Gesellschaft von Mauritius dagegen tritt die ethnische Kategorisierung deutlicher zu Tage. Hier hat eine weiße Siedlerklasse überdauert und ihre Exklusivität durch Eheschließungen in den eigenen Reihen oder mit akzeptablen »Außenseitern« bewahrt – bei Letzteren handelt es sich in der Regel um weiße Europäer oder weiße Südafrikaner, die mit dem Enklavenstatus innerhalb einer multikulturellen Umgebung durchaus vertraut sind. Die alte dreischichtige Gesellschaft ist durch ein System mit fünf oder mehr Untergruppen ersetzt worden, das auf Merkmalen wie Kaste, Religion oder Lebensraum beruht. Von den meisten mauritischen Gemeinschaften werden Heiraten mit Ausländern gegenüber Verbin-

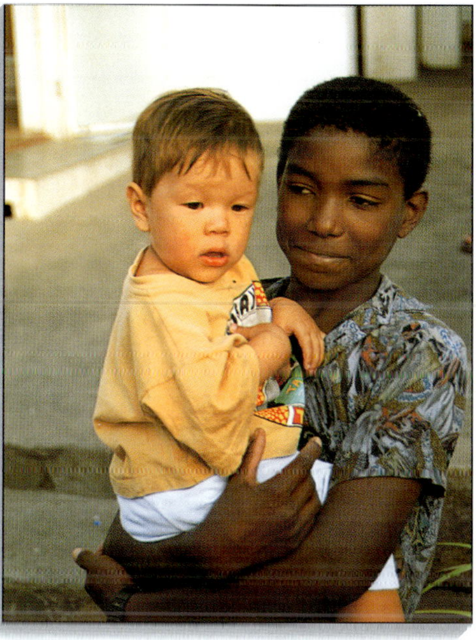

◀ **Teepflückerinnen, Seychellen**
▲ **Jungen aus Rodrigues**
▶ **Mädchen aus Mauritius**

Verwirrender Sprachgebrauch

Die Wörter »Kreolin« bzw. »Kreole« bezeichnen im historischen Sinn Weiße wie auch Farbige, die auf einer Insel geboren wurden. Heute benennt man damit eine Gruppe von Menschen, die aus der Verbindung von Afrikanern mit anderen Ethnien hervorgegangen sind und in deren Gesellschaft meist eine koloniale Sprache zur Basis einer neuen Lingua franca, d. h. einer natürlichen oder künstlichen Mischsprache, wurde. Zur Unterscheidung wird in diesem Buch für die Sprache das französische Wort »Créole« verwendet.

dungen mit Mauritiern anderer ethnischer Gruppen als die bessere Option betrachtet. Mischehen sind nicht ungewöhnlich, aber noch lange nicht die Norm. Eine politische Untermauerung erhält die ethnische Kluft durch die Verfassung, die Minderheiten Wahlgarantien einräumt, sowie durch eine seit der Unabhängigkeit gewachsene Tradition, gemäß der Kandidaten und selbst Minister nach ihrer Herkunft ausgewählt werden. Bis auf Paul Bérenger kam jeder mauritische Premierminister aus der Unterkaste der Vaish, einer nordindischen Hindu-Gemeinschaft, die numerisch die stärkste ethnische Gruppe auf Mauritius stellt.

Heiteres Rätselraten

Die kreolischen »sirandane« (Rätsel) sind ein Erbe der afrikanischen Tradition des Geschichtenerzählens, das auf den Inseln des Indischen Ozeans allmählich verloren geht. Wenn früher jemand ein Rätsel zu erzählen hatte, rief er laut »Sirandane!« in die Runde und der Rätselspaß konnte beginnen: Dileau dibout? (Stehendes Wasser?) – Canne. (Ein Zuckerrohr.) Dileau pendant? (Hängendes Wasser?) – Coco. (Eine Kokosnuss.) Menace dimoun, napas koze? (Ich drohe, aber spreche nicht?) – Ledoigt. (Ein Finger.)

Besondere Traditionen

Trotz ihrer gemeinsamen Geschichte und verwandten musikalischen, sprachlichen und anderen Traditionen haben die Inseln des Indischen Ozeans jeweils ein eigenes Créole sowie unterschiedliche Bräuche und religiöse Praktiken entwickelt. Am stärksten ausgeprägt ist das afrikanische Kulturerbe auf den Seychellen und Rodrigues, die den höchsten afro-kreolischen Bevölkerungsanteil besitzen. Réunion ist besonders von Frankreich und der Französisch sprechenden Welt beeinflusst – die Zouk-Rhythmen von Martinique sind so populär wie die Pariser Mode. Auf Mauritius zeigen die Kinos wegen der vielen Bewohner indischen Ursprungs ebenso häufig Hindi-Filme wie französische Filme; zum Straßenbild gehören Sari sowie *shalwar kamiz* (dünne Hose und Überkleid) und Bhojpur-Bands wetteifern mit Sega und europäischer Musik um die Gunst der Jugend. Die allgegenwärtigen roten Flaggen *(jandhi)* an den Häusern bekunden, dass ihre Bewohner Sanatanisten oder orthodoxe Hindus sind.

Latente Spannungen zwischen den ethnischen Gruppierungen sind nicht ganz von der Hand zu weisen, aber die Inseln des Indischen Ozeans zeichnen sich eher durch Synkretismus als durch Konfliktbereitschaft aus: Man nimmt an den Festen anderer Gemeinschaften teil; nicht nur Tamilen geloben, zu Kavadee über glühende Kohlen zu laufen (s. S. 80/81), und auch Nichtkatholiken entzünden an katholischen Schreinen Kerzen.

Aberglaube und Hexenwahn sind bei allen Ethnien weit verbreitet. Einzelpersonen, denen besondere Fähigkeiten zugeschrieben werden – ob traditionell orientierte Anwender der alternativen Medizin oder Fachleute in der Kunst der Schwarzen Magie –genießen Zulauf aus allen Bevölkerungsschichten und werden geholt, um Arzneien zu verabreichen, Streitigkeiten zu schlichten oder böse Geister zu vertreiben.

Das gemeinsame ethnische Erbe wird am besten durch die kulinarischen Köstlichkeiten der Inseln reflektiert. Die kreolische Küche weist europäische, asiatische und afrikanische Einflüsse auf – angefangen von cremigen Gratins über indische Currygerichte bis hin zu gebratenen Nudeln chinesischer Art. ■

◀ **Hinduistische Hochzeitszeremonie**

Lingua Franca

Die gemeinsame Besiedlungsgeschichte der Maskarenen und Seychellen, die alle für lange Zeit unter französischer Herrschaft standen, hat den Inseln auch eine gemeinsame Muttersprache beschert: das Créole. Seine unterschiedlichen Ausprägungen sind auf Basis des Französischen unter Einbeziehung von Wörtern und Sprachmustern anderer Immigrantensprachen entstanden.

Im modernen Créole lassen sich noch immer die Wurzeln der Sprache des 17. und 18. Jhs. erkennen – nachweisbar ist nicht nur die bretonische Heimat vieler französischer Siedler, sondern auch der Einfluss von Einwanderern aus Madagaskar. Die Südinder, die im 18. Jh. als Sklaven und Künstler eintrafen, haben der Region neben köstlichen Currygerichten auch zahlreiche kulinarische Begriffe beschert. So gehen die Namen für das Curryblatt – »kaloupile« auf Réunion, »karipoule« auf Mauritius und »karipile« auf den Seychellen – auf das tamilische Wort »kariveppilai« zurück und die Bezeichnung für die Gemüsesoße »rougaille« wurde vom tamilischen »urkukay« abgeleitet.

Im Laufe der Zeit haben die einzelnen Inseln unterschiedliche Sprachmuster entwickelt. Während das Créole der Seychellen einem Singsang gleicht, wurde das von Réunion mehr von der Französisch sprechenden Welt und besonders von der Karibik beeinflusst. Das mauritische Créole beinhaltet auf Grund der Bevölkerungsstruktur viele Wörter mit nordindischem Ursprung; Ausdrücke wie »nisa« (Wohlgefühl), »jalsa« (Vergnügen) und »paise« (Geld) entstammen dem Bodjpuri-Dialekt, der in den indisch geprägten Dörfern der Insel weit verbreitet ist.

Die Verwendung des Créole steht in engem Zusammenhang mit politischen Faktoren. Réunion ist ein französisches Überseedépartement und so wird Französisch in Kommunikation und Presse als offizielle Landessprache verwendet. Auf Mauritius und den Seychellen, wo die Briten die Franzosen verdrängten, fungiert Englisch als offizielle Amtssprache. Da auf den Seychellen auch das Créole diesen Status hat, wird es in den Medien und der Verwaltung gleichberechtigt eingesetzt; auf Mahé hat man zur Förderung der Sprache sogar ein eigenes Institut gegründet. Ein Großteil der Einwohner von Mauritius und Réunion sprechen Créole, es wird jedoch kaum geschrieben.

Auf allen Inseln zieht die Sprachenfrage beständig neue Probleme nach sich. Die Seychellois der Mittelklasse klagen, dass die Verwendung des Créole als Sprache der Grundschule ihren Kindern den Zugang zum Französischen erschwert. Réunion leidet darunter, eine Französisch sprechende Insel inmitten Englisch sprechender Staaten des Indischen Ozeans zu sein. Mauritius hat mit seinen Sprachen asiatischen Ursprungs und den vorwiegend französischen Medien Schwierigkeiten. Die aktuelle Entwicklung lässt eine sprachliche Hinwendung zum Französischen erkennen, doch im Bildungswesen kommen Englisch und den orientalischen Sprachen eine größere Bedeutung zu.

Englisch wird auf den Seychellen und Mauritius weitgehend verstanden, nicht jedoch auf Réunion. Bevorzugte Kommunikationssprache auf Mauritius und Réunion ist Französisch, das jedoch nicht überall auf den Seychellen akzeptiert wird. Die Mauritier wechseln in der Regel problemlos vom Englischen ins Französische. Einige Wörter Créole erleichtern auf allen Inseln die Verständigung. ■

▲ **Austausch von Neuigkeiten**

75
YAMAHA
LA PIROGUE SKI

Der Tourismus und seine Folgen

Die Entwicklung des Tourismus auf den Inseln des Indischen Ozeans ist relativ jung und sein Wachstum wird sorgfältig überwacht. Früh erkannten die Verantwortlichen, dass die Naturschätze ihr wichtigstes Kapital sind, das es zu schützen gilt – der Umweltschutz war von Anfang an bestimmend für die Entwicklungspläne. Kilometerlange Strandresorts aus Beton sucht man vergeblich und die isolierte Lage der Inseln, ihr hoher Dienstleistungsstandard und ihre herrlichen Strände gewährleisten, dass die viel umworbenen tropischen Paradiese auch tatsächlich die Erwartungen der Besucher erfüllen.

Gerangel um die Spitzenposition

Eine Schlüsselrolle in der touristischen Entwicklung sowohl auf Mauritius als auch auf den Seychellen spielte der Jetset – und doch befinden sich die beiden Inselgruppen in einem unterschiedlichen Stadium. Die Seychellen zogen als Erste europäische Besucher an und bereits 1979 war der Tourismus die wichtigste Einnahmequelle. Sporadische politische Unruhen auf Madagaskar und den Komoren dämpften das Wirtschaftswachstum zwar ein wenig, aber weder ein Staatsstreich noch diverse radikale Regierungen dämmten den Strom von Urlaubern nachhaltig ein. Die Strände der Seychellen präsentieren sich so überwältigend wie eh und je und zählen zu den Weltbesten (s. S. 33).

Obwohl er nicht mit so vielen Naturschönheiten aufwarten kann, gelang es dem stabilen Inselstaat Mauritius, seinen Konkurrenten zu überholen. Die mauritische Tourismusindustrie hat ihre gesamte Energie auf den luxuriösen Markt gerichtet, der getragen wird von prachtvollen Hotels und erstklassigem Service. Seit einigen Jahren reitet Mauritius gewissermaßen auf dem Höhepunkt einer Popularitätswelle und konnte die Seychellen 1993 erstmalig in Bezug auf die Touristenzahlen überflügeln. Gegenwärtig kommen jährlich rund 660 000 Besucher (Seychellen rund 140 000) und alles deutet darauf hin, dass sich diese Zahl in den kommenden Jahrzehnten noch erhöhen wird.

Staat versus Privatsektor

Auch die Politik hat die touristische Entwicklung stark beeinflusst. Während auf den »sozialistischen« Seychellen der Staat bis 1993 überall seine Hand im Spiel hatte, war im »kapitalistischen« Mauritius der Bau exklusiver Resorts durch Privatinvestoren von zentraler Bedeutung.

Auf den Seychellen leben derzeit rund 84 000 Menschen, verglichen mit etwa 1,2 Mio. Einwohnern auf Mauritius ist das sehr wenig und die negativen Auswirkungen auf Arbeits- und Produktionskosten sind signifikant. Darüber hinaus unterliegen die Löhne im Hotelsektor ebenso wie die Zahl der privaten Gästehäuser und die Preise, die diese berechnen dürfen, einer staatlichen Regulierung. All diese Faktoren tragen zu höheren Lebenshaltungskosten bei und setzen die Regierung der Seychellen mächtig unter Druck. Inzwischen hat man erkannt, dass Reinvestitionen nötig sind,

◄◄ Vorbereitungen zum Wasserski fahren beim Hotel La Pirogue an der Westküste von Mauritius
◄ Das Berjaya-Hotel auf der Halbinsel Le Morne, Mauritius
► Auf der Veranda des Casino des Iles, Seychellen

um die von den Besuchern geforderte Attraktivität und hohe Qualität aufrechtzuerhalten. Noch gibt es mehr Mittelklasse- als Luxushotels, aber die Preise sind hoch. Das 2000 – von einer mauritischen Hotelkette – eröffnete Lémuria Resort auf Praslin markierte den Einstieg in den Wettbewerb auf dem Luxusmarkt. Viele weitere Luxushotels kamen hinzu bzw. werden gerade gebaut.

Treffpunkt der oberen Zehntausend

Trotz eines wirtschaftlichen und politischen Auf und Ab gehören Mauritius und die Seychellen zu den Lieblingszielen der Reichen und Berühmten. Auf ihrer Suche nach exklusiven, für die Paparazzi unerreichbaren Destinationen landen viele immer wieder auf den Seychellen, wo man ganze Inseln mieten kann, z. B. Frégate, Félicité oder Cousine. Unter den Gästen finden sich Persönlichkeiten wie Pierce Brosnan, der sich für Frégate entschied (eine Insel mit perfektem James-Bond-Profil), Michael Douglas, der mit eigener Jacht zwischen den Inseln kreuzte, Tony Blair, der schon mehrmals La Digue als Familienurlaubsort wählte und Paul McCartney, der 2002 seine Flitterwochen hier verbrachte. Der Sultan von Bahrain besitzt ein Haus auf den Seychellen, und die

Kampf ums Überleben

In früheren Zeiten fürchteten die Insulaner vor allem zwei Dinge: Feindliche Angriffe, die sie auf Grund ihrer geringen Einwohnerzahl nicht abwehren konnten, und eingeschleppte Krankheiten. Da alle Gefahren in Form von Schiffen eintrafen, dachte man sich sorgfältige Schutzmaßnahmen aus. An den Küsten und auf vorgelagerten Inseln wurden Gebäude errichtet, die der Verteidigung und Quarantäne dienten. Flat Island vor der Nordküste von Mauritius beispielsweise war eine Quarantänestation und die Seychelleninsel Curieuse eine Leprakolonie. Ein paar Resorts haben die baulichen Überreste aus dieser Zeit kurzerhand in ihr Ensemble integriert: Das Cannonnier Hotel auf Mauritius bewahrt die Verteidigungsmauern eines alten Forts und eine Kanone, die noch immer aufs Meer hinaus zielt; im Maritim Hotel kann man durch die Ruinen eines französischen Waffenlagers aus dem 18. Jh. spazieren. Mauritius besitzt außerdem einige der am besten erhaltenen Martello-Türme (s. S. 145) der Welt. Bei Inselrundfahrten sieht man zuweilen verfallene Kalköfen. Die Franzosen verwendeten viel Zeit und Mühe auf die Produktion von Kalk, den sie im Bauwesen benötigten.

Wahl der Miss World fand hier mehr als einmal statt. Die Koordinatoren der Veranstaltung schöpften das Klischee des Inselparadieses voll aus und vermarkteten das Ereignis als einzigartige Gelegenheit, um »die schönsten Mädchen der Welt am schönsten Ort der Welt« bewundern zu können.

Mauritius besitzt zwar weniger Privatinseln als die Seychellen, dafür ist die Auswahl der Luxusherbergen größer. In den bekanntermaßen »führenden Hotels der Welt« kümmert man sich um jeden Wunsch seiner illustren Gäste, bietet Sicherheit, ausgezeichneten Service und Köche der Spitzenklasse. Models, Fußballer, Pop- und Filmstars, sorts wie Prince Maurice und Residence um Gäste. Sofern diese Unterkünfte nicht voll belegt sind, kann man hier ein Mittagessen nach Voranmeldung einnehmen – vielleicht hat man Glück und sieht ein bekanntes Gesicht.

Wenigstens einmal im Leben

Mauritius und die Seychellen sind ein Luxusziel und ein zweiwöchiger Urlaub in einem guten Hotel schlägt mit ca. 2500–7000 Euro zu Buche. Trotzdem muss man weder berühmt noch ein Industriemagnat sein, um die Vorzüge der Region kennen und genießen zu lernen.

die in den Strandbars von Mauritius besten Hotels fotografiert werden, füllen regelmäßig die Seiten von Hochglanz-Magazinen. Alteingesessene Häuser wie Touessrok, St-Géran (bevorzugter Urlaubsort des Ex-Spice-Girls Gerri Halliwell) und Royal Palm Hotel (bevorzugte Adresse von Staatsoberhäuptern) wetteifern mit luxuriösen neuen Re-

◀ Prinz Edward versucht sich während eines Besuchs im Hotel La Pirogue auf Mauritius im Wasserskifahren
▲ Frühstück im Paradise Sun Hotel mit traumhafter Kulisse, Anse Volbert, Praslin

Die Seychellen bestehen aus so vielen kleinen Inseln, dass jeder seine »private« Bucht mit wogenden Palmen, feinem weißem Sand und türkisfarbenem Wasser findet. Eine Kreuzfahrt mag die Vorstellung von Unbezahlbarkeit wecken, aber es gibt auch einige Optionen für Besucher mit schmalerem Geldbeutel. Flitterwöchner und andere, die einen besonderen Urlaub erleben wollen, können ihre Zeit auf ruhigen Inseln wie La Digue verbringen oder die völlige Isolation von Denis und Frégate auskosten. Zu den teureren Verstecken gehört Cousine, ein privates Naturreservat mit nur vier Chalets im Kolonialstil.

Mauritius' Tourismusindustrie ist auf Exklusivität ausgerichtet Die Insel ist das Wahlziel derjenigen, die die Annehmlichkeiten eines Fünf-Sterne-Hotels in Verbindung mit einem tropischen Strand genießen wollen. Solcher Komfort hat natürlich seinen Preis. Der Schlüssel zu einem erfüllten Urlaub auf Mauritius liegt in der Wahl der richtigen Unterkunft, welche die eigenen Vorstellungen von Stil und Lage zufrieden stellt.

Naturschätze sondergleichen

Obwohl beide Regionen wirkungsvoll als idyllische Badeurlaubsziele vermarktet werden, hat man weder auf Mauritius noch auf den Seychellen die anderen natürlichen Schätze der Inseln vernachlässigt, um Urlauber anzulocken, die mehr als Sonne, See und Sand suchen. Die Regierung der Seychellen wirbt um den »kritischen und umweltbewussten« Touristen. An der Spitze ihrer Attraktionen rangieren zwei Stätten des Welterbes der UNESCO: Das Vallée de Mai auf Praslin und das ausgedehnte Aldabra-Atoll. Designierte Vogelschutzgebiete und Tropenwälder locken Naturliebhaber und Trekkingfreunde an; immer beliebter werden Kreuzfahrten zu abgelegenen Inseln mit Übernachtungen an Bord.

Auf Mauritius werden Wassersport und Golf groß geschrieben. Die Insel ist berühmter Tummelplatz für Sportfischer, und das jährliche *World Marlin Fishing* genießt weltweit Anerkennung. Tauchen ist sehr beliebt; viele Hotels haben eine Tauchschule. Golfer rühmen die zahlreichen Golfplätze, große Hotels bieten oft eigene Anlagen.

Die Flora und Fauna der Seychellen und Maskarenen sind in vielerlei Hinsicht einzigartig und – wie im Falle vieler kleiner Inseln – gefährdet. Besonders anfällig erweisen sich die Korallenriffe. Die Seychellen blicken auf eine lange Tradition des Ökotourismus zurück und haben mehrere Inseln zu Naturparks erklärt, die nur tagsüber zugänglich sind. Mauritius erkannte leider etwas spät, dass die maßvolle Erschließung der wenigen verbliebenen Gebiete, in denen seltene Arten

Die besten Hotels der Welt

Die Hotels von Mauritius sind das wertvollste Kapital der Insel. Sie stehen an den schönsten Stellen und haben Zugang zu wundervollen Stränden, die jeden Morgen gesäubert werden. Manche befinden sich in der Nähe einsamer Inseln, zu denen man organisierte Tagesausflüge unternehmen kann. Das Personal lässt keine Möglichkeit aus, damit sich der Kunde als König fühlt. Ein Großteil der Hotels wird von französischen oder anderen internationalen Managern geleitet und das mauritische Personal muss wahrlich keine Kurse in Sachen Charme belegen, wenn es das tut, was ihm die Natur in die Wiege gelegt hat: lächeln.

Zu den namhaften Hotels zählen St-Géran, Touessrok (Lieblingsziel von Hochzeitsreisenden), Belle Mare Plage, Le Prince Maurice und The Residence, die allesamt an der Ostküste liegen. Die Top-Adresse im Norden ist das Royal Palm Hotel in Grand Baie, in dem oft Staatsgäste und Celebrities absteigen, etwas abgelegener und intimer liegt The Oberoi auf einer herrlichen Landzunge bei Baie aux Tortues. An der neu erschlossenen Südküste entstanden Top-Hotels mit Golfplätzen wie Le Telfair Golf & Spa und das Heritage Gold Resort, etablierter und sehr beliebt sind die luxuriösen Hotels Dinarobin und Le Paradis am Morne Brabant sowie die etwas nördlicher am Strand von Wolmar gelegenen Luxusherbergen Taj Exotica und Mauritius Hilton. Alle Hotels haben einen sehr hohen Standard und verfügen über traumhafte Spas. Sehr empfehlenswert sind familienfreundliche Hotels der oberen Kategorie wie Sugar Beach, Shandrani, Trou aux Biches, Les Pavillons, Legends und Beau Rivage.

überlebt haben, eine große Chance bietet. Zum Glück folgt man nun dem Beispiel der Seychellen und schreibt für manche Inseln eine Besuchserlaubnis sowie die Teilnahme an einer geführten Tour vor. Die vor der Südostküste gelegene Île aux Aigrettes ist die Heimat des letzten Bestandes von Küstensavanne, die der Dodo und andere endemische Vogelarten noch als natürlichen Lebensraum vorfanden; inzwischen bietet die Organisation *Mauritius Wildlife Foundation* Ausflüge dorthin an (s. S. 67, 129).

Budget-Urlaube

Rucksackreisende werden nicht unbedingt zu einem Besuch der Seychellen oder Maskarenen ermutigt, obwohl man selbst hier einigermaßen preiswert über die Runden kommen kann. Günstigere Apartment- und Gästehäuser finden sich beispielsweise in den Badeorten Grand Baie, Pereybère sowie Flic en Flac auf Mauritius. Wenn der Flug erst einmal bezahlt ist und man Luxusartikel mitbringt bzw. auf sie verzichtet, lässt es sich billiger leben als zu Hause. Das haben inzwischen viele »Saisonarbeiter« aus Europa entdeckt – sie überwintern auf Mauritius und lassen sich keinen Tag entgehen, den sie mit ihrem Touristenvisum verweilen dürfen.

Auch auf den Seychellen gibt es kleine Gästehäuser, die Preise sind im Vergleich mit anderen Ländern nicht unbedingt niedrig, aber der Standard und der Service bewegen sich durchgehend auf akzeptablem Niveau. Auch Ferienwohnungen bzw. -apartments können eine preisgünstigere Alternative sein, denn die Ausstattung ist in aller Regel gut, und Getränke kosten in den Geschäften nur ungefähr halb so viel wie in Hotels.

Abenteuerspielplatz Réunion

Die wohl ungewöhnlichste Insel des Indischen Ozeans ist Réunion, deren Wirtschaft mit Zuschüssen aus Paris künstlich angekurbelt wird. Obwohl die Preise hier rund 20 % höher liegen als im Mutterland, zieht das Überseedépartement in Scharen französische Urlauber an – sie wissen es zu schätzen, dass nach der Ankunft aus Paris weder Einreise- noch Zollformalitäten erledigt werden müssen.

Die ausländischen Touristen hingegen halten sich noch immer in Grenzen. Das mag zum einen an der begrenzten Zahl von Korallenriffen und Palmenstränden liegen und zum anderen an der strikten Weigerung vieler Bewohner, irgendetwas anderes als Französisch zu sprechen. Viele Insulaner verbringen ihren Jahresurlaub auf Mauritius, wo das Leben abseits der großen Hotels wesentlich preiswerter ist.

◀ **Appetit anregende Präsentation von frischem Fisch und Meeresfrüchten**
▶ **Die in Hotels inszenierten Sega-Vorführungen sind formalisierte Versionen des traditionellen Sklaventanzes**

Die Launen der Natur

Die heiße Jahreszeit der Inseln fällt mit dem europäischen Winter zusammen. Das Klima ist tropisch. Alle Eilande werden – besonders im Sommer zwischen November und April – von heftigen Regenschauern heimgesucht und auf den Maskarenen muss man mit Zyklonen rechnen. Tagelang können dann die Telefon- und Stromverbindungen sowie der öffentliche Verkehr lahmliegen. Die kühlere Jahreszeit von Mai bis September bringt angenehme Temperaturen, die an den westeuropäischen Sommer erinnern.

Vielleicht entspricht die Küstenlinie Réunions nicht unbedingt dem Profil einer klassischen Tropeninsel, das Landesinnere jedoch wartet mit so vielen Überraschungen auf, dass selbst die hartnäckigsten Sonnenanbeter schwach werden. Trotzdem ist die atemberaubende Vulkanlandschaft von Réunion noch immer ein wohl gehütetes Geheimnis unter Franzosen und einer verhältnismäßig kleinen Gruppe abenteuerlustiger Urlauber.

Die Fremdenverkehrsbehörde hat das Potenzial der Insel für Outdooraktivitäten rasch erkannt und nutzbar gemacht, indem sie über Jahre hinweg eine effiziente Infrastruktur aufbaute. Das gut kartografierte Wegenetz wird ebenso sorgfältig gepflegt wie die *gîtes* (Berghütten). Aber nicht nur Trekking steht auf dem Programm – vielerorts werden Touren mit dem Mountainbike, hoch zu Ross oder im Ultraleichtflugzeug angeboten, auch Canyoning, Gleitschirmfliegen, Kajakfahren, Klettern, Windsurfen und Wellenreiten fehlen nicht.

Réunion ist seinen Unzulänglichkeiten als Badedestination außerdem mit Werbung für das koloniale Erbe begegnet, das wesentlich besser erhalten ist als das der Nachbarinseln. Zucker- und Vanilleplantagen sowie alte Herrenhäuser wurden sorgfältig restauriert und für Besucher zugänglich gemacht.

Die vergessene Insel Rodrigues

Rodrigues ist der kleine und oft vergessene Partner in der Zwillings-Inselrepublik Mauritius. Bis vor nicht allzu langer Zeit war das Eiland nur mit einem Frachtschiff zu erreichen, das einmal im Monat in Port Mathurin anlegte; heute verkehren die Boote *Mauritius Pride* und *Mauritius Trochettia* zwei- bis dreimal im Monat auf dieser Strecke.

Reiseagenturen wenden Rodrigues inzwischen ihre Aufmerksamkeit zu, doch der Tourismus steckt noch in den Kinderschuhen und die weitere Entwicklung wird durch wenige Flugverbindungen, Engpässe in der Trinkwasserversorgung und mangelnde Infrastruktur behindert. Kleinere Maschinen fliegen täglich von und nach Mauritius und nach Réunion.

Gästehäuser und Hotels, Reiseagenturen, Autovermietungen und Ladenbesitzer haben sich zur *Association of Rodrigues Tourism Operators* zusammengeschlossen, die in Zusammenarbeit mit der *Mauritius Tourism Promotion Authority* insbesondere den kulturellen Tourismus fördert. Zu den organisierten Aktivitäten gehören Aufenthalte in Häusern der Insulaner, Folkloredarbietungen, Wanderungen, Mountainbike-Touren sowie Angel- und natürlich Tauchtrips. Die riesige Lagune von Rodrigues ist ein Paradies für Unterwasserfans und wird gegenwärtig von Wissenschaftlern im Zuge des Studiums der einzigartigen Koralleninseln des Indischen Ozeans sorgfältig untersucht.

Rodrigues wirkt menschenleer und unberührt. Es gibt keine großen Hotels oder Einkaufszentren und auf den Straßen kleinerer Orte stolzieren noch die Hühner herum. Die meisten Besucher sind Wochenendurlauber aus Mauritius, dazu gesellen sich ein paar Touristen aus Europa und Südafrika, die einmal eine andere Seite der Maskarenen kennen lernen möchten.

Dank der 2002 fertig gestellten Verlängerung der Landebahn mit Hilfe europäischer Geldmittel kann die Insel nun mit größeren Maschinen angeflogen werden. Eines scheint sicher: Irgendwann werden aus den Ideen der Entwicklungsplaner auch konkrete Projekte an den Stränden von Rodrigues – hoffentlich waltet dabei die Sensibilität für die natürliche Umgebung, die für das Überleben einer so kleinen Insel unverzichtbar ist. ■

◀ **Reinigung des Pools vor Ankunft der Touristen**

Die Topstrände der Seychellen

Im Jahr 1987 kam der Film »Castaway« in die Kinos. Er basierte auf der wahren Geschichte zweier Londoner, die davon träumten, ein Jahr auf einer exotischen Tropeninsel zu verbringen. Da die Strände der eigentlichen Insel nicht fotogen genug waren, suchte der Produzent Nicolas Roeg weltweit nach dem perfekten tropischen Paradies. Sein Blick blieb an dem perfekten Bogen aus weißem Sand von Anse Kerlan auf Praslin haften, der von kristallklarem blauem Wasser umspült wird und von üppig grüner Tropenvegetation umgeben ist. Die Hauptdarsteller des hier gedrehten Streifens waren Oliver Reed und Amanda Donahue, doch gemäß einer Kritik »... waren sie nicht die wirklichen Stars von ›Castaway‹ – das war der Strand«.

Die Strände der Seychellen haben einen legendären Ruf. 1999 ermittelte das deutsche Reisemagazin »Reise & Preise« per Leserumfrage die schönsten Strände der Welt. Viele Strände und Länder wurden genannt, doch als klarer Sieger gingen die Seychellen hervor – mit sechs Nennungen unter den zwölf besten Stränden der Welt.
Anse Lazio auf Praslin gewann die Umfrage knapp vor der weiter im Westen gelegenen Anse Georgette. Auch La Digue hatte zwei Einträge: Anse Source d´Argent auf Platz fünf und Grande Anse auf Platz zwölf. Frégate's Anse Victorin erreichte Platz sieben und Mahé's Anse Intendance Platz neun. In der ergänzenden Liste rundeten Anse Soleil auf Mahé und Anse Cocos auf La Digue den Erfolg ab.

Diese Ergebnisse decken sich mit anderen, auch internationalen Bewertungen der Top-Strände der Welt. Dabei werden Anse Lazio und Anse Source d´Argent genannt, es tauchen aber auch Anse Volbert auf Praslin oder die Île Souris vor der Ostküste von Mahé auf.

Die strahlend weißen Sandstrände, wogenden Palmen und smaragdgrünen Gewässer der idyllischen Inseln im Indischen Ozean erfüllen die Träume von Filmproduzenten und Werbemanagern. Roman Polanski beispielsweise wählte Frégate als Drehort für seinen aufwändigen Abenteuerfilm »Piraten«, Michael Steinecke drehte eine Folge der Fernsehserie »Das Traumschiff« in der Inselwelt. Außerdem kann man nicht selten einen bekannten Ort der Seychellen erkennen, wenn man den Hintergrund von Modeaufnahmen oder Werbespots näher betrachtet.

Bei solch einem Überangebot hat man die Qual der Wahl – es gibt Strände für jede Stimmung: Romantische für Spaziergänge, von Brandung umspülte zum Herumtollen, solche mit fischreichen Gewässern zum Schnorcheln, kinderfreundliche am Rand stiller Lagunen, lebhafte mit Wassersportmöglichkeiten und Restaurants sowie einsame, an denen man mit Ausnahme eines Fischers, der sein Boot ins Wasser schiebt, den ganzen Tag keine Menschenseele sieht. Selbst Beau Vallon auf Mahé, der am meisten kommerzialisierte Strand der Seychellen, hat seine majestätische Schönheit bewahrt. Das andere Extrem bilden die abgelegenen Äußeren Inseln. Die selten besuchten Eilande St-François, Desroches, Alphonse, Farquhar und Assomption haben überwältigende Strände, die noch auf ihre Entdeckung warten. Da Resorts und kleine Kreuzfahrtschiffe diese Ecke des Gartens Eden allmählich erschließen, ist zu erwarten, dass die Seychellen auch bei einer nächsten Umfrage wieder ganz vorne dabei sind. ■

▲ Anse Lazio im Norden von Praslin zählt zu den besten Stränden der Welt

Romantische Hochzeiten

Mauritius und die Seychellen locken in zunehmendem Maße auch Heiratswillige an. Da Réunion unter französischer Verwaltung steht, dürfen europäische Besucher nach den dort geltenden Aufenthaltsgesetzen nicht auf der Insel heiraten. Meistens ist es der Wunsch, den Verpflichtungen und dem Trubel einer formellen Hochzeit im Heimatland zu entkommen, der die Paare nach Übersee bringt. Neben idyllischen Kulissen und perfektem Klima bieten die Inseln auch die Freiheit, den Bund fürs Leben barfuß im Sand zu schließen, wenn einem der Sinn danach steht.

Im Gegensatz zu anderen Zielen sind Mauritius und die Seychellen bislang nicht der Routine verfallen. Die meisten Hotels richten nur eine Hochzeit pro Tag aus – in karibischen Resorts kann es schon mal passieren, dass in Spitze gekleidete Bräute und ihre Partner Schlange stehen.

Zehn Tipps für eine gelungene Hochzeit

Unbedingt …

- rechtzeitig buchen und den Heiratstermin frühestens drei Tage nach Ankunft legen, damit Zeit zur Akklimatisierung bleibt und alle Details und Formalitäten erledigt werden können.
- leichte Kleidung wählen; Naturfasern eignen sich am besten für die Tropen.
- gleich nach der Ankunft das Hochzeitskleid und den Anzug ins dunstige Badezimmer hängen, um die Falten zu beseitigen. Manchmal darf man seine Ausstattung auch schon im Flugzeug in der Kabine aufhängen.
- genau überprüfen, was im Arrangement enthalten ist und gegebenenfalls Extras wie Livemusik organisieren.
- eine Versicherung für das Leistungspaket sowie die ganze Reise abschließen.

Auf keinen Fall …

- sich einen Sonnenbrand vor der Hochzeit holen.
- neue oder enge Schuhe tragen, da die Füße in der Hitze etwas anschwellen.
- die Nerven verlieren – in den Tropen laufen die Uhren etwas langsamer und Formalitäten nehmen oft mehr Zeit in Anspruch.
- überzogene Erwartungen mitbringen. Da die eigentliche Zeremonie meist nicht allzu lange dauert, sollte man nach der Trauung etwas Besonderes planen (z. B. einen Segeltörn bei Sonnenuntergang oder ein romantisches Abendessen) – vor allem, wenn man nur zu zweit ist.
- den Hochzeitstermin in die heißesten Monate oder die Regenzeit legen.

Der Bund fürs Leben

Die Ehen werden gewöhnlich standesamtlich geschlossen und die anschließenden Feierlichkeiten finden in einem Gebäude am Strand oder im Hotelgarten statt. Auch kirchliche Trauungen sind möglich. Paaren, die das Besondere suchen, sind praktisch keine Grenzen gesetzt: Auf Mauritius können sie mit dem Hubschrauber ins Hochland fliegen, um den Bund fürs Leben am Varangue Sur Morne in der Nähe der Gorges de la Rivière Noire

◄ Heirat in Weiß auf Mahé
▲ Fruchtbarkeitsstatue: zum Segen Frischvermählter, die im Touessrok-Hotel wohnen

zu schließen, wo man atemberaubende Ausblicke auf den türkisfarbenen Ozean genießt. Segelenthusiasten entscheiden sich vielleicht dafür, sich auf einem mit Bougainvilleen geschmückten Katamaran das Jawort zu geben. Wenn Sie besondere Wünsche haben, wird man sich bemühen, Ihren Traum zu erfüllen. Und auf den Seychellen kann man seine Hochzeit auf Privatinseln wie Denis oder Frégate feiern – sofern das Budget es zulässt.

Schlüssel zu einer gelungenen Hochzeitsfeier im Indischen Ozean ist die Wahl der richtigen Agentur (s. S. 374). In den meisten Fällen gibt es abgesehen von der Beschaffung der nötigen Dokumente und den üblichen Vorbereitungen – Friseurtermin, Blumenarrangements, Hochzeitstorte – wenig oder nichts zu organisieren.

Die internationalen Vier- und Fünf-Sterne-Resorts von Mauritius haben bereits viel Erfahrung gesammelt und sind auf die Durchführung von Hochzeiten eingestellt. Die Paare werden von eigens hierfür ausgebildeten Organisatoren sicher durch sämtliche erforderlichen Abläufe geführt. Auf den Seychellen verläuft die Hochzeit vielleicht weniger professionell, was jedoch eher zum Charme der Feier beiträgt. Mit ihren einsamen Stränden, dem Regenwald und – nicht zu vergessen – der »Liebesnuss« *coco de mer* sind die Seychellen ein nicht minder verlockendes Ziel.

Hochzeiten im Ausland liegen im Trend. Nach den Feierlichkeiten können die Gäste einige Tage Urlaub machen, während sich die frisch Vermählten auf eine andere Insel zurückziehen, eine Kreuzfahrt unternehmen, in einem Land auf dem afrikanischen Kontinent auf Safari gehen oder einen Abstecher nach Réunion machen.

Für Hochzeit inklusive zwei Flitterwochen im Indischen Ozean sollte das Brautpaar 4000 bis 5000 Euro veranschlagen. Wenn die anschließende Party groß genug ist, räumen manche Hotels für das reine »Hochzeitspaket« niedrigere Preise ein – allerdings nur bei rechtzeitiger Buchung.

Fremde Bräuche

Auf Mauritius kann man Elemente der dortigen traditionellen Heiratsbräuche in die eigene Zeremonie einbeziehen – allerdings sollte man das Hotel genau über seine Wünsche in Kenntnis setzen.

Die bekanntesten Hotelgruppen auf der Insel sind Beachcomber, Kezmer International, One & Only, Naiade und Constance. Alle haben sich auf Hochzeiten eingestellt und vermitteln ein Gefühl der Exklusivität. Gehobene Hotels wie La Résidence, The Oberoi, Paradise Cove, Taj Exotica und Le Telfair nehmen Hochzeitsgesellschaften an.

Eine weitere gute Adresse ist die Domaine Les Pailles, eine zu Füßen des Berges Le Pouce gelegene Rekonstruktion einer Zuckerplantage aus dem 18. Jh. Hier können die Paare mit einer Pferdekutsche vorfahren und zwischen vier Restaurants auswählen – oder sich in die Berge zurückziehen.

Eine Nasenspitze voraus
→ sollten Paare sein, die auf Mauritius oder den Seychellen im November oder Dezember heiraten wollen. Wer auf Nummer Sicher gehn will, reserviert etwa 18 Monate im Voraus.

Heirat bei Sonnenuntergang

Von den mehr als 100 Eilanden der Seychellen besitzen nur Mahé, Praslin und La Digue amtierende Standesbeamte. Wer auf einer anderen Insel heiraten möchte, muss den Beamten allerdings auf eigene Kosten einfliegen lassen.

Ausländische Paare dürfen heiraten, wo sie wollen, obwohl das Jawort am Strand streng genommen nicht gestattet ist. Dieses Problem umgehen Hotels wie der Plantation Club, indem sie Pavillons direkt am Wasser errichtet haben. Eine beliebte Kulisse für Strandhochzeiten ist die Anse Source d'Argent auf La Digue. Ebenso idyllisch präsentiert sich Anse Lazio auf Praslin, vom Designer Giorgio Armani als bester Strand der Welt bezeichnet.

Wie auf Mauritius empfangen auch die meisten Hotels der Seychellen Hochzeitsgesellschaften und bieten darüber hinaus eine etwas intimere Atmosphäre. Das Hotel Coco de Mer auf Praslin dekoriert seine hölzerne Anlegestelle mit Blumen und Bananenblättern, um dem romantischen Jawort im Sonnenuntergang den entsprechenden Rahmen zu geben. Zu den besten Hochzeitshotels auf Mahé gehören der Plantation Club, Banyan Tree, Maia Resort, die Berjaya-Hotels, Coral Strand sowie Le Northolme, auf Praslin sind es Coco de Mer, Black Parrot Suites, La Reserve, L'Archipel, Indian Ocean Lodge und Lemuria Resort. Auf La Digue können Brautpaare mit dem Ochsenkarren zur Hochzeit im Patatran Village, im Hotel L'Océan oder in der La Digue Lodge fahren. Viele Paare heiraten auf Mahé oder Praslin und verbringen die Flitterwochen auf einer anderen Insel. Wenn Geld keine Rolle spielt, kann man für seine Hochzeit ein ganzes Eiland mieten; zur Verfügung stehen Paradiese wie Denis, das eine eigene Hochzeitskapelle besitzt, Alphonse, North Desroches oder Frégate Island. ■

◄ Flitterwochen im Hotel Coco de Mer auf Praslin
▲ Fototermin bei Sonnenuntergang

Maritimes Leben

Vielen erscheint die Unterwasserwelt als fremder, unnahbarer Ort voller Mysterien und Gefahren. Während nur die wenigsten die Möglichkeit haben, in Tiefseeregionen vorzudringen, lassen sich die seichten Gewässer relativ leicht erkunden. Die populärsten Urlaubsziele des Indischen Ozeans liegen unmittelbar an der Küste und die im Meer verborgenen Naturschätze oft nur wenige Schwimmzüge vom Strand entfernt. Mauritius ist von einem nahezu lückenlosen Riff umschlossen, das nur im Süden zwischen Le Souffleur und Souillac kurz abreißt. Das Korallenriff seiner Zwillingsinsel Rodrigues soll laut Experten gar diejenigen der Seychellen übertreffen.

Leben mit den Gezeiten

Die ersten Meeresbewohner erspäht der Tourist gewöhnlich in der Gezeitenzone, wo sich kleine Fischarten, die an den Rhythmus von Ebbe und Flut gewöhnt sind, in Tümpeln zwischen den Felsen aufhalten. Zu den auffälligsten Spezies gehören Felshüpfer, kleine braune Schleimfische *(Blenniidae)* und Grundeln *(Gobiidae)*, deren verwachsene Bauchflossen als Saugnäpfe dienen, mit denen sie in den vor- und zurückspülenden Wellen am Gestein Halt finden.

Viele Arten der Krustentiere findet man ausschließlich in diesen Schutzräumen. Besonders ins Auge fallen die Krabben, die flink von Stein zu Stein huschen – wie beispielsweise die angemessen benannte *Sally Lightfoot.* Entenmuscheln verbringen ihr Leben festgeklammert am Gestein; aus ihren mandelförmigen Schalen ragen haarige, paddelartige Beine hervor, mit deren Hilfe sie nährstoffreiches Wasser heranspülen.

Pflanze oder Tier?

Wenn man ins Meer watet und auf den sandigen Grund unter der Wasseroberfläche blickt, erscheint dies verglichen mit den belebten Riffen weiter draußen wie eine submarine Wüste. Doch wer genauer hinschaut, wird einige interessante Lebewesen entdecken: Am leichtesten zu erspähen sind langsame Kriechtiere wie Krabben, Seeigel und Seegurken. Diese Kreaturen, die sich von kleinen Geröllpartikeln und Algen in der oberen Sandschicht ernähren, sind das Pflegepersonal des Meeresbodens. Die kleinen submarinen »Vulkane«, die für manche Gebiete charakteristisch

sind, werden von Meereswürmern gebaut, die das menschliche Auge nur selten erfassen kann.

Auch Plattfische wie die Pfauenflunder *(Bothus mancus)* sind schwer auszumachen, denn sie sind gewöhnlich gut getarnt und fallen nur auf, wenn sie auf der Suche nach einem neuen Rastplatz weghuschen. In besonders seichten Lagunen mit sandigen Böden findet man Rochen, deren vergrößerte Brustflossen bis zu 2 m Spannweite erreichen können. Zur Tarnung vergraben sie sich gerne im Sand und verraten sich nur durch ihren peitschenförmigen Schwanz, der wie ein Flaggenmast herausragt. Stachelrochen *(Taeniura melanospilos)* besitzen ein oder zwei giftige Stacheln an ihrem Schwanz, die sie jedoch nur zur Vertei-

◄◄ Seeanemonen schützen Clownfische, die sich nie zu weit von ihren Beschützern entfernen
◄ Aldabras Unterwasserwelt
► Seegurke

digung einsetzen – man sollte sich davor hüten, solch ein Tier zu provozieren oder versehentlich daraufzutreten. Die sich von Plankton und kleinen Fischen ernährenden Teufelsrochen *(Manta birostris)* gehören zu den größten Fischen des Indischen Ozeans. Es ist ein Erlebnis, die harmlosen Tiere graziös durchs Wasser gleiten zu sehen.

Frühwarnsystem

→ Einige Papageienfische (Scaridae) schlafen in einer Schleimhülle, die sie zum Schutz vor nächtlichen Gefahren wie z. B. Muränen um sich legen.

Einige einzigartige Tiere, die den sandigen Meeresboden bevölkern, werden fälschlicherweise oft für Pflanzen gehalten: So hat z. B. die Seefeder einen fleischigen Stiel, dessen Oberfläche von einer Art Flaum überzogen zu sein scheint. Der »Flaum« ist in Wirklichkeit ein kompliziertes Gebilde aus Polypenarmen, die sich an jede Strömungsrichtung anpassen können, um Plankton und andere Nährstoffe aufzunehmen.

Es lohnt sich auch, nach Algen oder Seegras Ausschau zu halten, die zahlreichen Meeresbewohnern Nahrung und Schutz bieten. Oft lassen sich dort Lippfische *(Labridae)* bei der Nahrungsaufnahme beobachten und mit etwas Glück sieht man auch ein kleines Seepferdchen.

Die Seegrasbestände werden auch von größeren Algenfressern aufgesucht, darunter die so genannte Suppenschildkröte *(Chelonia mydas)*, die größere der beiden Schildkrötenarten der Region. Wenn sie an den Wasserpflanzen knabbert, hat man die seltene Gelegenheit, sie aus nächster Nähe zu beobachten; ansonsten ist das nur bei der Eiablage am Strand möglich.

Vielschichtige Felsenriffe

Die Felsenriffe gehören zu den leicht erreichbaren Zonen des Indischen Ozeans und werden von zahlreichen Lebewesen bevölkert. Sowohl Pflanzen als auch Tiere setzen sich in solch einer Zahl auf den Felsen fest, dass von diesen kaum noch etwas zu sehen ist. Sie alle tragen zum Mikro-Ökosystem des Riffs bei und sind ihrerseits Lebensraum für weitere Geschöpfe. In den Weichkorallen verbergen sich kleine Fische wie Grundeln und Schleimfische, die sich farblich an ihre Umgebung anpassen können. Sie nisten auf den Korallen und ernähren sich von Zooplankton. Die harten Korallenformationen bilden das Revier von zahlreichen bunten Fischen, zu denen Korallenwächter *(Cirrhitidae)*, Demoisellefische und kleine Skorpion- oder Steinfische gehören, die alle im verästelten Geflecht Schutz finden. Auch diverse Krebse leben hier, darunter eine rotgetüpfelte Art und der Einsiedlerkrebs, der sich gerne in leeren Gehäusen versteckt.

Viele Fischarten, die in den Lücken und Spalten des Riffs Zuflucht vor Raubtieren suchen, lassen sich tagsüber bei der Nahrungssuche beobachten. Mit ziemlicher Sicherheit sieht man auch auffällig bunte Doktorfische *(Acanthuridae)*, die unterhalb der Wellenzone Algen von den Felsen nagen.

Wunderbare Korallenriffe

Die Korallenriffe sind das submarine Äquivalent des Regenwalds, weisen sie doch die größte Vielfalt an Meereslebewesen auf. Ihre Erbauer sind winzige Tiere, die Korallenpolypen, welche ein hartes externes Gehäuse aus Kalzium absondern. Indem immer neue Generationen auf den Skeletten ihrer Vorgänger wachsen, entstehen die Kalkgerippe der Riffe – nur deren Oberfläche ist mit lebenden Korallen bedeckt.

Es gibt zahlreiche harte Korallenformationen. Die eigentlichen Riffbauer werden als »massive« Korallen bezeichnet und formen riesige gerundete

Korallenteile, die zu Riffen heranwachsen. Andere Hartkorallen sind stark verästelt und bilden feinste Strukturen, die an Netze erinnern.

Während die steinernen Korallen ein hartes Kalziumgehäuse absondern, gedeihen viele Weichkorallen auf noch komplexeren Strukturen. Manche – wie etwa die bunten Baumkorallen – stützen ihre Masse mit einem Gitterwerk aus winzigen Kalziumnadeln. Andere produzieren eine hornige, jedoch elastische Substanz namens Gorgonin, die sie zu langen spiralförmigen Peitschenkorallen oder kompliziert strukturierten Fächern entwickeln. Diese wachsen im rechten Winkel

zur Strömung und agieren als lebende Siebe, die aus dem hindurchfließenden Wasser Nahrungspartikel herausfiltern.

Alle Korallen sind eigentlich Raubtiere. Ihre Polypen sind mit Tentakeln versehen, die mit stechenden Zellen ausgestattet sind, welche die mikroskopisch kleine Beute betäuben. Die meisten dieser Stacheln sind für den Menschen unschädlich, nur eine Koralle gilt es zu meiden: die Feuerkoralle. Wer sie streift, empfindet sofort ein heftiges Schmerzgefühl, das an die Berührung einer Brennnessel erinnert.

Geben und Nehmen: Seeanemonen

In enger Beziehung zu den Korallen stehen die Seeanemonen, die wie große Korallenpolypen ohne äußeres Gehäuse erscheinen. Sie sind gewöhnlich in den Spalten und Gesimsen des Riffs verborgen, doch einige Arten sitzen auffällig auf felsigen Oberflächen. Sie haben meistens eine Wirtfunktion und sind fast immer zusammen mit dem Anemonenfisch, der auch Clownfisch heißt, zu finden: Der Anemonenfisch erhält von der Anemone Schutz und Obdach, im Gegenzug liefert der Untermieter seinem Wirt Nahrungspartikel. Während der Anemonenfisch einen Schutzschild gegen die Stacheln der Anemone entwickeln kann, sind diese ein wirkungsvolles Abschreckungsmittel gegen potenzielle Raubfische. Über den genauen Mechanismus der Immunität des Anemonenfisches herrscht keine Klarheit, doch vermutlich absorbiert der schleimige Überzug, der die Schuppen des Fisches wie ein Mantel bedeckt, kleine Mengen der Stacheln der Anemone, so dass diese den Fisch als Teil ihrer selbst zu akzeptieren beginnt und nicht mehr zu stechen versucht.

◄ **Grüne Meeresschildkröte: schwerfällig an Land, graziös im Wasser**
▲ **Großer Dorsch, regungslos am Meeresboden**

Kaleidoskop der Farben

Bei den meisten Schnorchlern und Tauchern hinterlassen die bunten Fische in den seichten Gewässern neben oder über dem Riff die tiefsten Eindrücke. Viele sind Tiefseefische, die nur zur Nahrungsaufnahme hierher kommen. Die in großen Schwärmen vorbeiziehenden Füsilierfische – im Lokaljargon Makrelen genannt – ernähren sich von Phytoplankton und erinnern ein wenig an einen Torpedo mit kleinen Flossen. Die verbreitetsten Arten besitzen eine hellblaue Körperfärbung mit knallbunten Streifen und Flecken, die von leuchtend Gelb bis Pink reichen.

Phyto- und Zooplankton
→ nennt man alle im Wasser schwebenden pflanzlichen bzw. tierischen Organismen.

Die beiden farbenprächtigsten Bewohner des Riffs sind der Engelfisch und der Schmetterlingsfisch. Von vorn betrachtet wirken beide extrem schlank, doch im Profil sind sie nahezu rund. Schmetterlingsfische bleiben mit ihrer Körpergröße von 8–15 cm relativ klein, ernähren sich hauptsächlich an Algen und Korallen und sind vorwiegend gelb, schwarz oder weiß. Engelfische werden bis zu 25 cm groß und haben viele unterschiedliche Zeichnungen.

Zu den größeren Besuchern der Korallenriffe gehört mit der Karettschildkröte die wohl am weitesten verbreitete Meeresschildkröte der Region. Mit ihrem hakenförmigen Schnabel kann sie ganze Stücke aus Schwämmen und Weichkorallen reißen. In manchen Gegenden der Seychellen sieht man sie bei Tageslicht an den Stränden nisten.

Wie das Felsenriff gewährt auch das Korallenriff zahlreichen Arten Schutz, Obdach und Nahrung. Manche Arten, darunter diverse Schmetterlingsfische und Feilenfische, haben sich die Ernährung mit Korallenpolypen zur Gewohnheit gemacht, während andere von wirbellosen Tieren wie leckeren Mini-Garnelen leben.

Auch Weichtiere bevölkern die Korallenriffe zuhauf. Sehr auffällig sind die bunten, aber kleinen Seeschnecken, deren grelle Färbung potenziellen Raubfischen verkündet, dass sie schlecht schmecken und unter Umständen sogar giftig sind. Mitunter entdeckt man tagsüber auch Weichtiere mit Gehäusen, doch da sie sich ausgezeichnet tarnen, ist dies eher die Ausnahme.

Weitere Tiere leben innerhalb des Kalksteins der Korallenkolonie. Zu ihnen gehören die Röhrenwürmer oder »Federstaubwedel«, die an den bunten Fächern zu erkennen sind, die über die Oberfläche der Korallenkolonie ragen, um Partikel einzufangen. Manche von ihnen, wie der Spiralfiederwurm, haben die spektakuläre Form eines doppelten Spiralkegels und sind auffallend bunt.

Als die Korallen ihre Farbe verloren

1997 und 1998 wurden die Korallenriffe des westlichen Indischen Ozeans durch ein Ansteigen der Meerestemperatur von bis zu 7 °C (das der globalen Erwärmung zugeschrieben wird) stark belastet. Besonders betroffen waren verästelte Korallen, die zunächst ihre symbiotischen Algen und anschließend ihre Farbe verloren – viele starben ab. Dank der guten Umweltbedingungen in einigen Gebieten konnten Algen einen natürlichen Kolonisationszyklus in Gang bringen, der zur Ablagerung eines Kalksteinfilms führte, welcher eine allmähliche Rekolonisierung durch Korallenlarven erlaubte. Auf den Seychellen wurde das Leben im Riff durch die untere Granitschicht geschützt, die aus den Korallen verdrängten Arten Zuflucht bot.

Alle Fächerwürmer reagieren äußerst sensibel auf Lichtveränderungen und verschwinden sofort in ihren Röhren, sobald sich ein Schnorchler oder Taucher nähert.

> ***Chemische Waffen***
>
> → Viele Weichtiere sondern chemische Substanzen ab, die zwar nicht giftig, dafür jedoch unappetitlich genug sind, um Raubfische abzuschrecken.

Im Rausch der Tiefe

Der offene Ozean ist ein vollkommen anderer und wesentlich unzugänglicherer Lebensraum. In den Strömungen der tiefen Gewässer treiben sowohl mikroskopisch kleine Planktontiere als auch einige der größten Tiere unserer Erde. Die meisten Menschen erblicken diese Kreaturen nur dann, wenn sie an die Oberfläche kommen.

Bei Bootsfahrten rund um die Inseln sieht man relativ oft Delphine; Begegnungen im Wasser dagegen sind eher selten. Am häufigsten schwimmen der Gemeine Delphin und der Große Tümmler über den Weg. In abgelegeneren Gebieten kann man mit viel Glück auch kleinere Arten entdecken, darunter der Spinnerdelphin, dessen Nachwuchs gerne akrobatische Kunststücke aufführt. Touren zu speziellen Fütterungs- und Brutgebieten werden zum Schutz der Tiere nur unter strikten Sicherheitsvorkehrungen zugelassen.

Manche Tiefseefische bekommt man nur zu Gesicht, wenn sie von Fischerbooten an Land gebracht werden. Große Sportfische wie Segelfisch *(Istiophorus playtpterus)*, Marlin, Wahoo *(Acanthocybium solanderi)* und Schwertfisch sind zwar ziemlich häufig, lassen sich jedoch selten in ihrer natürlichen Umgebung blicken. Andere Tiefseefische werden gelegentlich von den Wellen des Ozeans an Land gespült, darunter Medusen und Quallen mit transparentem, gallertartigem und glockenförmigem Körper, die wie ihre Vettern in den Korallenbänken einen Ring aus stechenden Tentakeln besitzen. Einige Quallen sind harmlos, doch andere können heftige brennende Schmerzen hervorrufen.

Im Indischen Ozean gibt es mannigfaltige Lebensformen. Ob man taucht, schnorchelt oder mit einem Glasbodenboot hinausfährt – der Blick in die zauberhafte Unterwasserwelt gehört zu den Höhepunkten eines jeden Aufenthalts. ■

◄ Eine der vielen bunten Schmetterlingsfischarten
▲ Zackenbarsche

Blüten der Tropen

Als die ersten Forschungsreisenden die Inseln des Indischen Ozeans erblickten, glaubten sie den Garten Eden gefunden zu haben – so üppig waren die Wälder und so betörend dufteten die Blüten der Pflanzen. Nach drei Jahrhunderten menschlicher Besiedlung hat sich vieles geändert: Ein Großteil der Wälder von Mauritius und den Seychellen sind Plantagen und Straßen zum Opfer gefallen, die begehrten Harthölzer traten den Weg nach Übersee an. Réunion hatte mehr Glück, dank des unzugänglichen Landesinnern blieben weite Gebiete unangetastet. Obwohl viele Pflanzenarten in Gefahr sind, besitzen alle Inseln eine reiche Flora: Von Orchideen und Hibiskus bis zu Bougainvilla und Flammenbaum reicht die Pflanzenvielfalt, die jeden Besucher erstaunen lässt. Mauritius rühmt sich 685 einheimischer Arten, darunter 311 endemische; von Réunions ca. 700 Arten kommen 161 nur dort vor. Von den über 1100 Arten der Seychellen sind 400 einheimisch, 75 endemisch, 43 kommen nur auf Aldabra vor.

Botanische Gärten

Alle Inselstaaten unterhalten gepflegte Gartenanlagen, in denen man die reiche Pflanzenwelt kennenlernen und bewundern kann. Allein drei gibt es auf Mauritius: Der Botanische Garten von **Pamplemousses** bei Port Louis sowie die Anlagen von **Curepipe** und **Le Pétrin** im Black River Gorge National Park. Auf Réunion kann man u. a. das **Conservatoire Botanique National** in St-Leu und den **Jardin de l'État** bei St-Denis besuchen, auf der Seychellen-Insel Mahé den Botanischen Garten von **Victoria** und den Gewürzgarten **Jardin du Roi** in der Anse Royale. Ein einzigartiges Erlebnis ist der Besuch des Naturschutzgebietes **Vallée de Mai** auf Praslin, wo rund 5000 Seychellennusspalmen (Coco-de-Mer) gedeihen – ein botanisches Phänomen.

▲ **Passionsblume**
20 der weltweit 400 Arten tragen essbare Früchte, aus denen ein köstlicher Saft zubereitet wird.

▶ **Königin der Tropen**
Die zarte Hibiskusblüte mit unterschiedlichsten Farben blüht nur einen Tag.

◀ **Blühendes Geschäft**
Großen Umsatz macht Mauritius mit der Zucht von Flamingoblumen, die in vielen Farben und Größen auf den Markt kommen.

▲ **Wasserlilie**
Eine von rund 500 Pflanzenarten, die man im Botanischen Garten von Pamplemousses auf Mauritius bewundern kann.

◀ **Flamboyant**
Zur Blütezeit von November bis Januar macht der Flammenbaum seinem Namen alle Ehre und schmückt sich mit einem Baldachin aus Blüten.

▼ **Paradiesvogelblume**
Ihr Stiel erinnert an einen langen Vogelhals, ihre Blüte an den Kopfschmuck eines Vogels – daher der Name.

▲ **Maiblume**
Die Parfümindustrie betrachtet das ätherische Öl der auf Réunion kultivierten Geranien als das Beste der Welt.

▶ **Vanille**
Die intensiv duftende Orchideenart öffnet sich nur am Morgen für wenige Stunden.

Die Bourbonvanille

Die Vanille wurde 1819 aus Mittelamerika nach Réunion eingeführt, doch erst 1841 wurde entdeckt, wie man die Pflanzen erfolgreich bestäuben konnte. Ende des 19. Jhs. produzierte Réunion schon 100 Tonnen Vanille pro Jahr. Die Mengen sind inzwischen zwar deutlich gesunken, doch die Insel gehört nach wie vor zu den führenden Exporteuren.
Zwischen Juni und September werden die Schoten geerntet, rund acht Monate nach der Bestäubung. In noch grünem Zustand brüht man sie mit kochendem Wasser ab, lässt sie in der Sonne trocknen und verschließt die dann braunen Stangen acht Monate in luftdichten Behältern, wo sie ihr intensives Aroma entwickeln.

CAPITAES QVE VIERÃO O ANO DE 33

E APOS ESTEVE O DOM PEDRO
CASTELO BRAMCO O MESMO AN

Drei ungleiche Schwestern

Ein Name – drei Gesichter, das sind die Inseln der Maskarenen. Eine jede hat unterschiedliche Landschaften zu bieten und vermittelt vollkommen unterschiedliche Erfahrungen. Angesichts der Tatsache, dass alle mehr oder weniger die gleiche Geschichte haben, mag dies verwundern. Araber und Portugiesen, Franzosen und Engländer, Inder und Afrikaner – sie alle haben ihren Anteil an der Entwicklung dieser Eilande im Indischen Ozean.

Die Maskarenen wurden nach dem portugiesischen Admiral Pedro Mascarenhas benannt, dessen Flotte vor nahezu 500 Jahren vor den unbewohnten Inseln ankerte. Auf ihre Entdeckung folgte nicht, wie man erwarten würde, ein Ansturm von Siedlern und touristisch waren die Inseln lange Zeit nicht mehr als ein Punkt auf der Landkarte, bis die Besucherzahlen Anfang der 70er Jahre des 20. Jhs. zu steigen begannen.

Allen Maskareneninseln gemeinsam ist das Meer, das sie umgibt und auf vielfältigste Weise genutzt wird: Die Menschen von Réunion surfen, die Einwohner von Rodrigues fischen und die Bevölkerung von Mauritius sitzt am liebsten am Strand, um zu picknicken und zu plaudern.

Mauritius gilt als die bekannteste Insel, doch die Franzosen verbringen schon seit vielen Jahren ihren Urlaub am liebsten auf Réunion, wo sie in exotischer Umgebung alle Annehmlichkeiten ihres gewohnten Lebens genießen können. Von Mauritius dauert der Flug nach St-Denis nur 35 Minuten, und wer in seiner Zeit beschränkt ist, kann in zwei oder drei Tagen einige der schönsten Seiten der Nachbarinsel kennen lernen. Für diejenigen, die regelmäßig nach Mauritius kommen, wird der Abstecher nach Rodrigues zunehmend zu einer attraktiven Alternative.

In vielerlei Hinsicht verkörpert Mauritius die archetypische romantische Idylle, die man mit einer abgelegenen Insel im Indischen Ozean verbindet. Hier reiht sich ein herrlicher Sandstrand an den anderen und der außergewöhnlich hohe Standard der Hotels stellt die besten Häuser rund um die Welt in den Schatten. Alles ist vorbereitet, um den Gast zu verwöhnen. Angesichts der herausragenden Reputation ist es kein Wunder, dass die exklusiven Resorts der Insel die Reichen und Berühmten dieser Welt anziehen.

Die kleinere Schwester Rodrigues liegt 640 km weiter östlich und unterscheidet sich hinsichtlich Landschaftsbild und Kultur beträchtlich von Mauritius – hier scheint die Zeit stehen geblieben. In den ursprünglichen Dörfern gewinnt man tiefe Einblicke in das authentische Inselleben, das sich seit der Zeit der ersten Siedler nur wenig verändert zu haben scheint. Dank der isolierten Lage und der schwierigen Erreichbarkeit blieb auch die Natur weitgehend unangetastet, bislang jedenfalls. Es gibt weder hohe Gebäude noch große Einkaufszentren, weder eine Vielzahl von Hotelanlagen (in der Tat sind es nur vier) noch herausgeputzte Strände – nur wilde Schönheit, herzliche und gastfreundliche Menschen sowie sehr viel Ruhe und Frieden.

160 km südwestlich von Mauritius liegt Réunion, wo man bereits beim Landeanflug auf St-Denis einen Eindruck vom majestätischen Charakter der Landschaft erhält, deren Vulkane und Talkessel die meisten Inselbewohner zwingen, an der Küste zu siedeln. Für ein Eiland im Indischen Ozean mag es überraschend sein, dass seine Reize nicht in den Stränden, sondern im Herzen der Insel zu finden sind. Und zwar in genau jenen wilden Regionen, die man am eindrücklichsten auf Schusters Rappen erlebt. Réunion besitzt den Status eines französischen Überseedépartements und beheimatet gleichzeitig eine solche ethnische Vielfalt, dass Besucher ständig von der kniffligen Frage verfolgt werden, wo die klassische französische Lebensart endet und die lokale kreolische Kultur beginnt.

Nur wenige Touristen haben die Zeit, im Rahmen einer einzigen Reise alle Inseln der Maskarenen zu besuchen, doch für welche Insel man sich auch entscheidet, man sollte immer ein wenig kreolische Unbekümmertheit im Gepäck haben – die Devise lautet: »Nimm's leicht«. ■

◄◄ Das luxuriöse Coco Beach Hotel in Belle Mare, Mauritius, aus der Vogelperspektive; Richtung Ostindien segelnde portugiesische Flotte, 1533
◄ Fischer befördern Passagiere zwischen dem Touessrok-Hotel und der Ile aux Cerfs

Geschichtlicher Überblick

■ **10.–12. Jh.** Araber sichten die Maskarenen und liefern Landkarten und Beschreibungen.

■ **1498** Vasco da Gama umrundet das Kap der Guten Hoffnung auf dem Seeweg nach Indien; weitere portugiesische Expeditionen folgen.

■ **1507** Der Portugiese Diego Fernandez Perera tauft Mauritius *Ilha do Cirne.*

■ **1513** Die Maskarenen werden nach dem Entdecker Pedro Mascarenhas benannt.

■ **1528** Der portugiesische Seefahrer Diego Rodriguez gelangt nach Rodrigues und gibt der Insel seinen Namen.

■ **1598** Die Holländer gehen auf Ilha do Cirne an Land, annektieren die Insel und ändern deren Namen zu Ehren Prinz Moritz von Nassau in *Île Maurice* bzw. Mauritius.

■ **1600–1620** Gründung der ersten Ostindien-Handelskompanien.

■ **1601** Erster holländischer Landgang auf Rodrigues.

■ **1638–1710** Holländische Siedlungsversuche in Port South East, Mauritius. Import erster Sklaven aus Madagaskar. Einführung von Zuckerrohr, Rotwild und Schweinen aus der Holländischen Ostindien-Kompanie in Java.

■ **1642** Unter Gouverneur Pronis ergreifen die Franzosen Besitz von Rodrigues und Réunion, das sie *Mascareigne* und später *Bourbon* nennen.

■ **1652** Die erste Niederlassung der Holländischen Ostindien-Kompanie entsteht am Kap der Guten Hoffnung.

■ **1663** Französische Siedler lassen sich auf Bourbon nieder.

■ **1691–1693** François Leguat und neun Abenteurer kommen nach Rodrigues.

■ **1710** Die Holländer verlassen Mauritius.

■ **1715** Frankreich annektiert Mauritius und tauft es *Île de France;* die Inselhohheit wird der Französischen Ostindien-Kompanie übergeben.

■ **1721–1810** Französische Herrschaft auf der Île de France. Import von Sklaven aus Madagaskar, Afrika und Asien für die Arbeit auf den Zuckerrohrplantagen.

■ **1735** Unter Mahé de Labourdonnais, Gouverneur der Maskarenen, erfährt die Inselwelt einen großen Aufschwung.

■ **1742** Lazare Picault kartografiert im Auftrag von Mahé de Labourdonnais die Inseln nordöstlich von Madagaskar. Die von den Portugiesen *As sete Irmãs* (»die sieben Schwestern«) getauften Inseln werden zu Ehren des französischen Generalkontrolleurs Vicomte Jean Moreau de Séchelles in Seychellen umbenannt.

■ **1764** Infolge des Siebenjährigen Krieges gibt die Französische Ostindien-Kompanie die Île de France an die französische Krone zurück.

■ **1770** Französische Siedler lassen sich auf der Seychellen-Insel Sainte Anne nieder.

■ **1790** Nachrichten von der Französischen Revolution erreichen die Maskarenen. Als Reaktion darauf werden auf allen Inseln selbstverwaltete Kolonialräte gegründet.

■ **1793** Die Île Bourbon heißt jetzt Île de la Réunion.

■ **1796** Frankreich erklärt die Abschaffung der Sklaverei, was einen Protest gegen die politischen Gesandten Frankreichs auslöst.

■ **1799** Wiedereinführung der Sklaverei durch Napoleon.

■ **1793–1805** Höhepunkt der Kaperei im Indischen Ozean; die Britische Ostindien-Kompanie muss schwere Verluste hinnehmen.

■ **1810** Geschwächt durch die Napoleonischen Kriege kapitulieren Réunion und Île de France, nun wieder Mauritius, vor der britischen Marine.

■ **1814** Der Friedensvertrag von Paris erklärt Mauritius, Rodrigues und die Seychellen zu britischem Besitz; Frankreich erhält Réunion zurück.

■ **1835** Abschaffung der Sklaverei auf Mauritius durch die Briten und Entschädigung der Sklavenhalter. Import indischer Vertragsarbeiter (Kulis).

■ **1848** Abschaffung der Sklaverei auf Réunion.

■ **1885** Die Mauritier William Newton und Virgile Naz begründen eine Reformbewegung, die zur Formulierung einer eigenen Verfassung führt.

■ **1903** Die Seychellen erhalten den Status einer britischen Kronkolonie.

■ **1936** Gründung der mauritischen Arbeiterpartei *(Labour Party).*

■ **1946** Réunion wird französisches Überseedépartement.

■ **1947** Durch die Mackenzie-Kennedy-Konstitution erhalten alle Mauritier, die lesen und schreiben können, das Wahlrecht.

■ **1964** Bildung politischer Parteien auf den Seychellen.

■ **1968** Mauritius wird unabhängig und Mitglied des *British Commonwealth;* Rodrigues steht unter der Verwaltung von Mauritius. Sir Seewoosagur Ramgoolam wird erster Premierminister.

■ **1976** Ausrufung der Republik der Seychellen unter einer Koalitionsregierung der *Seychelles Democratic Party* (SDP) und *People's United Party* (PUP). James Mancham wird erster Präsident.

■ **1977** Ein unblutiger Staatsstreich stürzt Mancham, den Albert René ersetzt. (René wird als Präsident mehrfach wiedergewählt).

■ **1981** Stümperhafter Staatsstreich auf den Seychellen durch Colonel »Mad Mike« Hoare.

■ **1982** Auf Mauritius gewinnt die politische Allianz aus *Mouvement Militant Mauricien* (MMM) und *Parti Socialiste Mauricien* (PSM) die Wahlen. Neuer Premierminister wird der Führer der MMM, Anerood Jugnauth.

■ **1992** Ausrufung der Republik Mauritius, zu der auch Rodrigues gehört. Sir Anerood Jugnauth behält sein Amt als Premierminister.

■ **1993** Neue Verfassung mit Mehrparteiensystem auf den Seychellen.

■ **1995** Die Arbeiterpartei gewinnt die Wahlen auf Mauritius. Navin Ramgoolam wird neuer Premierminister.

■ **2000** Bei den Wahlen auf Mauritius setzt sich die Oppositionsallianz aus MMM und MSM durch, neuer Ministerpräsident wird Sir Anerood Jugnauth.

■ **2002** Karl Auguste Offman wird neuer Präsident von Mauritius. Rodrigues erhält regionale Autonomie.

■ **2003** Paul Bérenger wird der erste nicht-indische Premierminister von Mauritius.

■ **2004** Auf den Seychellen wird James Michel Nachfolger von Präsident René.

■ **2006** Die Seychellois feiern am 29. Juni den 30. Jahrestag der Unabhängigkeit. Réunion erlebt als Folge des Chikungunya-Fiebers eine Krise der Wirtschaft und des Tourismus. ■

◀ Die Abschaffung der Sklaverei auf Réunion wird verkündet, 1848
▶ Plakat zur Wahl 1995 auf Mauritius, es siegte die Arbeiterpartei (Labour Party)

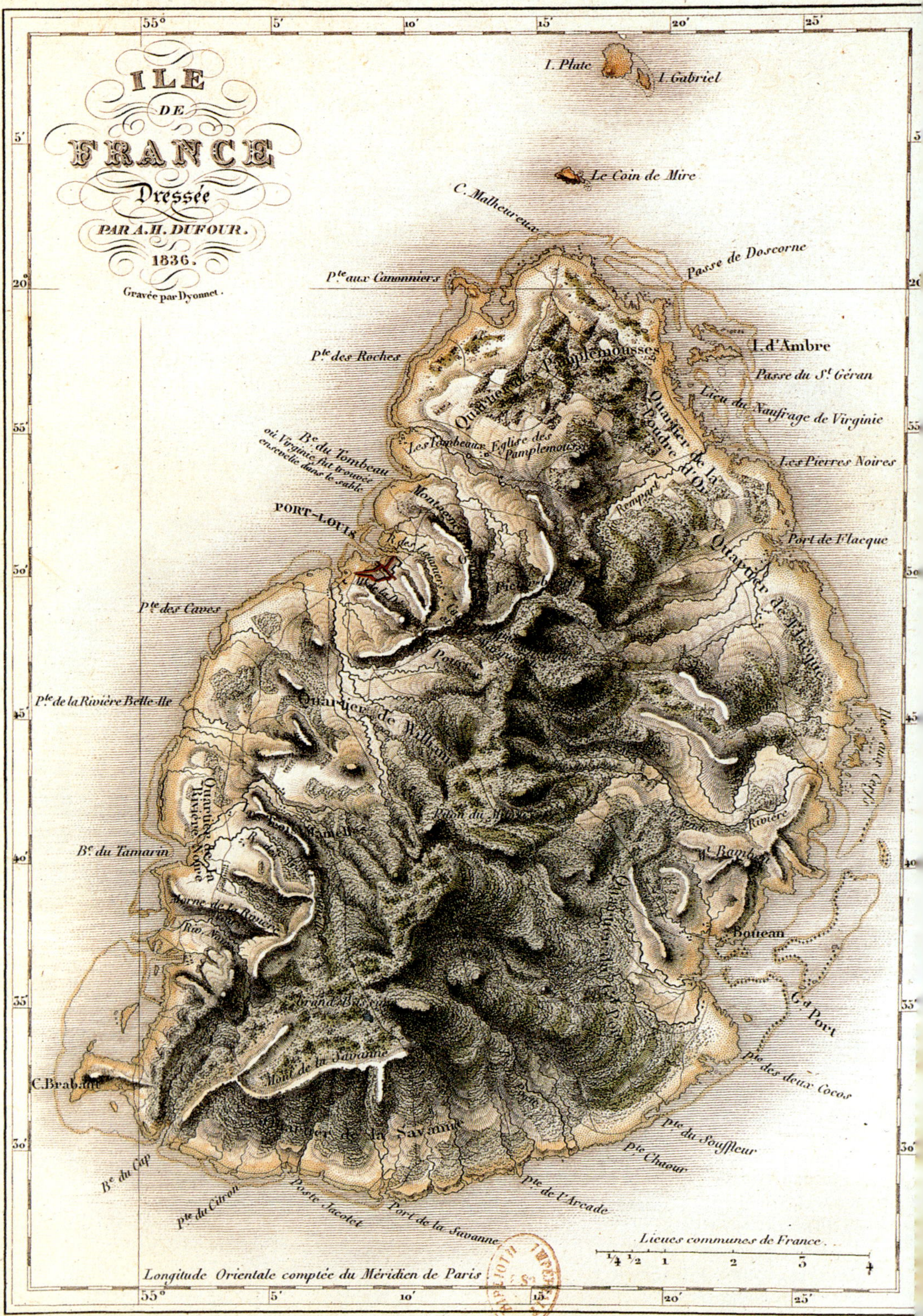
ILE DE FRANCE
Dressée
PAR A.H. DUFOUR.
1836.
Gravée par Dyonnet.
I. Plate
I. Gabriel
Le Coin de Mire
C. Malheureux
Pte aux Canonniers
Passe de Doscorne
I. d'Ambre
Passe du St. Géran
Lieu du Naufrage de Virginie
Les Pierres Noires
Pte des Roches
Bc du Tombeau
où Virginie fut trouvée ensevelie dans le sable
Les Tombeaux
Eglise des Pamplemousses
PORT-LOUIS
Port de Flacque
Pte des Caves
Pte de la Rivière Belle-Ile
Quartier de Williams
Bc du Tamarin
Boucan
Gd Port
C. Brabant
Pte des deux Cocos
Pte du Souffleur
Pte Chaour
Quartier de la Savanne
Bc du Cap
Pte du Citron
Poste Jacotet
Port de la Savanne
Pte de l'Arcade
Lieues communes de France.
1/4 1/2 1 2 3 4
Longitude Orientale comptée du Méridien de Paris
55° 5' 10' 15' 20' 25'
Ecrit par Hacq.

Seeleute und Forschungsreisende: Die Entdecker der Maskarenen

Bis zur Ankunft der ersten Siedler im 16. Jh. hatte offensichtlich kein Mensch je auf den Maskarenen gelebt. Seit damals sind die Eilande abhängig von den Launen und Ambitionen Europas, das die Bevölkerungsstruktur, die Wirtschaft und in hohem Maße auch die Politik der Inselwelt beeinflusst.

Die Maskarenen sind Ozeaninseln, d. h. sie brachen nicht von einer Kontinentalmasse ab, sondern entstanden völlig unabhängig auf Grund vulkanischer Aktivitäten. Mit seinen rund 8 Mio. Jahren ist Mauritius die älteste Insel, gefolgt von Réunion (3 Mio.) und Rodrigues (2 Mio.). Die Wetterbedingungen in dieser Ecke der Welt sind wechselhaft, und da die unberechenbaren Passatwinde sowie Zyklone zahllose Segelschiffe vom Kurs abbrachten, waren vielleicht nicht verwegener Entdeckungsdrang, sondern Zufall oder Missgeschick verantwortlich für die Sichtung dieser kleinen Landmassen im Indischen Ozean.

Der früheste schriftliche Nachweis über die Lage der Inseln entstammt arabischen Dokumenten und Karten. 1498 bekam Vasco da Gama Landkarten von Ibn Majid zu Gesicht, auf denen drei Eilande südöstlich von Madagaskar eingezeichnet waren und die Namen *Dina Moraze, Dina Margabim* und *Dina Arobi* trugen, was so viel wie »östliche«, »westliche« und »unwirtliche« Insel bedeutet.

Erst im frühen 16. Jh. trafen europäische Besucher auf den Maskarenen ein. Die portugiesischen Seefahrer tauften Mauritius »Cirne«, vermutlich der Name eines ihrer Schiffe; Réunion wurde dem Tag seiner Entdeckung entsprechend »Santa Apolina« genannt und Rodrigues erhielt den Namen seines Entdeckers Diego Rodriguez. Nur gelegentlich befuhren die Portugiesen auf dem Weg nach Indien die Maskarenen-Route, doch die einsamen Inseln waren willkommene Rastplätze für die erschöpften Mannschaften und ideal zur Reparatur der Schiffe.

◄ Landkarte der Ile de France von 1836

► Kupferstich einer Szene aus »Paul et Virginie«, einer Romanerzählung aus dem 18. Jh., die von einem Schiffsunglück vor der Ile d'Ambre handelt

Dodos, Schildkröten und Ebenholz

Die Fruchtbarkeit und die unberührte Natur der im frühen 17. Jh. weitgehend unbewohnten Mas-

karenen wurde von Holländern, Franzosen und Briten gepriesen. Samuel Castleton, der Réunion 1613 zum ersten Mal sah, berichtete von dichten Wäldern, mächtigen Wasserfällen, fetten Aalen in den Flüssen sowie einer hohen Anzahl von Meeresschildkröten und Vögeln. Dem Holländer Mandelslo fiel auf, dass es Feigen, Granatäpfel, Rebhühner und Tauben im Überfluss, jedoch keine Katzen, Schweine, Ziegen, Hunde oder Ratten gab – zumindest solange nicht, bis die ersten Ratten von Schiffen entkamen, die vor der Küste auf Grund gelaufen waren.

Frühe Besucher brachten Zeichnungen von einem seltsamen flugunfähigen Vogel mit, der nur auf Mauritius und Réunion vorkam. Sie beschrieben ihn als fett, tollpatschig und größer als ein Truthahn – es war der Dodo (s. S. 67), der bereits wenige Jahrzehnte später ausstarb.

Seine Ebenholzwälder und die beiden Naturhäfen machten Mauritius zum begehrten Ziel europäischer Forscher und Händler. Die Niederlande annektierten die Insel im Jahr 1598 und fällten große Bestände des wertvollen dunklen Ebenholzes, bis eine Übersättigung des europäischen Marktes der Abholzung Einhalt gebot.

Pedro Mascarenhas

→ Die Maskarenen wurden nach dem portugiesischen Seefahrer benannt – eine größere Ehre, als ihm eigentlich zusteht, denn er hat keine der Inseln entdeckt.

Die Anfänge der Kolonisierung

Zweimal besetzten die Holländer Mauritius: Von 1638 bis 1658 und von 1664 bis 1710. Die erste Siedlung entstand in der Nähe des heutigen Mahébourg. Zusammen mit dem Kommandeur und seiner Truppe kam eine kleine Schar freier Bauern auf die Insel; aus Südostasien und Madagaskar holte man Sträflinge und Sklaven, die beim Holzfällen und der Feldarbeit eingesetzt wurden. Schon bald formierte sich eine Gruppe von Flüchtlingen – Soldaten, Arbeiter und Seeleute –, sie gründeten im bewaldeten Inselinnern eine Siedlung, von der aus sie den Bauern und dem Fort mit Überfällen und Brandattacken heftig zusetzten. Die harten Lebensbedingungen der frühen Siedler wurden durch Zyklone und durch die Rattenplage zusätzlich erschwert. Während die Holländer damit beschäftigt waren, ihre Niederlassung auf Mauritius zu befestigen, nahmen die Franzosen die anderen Maskarenen-Inseln in Besitz. Beide Kolonialmächte verbannten mehrmals aufsässige Siedler aus ihren Stützpunkten am Kap der Guten Hoffnung, Batavia (Java) und Madagaskar auf die Maskarenen.

Bourbon, das später in Réunion umbenannt wurde, erhielt seinen hoheitlichen Namen vom französischen Gouverneur auf Madagaskar, der durch zurückkehrende Exilanten von der Schönheit und dem Reichtum der Insel erfuhr. 1654 unternahm man den Versuch, eine Gruppe aus Franzosen und Madagassen dort anzusiedeln, doch vier Jahre später verließen die Pioniere die Insel und Bourbon blieb bis 1663 unbewohnt.

Zur nächsten Gruppe von Siedlern gehörten drei Frauen und es kam, wie es kommen musste: Eifersüchteleien führten zur Rivalität und damit zum Ende des Projekts. Auch die Ansiedlung von Freiwilligen aus Frankreich misslang – viele überlebten nicht einmal die Anreise.

Zwei Ereignisse markierten den Wendepunkt für Bourbon: Zuerst wurden die Franzosen auf Madagaskar geradezu niedergemetzelt, was sie zur Aufgabe ihres Stützpunkts zwang, und wenig später zog der Krieg mit Holland die Sperrung des Kaps der Guten Hoffnung für französische Schiffe nach sich. Bourbon avancierte zu einem bedeutenden Außenposten auf der Route nach Indien. Frankreich ernannte einen Gouverneur, und um die Bevölkerungszahl zu erhöhen, importierte man indische Sträflinge, siedelte indo-portugiesische Frauen an und nahm Piraten auf, die ihr Vagabundenleben aufgeben wollten und in die wachsende Bourbon-Gemeinde einheirateten.

Crusoes Insel

→ Der Bericht von einem Mann, der 1601 auf Mauritius ausgesetzt worden war, soll Daniel Defoe zu seinem Abenteuerroman »Robinson Crusoe« inspiriert haben.

Verlorenes Paradies

Die begeisterten Berichte der ersten Bewohner von Bourbon, die man unter Zwang dort hingebracht hatte, lockten eine Gruppe von Hugenotten an. Sie wollten der religiösen Verfolgung in Frankreich entgehen und beschlossen, auf der letzten unbewohnten Maskarenen-Insel ihren eigenen Garten Eden zu erschließen. François Leguat war einer von zehn Männern, die auf Rodrigues siedelten. Nach zwei Jahren Einsamkeit und Enthaltsamkeit flüchteten sie nach Mauritius – offenbar war Utopia so nicht zu verwirklichen (s. S. 160).

Das reale Leben auf einer abgelegenen Tropeninsel unterschied sich stark von den Visionen, die nach Erholung lechzende Seefahrer und verfolgte Protestanten hatten. Die kleinen Siedlungen voller Sträflinge und Piraten, die von frustrierten Kommandanten geleitet und von den Handelsgesellschaften vernachlässigt wurden, waren schlecht befestigt und die Menschen mussten um ihr tägliches Überleben kämpfen. Es waren vor allem die geografischen Bedingungen, Isolation und unzuverlässiges Wetter, die sich als bestimmende Faktoren in der Geschichte erwiesen.

◀ Holländische Siedlung in Vieux Grand Port

▶ Mauritius wurde nach Moritz von Nassau, dem Sohn Wilhelms von Oranien, benannt

Die Besuche aus Übersee hatten gravierende Auswirkungen. Das fragile Ökosystem der Inseln erlitt durch die Besiedlung irreparable Schäden und die von den Siedlern importierten Tiere wie Ratten und Spitzmäuse brachten das natürliche Gleichgewicht durcheinander. Die Küstenpalmen und Ebenholzwälder wurden alle abgeholzt und rund 30 Vogelarten, zu denen auch der Dodo und der Solitaire gehörten, sowie die Land- und Meeresschildkröten waren dem Untergang geweiht.

Das französische Jahrhundert

Zwischen 1710 (als die Holländer abzogen) und 1810 (als die Briten kamen) hatten die Franzosen die unangetastete Oberhoheit über die Maskarenen. In jener Zeit dienten die Inseln verschiedenen Zwecken: als Rastplatz und Ort zur Aufnahme neuer Vorräte, als Anbaugebiet für Gewürze und Kaffee und als günstiger Platz für das Studium astronomischer Phänomene.

Nachdem Bourbon fest in ihrer Hand war, sandten die Franzosen im Jahr 1721 Siedler nach Mauritius, das sie in Île de France umbenannten. Aus Frankreich wurden zusätzlich ein Gouverneur sowie mehrere Hundert Soldaten und weitere Siedler geschickt, die im folgenden Jahr mit 30 madagassischen Sklaven eintrafen. Sie ließen sich im Südosten der Insel nieder und bauten ihre Häuser auf den Ruinen aus holländischer Zeit. Die von Bourbon aus verwalteten Inseln hatten gegen natürliche Probleme zu kämpfen. Ein Besucher von Île de France gab der Insel den Spitznamen »Königreich der Ratten«, um sein Unbehagen in Nächten, in denen ihm die Tiere über den Körper krochen, in Worte zu kleiden.

Entscheidende Veränderungen ergaben sich ab 1735 mit der Ankunft von Mahé de Labourdonnais (s. S. 62) und der Entscheidung, den Verwaltungssitz nach Île de France zu verlegen. Für den

Rest des 18. Jhs. wurde Bourbon nach Auffassung der dortigen Siedler zur »Kornkammer« degradiert, welche die Schwesterinsel ernähren musste, während dort bedeutende Handelsposten und Werften entstanden.

Labourdonnais verfolgte das Ziel, Île de France in eine blühende Kolonie zu verwandeln, doch seine hoch gesteckten Ambitionen waren ohne zusätzliche Arbeitskräfte nicht zu verwirklichen. Man lockte Zuwanderer aus Westafrika und Asien an, deren Zahl durch Sklaven aus Ostafrika und Madagaskar sowie durch den Import von Arbeitern aus Indien und Frankreich ergänzt wurde. Als die wachsende Bevölkerung unter Nahrungsmittelknappheit zu leiden hatte, führte Labourdonnais Maniok als Grundnahrungsmittel für Sklaven ein und begann mit der systematischen Ausbeutung der Schildkröten von Rodrigues. Dies kennzeichnete den Beginn des unumkehrbaren Verlustes einer endemischen Land- und Meeresfauna, was durch die periodische Präsenz von Flottengeschwadern noch beschleunigt wurde.

1767 gab die Französische Ostindien-Kompanie, die durch die Kriegsjahre hohe finanzielle Verluste erlitten hatte, die Kontrolle über die Maskarenen in die Hand des französischen Königshofs. Port Louis auf Mauritius, das durch die monopolistische Politik der Kompanie lange Zeit in seinen Handelsaktivitäten beschränkt war, entwickelte ein so hohes Maß an Wohlstand und Stil, dass man der Stadt gar den Beinamen »Paris des Indischen Ozeans« verlieh.

Die Fassade aus Kultur, Eleganz und Profit verhüllte jedoch eine auf Spekulation basierende Wirtschaft und eine Gesellschaft, in der auch die Präsenz herausragender Intellektueller und Naturwissenschaftler die Zerstörung der Natur und die Differenzierung der Menschen nach Hautfarbe nicht verhindern konnte.

Die Franzosen hatten gehofft, die Maskarenen für ihre Interessen im Gewürzhandel und für den Anbau tropischer Produkte nutzen zu können. Man ermunterte die Siedler, Kaffee, Baumwolle, Indigo, Zuckerrohr, Zimt, Tee und Pfeffer anzubauen, und führte die Gewürznelke und die Muskatnuss ein. Doch viele Ernten gingen verloren, weil Vögel, Ratten und Affen in die Felder einfielen oder Stürme einen Strich durch die Rechnung machte. Trotzdem wurden Kaffee und Gewürze aus Bourbon zum wichtigsten Exportprodukt der Maskarenen, während Zuckerrohr dem Ansturm der Elemente am besten auf Île de France widerstand. Im 19. Jh. war Zuckerrohr zu einem Synonym für die Maskarenen geworden. Bernardin de Saint Pierre, ein französischer Schriftsteller, bemerkte: »Ich weiß nicht, ob Kaffee und Zucker für Europas Glück nötig sind, doch gewiss haben sie der Welt viel Elend beschert.«

Revolution und Rebellion

Die französische Herrschaft auf den Maskarenen führte zu einer Art sozialer Apartheid, welche die Sklaven unter die Bestimmungen des *Code Noir* stellte. Erst die von Frankreich ausgehende Welle der Revolution fegte solche Gesetze hinweg. Eine Kette von Ereignissen in den französischen Kolonien fand ihre Höhepunkte in der Absplitterung von Haiti und einer offenen Rebellion auf den Maskarenen.

Es dauerte ein Jahr, bis die Kunde von der Französischen Revolution die Inseln des Indischen Ozeans erreichte. Nachdem die ersten Schiffe unter der Trikolore eingetroffen waren, wählten die Inseln ihre eigenen Kolonialräte und der hoheitliche Name Bourbon wurde in Réunion umgewandelt. Die Revolution verlief auf den Maskarenen mit wenigen Ausnahmen relativ unblutig. Man hob das Heiratsverbot zwischen schwarzen und weißen Siedlern auf und für kurze Zeit verengte sich die Kluft zwischen den sozialen Gruppen.

Code Noir

→ Dieses berühmte französische Gesetz untersagte Eheschließungen zwischen der farbigen Bevölkerung der Maskarenen und den weißen Siedlern.

1796 aber ging die französische Revolutionsregierung dem Empfinden der Siedler nach zu weit. Als Paris nach Verkündung der Abschaffung der Sklaverei zwei Abgeordnete auf die Maskarenen schickte, um die neue Weisung auch in Kraft zu setzen, wurden die beiden Franzosen innerhalb von nur drei Tagen verjagt. Eine Zeit lang regierten sich die Inseln selbst, doch ernste Meinungsverschiedenheiten führten um ein Haar zum Bruch zwischen Réunion und Mauritius.

◄ Horror der Sklaverei – eine frei übersetzte französische Inschrift zu diesem Bild lautet: »Was Eurem Vergnügen dient, ist mit unseren Tränen durchtränkt«
▲ Kupferstich: Herzlicher Empfang des Gouverneurs Mahé de Labourdonnais durch die Inselbewohner

Unter Napoleon wurde die Sklaverei wieder geduldet und zum Dank benannte man Réunion kurzerhand in Île Bonaparte um – doch auch diesmal konnte die Insel nicht aus dem Schatten von Île de France heraustreten. Die von General Decaen – der seit 1803 die absolute Macht über die Maskarenen ausübte – eingeführte soziale und fiskalische Gesetzgebung war für und zu Gunsten von Mauritius konzipiert.

Piraten, Verräter und Spione

Unter portugiesischen und besonders britischen Seeleuten waren die französischen Maskarenen in jenen Tagen hauptsächlich als »Piratennest« bekannt. Zwischen 1793 und 1802 wurden über

100 gekaperte Schiffe nach Port Louis gebracht, wo die feilgebotene Beute neutrale Schiffe aus Dänemark und Amerika anzog. Aber es gab auch andere Gründe für die immense Beliebtheit von Mauritius: Der Rum – eines der Nebenprodukte in der Verarbeitung von Zuckerrohr – floss in rauen Mengen und Port Louis gehörte zu den wenigen Orten an der Indienroute, in denen ausreichend Frauen großzügig ihre Gunst verteilten.

Letztendlich war die Kaperei ausschlaggebend für das britische Vorgehen gegen die Maskarenen. 1806 legten sie zunächst eine Blockade um Île de France, wo der gefeierte britische Naturwissenschaftler Matthew Flinders gefangen gehalten wurde. Die Briten überschätzten die Stärke der französischen Verteidigungstruppen und zogen Flottenverbände aus Bombay und vom Kap zusammen, die sich vor Rodrigues zu einer Armada vereinten und im Juli 1810 zunächst Île Bonaparte ohne große Gefechte einnahmen.

Die Eroberung von Île de France gestaltete sich schwieriger: Im August wurden die Briten nach einer dreitägigen Seeschlacht in der Bucht von Mahébourg, die als Schlacht von Grand Port in die Geschichte einging, besiegt. Im November desselben Jahres aber setzten sie mit 70 Schiffen und 10 000 Soldaten erneut zum Angriff an. Die Franzosen erkannten, dass die numerische Überlegenheit der Briten nur zu unnötigem Blutvergießen führen würde, und so handelte der letzte französische Gouverneur, General Decaen, eine ehrenhafte Kapitulation aus.

Île de France wurde in Mauritius und Île Bonaparte in Réunion umbenannt. Die Briten behielten die Kontrolle über Réunion, bis die Insel 1814 durch den Vertrag von Paris wieder unter französische Oberhoheit kam. Ludwig XVIII. soll zum britischen Minister, der das Abkommen aushandelte, gesagt haben: »Sie lassen uns den Vulkan und behalten den Hafen.«

Befreiung der Sklaven

Die britische Eroberung von Mauritius und Rodrigues führte zu keiner nennenswerten Zuwanderung britischer Siedler. So hatten es die Kolonialoffiziere überwiegend mit Franzosen zu tun, als sie die unpopulären Gesetze zur Besserstellung der Sklaven in die Tat umsetzen sollten. Doch der Zeitpunkt war schlecht gewählt, denn Mauritius befand sich mitten im Übergang zu einer Plantagengesellschaft und benötigte dringend Arbeitskräfte.

Als der bekannte Verfechter der Sklavenbefreiung, John Jeremie, im Jahr 1832 auf die Insel entsandt wurde, bereiteten ihm die Siedler ein ähnliches »Willkommen« wie seinerzeit den beiden Abgeordneten aus Frankreich. Ein Generalstreik legte die Hauptstadt lahm und der verängstigte britische Gouverneur ordnete an, Jeremie umgehend wieder an Bord zu bringen. Als Antwort darauf erbauten die Briten auf einer Anhöhe über der Stadt Fort Adelaide – eine symbolische Mahnung, dass die Kolonialmacht keine Aufsässigkeiten der Bevölkerung dulden werde. Nachdem die Siedler

Mahé de Labourdonnais

Der ehemalige Generalgouverneur (1699–1753) genießt hohe Verehrung auf Mauritius. Innerhalb weniger Jahre verwandelte er den Naturhafen der Hauptstadt Port Louis in einen Hochseehafen. Zu den Überresten gehören die renovierte Mühle und der Kornspeicher im Hafengebiet. Labourdonnais ließ ein Krankenhaus bauen, ein Straßennetz anlegen und die ersten auf Mauritius eingesetzten Maschinen für die Zuckerproduktion importieren. Sie sind noch heute auf dem Gelände des Botanischen Gartens von Pamplemousses zu sehen.

mit einer Abfindung für ihre Sklaven zufrieden gestellt waren, verlief der Tag der Sklavenbefreiung im Jahre 1835 ohne Zwischenfälle.

Neue Arbeitskräfte

Im Jahr 1842 beschlossen die Briten, Mauritius zur Stätte eines »großen Experiments« zu machen: Würde man Zucker mit freier Arbeit ebenso billig produzieren können wie mit Sklavenarbeit? Die Kolonie erhielt das Recht, auf der Grundlage eines Vertragssystems – in dem nicht nur die Löhne, sondern auch Strafklauseln festgesetzt waren – Arbeiter aus Indien zu importieren. Gegen Ende der Zuckerproduktion zuwandten. 1860 überholte Réunion gar seine Schwesterinsel und setzte sich an die Spitze des Imports indischer Arbeitskräfte. Darüber hinaus rekrutierten beide Inseln weiterhin Arbeiter aus China, Madagaskar, den Komoren und Mosambik und ab Mitte des 19. Jhs. kamen in größerem Maße Afrikaner hinzu. Sie waren dank britischer Marinesoldaten von Sklavenschiffen »befreit« worden – nur um sich wenig später auf Mauritius oder den Seychellen wieder zu finden, wo sie langjährige Arbeitsverhältnisse bei den einheimischen Plantagenbesitzern aufnehmen mussten.

des 19. Jhs. hatte deren Zahl bereits die Halbmillionengrenze erreicht – damit beschäftigte Mauritius die meisten indischen Gastarbeiter im gesamten Empire und avancierte innerhalb eines Jahrzehnts zu Großbritanniens führender Zuckerkolonie.

Sinkende Produktionszahlen in Britisch- und Französisch-Westindien führten dazu, dass sich sowohl Mauritius als auch Réunion immer stärker

◄ Der »Korsarenkönig« Robert Surcouf kapert 1800 in der Bucht von Bengalen das britische Schiff »Kent«
▲ Indische Arbeiter

Ritterliche Feinde

Trotz Napoleonischer Kriege blieben die Beziehungen zwischen England und Frankreich ritterlich. Als die Frau des Offiziers, der zwischen 1806 und 1810 das Kommando über das britische Geschwader führte, an Bord des Schiffes ein Kind zur Welt brachte, schickte ihr der französische Gouverneur Decaen eine Bootsladung mit Lebensmitteln. Nach der Schlacht um Grand Port im Jahre 1810 wurden die verwundeten Befehlshaber beider Streitkräfte Seite an Seite im heutigen Seefahrtsmuseum von Mahébourg behandelt.

Im Vergleich zu Mauritius kamen die sozio-ökonomischen Veränderungen auf Réunion verhältnismäßig spät ins Rollen: Die Sklaverei wurde erst im Jahr 1848 abgeschafft und auch die wirtschaftliche Entwicklung hin zu einer Monokultur ging auf Réunion langsamer vonstatten. Beide Eilande aber erlebten eine Art Revolution, denn die Mechanisierung und Zentralisierung der Betriebe bewirkte die Umgestaltung zu Gesellschaften, in denen eine Besitzerschicht einer steigenden Zahl eingewanderter Arbeitskräfte gegenüber stand. Lediglich Rodrigues blieb eine überwiegend agrarisch orientierte Kolonie ohne den spürbaren Zu-

strom indischer Arbeitskräfte, der die demografische Struktur seiner Nachbarinseln so nachhaltig veränderte.

Die Vertragsarbeiter verpflichteten sich gegen festgesetzte Löhne zu unterschiedlich vielen Jahren Dienst. Wer nicht arbeiten konnte oder wollte, wurde kurzerhand eingesperrt; körperliche Züchtigungen und begrenzte Bewegungsfreiheit bescherten den indischen Arbeitern eine Existenz, die derjenigen von Sklaven glich. In den Jahren 1872 und 1877 wurde jeweils eine Untersuchungskommission nach Mauritius bzw. Réunion entsandt, um sich ein Bild von den Lebensbedingungen der Arbeiter zu machen; Missstände schienen an der Tagesordung.

Krankheiten und Naturkatastrophen

Durch den drastischen Verfall der Zuckerpreise im letzten Viertel des 19. Jhs. wuchs die Not der stark angewachsenen Bevölkerung und Epidemien wie Pocken, Cholera oder Malaria begannen um sich zu greifen. 1892 wurde Mauritius von einem gewaltigen Zyklon heimgesucht, der 1260 Menschen tötete und 50 000 obdachlos machte; Réunion hatte unter periodischen Eruptionen seines aktiven Vulkans zu leiden. Die Katastrophen fanden kein Ende – einmal mehr bescherten Ratten den Maskarenen Unheil, als die Beulenpest ausbrach, und 1902 machte auf Mauritius ein von Fliegen übertragener Parasit die Notschlachtung Tausender Pferde, Maultiere und Rinder erforderlich. Die Inseln erlebten den Tiefpunkt ihrer Geschichte und waren weit vom Idyll entfernt, das sie weniger als 200 Jahre zuvor noch dargestellt hatten.

Der Zustrom von Arbeitskräften aus dem Ausland kam praktisch zum Erliegen. Unter den wenigen Neuzuwanderern befanden sich vor allem Kaufleute aus China und Gujarat, die nach und nach den Handel unter ihre Kontrolle brachten. Andererseits setzte eine Auswanderung von Réunion nach Madagaskar und von Mauritius nach Südafrika ein, wo sich die Siedler neues Glück versprachen.

Réunion erlebte rasche politische Veränderungen: Das System der absoluten Herrschaft wurde durch Einführung des allgemeinen Wahlrechts abgelöst und ab 1870 war die Insel durch Repräsentanten im französischen Parlament vertreten. Mauritius hingegen besaß erst ab 1885 eine aus gewählten Mitgliedern bestehende Ratsversammlung. Auf beiden Inseln konnten sich wenige reiche Pflanzerfamilien einen überdurchschnittlich großen Einfluss sichern.

Die Maskarenen nach dem Krieg

Der Erste Weltkrieg ließ die Zuckerpreise wieder steigen und die Maskarenen fanden zu einem gewissen Maß an Wohlstand zurück. Doch die sozialen Ungerechtigkeiten schürten den Missmut der Arbeiter, welche in den 1930er Jahren mit massiven Streiks auf sich aufmerksam machten.

Die Auswirkungen des Zweiten Weltkriegs trafen die Inseln wesentlich härter. Hastig errichteten die Briten auf Mauritius diverse Marine- und Luftwaffenstützpunkte, während das auf Réunion herrschende Vichy-Regime die Insel abschottete und an den Rand einer Hungersnot brachte. Nach dem Krieg wurden beide Inseln durch regelmäßige Flugverbindungen an die Außenwelt angeschlossen und waren fortan leichter für Besucher zu erreichen.

1946 erhielt Réunion den Status eines französischen Überseedépartements. Die Finanzspritzen aus Frankreich sorgten für eine sozio-ökonomische Machtverschiebung von der Pflanzerklasse hin zu den wachsenden öffentlichen und kommerziellen Wirtschaftssektoren. Auf der anderen Seite wurde durch den neuen Status ein Assimilationsprozess ausgelöst, dem Réunion – das vom ideologischen Erwachen der schwarzen Bevölkerung und der Blackpower-Bewegung in der französischen Karibik unbeeindruckt blieb – anfangs nur wenig entgegensetzte. Erst mit Gründung der Kommunistischen Partei im Jahre 1959 wurden Rufe nach Anerkennung einer eigenen Identität laut. Erste Erfolge verzeichnete man 1981 mit dem »Recht auf Differenzierung«, das die politische Loslösung von Frankreich begleitete und eine Art kulturelle Revolution bewirkte.

Für Mauritius waren die 1980er Jahre eine Dekade des politischen Radikalismus. Die linksgerichtete *Mouvement Militant Mauricien* (MMM) zog mit ihrer Parole »Eine Nation, ein Volk« eine sehr große Anhängerschar auf ihre Seite. Doch sowohl diese als auch die Bewegung auf der Schwesterinsel zeigten insgesamt nur eine begrenzte Wirksamkeit und der Kampf um die Schaffung eines nationalen Identitätsgefühls – auf Réunion gegen die linguistische und kulturelle Hegemonie Frankreichs, auf Mauritius gegen die rivalisierenden ethnischen Identitäten – geht unvermindert weiter.

Die Unabhängigkeit

Seine Unabhängigkeit hat Mauritius einem Tauschhandel zu verdanken: Großbritannien trat die Insel 1968 nur deswegen so bereitwillig ab, weil es im Gegenzug das *British Indian Ocean Territory* erhielt, eine Gruppe kleiner abhängiger Inseln. Eines der Eilande (Diego Garcia) verpachteten die Briten kurz darauf den USA als Militärbasis.

Die Freude über die lang ersehnte Unabhängigkeit wurde nicht von allen geteilt. Schon während der Feierlichkeiten kam es zu Ausschreitungen

◀ **Chinesische Immigrantinnen um 1910**
▲ **Feierlichkeiten zum Unabhängigkeitstag in der mauritischen Hauptstadt Port Louis**

seitens ethnischer Minderheitengruppen, die auf Grund der übermächtigen indischen Bevölkerung eine »Hinduisierung« der Politik befürchteten. Tatsächlich identifizierte sich die herrschende Arbeiterpartei zwischen 1968 und 1982 immer stärker mit ihrer hinduistischen Machtbasis, doch es war die Kombination aus Korruptionsskandalen, Überbevölkerung und hoher Arbeitslosigkeit, die 1982 die opponierende, radikale MMM an die Regierung brachte – ein Intermezzo, das nur von kurzer Dauer war. 1992 erfolgte die Ausrufung zur Republik und ein vom Parlament gewählter Präsident löste die Queen als Staatsoberhaupt ab.

Bis 2000 wurde Mauritius von Koalitionen der wichtigsten Parteien (u. a. der Arbeiterpartei MLP) regiert, die ausnahmslos kapitalistisch orientiert sind. Seit den Wahlen im Herbst 2000 stellt wieder die MMM mit der MSM unter Premier Jugnauth die Regierung. Das früher von Mauritius aus verwaltete Rodrigues avancierte 1968 zu einem vollständig integrierten Wahlbezirk und erhielt 2002 den Status regionaler Autonomie. Die Insel stellt Abgeordnete in der *Mauritius Legislative Assembly.*

In ökonomischer Hinsicht bleiben die Inseln verwundbar. Die größten Schritte hin zu einer Diversifizierung der Wirtschaft hat Mauritius unternommen. Seit 1985 verdient Mauritius mehr durch den Export von Fabrikprodukten als durch Zuckerexporte, aber eine Krise in der Textilbranche, gepaart mit der Aufhebung von Zuckerabnahmezusagen durch die EU, haben die Arbeitslosenzahlen erhöht.

Die Franko-Mauritier haben ihre wirtschaftliche Rolle zementiert, indem sie in die Tourismusbranche drängten. Der Tourismus verzeichnet stete Zuwachsraten und auch der Finanzsektor steht als neuester Wirtschaftszweig vor einer viel versprechenden Zukunft.

Manche Rodriguais versuchen von der Entwicklung der Infrastruktur zu profitieren, indem sie Arbeit auf Mauritius suchen, denn ihre eigene Insel steht bei der Zuteilung von Ressourcen nur an zweiter Stelle. Da das Wirtschaftswachstum, das der Zwei-Insel-Republik bislang ethnische Reibungen ersparte, unproportional verteilt wird, fühlt sich die afro-kreolische Bevölkerung auf beiden Inseln zunehmend benachteiligt. 1999 setzten Ausschreitungen auf Mauritius ein klares Signal, dass die sozioökonomischen Disparitäten allmählich ein gefährliches Niveau erreichen. Es bleibt abzuwarten, ob die politische Elite angemessen reagieren kann.

Réunion nimmt eine Zwischenstellung zwischen entwickelten und sich entwickelnden Nationen ein. Während das Gesundheits- und Bildungswesen das Niveau eines »Erste-Welt-Staats« hat, hinkt die Wirtschaft weit hinterher. Anders als Mauritius besitzt Réunion keine bedeutende Exportsonderzone, da die Löhne zu hoch sind. Zwar ziehen die Naturschönheiten der Insel Touristen an, doch fehlen ihr die Strände, die Mauritius und die Seychellen zu berühmten Urlaubszielen gemacht haben.

Die Chaudron-Unruhen im Februar 1991 unterstrichen die Probleme, die soziale Ungerechtigkeit und hohe Arbeitslosigkeit aufwerfen. Ironischerweise brachen die Ausschreitungen zu einer Zeit auf, in der die französische Regierung sich endlich den Forderungen der Überseedépartements nach sozialer und wirtschaftlicher Gleichstellung zuwandte.

Die Maskarenen sind eine der wenigen Regionen, in denen die französische Sprache gegen die weltweite Dominanz des Englischen auf dem Vormarsch ist. Frankreich steht fest in seiner Bastion im Indischen Ozean aus dem 18. Jh. und will dies auch im 21. Jh. tun – weniger aus militärischen als aus politischen und kulturellen Motiven. ■

Der Tod des Dodo

Mauritius' berühmtester Exportschlager ist der Dodo, ein großer flugunfähiger Vogel, der im 17. Jh. ausgerottet und weltweit zum Symbol für Dummheit und die Zerstörungswut der Menschen wurde.

Anfang des 17. Jhs. brachten holländische Seeleute die ersten lebenden Exemplare des Vogels nach Asien und Europa – sein Name soll übrigens von der holländischen Bezeichnung für »runder Hintern« abgeleitet sein. Die Holländer beschrieben den Dodo als zutraulich, unbeholfen, zu fett, um zu laufen und zu dumm, um Gefahren zu erkennen. In der prä-darwinschen Ära galt er als Beispiel für einen Fehler Gottes, später als Irrtum der Evolution, und bei Grants 1801 in England publizierter »History of Mauritius« wird er als »gefiederte Schildkröte« und leichte Beute für Jäger beschrieben.

Lange Zeit waren alte Zeichnungen und Beschreibungen die einzigen Hinweise auf die Existenz des Dodo – nur eine umstrittene Kralle und andere Überreste importierter Vögel blieben in Europa erhalten. Viele Naturwissenschaftler meinten gar, der flugunfähige Dodo sei ein Fantasieprodukt betrunkener Seeleute. Ironie der Geschichte: Ausgerechnet an der Stelle des heutigen Flughafens, in Mare aux Songes, stieß man Mitte des 19. Jhs. auf Dodo-Knochen, mit deren Hilfe Modelle des Vogels entworfen wurden, die heute in Museen auf der ganzen Welt zu sehen sind.

Als im 20. Jh. jegliche Zweifel über die einstige Existenz des Dodo ausgeräumt waren, wandten sich die Naturwissenschaftler dem Vogel selbst zu; man untersuchte Knochenreste und alte Reiseberichte. Auf Rodrigues ausgegrabene Knochen wurden einem ähnlichen Vogel mit längeren Beinen zugeschrieben, dem Solitaire; diese Funde erhielten Bestätigung durch die 200 Jahre alten Berichte des französischen Hugenotten Leguat (s. S. 160).

Der übergewichtige Dodo wurde rehabilitiert, als sich herausstellte, dass er nur zu bestimmten Zeiten wohl genährt, zu anderen jedoch schlank und flink war. Außerdem sprach man die Holländer von dem Vorwurf frei, das Tier auf dem Gewissen zu haben – nicht nur der Mensch, sondern auch die von ihm mitgebrachten Schweine, Ratten und Affen hatten den Dodo ausgerottet.

Noch immer liegen einige Fakten über das seltsame Tier im Dunkeln. Laut Reiseberichten soll es auf Mauritius einen grauen und auf Réunion einen weißen Dodo gegeben haben; andere Quellen vergleichen den Dodo von Réunion eher mit dem Solitaire von Rodrigues. Kein einziger Knochenfund konnte diese Theorien bislang untermauern.

Britische Wissenschaftler üben sich derzeit in der Auferstehung des Dodo mit Hilfe neuer genetischer Techniken – vielleicht könnte man den Vogel eines Tages wieder in seinem natürlichen Lebensraum sehen, z. B. auf der Île aux Aigrettes vor der Südostküste von Mauritius, wo einst der letzte Dodo gelebt haben soll. Seit 1987 bemüht sich die »Mauritius Wildlife Foundation« (MWF) um die Wiederherstellung des ursprünglichen Ökosystems der Insel. Für den Dodo ist dies zu spät, aber sowohl die seltene Rosa Taube als auch der Mauritius-Turmfalke fliegen hier wieder frei umher (s. S. 91). Tagesausflüge werden von Reiseveranstaltern und der MWF angeboten, ein Teil der Einnahmen fließt in einen Fonds für den Naturschutz. ■

◀ **Cassam Uteem, ehemaliger Präsident von Mauritius**
▲ **Darstellung des 1861 ausgestorbenen Dodo**

G 149 A

76

BICYCLE

Im Land des Lächelns

Entdeckt wurde Mauritius offensichtlich von Arabern, die die Meere auf ihren Kreuzfahrten durchquerten. Lange Zeit blieb die Insel unbewohnt, bis Mitte des 16. Jhs. die ersten holländischen Siedler an Land gingen und die Inseln für sich in Anspruch nahmen. Anfang des 18. Jhs. trafen die Franzosen ein und hatten bis zur Ankunft der Briten im frühen 19. Jh. die unangetastete Oberhoheit über die gesamten Maskarenen. 1735 verlegten die Franzosen ihren Verwaltungssitz von Bourbon (das damalige Réunion) nach Mauritius und gaben ihm den Namen Île de France. Sklaven sowie Zuwanderer aus Afrika und Asien sollten dazu beitragen, die Insel in eine blühende Kolonie zu verwandeln. Doch lange Zeit war das Eiland nichts anderes als ein beliebtes Versteck für Piraten, was die Briten Anfang des 19. Jhs. zum Angriff bewog. Unter den neuen Herrschern wurde Île de France in Mauritius umbenannt und nach der Sklavenbefreiung im Jahr 1835 avancierte die Insel mit Hilfe indischer Vertragsarbeiter zu Großbritanniens führender Zuckerkolonie. Seine Unabhängigkeit erreichte Mauritius erst 1968 – im Tauschhandel gegen eine Gruppe kleinerer Inseln.

Mit seinen prachtvollen Stränden, die von einem nahezu lückenlosen Korallenriff geschützt sind, entspricht Mauritius heute der gängigen Vorstellung von einem tropischen Inselparadies. Die vielen exzellenten Hotels, die alles Erdenkliche in Sachen Wassersport, Service, Unterhaltung, Shopping und sogar Hochzeitsarrangements anbieten, machen es schwer, sich loszureißen und das Inselinnere zu erkunden – aber die Insel hat mehr zu bieten als Traumstrände und Luxushotels.

Im Vergleich mit anderen Orten mag Mauritius nur wenig herausragende Sehenswürdigkeiten besitzen, aber diese sind unbedingt ein paar Ausflüge wert. Zu den Attraktionen abseits der Strände gehören der weltberühmte Botanische Garten von Pamplemousses, einige wundervolle alte Plantagenhäuser und nicht zuletzt der Black River Gorges National Park mit seiner ursprünglichen Fauna und Flora. Außerdem macht es Spaß, durch die Fischerdörfer an der Küste zu streifen oder das grüne Plateau im Herzen der Insel zu erforschen, das einst Fuß eines gigantischen Vulkans war, dessen Spitze explodierte und die zerklüfteten Gipfel- und Felsformationen hinterließ, die heute das Landschaftsbild prägen.

Man wird rasch feststellen, dass die Qualität der Dienstleistungen in den Hotels nicht nur auf eine gute Ausbildung zurückzuführen ist, sondern in hohem Maße auf die angeborene Freundlichkeit der überwiegend hinduistischen Bevölkerung. In der Sonne glitzernde bunte Hindutempel und Schreine sorgen für Abwechslung im Landschaftsbild und die Menschen mit indischer Abstammung tragen noch heute die traditionelle Kleidung ihrer Vorfahren.

Die ethnische Vielfalt von Mauritius ist verblüffend und man braucht einige Zeit, um die komplizierten Strukturen der Nation zu begreifen. Einen ersten Geschmack darauf erhält man am Flughafen, wo die eintreffenden Reisegäste von einer Heerschar Beamter empfangen werden, deren Englisch von einem deutlichen französischen Akzent überlagert ist. Beim Umtausch der Währung in Rupien fragt man sich angesichts der chinesischen, indischen oder europäischen Bankangestellten unvermittelt, ob man versehentlich auf einem falschen Kontinent gelandet ist. Die multikulturelle Natur der Gesellschaft hat zur Folge, dass nur selten eine Woche ohne irgendwelche Feste oder religiöse Zeremonien vergeht, bei denen Tamilen über glühende Kohlen laufen, Hindus ihre Haut mit Nadeln durchstechen, Katholiken auf Wallfahrt gehen oder Chinesen Drachentänze aufführen. Wer die Gelegenheit hat, ein solches Fest mitzuerleben, sollte sich dies nicht entgehen lassen.

Immer wieder aber findet man zurück zum Meer, um dort an einem der herrlichen Strände zu faulenzen, am Korallenriff zu tauchen, mit kleinen Fischen zu spielen oder mit großen Fischen vom Boot aus zu kämpfen – es ist in erster Linie die Küste, an die man noch lange zurückdenkt. ■

◀◀ Fischerboot; Zuckerrohrplantage
◀ Die Schönheit von Mauritius beschränkt sich nicht nur auf die Küste – das Inselinnere ist von wogenden Zuckerrohrfeldern und markanten Bergen geprägt

Mauritius und seine Menschen

Angeblich fühlen sich die Mauritier nur im Ausland als solche, daheim sind sie in erster Linie Angehörige einer bestimmten Gemeinschaft. Einwanderer aus Europa, Asien und Afrika waren die Vorfahren der heutigen Inselbevölkerung, deren ethnische Vermischung ein zugleich faszinierendes und kompliziertes Bild zeichnet. Will man den Politikern Glauben schenken, so gibt es auf Mauritius keinen Rassismus – Hautfarbe, Glaube und Sprache bilden jedoch nach wie vor Grenzen zwischen den Menschen.

Ursprünge, Religionen und Kulturen

Die nahezu 100 Jahre während französische Kolonialzeit, welche 1810 zu Ende ging, hinterließ bleibende Spuren auf Mauritius. Obwohl die Franko-Mauritier numerisch eine Minderheit darstellen, leben sie in einer deutlich abgegrenzten Gemeinschaft und halten in wirtschaftlicher Hinsicht die Fäden in der Hand. Die Nachkommen der Sklaven und freien Arbeiter, die ebenfalls im 18. Jh. eintrafen, sind in der kreolischen Bevölkerung aufgegangen. Innerhalb dieser Gruppe – die nicht durch ethnische Homogenität, sondern durch die gemeinsame Religion (Katholizismus) definiert ist – besteht noch eine alte Hierarchie, welche diejenigen mit gemischtem Ursprung und hellerer Hautfarbe begünstigt.

Unter britischer Herrschaft zwischen 1810 und 1968 gelangte eine große Zahl von Einwanderern aus Indien nach Mauritius, was die Demografie der Insel nachhaltig veränderte. Die Indo-Mauritier machen heute zwei Drittel der Bevölkerung aus, bilden jedoch bei weitem keine homogene Gemeinschaft – Herkunft, Kaste und Religion bestimmen die Zugehörigkeit zu der einen oder anderen Untergruppe. Rund 15 % sind Muslime, die überwiegend aus dem Staat Bihar stammen, aber verwirrenderweise *Calcuttyas* genannt werden, um sie von den Muslimen aus Gujarat abzugrenzen. Ebenfalls nach regionalen Gesichtspunkten werden die Hindus (ca. 50 %) unterschieden: Die meisten stammen aus Bihar, während Tamilen, Telugu und Marathen in der Minderzahl sind. Die Bihar-Hindus spielen eine Schlüsselrolle in der Politik, seit der Unabhängigkeit kam jeder Premierminister, außer Paul Bérenger, aus ihren Reihen.

Das britische Erbe selbst ging weitestgehend verloren – am deutlichsten tritt es noch in der Straßenverkehrsordnung (Linksverkehr und Beschilderung) zu Tage. In der Kolonialzeit ließen sich nur wenige Engländer hier nieder und diejenigen, die geblieben sind, heirateten überwiegend in die französische oder kreolische Gemeinschaft ein.

◀ **Teilnehmerin am jährlichen Cavadee-Fest mit einem »sambo« voller Milch**
▶ **Gemüsehändler auf dem Weg zum Markt**

Eine andere Minderheit bilden die rund 3000 Chinesen, deren Vorfahren ab Mitte des 19. Jhs. immigierten, um sich im Handel zu betätigen. Noch heute sind viele Läden in chinesischem Besitz, aber auch akademische Berufe werden häufig von ihnen bekleidet. Ein Großteil der Chinesen ist zum katholischen Glauben übergetreten, pflegt zu Hause jedoch buddhistische Traditionen.

Wenngleich die Zahl der Mischehen zunimmt, heiraten die meisten Mauritier innerhalb ihrer Gemeinschaft und die gemeinsame Religion bleibt ein Hauptkriterium bei der Partnerwahl. Indessen bemühen sich jüngere Kirchen wie die Zeugen Jehovas um die Anwerbung neuer Mitglieder aus den Reihen der etablierten Glaubensgemeinden.

Eine vielsprachige Gesellschaft

Die Muttersprache der meisten Mauritier ist Créole (s. S. 21), als Amts- und Schulsprache dient Englisch und die Medien bevorzugen Französisch. Um die Verwirrung zu vervollständigen, sei angemerkt, dass sich manche Indo-Mauritier nur in dem regionalen, auf Hindi basierenden Dialekt Bhojpuri verständigen können und die ältere chinesische Generation im Kantonesischen oder Hakka bewanderter ist als in einer Fremdsprache. Diese so genannten Erbsprachen werden aktiv gefördert und sowohl das staatliche Fernsehen als auch die Rundfunkanstalten sind verpflichtet, entsprechende Programme auszustrahlen. In den Kinos der Insel bekommt man französisch synchronisierte Hollywood-Filme oder indische Produktionen auf Hindi zu sehen.

Die meisten Inselbewohner sprechen ausreichend Englisch, doch Französisch fällt ihnen leichter. Offizielle Formulare werden zumeist in englischer Sprache gedruckt. Viele Indo-Mauritier beherrschen ein elementares Hindi und Ausländer, die sich mit einigen Worten Créole (s. S. 21) zu verständigen versuchen, ernten immer ein Lächeln.

Anredeformen

Auf Mauritius bestimmt eine Mischung aus formellen und persönlichen Elementen die sozialen Beziehungen. Höfliche Umgangsformen aus alter Zeit bewirken noch heute, dass selbst die Kinder einflussreicher Persönlichkeiten mit »Mamzelle« (Madame) oder »Misie« (Monsieur) angesprochen werden. Eine Person mittleren Alters begrüßt man beispielsweise mit »tantine« (Tante) oder »tonton« (Onkel). Im freundlichen Umgangston wird man gerne mit »cousine« oder »cousin« angesprochen.

Rauschende Feste

Gefüllte Moscheen, Kirchen und Tempel beweisen, dass Religion ein wesentlicher Bestandteil des täglichen Lebens ist. Die Vorbereitungen für hinduistische, muslimische oder christliche Feste werden mit demselben Aufwand betrieben, den andere für ihre Volksfeste aufbringen. Pilgerfahrten, die von allen Glaubensgemeinschaften durchgeführt werden, ziehen wahre Menschenmassen an. Der Staat hat die offiziellen Feiertage auf die Festlichkeiten der einzelnen Ethnien abgestimmt, so dass niemand zu kurz kommt.

Eine weitere beliebte Wochenendunterhaltung sind Hochzeiten. Die Hindus benötigen hierfür gleich mehrere Tage, während derer sie die Gäste unter großen Zelten bewirten; üblicherweise gibt es ein vegetarisches Curry, das auf Bananenblättern serviert wird. Die Braut ist in einen traditionellen roten oder cremefarbenen Sari gekleidet und der Bräutigam trägt vermutlich zum einzigen Mal in seinem Leben einen prächtigen Turban – und dazu Pantoffeln. Muslimische Eheschließungen gehen etwas schneller vonstatten und sind charakterisiert durch ein Gericht namens *biryani* und Erfrischungsgetränke (meist Pepsi). Die Katholiken heiraten natürlich in der Kirche mit anschließender Feier. Bei allen Anlässen wird früher oder später eine heiße Sega (s. S. 79) aufs Parkett gelegt.

Nikah

→ So heißt die muslimische Hochzeitszeremonie, bei der männliche und weibliche Gäste nicht selten in getrennten Bereichen bewirtet werden.

Von Liebestränken und Werwölfen

Viele der alten Glaubensvorstellungen und Bräuche, die von Einwanderern auf die Insel gebracht wurden, sind im modernen Mauritius noch lebendig. Es gibt unzählige eigenartige Gewohnheiten und Tabus: Manche Menschen schneiden sich etwa die Zehennägel nur zu festgelegten Tageszeiten, während andere bestimmte Speisen meiden, um übel gesonnene Geister zu besänftigen, und chinesische Mauritier haben eine Vorliebe für die Zahl neun, was ihre Autokennzeichen deutlich bezeugen.

Einheimische Hexenmeister, die *longanistes* oder *traiteurs*, werden von Angehörigen verschiedener Glaubensrichtungen bestellt, um Streitigkeiten zu schlichten, Vergeltung zu fordern, Unheil abzuwenden oder Liebestränke zu verabreichen. Verliert die Geliebte oder der Liebhaber das Interesse am Partner, so hat vermutlich ein Rivale die Dienste eines Hexenmeisters in Anspruch genommen. Da Friedhöfe beliebte Stätten für die Ausübung magischer Rituale sind, sieht man dort nicht selten Hexenmeister, die im Kreis einer kleinen Anhängerschar über Gräbern ein Huhn opfern, eine Kokosnuss öffnen oder Kerzen entzünden.

◄ ▲ **Straßenszenen aus Port Louis und Curepipe**

Ein gutes Beispiel dafür, wie ein Volksglaube unter widrigen Umständen zu einer äußerst ernsten Angelegenheit auswachsen kann, ist der *loup garou* (»Werwolf«). 1994 zerstörte der Zyklon Hollanda einige Hochspannungsleitungen der Insel und viele Gebiete waren wochenlang ohne Strom. In dieser Zeit hielt das Gerücht von einem herumstreunenden *loup garou* die Bevölkerung in Atem. Etliche Frauen gaben vor, von der Kreatur vergewaltigt worden zu sein und täglich war von neuen Begegnungen die Rede. Die Hysterie nahm zu, Frauen und Kinder verbarrikadierten ihre Wohnungen und sogar die Polizei zog sich offiziell aus der Verantwortung zurück. Erst als die Angelegenheit eine politische Dimension anzunehmen und zu religiösen Spannungen zu führen drohte – nachdem Muslime behauptet hatten, der Werwolf verberge sich in einem katholischen Schrein –, intervenierte der Staatspräsident höchstpersönlich und erklärte in aller Öffentlichkeit, dass die Kreatur nichts weiter als ein Hirngespinst sei.

◄ **Naturheilmittel für alle Wehwehchen**

Aufbruch ins neue Jahrhundert

Es gehört zu den Besonderheiten der mauritischen Gesellschaft, das jedes scheinbar noch so unbedeutende Objekt zur Unterscheidung der Völker dienen kann – sei es der Betrieb, in dem man arbeitet, das Auto, das man fährt oder das Getränk, das man zu sich nimmt. Oftmals verbirgt sich dahinter nichts anderes, als dass der Importeur aus den eigenen Reihen stammt. *Sak zako bizin protez so montan* (»Jeder Affe muss seinen Berg sichern«) – kaum eine Redensart beschreibt die Tendenz, Mitgliedern der eigenen Volksgruppe den Vorzug zu geben, auf eindrücklichere Weise.

Dass die Spannungen, welche die weit verbreitete Vetternwirtschaft verursacht, nicht zu ernsten Ausschreitungen führen, ist den geschickten Balanceakten aller bisherigen Regierungen zu verdanken. Die Ministerposten werden zugeteilt und so sind alle Kasten und Ethnien zumindest mit einem Repräsentanten im Kabinett vertreten – der alte Dämon des Rassismus ist jedoch auch aus Mauritius nicht wegzudenken. 1999 führten mehrere ungeklärte Todesfälle von Afro-Kreolen in Polizeigewahrsam – darunter der Sänger Joseph Reginald Topize alias Kaya – zu solch heftigen Ausschreitungen, wie sie das Land seit der Unabhängigkeit 1967/68 nicht mehr erlebt hat. Zum Ausdruck kam vor allem der Frust jener Gruppe, die am stärksten von der Diskriminierung betroffen ist: die Kreolen afrikanischer Abstammung.

In Zukunft könnten Generationskonflikte durchaus die alten Differenzen, basierend auf Herkunft, Hautfarbe und Religion, als Problemkreis ablösen. Schulen sind das Zentrum für die kulturelle Vermischung einer vorwiegend jugendlichen Gesellschaft und die steigende Konfrontation mit westlichen Medien bleibt nicht ohne Auswirkung auf althergebrachte Ansichten. Obwohl die meisten mauritischen Mädchen noch lange nicht die Freiheiten ihrer westlichen Altersgenossinnen genießen, stehen ihnen mit Diskotheken Begegnungsorte zur Verfügung, die ihren Müttern verschlossen waren.

Das moderne Mauritius ist eine faszinierende Mischung aus Spirituellem und Materiellem. Es ist ein Ort, wo sich der Buchhalter einer florierenden Firma mit Auslandskontakten ganz selbstverständlich einen Tag freinimmt, um an einer Wallfahrt teilzunehmen, zuvor kauft er vielleicht im Basar von Port Louis einen heilenden Kräutertee, den er abends beim Surfen im Internet schlürft, und verknüpft so problemlos die Vorstellungen der *olde worlde* mit der Begeisterung für alles Moderne. ■

Die Sega

Die Anfänge der Sega gehen mindestens auf das frühe 18. Jh. zurück. Irgendwann um diese Zeit entstand sie als Tanz der afrikanischen Sklaven, die Zerstreuung von ihrer harten Arbeit auf den Zuckerrohrfeldern suchten. Man versammelte sich um ein Feuer, trank selbst gebrannten Rum, und sobald der Alkohol die Hemmungen vergessen ließ, begann man zu singen und zu tanzen – dies war die Geburtsstunde der Sega.

Der »erotische Tanz, der wenig der Fantasie überlässt«, »extrem provokant« ist und oftmals gar als »simulierter Geschlechtsakt« beschrieben wird, überschreitet jedoch niemals die Grenze zum Obszönen – egal wie verführerisch die Bewegungen auch sein mögen. Passend dazu wird eine rhythmische, manchmal gar ekstatische Musik gespielt, wobei sich nur die Instrumente im Laufe der Zeit verändert haben. Benutzten die Sklaven früher noch Töpfe und Pfannen, leere Flaschen und Löffel sowie »ravan« (mit Ziegenfell bespannte Trommel), »maravan« (mit getrockneten Kernen gefülltes hohles Rohr) und »triang« (ein zu einem Dreieck geformtes Stück Alteisen), greifen die modernen »ségatiers« zu Gitarren und Keyboards. Die Texte sind oft zweideutig und mit amüsanten Anspielungen durchsetzt; für die Sklaven waren sie ein Medium, um ihren Gefühlen Ausdruck zu verleihen und den Verdruss über ihre Herren loszuwerden.

Obwohl ihre Wurzeln in Afrika liegen, gibt es die Sega in ihrer heutigen Form nur auf Mauritius, Rodrigues, Réunion und den Seychellen – und in allen vier Regionen hat sie spezielle Ausprägungen. In der klassischen mauritischen Sega (»sega typic«) beginnen die Frauen den Tanz. Sie halten den Saum ihrer bunten Kleider in den Händen, wiegen zum Rhythmus der Musik ihre Hüften und lassen ein Stück ihrer Beine sehen, um die Männer auf sich aufmerksam zu machen. Je mehr Tänzer sich einfinden, desto mehr entwickelt sich die Sega zum heftigen Flirt, bei dem beide Geschlechter versuchen, den Partner ihrer Wahl für sich zu gewinnen. Die Frauen geben sich lasziv und provozierend und wechseln die Partner, bis sie ihren Mann ausgewählt haben; die Männer strecken die Arme aus, so als wollten sie die bewunderte Tänzerin festhalten oder die gefundene Partnerin daran hindern zu entkommen. Sobald sich ein Paar gefunden hat, lehnt sich die Frau nach hinten und der Mann neigt sich über sie. In diesem Augenblick spornen die Sänger die Tänzer oft mit dem Zuruf »enba! enba!« (»Nach unten!«) an. Dann wird die Stellung gewechselt: Die Frau tanzt über dem Mann, der am Boden liegt und sie auffordert, tiefer und tiefer zu kommen. Je näher sich die Tänzer aufeinander zu bewegen, umso ungestümer werden die Trommeln geschlagen. Schließlich erreicht das Crescendo der Schlaginstrumente einen dramatischen Höhepunkt und findet nach einem letzten Wirbel sein Ende.

Die klassische Sega von Mauritius sieht man heute selten, höchstens bei Privatfeiern. Glückspilze werden vielleicht Zeuge einer authentischen Aufführung, die mit den formalisierten Hoteldarbietungen – der sogenannten »Sega hotel« nicht zu vergleichen ist. Am besten stehen die Chancen während der offiziellen Feiertage, an denen sich viele Großfamilien zum Picknick am Strand treffen und zu vorgerückter Stunde gerne das Tanzbein schwingen. ■

▲ Sega-Aufführung unter freiem Himmel in der Domaine les Pailles

Farbenfrohe Feste

Auf Mauritius gibt es angesichts der multikulturellen Bevölkerung so viele Anlässe zum Feiern, dass ein Besucher beinahe jeden Monat ein oder mehrere Feste miterleben kann. Einen besonderen Anziehungspunkt stellen dabei die farbenprächtigen, religiös motivierten Zeremonien und Feste der verschiedenen indischen Gemeinschaften dar.

Das im Januar oder Februar stattfindende **Cavadee** (Thai Poosam) lässt so manchem Zuschauer das Blut in den Adern gefrieren: Gläubige Tamilen durchstechen ihren Körper mit Nadeln oder laufen barfuß durchs Feuer. In einer Prozession wird der Cavadee – eine mit Blumen geschmückte, kunstvoll geschnitze Holzkonstruktion, an deren beiden Seiten ein mit Milch gefüllter Messingtopf hängt – zu einem Tempel gebracht und dort vor dem Bildnis der tamilischen Gottheit Muruga aufgestellt.

Das zweitägige Fest **Holi** (Februar/März) beginnt mit einem Freudenfeuer, in dem eine Strohpuppe der Dämonin Holika verbrannt wird. Danach bespritzen sich alle gegenseitig mit gefärbtem Wasser und schmieren einander Gesichter und Haare mit rotem und rosafarbenem Pulver ein.

Ende Februar, Anfang März pilgern zu **Maha Shivaratree** alle Hindus in einer riesigen Prozession zum Grand Bassin, dessen Wasser als heilig gilt (s. rechts).

Das Lichterfest der Hindus **Divali** wird in den Monaten Oktober/November gefeiert. Es erinnert an den Sieg von Rama (einer Inkarnation Vishnus) über den Dämon Ravana sowie an die Vernichtung des Dämons Narakasuran durch Krishna. Überall leuchten Kerzen und Öllämpchen.

◀ **Traditionelle Tänze**
An Divali feiern die Inder den Sieg des Guten über das Böse, symbolisiert durch Tausende im Dunkeln flackernde Lichter.

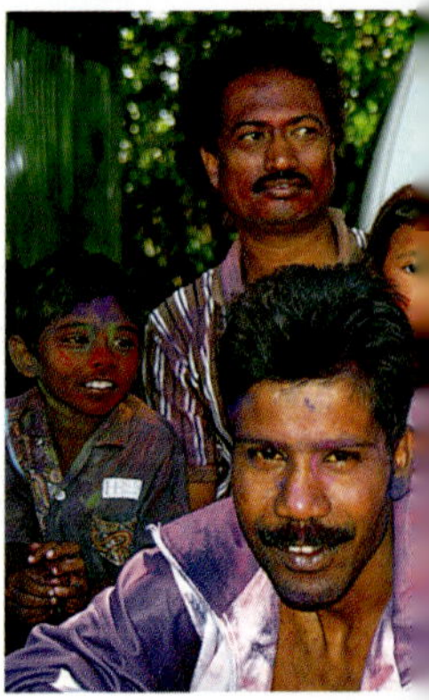

▲ **Hindu-Schreine**
Das Ufer des Grand Bassin wird von unzähligen Schreinen geschmückt – hier verehrt man Krishna und Rahna Radi.

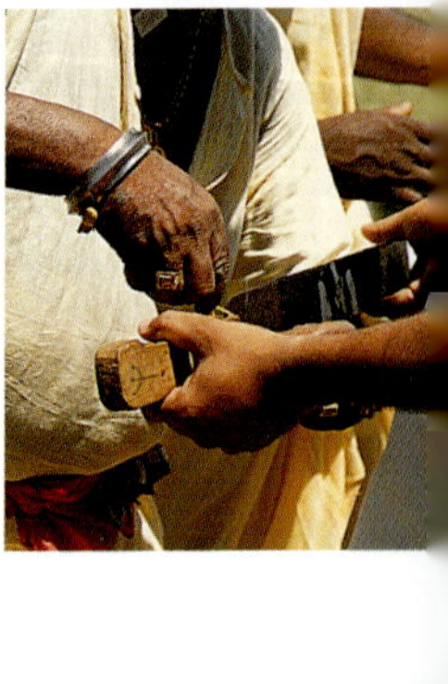

▶ **Gang über Schwerter**
Schwerter werden geweiht, bevor man als zeremonieller Bußeakt (zwischen April und Juni) über sie schreitet.

◀ **Buntes Cavadee**
Zu Thai Poosam finden in größeren Städten Prozessionen statt, die an einem Fluss beginnen und an einem Tempel enden.

▲ **Body-Piercing**
Als Bußeakt durchstechen gläubige Tamilen ihre Gesichter und Körper mit Spießen und Nadeln.

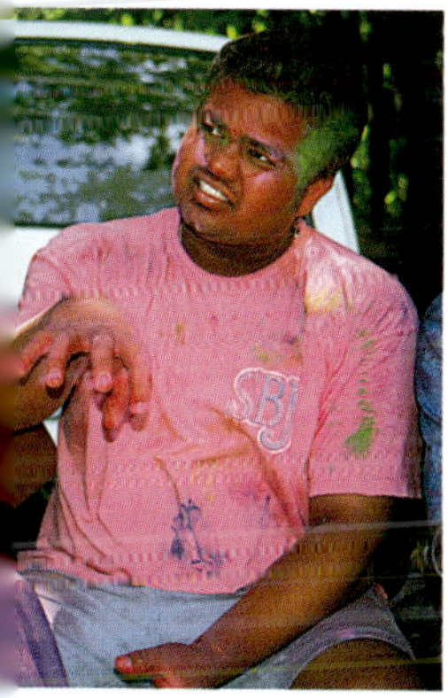

◀ **Wilde Farbschlachten**
Beim Fest Holi überwiegt Rot, für Hindus die Farbe der Freude. Wer an dem Spaß nicht teilhaben will, sollte sich möglichst aus der Schusslinie halten.

▼ **Erfrischung gefällig**
Während der Festivitäten werden rund um die Tempel Stände aufgestellt, die Imbisse und Getränke für nicht fastende Teilnehmer bereithalten.

▲ **Feuertaufe**
Zum tamilischen und hinduistischen Fest Teemeedee laufen Gläubige – begleitet von Gesängen – über glühend rote Asche, ohne Anzeichen von Schmerz zu zeigen.

Pilgerfahrt zum Grand Bassin

Seitdem 1972 heiliges Wasser aus dem Ganges in den 550 m hoch gelegenen Kratersee Grand Bassin geschüttet wurde, heißt der See unter den Hindus Ganga Talao – »See des Ganges«. Zu den bedeutendsten Festen der mauritischen Hindu-Gemeinde gehört das zu Ehren von Shiva gefeierte Maha Shivaratree im Februar bzw. März, das den Gott als Verteidiger des heiligen Ganges verehrt. Nach einer durchwachten Nacht ziehen weiß gekleidete Hindus mit Bambusgestellen, die mit üppigen Blumen und bunten Glocken verziert sind, zum See, wo sie Shiva und anderen Gottheiten huldigen. Gläubige baden im See und nehmen das heilige Wasser mit nach Hause.

Kulinarisches Wunderland

Die Bewohner der Maskarenen, deren Vorfahren aus Europa, Afrika, Indien und China kamen, sind Experten in der Zusammenstellung verschiedenster Zutaten und haben eine Küche kreiert, die so vielfältig wie das Völkergemisch ist. Mit den Portugiesen gelangten im 16. Jh. die ersten Schweine und Affen auf die Insel; die Holländer führten Rotwild ein und die Franzosen Obstbäume und Gewürze; die afrikanischen Sklaven dagegen ernährten sich von wilden Früchten und Pflanzen und reicherten ihren Proteinhaushalt mit Fisch, Wildschweinen und Fledermäusen an; eines der wichtigsten Grundnahrungsmittel, der Reis, wurde einst von Indern und Chinesen mitgebracht.

Köstlichkeiten des Meeres

Reis ist das Herzstück des Speisezettels und wird sowohl in vornehmen Restaurants als auch im Familienkreis bei jedem Essen aufgetischt – sei es gekocht, gebraten oder mit Safran verfeinert. Eine beliebte Alternative hierzu sind Nudeln, die in allen erdenklichen Formen und Größen serviert werden: von hauchdünnen *meefoon,* die sich für einen leichten Imbiss eignen, bis hin zur sättigenden gebratenen Variante *mine frite.* Da die Nudeln so wandelbar sind wie ein Pizzateig, werden sie mit Huhn, Rindfleisch oder Meeresfrüchten serviert – manchmal gar mit allem auf einmal wie in dem Gericht *mine frite speciale.*

Ein zweites Standbein der mauritischen Küche sind Meeresfrüchte, die Gourmets das Wasser im Munde zusammenlaufen lassen: fleischige Garnelen und Tintenfisch; fester, zarter *cordonnier* (Doktorfisch); geschmorter und frikassierter *cateaux* (Papageienfisch); *licorne* (Nashornfisch) mit Currysauce; in Limonensaft, Öl und Gewürzen marinierte und anschließend gegrillte *carangue* (Makrele); im Backofen oder als Bouillabaisse zubereiteter *capitaine* (Weißer Schnapper); *bourgeois* (Roter Schnapper) oder *vieille rouge* (Roter Zackenbarsch).

◀ **Marktstand mit frischem Fisch in Port Louis**
▶ **Vorbereitung des Pfannkuchenteigs für die Gäste am Mittag**

Auch Fleisch erscheint in unterschiedlichen Varianten. Rindfleisch, Huhn und Würstchen kommen in den Schmortopf oder werden als Currygerichte serviert. Zu bestimmten Jahreszeiten gibt es Wildbret und *cochon marron* (Wildschwein).

Grenzenlose Vielfalt

Mauritius verfügt über eine Vielzahl von Restaurants, Bars, Cafés und Imbiss-Stuben. Reservierungen sind in der Regel nicht erforderlich, der Service ist ordentlich, die Preise sind im Vergleich zu einem Abendessen im Hotel günstig. Allerdings schließen viele Restaurants bereits um 23 Uhr.

Nahezu alle Lokalitäten bieten indische, kreolische, chinesische und europäische Gerichte an. Zum Standard gehören würzige indische *vindaye*-Currygerichte; das typisch muslimische *biryani* mit Rind, Wild oder Fisch; das chinesische *bol renversée* (»umgedrehte Schale«), eine Mahlzeit aus Schweinefleischstreifen, scharfer Wurst und Huhn; die mauritische Variante eines mit Hummer, Garnelen oder Krabben angereicherten chinesischen Omelettes namens *fooyang;* das kreolische Fleisch- oder Fischgericht *rougaille,* das nach mediterraner Art mit gebratenen Tomaten, Zwiebeln, Knoblauch, Kräutern und Ingwer zubereitet wird; und *daube,* eine lieblichere Ausgabe des *rougaille.* Klassische Gemüsesorten sind *gros pois* (fette Butterbohnen), *bredes* (frisches Blattgemüse), *lalo* (Wundklee) und Auberginen *(bringelle).*

Salat der Millionäre

→ Der Name dieser Spezialität lässt zu Recht auf ihren Preis schließen – ein Palmherzensalat kostet auch auf Mauritius ein kleines Vermögen.

Einheimische kaufen ihr Mittagessen gerne bei Straßenhändlern, die würzige Snacks wie *gâteaux piments* (gebratene Linsen mit Chili), *samousas* (gefüllte Teigdreiecke), *dal puris* (Linsenpfannkuchen mit Gemüse und Saucen) sowie Suppen und Nudelgerichte bereithalten.

Fragwürdige Spezialitäten

Da die Affen in den Wäldern von Mauritius nicht unter Schutz stehen, werden sie um ihres Fleisches willen gejagt (ein Brauch, der glücklicherweise seltener wird) – entweder sie landen still und heimlich in einheimischen Kochtöpfen oder sie werden von lizenzierten Exporteuren an Laboratorien in Übersee verkauft. Zu weiteren »Köstlichkeiten«, die offiziell auf keiner Speisekarte zu finden sind, gehören der »tenrec« (Madagaskarigel), die »chauve souris« (Fledermaus) und »mouches jaunes« (knusprig gebratene Wespenlarven).

Deftige Hausmannskost

Wer das Glück hat, zu einer Familie nach Hause eingeladen zu werden, sollte unvoreingenommen und mit leerem Magen erscheinen. Es könnte geräucherten Marlin oder ein deftig gewürztes *massala* geben, vielleicht auch indische Pfannkuchen, die je nach Zubereitungsart *puri, roti, chapati* oder *farata* heißen. Natürlich findet sich immer eine Riesenschüssel Reis auf dem Tisch; der Reiskochtopf ist auf der Insel so verbreitet wie die Mikrowelle in europäischen Haushalten. Weitere wichtige Utensilien sind Wok und Currystein, das indische Pendant des Mörsers, in dem die Currypaste *massala* aus Gelbwurz, Koriander, schwarzem Pfeffer, Muskat, Knoblauch und Chilischoten zubereitet wird. Chili ist allgegenwärtig, entweder bereits im Essen oder als Beilage auf dem Tisch. Doch Vorsicht: Die Schoten können höllisch scharf sein.

Backwaren und Obst

Mauritier kaufen ihr Brot jeden Tag frisch. Neben knusprigem Baguette bieten die Bäckereien süße Brötchen und Blätterteigwaren an, doch abgesehen von auf Milch basierenden indischen Süßwaren findet man nur wenige Kuchen oder Mehlspeisen, da diese besonderen Gelegenheiten vorbehalten sind. Zum Nachtisch wird gewöhnlich Obst gereicht: Papayas, Mangos, Litschis, Ananas, winzige *gingli*-Bananen, Wassermelonen und Guajavas.

Gegen den Durst

Aus importierten Trauben werden in Mauritius einige sehr gute Weiß- und Roséweine hergestellt; besonders die Marken Château Bel Ombre, Eureka und Saint Nicholas sind einen Versuch wert. Importweine aus Südafrika und Australien haben angemessene Preise, während französische Tropfen teurer sind und obendrein die lange Reise nicht immer gut überstehen. Zu den besten Biersorten gehören die einheimischen Marken Phoenix und Stella sowie das etwas stärkere Blue Marlin. Mauritische Männer trinken gerne Whisky und Rum; Frauen bevorzugen einen Rum-Cocktail oder Punsch. Die bekannteste einheimische Rumsorte heißt Green Island.

Unter den gängigen Softdrinks findet Pepsi den stärksten Zuspruch. Sehr populär sind frische Fruchtsäfte und auch das indische Jogurtgetränk *lassi* wird gerne als Durstlöscher getrunken.

Carri de poulet aux grains
→ Diese typische Spezialität der Rodriguais besteht aus einem Hühnercurry mit roten Bohnen, begleitet von Maisbrei und lockerem weißen Reis.

Die meisten Hotels und Restaurants bieten Tee (aus einheimischer Produktion, oft mit Vanille aromatisiert), Filterkaffee, Cappuccino und Espresso an. Der einheimische Chamarel-Kaffee ist lecker, jedoch teuer, da er nur in kleinen Mengen hergestellt wird. Kleine Lokale und Snackbars servieren in der Regel löslichen Kaffee.

Spezialitäten aus Rodrigues

Da der Tintenfischfang eine der Haupteinnahmequellen von Rodrigues ist, kann man ihn auf nahezu jeder Speisekarte finden – in jeder erdenklichen Zubereitungsart. Die große Lagune von Port Mathurin spendet auch reichlich Krebse und Krabben, die fangfrisch im Kochtopf landen. Garnelen werden pur oder in einer scharfen Tomatensauce serviert. *Cono-cono* ähneln einer Schnecke und geben mit Salat ein leichtes Mittagessen ab, während Fisch auf chinesische Art mit Ingwer und Knoblauch die Herzen der Gourmets höher schlagen lässt.

Zwiebeln, Limonen, Zitronen und Chilis bilden die Basis der berühmten *chatinis* (Chutneys) und *achards* (scharfe Rohkost). In den Gemüsegärten von Rodrigues wachsen einige der schärfsten Chilischoten der Welt – in Flaschen gestopft werden sie für die Ewigkeit haltbar gemacht. Die kleinen grünen Schoten sind so begehrt, dass manche Mauritier und Réunionais extra wegen ihnen die Reise nach Rodrigues antreten.

Die kleinen Annehmlichkeiten des Lebens – wie ein ordentlicher Kaffee – mögen auf Rodrigues fehlen, dafür gibt es viele Desserts, die überwiegend kreolische Spielarten englischer Süßspeisen sind: *pain frit* (in Zucker gebratenes Brot), *gâteau patate* (süßer Kartoffelkuchen), *gâteau manioc* (Maniokpudding) oder *pudding maïs* (Maispudding). ■

◀ Zur Abrundung eines Menüs werden oft süße, kleine Kuchen offeriert
▲ Straßenverkäufer bieten scharf gewürzte Snacks an

Wunderbare Tier- und Pflanzenwelt

Für Naturfreunde sind tropische Inseln eine Schatzkammer voller seltsamer Erscheinungen. Einst waren Mauritius und Rodrigues die Heimat von flugunfähigen Vögeln, Riesenschildkröten und Zwergeidechsen – auch wenn auf den isolierten Inseln des Indischen Ozeans heute andere Tiere leben, besitzt ein jedes seinen eigenen Reiz und ist in seiner Art einzigartig.

Um auf die Eilande zu gelangen, mussten die Tiere fliegen, schwimmen oder aber einen Bootsplatz ergattern. Die nächstgelegene Landmasse ist Madagaskar, 855 km entfernt und so konnten nur Fledermause und Meeressäugetiere die Inseln aus eigener Kraft erreichen. Da es zu Lande keine Raubtiere gab, entwickelten sich Reptilien, auch Vögel hatten keine Probleme mit der Ausbreitung. Sie brachten Samen aus anderen Gebieten mit, die zu Hartholzwäldern heranwuchsen.

Nicht alles ist verloren

In den vergangenen 50 Jahren haben Umweltschützer harte Arbeit geleistet. Ihrem Einsatz ist es zu verdanken, dass ein Teil der verbliebenen Urwälder heute unter Schutz steht und den Tieren der Insel eine sichere Heimat bietet.

Einer der tierischen Bewohner von Mauritius besticht durch seine überraschende Größe: Die mauritische Fruchtfledermaus, im Volksmund auch Flughund, kann eine Flügelspannweite von über einem Meter erreichen. Ihr Pelz hat Farbschattierungen von dunkelbraun bis hin zu einem prachtvollen goldenen Orange. Rund 20 000 Tiere schwärmen nachts über die Insel aus, um in Wäldern und Gärten nach Früchten zu suchen. Tagsüber schlummern sie kopfunter in Bäumen oder an Berghängen – so beispielsweise im Black River Gorges National Park.

Die meisten Säugetiere kamen zusammen mit den Menschen auf die Insel. In den Wäldern von Mauritius leben zahlreiche Java-Hirsche und Schwarze Wildschweine, die wegen ihres Fleisches gejagt werden. Der aus Madagaskar stammende Borstenigel Tanrek, der sich nachts auf die Suche nach Insekten macht, ist leider zumeist in überfahrenem Zustand am Straßenrand zu sehen. Die rund 60 000 Javaner-Makaken gelten allgemein eher als Plage, da sie Pflanzen schädigen und mit Vorliebe Vogeleier und Jungvögel fressen. Eine gute Stelle, um die Affen zu beobachten, befindet sich in der Nähe des heiligen Sees Grand Bassin.

◀ **Der Flughund fällt durch seine großen Augen auf**

▶ **Bunter Taggecko beim Sonnenbad im Macchabee Forest**

Naturschutzgebiete

Der Black River Gorges National Park beherbergt einen Großteil der mauritischen Tier- und Pflanzenwelt, darunter viele gefährdete Arten. Nähere Informationen zu den gut ausgeschilderten Wegen und lohnenden Beobachtungspunkten halten das Besucherzentrum in Flussnähe sowie das Pétrin Information Centre in der Nähe des Grand Bassin bereit. Die Île aux Aigrettes bei Mahébourg wurde unter großem Aufwand von Ratten und Unkraut befreit, renaturiert und 1998 der Öffentlichkeit als Naturreservat zugänglich gemacht.

Unwillkommene Gäste

Schwarze Ratte, Wildkatze und Mungo haben am stärksten zur Ausrottung endemischer Tierarten beigetragen. Die Ratten erklimmen Bäume, wo sie Vogelnester ausrauben und sich über Früchte hermachen. Ebenso wie die Falbkatze haben auch andere Wildkatzen eine Vorliebe für Vögel.

> ***Fruchtfledermaus***
> **→ Der Flughund von Rodrigues verdankt seinen Namen dem hellen Fell und sein Überleben dem inzwischen verstorbenen Naturwissenschaftler Gerald Durrell.**

Der kleine Indische Mungo, der im trockenen Tiefland verbreitet ist, wurde 1900 zur Bekämpfung der Ratten eingeführt. Er ernährt sich hauptsächlich von Insekten, Eidechsen, Ratten, Vögeln – und einer Krötenart, die für die meisten anderen Tiere giftig ist.

Riesenschildkröten und Zwergeidechsen

Aldabra-Riesenschildkröten (s. S. 266) wurden auf Empfehlung von Charles Darwin und auf Geheiß von Königin Victoria nach Mauritius gebracht, um sie vor der Ausrottung zu bewahren. Einige der heute in Nationalparks lebenden Tiere können durchaus Exemplare des Erstbestandes sein.

Unter den vielen einheimischen und endemischen Geckos und Skinken hat der nachtaktive Hausgecko die größte Verbreitung, doch am auffälligsten sind die leuchtend grünroten Taggeckos der Gattung Phelsuma, die sich in Bananenstauden vor den gierigen Blicken der Staren verbergen. Den Hausgecko sieht man auch in Gärten, ebenso wie Familienmitglieder der Agamen, welche oft fälschlich als Chamäleon bezeichnet werden – es gibt zwar Chamäleons auf Mauritius, doch sie sind selten.

Im Gegensatz zur gängigen Meinung leben auf der Hauptinsel von Mauritius auch Schlangen, doch keine von ihnen ist giftig. Zwei davon gehören zu den blinden Arten und graben sich wie Würmer in den Boden. Die größere Wolfschlange erreicht selten einen halben Meter Länge und beißt bei Berührung zu, verursacht jedoch keine nennenswerten Verletzungen.

Auf der rattenfreien Round Island (Île Plate) findet man zahlreiche einheimische Reptilien, darunter drei verschiedene Skinke und zwei Geckos der Gattung Phelsuma – einer davon, Durrell's Nachtgecko, wurde nach dem verstorbenen Naturwissenschaftler Gerald Durrell benannt, der Round Island mit seinem Buch *Golden Bats and Pink Pigeons* berühmt machte. Auch zwei seltene endemische Boas leben hier, von denen eine sich eingrabende Art jedoch seit 1975 nicht mehr gesichtet wurde. Da die Insel ein wichtiger Lebensraum für seltene Tierarten ist, darf sie nur mit einer Sondererlaubnis besucht werden.

Skinke

→ **sind auch unter den Bezeichnungen Wühl-, Glatt- oder Walzenechsen bekannt. Viele dieser eidechsen- bis schlangenförmigen Reptilien haben rückgebildete – oder gar keine – Beine.**

Bunte Vogelwelt

Auf den Inseln des südwestlichen Indischen Ozeans haben elf endemische Landvögel überlebt, von denen sieben auf Mauritius siedeln: der Mauritius-Turmfalke, die Rosentaube, der Mauritius-Sittich, die Maskarenenhöhlensalangane, die Maskarenenschwalbe, der Mauritiusraupenfänger, der Schwarze Mauritius-Bulbul, der Mauritiusweber, der Paradiesfliegenschnäpper sowie zwei Brillenvögel. Die Salanganen brüten in Lavatunneln, doch ihre Zahl hat über die Jahre ständig abgenommen, da ihre Nester als Zutat für eine Suppe gefragt sind. Es gibt jedoch noch 2000 bis 4000 Salanganen auf Mauritius, die man überall beobachten kann. Die kräftigere Schwalbe bevorzugt den trockenen Südwesten und geht am späten Nachmittag auf die Jagd nach fliegenden Insekten. Als einzigen anderen endemischen Vogel sieht man hin und wieder den Grauen Brillenvogel mit weißem Bürzel, der in kleinen Scharen unterwegs ist und *pic-pic* genannt wird.

Für die Sichtung aller anderen Vögel benötigt man viel Geduld; die größten Chancen bestehen

◄ Ein Rudel Java-Hirsche
▲ Der Gelbe Webervogel gehört zu den vielen bunten Vögeln, die man in der Nähe von Hotels und Häusern sieht

Mauritius Wildlife Foundation

Die 1984 von Gerald Durrell und anderen Naturschützern gegründete Mauritius Wildlife Foundation verschreibt sich der Erhaltung der einheimischen Natur von Mauritius, Rodrigues sowie deren Nachbarinseln. Ihre bekanntesten Schützlinge sind der Mauritius-Turmfalke, die Rosentaube und der Mauritius-Sittich. Weitere Schutzprojekte befassen sich mit Sperlingsvögeln, gefährdeten Reptilien auf Round Island und dem Flughund von Rodrigues. Darüber hinaus hat die Stiftung bereits mehrere kleine Eilande renaturiert.

in den Wäldern der Schluchten des Rivière Noire und Bassin Blanc.

Die Wälder am Rivière Cascade Pigeon sowie bei Solitude auf Rodrigues sind die Heimat von zwei der seltensten Vögel der Welt: die endemische Grasmücke, von der es nur noch 25 Paare gibt, und des auffälligen gelb-orangefarbenen Webers mit rund 200 Paaren. Die farbenprächtigen Vögel, die man in bewohnten Gegenden erspäht, wurden überwiegend eingeführt. Viele sind sehr zutraulich, da sie vor ihrer Flucht in die Freiheit lange Zeit in Käfigen lebten und an Menschen gewöhnt sind. Zu den häufigsten Arten gehören der Star, der elegante Rotbart-Haubenbulbul, der hellrote Madagaskarweber und der Gelbe Webervogel.

Boucle d'oreille

→ »Ohrring« – so heißt die wunderschöne Nationalblume von Mauritius, die man allerdings nur auf kultiviertem Gelände findet.

Küstenbewohner

Auf den kleinen Inseln rund um Mauritius nisten Tölpel, Rußseeschwalben, Noddi-Seeschwalben und mehrere Sturmvogelarten. Wunderbar anzuschauen ist der elegante seltene Rotschwanztropikvogel, der in den Klippen von Coin de Mire, Flat Island und Round Island seine Nester baut. Am Aussichtspunkt Rivière Noire lässt sich sein bekannterer Vetter, der Weißschwanztropikvogel, beobachten.

In den Küstengewässern der Maskarenen wurden bislang 14 Wal- und Delphinarten gesichtet. Spinnerdelphine und Große Tümmler halten sich gerne in Strandnähe sowie hinter dem Riff der Baie du Tamarin auf; vor der Westküste kann man mit viel Glück Pottwale zu Gesicht bekommen. Fast jedes Jahr im Juli und August zieht eine Schule Buckelwale durch die Gewässer zwischen Mauritius und Round Island.

Früher lebten Dugongs (Seekühe) in den Lagunen von Mauritius und Rodrigues, wo sie sich von Seegras ernährten. Sie waren wohl die Wesen, die hochseemüde Matrosen für Meerjungfrauen hielten – was die Tiere jedoch nicht davor bewahrte, gejagt zu werden. Zum Glück haben sie im Mosambik-Kanal vor Madagaskar überlebt.

Faszinierende Flora

Die Hartholzwälder auf Mauritius beschränken sich auf höhere Lagen oder tiefe Schluchten, die schwer zu erreichen sind und deshalb nicht ausgebeutet wurden. Nur 5 % der Bodenfläche sind bewaldet und nur ein geringer Teil hiervon befindet sich in guter Verfassung. Dennoch besitzt Mauritius 685 verschiedene Pflanzenarten, von denen 311 endemisch und viele gefährdet sind.

Auf der Insel gedeihen einige der seltensten Pflanzen der Welt. Die Palme *Hyophorbe amauricaulis* ist mit nurmehr einem Exemplar im Botanischen Garten von Curepipe erhalten und Rodrigues kämpft um seine letzten Exemplare von *Ramosmania heterophylla,* einer entfernten Verwandten der Kaffeepflanze. Zu spät ist es hingegen für *Pyramid pandanus,* die 1993 vom Zyklon Hollanda endgültig vernichtet wurde.

Zu den importierten Pflanzen gehören die Chinesische Guave und das Wandelröschen *(Lantana camara).* Die Kasuarinen, die überall die Strände säumen, wurden als Windschutz aus Malaysia importiert und die mächtigen Banyanbäume, die durch ihre hängenden Luftwurzeln auffallen und eine typische Erscheinung in tropischen Wäldern sind, stammen aus Indien. ■

◀ **Kleine Noddiseeschwalben, Île aux Cocos**

Rettung seltener Arten

Mauritius ist für seine Vogelwelt und besonders für ausgestorbene Vögel bekannt. Berühmtestes Beispiel ist der Dodo, doch auch viele andere Arten wurden ausgerottet, darunter ein großer flugunfähiger Papagei (die größte jemals existierende Art), eine blaue Taube sowie mehrere Entenarten und Eulen. Ab Mitte der 1970er Jahre nahmen sich Naturschützer des Problems an und konnten drei Arten vor dem Aussterben bewahren: den Mauritius-Turmfalken, die Rosentaube und den Mauritius-Sittich. Besondere Verdienste in diesem Zusammenhang erwarben sich der Ornithologe Carl Jones sowie der Jersey Wildlife Preservation Trust (JWPT) unter Leitung von Gerald Durrell.

Der kleine Mauritius-Turmfalke (Falco punctatus) nistet im Bereich von bewaldeten Schluchten und Hügeln in Felsnischen und ernährt sich hauptsächlich von Taggeckos. 1974 wusste man lediglich von vier wilden Tieren, wovon nur ein Paar brütete. Über mehrere Jahre hinweg sammelte man die Eier dieses letzten Paares ein, welches sich davon nicht im Geringsten stören ließ, sondern im Gegenteil seine Produktivität steigerte und beständig neue Eier legte. Die schlüpfenden Jungvögel wurden in Gefangenschaft aufgezogen und dann ausgesetzt. Man stellte ihnen Nistkästen zur Verfügung und schützte sie vor Raubtieren wie Mungos oder Wildkatzen. Zwischen 1984 und 1994 konnten insgesamt 331 Vögel in die Freiheit entlassen werden. Die Falken brüteten eifrig und heute schätzt man ihre Zahl auf 500 bis 800 Exemplare.

Fachleute hielten die ebenso seltene Rosentaube (Nesoenas mayeri) bereits für ausgestorben, als in den 1970er Jahren noch eine Population in einem abgelegenen Waldgebiet in der Nähe des Bassin Blanc entdeckt wurde. Wildkatzen, Affen und Ratten setzten den Vögeln jedoch so sehr zu, dass es 1990 nur noch zehn wild lebende Vögel gab. Zwischenzeitlich war in Gefangenschaft eine kleine Population gezüchtet worden, deren Mitglieder man nach und nach in verschiedenen Gebieten frei ließ und die sich unter Aufsicht rasch vermehrten. Obwohl heute wieder über 370 Exemplare existieren, hat die Rosentaube noch einen weiten Weg bis zur endgültigen Sicherung ihres Bestandes zu gehen.

Eine noch schwierigere Aufgabe stellte die Rettung des smaragdgrünen Mauritius-Sittichs dar, der bis vor kurzem als seltenster Papagei der Welt galt. 1987 waren nurmehr acht Exemplare bekannt, darunter zwei weibliche Vögel. Das Hauptproblem stellte die geringe Brutbereitschaft der Tiere dar. Unter Schirmherrschaft des MWF (s. S. 89) versuchten Naturschützer, Eier aus gefährdeten Nestern zu bergen und Jungvögel aufzuziehen. Doch viele Tiere starben, bevor sie gelernt hatten, sich von frischem Obst und Gemüse zu ernähren, sauberes Wasser zu finden und eine strenge Hygiene einzuhalten. Man versorgte die Wildpapageien mit zusätzlichem

Futter und Nestern in hohlen Stämmen; nistende Weibchen wurden gegen Raubtiere geschützt und die Brutstätten regelmäßig gesäubert und mit Insektenmitteln behandelt, um Nestfliegen auszurotten, die sich vom Blut der Jungtiere ernahrten. Die Population nahm stetig zu und inzwischen besteht Anlass zum Optimismus, denn rund 120 Mauritius-Sittiche leben im Black River Gorges National Park wieder in Freiheit. ■

▲ Vor nicht allzu langer Zeit gehörte der Mauritius-Turmfalke noch zu den seltensten Vögeln der Welt, doch heute gibt es wieder rund 500 Tiere

Lockruf des Meeres

Nicht alle Mauritier schwimmen gerne im Meer, aber fast jeder verbringt seine Freizeit vorzugsweise am oder auf dem Wasser. An den Wochenenden strömen sie bepackt mit randvollen Picknickkörben zum Strand, um dort einen geruhsamen Tag zu verbringen.

Der Tourismus hat den Inseln des Indischen Ozeans neue und aufregende Aktivitäten beschert. In den meisten Hotels kann man kostenlos windsurfen, Wasserski fahren oder Boote ausleihen; fürs Tauchen, Hochseefischen und Parasailing hingegen werden Gebühren fällig. Wer es etwas ruhiger liebt, der findet in den geschützten, glasklaren Lagunen vorzügliche Bedingungen zum Schnorcheln oder kann bei einer Fahrt im Glasbodenboot die Unterwasserwelt bewundern.

Hinter dem Riff, das fast die gesamte Insel umschließt, beginnen die Jagdgründe der Sportfischer, zu deren begehrtesten Objekten u. a. Wahoo *(Acanthocybium solanderi)*, Hai, Marlin und Thunfisch gehören. Die Meeresbewohner haben wenige Feinde, doch trotz seiner Schnelligkeit und Kraft benötigt auch ein Blauer Marlin ein gewisses Maß an Schläue, um das entschlossenste aller ozeanischen Raubtiere zu überlisten – den Hochseefischer. Das Geschäft damit wird vor der Küste von Mauritius aufwändiger, kühner und mit mehr Allüren als vor Réunion und den Seychellen betrieben (s. S. 97).

Die besten Tauchreviere

Die Gewässer um Mauritius warten mit einzigartigen Taucherlebnissen auf. Es gibt Dutzende von Ecken, an denen sich Schwärme kleiner Riff-Fische – wie die Schwarzgepunktete Süßlippe, der Buckelschnapper oder der Eichhörnchenfisch – beobachten lassen. Weiter draußen sieht man mit etwas Glück Hammerhaie, Rochen und Barracudas.

Die interessantesten Tauchreviere liegen vor der Westküste bei Flic en Flac (s. S. 143). Innerhalb einer Stunde gelangt man von dem kleinen Ort per Boot zu einigen aufregenden Wracks. Jeden Tauchgang wert sind *Kei Sei 113* und *Tug 11*, die Ende der 1980er Jahre versenkt wurden, um künstliche Riffe zu schaffen – das Konzept ging auf und inzwischen haben Riesenmuränen und Riff-Fische von diesen Fremdkörpern Besitz ergriffen.

An der Ostküste sind die Tauchmöglichkeiten auf Grund heftiger Winde und extremer Strömungen stark eingeschränkt und fast nur in der Nähe von Riffpassagen möglich. Die Hotels St-Géran, Belle Mare, Ambre und Le Touessrok verfügen jedoch über ausgezeichnete Tauchzentren und bringen ihre Gäste auch nach Grand Baie im Norden, von wo aus etwa zehn Tauchgebiete – darunter das 1992 zur Schaffung eines künstlichen Riffs versenkte Wrack *The Silver Star* – bequem mit dem Boot erreichbar sind.

Im Süden eignet sich vor allem die geschützte Bucht von Blue Bay zum Tauchen. Hier kann man bizarr geformte Korallen und Schwärme von Riff-Fischen beobachten; erfahrene Taucher haben die Auswahl zwischen mehreren Gebieten hinter dem Riff, wo Höhlen zahlreiche Königsfische, Langusten und Schwarzflossen-Haie anlocken.

◀ Seichte und klare Lagunengewässer bieten erstklassige Bedingungen zum Schnorcheln
▶ Parasailing auf der Ile aux Cerfs

Erlebnis Schnorcheln

Zum Schutz der einzigartigen Unterwasserwelt von Mauritius sind Dynamitfischerei, der Einsatz von Harpunen sowie das Einsammeln von Muscheln und Korallen gesetzlich verboten und werden strikt überwacht. Zwar beklagen sich viele Insulaner über eine zunehmende Verschmutzung ihrer Gewässer, aber trotzdem gibt es eine Menge zu sehen. Schon dicht unter der Wasseroberfläche verbirgt sich eine uns unbekannte, zauberhafte Welt. Ausgerüstet mit Schnorchel, Taucherbrille und Flossen kann man stundenlang über die seichten Riffe gleiten, um die dortigen Lebewesen und Pflanzen unter die Lupe zu nehmen. Das nötige Equipment wird von den meisten Hotels kostenlos zur Verfügung gestellt oder ist fast überall käuflich erhältlich.

Spaziergang durch die Unterwasserwelt

Eine ganz besondere Art und Weise den Meeresgrund zu erkunden ist ein Unterwasserspaziergang. Die Technik wurde 1948 auf den Bahamas entwickelt und gelangte 1990 nach Mauritius. Vom Erfolg des ersten Veranstalters in Grand Baie, Captain Nemo's Undersea Walk (siehe Top10, S. 364), angestachelt, haben inzwischen auch an-

Hinein ins feuchte Nass

Seine warmen Gewässer und seine überaus reiche Unterwasserwelt machen Mauritius zur perfekten Destination, um Tauchen zu lernen. Die Tauchbasen der Hotels sind Mitglieder entsprechender Organisationen wie CMAS (World Underwater Federation), PADI (Professional Association of Diving Instructors), NAUI (National Association of Underwater Instructors) oder BSAC (British Sub-Aqua Club) und arbeiten unter Beachtung strenger Sicherheitsvorschriften. Bei einem Kurs wird die nötige Ausrüstung gestellt und fast alle Ausbilder beherrschen mehrere Sprachen.
Die meisten Tauchzentren testen die sportliche Eignung der Interessenten mit kurzen Einführungskursen. Ein 5-tägiger Intensivkurs führt zum »Open Water Diver Certificate«, dem steigende Qualifikationen folgen können. Für Kinder werden spezielle Programme angeboten, um sie vorsichtig an die Wunder des Ozeans heranzuführen.
Günstiger als einzelne Tauchgänge sind zumeist Paketangebote für fünf oder zehn Ausflüge in die Unterwasserwelt. Es werden sogar nächtliche Tauchgänge angeboten, die allerdings mehr als doppelt so teuer sein können wie die in den Tagesstunden.

dere Unternehmen derartige Angebote, darunter das empfehlenswerte Aquaventure (Tel. 480 2641) in Belle Mare und Trou d'Eau Douce.

Der abenteuerliche Ausflug unter Wasser kann von Mitgliedern jeglicher Alters- und Leistungsklasse – selbst Nichtschwimmer und kleine Kinder – unternommen werden. Ein Boot bringt die Teilnehmer zunächst auf eine Plattform im Riff, wo man einen Stahlhelm mit Sichtfenster über den Kopf gestülpt bekommt, der locker auf den Schultern aufsitzt. Nun wird Pressluft in den Helm gepumpt und über Ventile wieder nach außen geleitet – zum einen garantiert dies eine klare Sicht und zum anderen beständige Frischluft. Man kann unter Wasser sogar mit seinen Begleitern verständigen und selbst Brillen- oder Kontaktlinsenträger haben keine Probleme. Erfahrene Führer streifen mit den Teilnehmern durch spektakuläre Korallengärten mit Riesenmuscheln, Anemonen und Zebrafischen, die aus der Hand fressen.

U-Boot-Safari

Wer die bunten Korallen und reiche Fischwelt bewundern will, ohne nass zu werden, kann bei Blue Safari Submarine (s. Top10, S. 368) eine rund 45-minütige U-Boot-Tour buchen. Die Unterwasserfahrzeuge lassen sich auch für Privatpartys, Nachtfahrten oder sogar eine Trauung chartern.

Familien mit kleinen Kindern ist eine Fahrt mit dem Glasbodenboot *Nessie* zu empfehlen. Am Rumpf des Boots hängt ein klimatisierter Raum mit Panoramafenstern, von dem aus die fantastische Unterwasserwelt bequem und sicher beobachtet werden kann.

◀ Tauchexkursionen und -kurse sind in vielen Hotels zu buchen
▲ Überall an den Küsten von Mauritius werden Wasserski und andere Wassersportarten angeboten

Tödliche Waffe

Der Steinfisch (Synanceia verrucosa) heißt im Lokaljargon »laff« und tarnt sich geschickt als Basaltbrocken zwischen Schlamm und Felsen, wo er mit seinem nach oben gerichteten Maul alles schnappt, was seine Aufmerksamkeit erregt. Seine hohlen Rückenstacheln enthalten eine hochgiftige Substanz, die bei Menschen schier unerträgliche Schmerzen verursacht – in manchen Fällen kann eine Verletzung sogar zum Tod führen. Wer unfreiwillig Kontakt mit dieser Kreatur hatte, sollte unverzüglich die Wunde reinigen und medizinische Hilfe suchen.

Bootsausflüge für jeden Geschmack

Die meisten Hotels stellen kostenlos Surfbretter, Kajaks und Tretboote zur Verfügung. Man kann natürlich auch mit einer erfahrenen Crew einen Tagesausflug auf einem luxuriösen Katamaran oder einer Jacht unternehmen. Tagestouren inkl. Mittagessen und Getränke kosten rund 2350 Rupien pro Person und können über die Hotels gebucht werden (Adressen s. S. 378 f.).

Unberührtes Rodrigues

Kommt die Sprache auf Korallen, so räumen viele erfahrene Taucher den Riffen von Rodrigues einen Platz vor denjenigen der Seychellen ein. T. V. Bulpin beschrieb die Szenerie als »traumhafter Dschungel der Korallenriffe« und Jacques Degremont, Tauchlehrer in Cotton Bay, hält die Gewässer um die Insel für weit besser als alles, was er je bei Mauritius gesehen hat – insbesondere seit 1998, als viele Korallen des Indischen Ozeans infolge der Warmwasserströmung El Niño abstarben und nur Rodrigues einigermaßen glimpflich davonkam. Die Erkundung dieser jungfräulichen Tauchgründe sollte man unbedingt in die Monate außerhalb der Zyklonsaison, d. h. zwischen April und Dezember, legen.

Zu den besten Revieren für Taucher und Schnorchler gehört ein Spot namens *The Aquarium,* der sich in der Lagune bei Cotton Bay befindet. Hier muss man nur aus dem Boot gleiten, um wunderschöne Korallen und zahllose bunte Riff-Fische bewundern zu können. In den tiefen Einschnitten hinter dem Riff, *Aquarium Passe,* tummeln sich König- und Einhornfische; mit etwas Glück sieht man sogar Schildkröten.

Tauchbasen in Cotton Bay (Tel. 831 6000) und Mourouk (Tel. 832 3550) bieten sowohl Ausrüstung als auch Anleitungen durch qualifizierte PADI-Tauchlehrer an. Die Kosten liegen zwar etwas höher als auf Mauritius, dafür kommt man aber in den Genuss einer kleineren Gruppe. Da die Insel über keine Dekompressionskammer verfügt, dürfen nur Tauchgänge in eine Tiefe von maximal 30 m unternommen werden; ab 12 m Tiefe sind regelmäßige Dekompressionsstopps vorgeschrieben.

Mit Ausnahme von Parasailing und Wasserski werden auf Rodrigues dieselben Wassersportarten wie auf Mauritius angeboten. Das Hochseefischen steckt verglichen mit der Schwesterinsel zwar noch in den Kinderschuhen, doch an geeigneten Fangobjekten fehlt es nicht: Gelbflossen- und Hundezahn-Thunfische, große Segelfische sowie Blaue, Schwarze und Gestreifte Marline streifen durch die glasklaren Gewässer. Es stehen mehrere Boote sowie ein ganzer Ozean zur Verfügung und die Chancen auf einen kapitalen Fang sind ausgesprochen gut. ■

◄ **Die überholte »Isla Mauritia« aus dem 19. Jh. steht Touristen für Tagesausflüge zur Verfügung**

Shoals of Capricorn

Das von der Royal Geographical Society ins Leben gerufene Projekt beschäftigt sich insbesondere mit der Erforschung seichter Gewässer. Zurzeit untersuchen britische Meereskundler das unterseeische Plateau der Seychellen und von Mauritius unter Einbeziehung des angrenzenden Rodrigues-Grabens, zusammen ein Gebiet von über 115 000 km². Einen Einblick in den Forschungsstand erhält man im Shoals Education Centre von Pointe Monier, das sich westlich von Port Mathurin auf Rodrigues befindet.

Dicke Fische

Die Jagd auf große Fische hat sich als nicht minder großes Geschäft erwiesen, an dem so viele wie möglich teilhaben wollen. Dabei wissen inzwischen alle, dass die Zahl der Lebewesen in hiesigen Gewässern stark zurückgegangen ist und der Anstieg der Wassertemperaturen durch El Niño diese Entwicklung nicht gerade hemmt – dennoch gehören die Fischgründe rund um Mauritius noch immer zu den besten der Welt.

Wer sich einen Blauen oder Schwarzen Marlin zum Zielobjekt erkoren hat, sollte zwischen Oktober und Anfang April nach Mauritius reisen – die Insel hält übrigens den Weltrekord für einen Blauen Marlin, der sagenhafte 648 kg wog. Im März und April ziehen Schwärme von Gelbflossen-Thunfischen – ein jeder zwischen 63 und 90 kg – in die mauritischen Gewässer. Ab September dann gesellen sich andere Arten hinzu: der Wahoo, seines Zeichens der flinkeste Meeresfisch; der Echte Bonito (Katsuwonus pelamis), der unter der weit weniger klangvollen Bezeichnung Thunfisch in den Supermärkten landet; und der Segelfisch, der durchschnittlich 45 kg auf die Waage bringt und sobald er am Haken ist, seinem Namen alle Ehre macht, indem er mit wilden Flossenschlägen um seine Freiheit kämpft. Auch Blauhai, Hammerhai, Mako- und Tigerhai, Schwarzspitzenhai und Weißspitzenriffhai sind in dieser Zeit zu sehen.

Die meisten großen Hotels verfügen über eigene Boote. Zu den größten Flotten gehören die des Corsaire Club in Trou aux Biches sowie des Hotel Club Centre de Pêche am Rivière Noire, doch auch vom Le Paradis Hotel in Le Morne erreicht man die guten Fischgründe schon nach einer 20-minütigen Fahrt. Die Luxusboote sind perfekt ausgestattet und lassen keinen Wunsch offen – das hat natürlich seinen Preis: Pro Person kostet der Angelspaß rund 14 000 Rupien.

Wer sich mit einem Marlin messen will, muss im »Kampfstuhl« Platz nehmen, den Gurt anlegen und auf den großen Moment warten. Nur wenig treibt den Adrenalinspiegel so in die Höhe wie der Kampf nach dem Anbeißen eines ausgewachsenen Marlin. Die mächtigen Fische geben nicht so schnell auf, und wer sie besiegt hat, darf zu Recht stolzerfüllt neben seinem Fang für ein Foto posieren. Man kann diese Anstrengung natürlich auch den Profis überlassen, sich auf dem Sonnendeck ausstrecken und mit einem kühlen Drink in der Hand nach Marlin- oder Haifischflossen Ausschau halten.

Angler, die ihren Fang wieder aussetzen wollen, müssen mit hohen Gebühren rechnen, da die meisten Veranstalter vom Verkauf der Fische abhängig sind. Diverse Räuchereien im Gebiet des Rivière Noire verarbeiten und vermarkten den Marlin, der im Geschmack an Räucherlachs erinnert und am besten mit einem Spritzer Zitrone und schwarzem Pfeffer serviert wird. Wer seinen Fang verspeisen will: Die Hotelküchen sind gerne bereit, kleinere Fische wie den Bonito ganz nach Wunsch zuzubereiten. Schließlich kann man seinen preisgekrönten Marlin natürlich auch nach Übersee mitnehmen, an Präparatoren herrscht kein Mangel. Die Arbeit kann bis zu sechs Monate dauern und vielleicht wirkt der Fisch im heimischen Wohnzimmer ein wenig deplatziert – einen Eindruck davon verschafft ein Exemplar, das an den Dachsparren des Restaurants Blue Marlin im Le Paradis Hotel hängt. ■

▲ Stolze Präsentation eines 23 kg schweren Gelbflossen-Thunfischs

Die Perle des Indischen Ozeans

Strahlend weiße Sandstrände, Palmen und türkisfarbenes Wasser – es mögen Klischees sein, doch auf Mauritius treffen sie alle zu. Die Insel ist der Inbegriff des tropischen Paradieses und trägt ihren Beinamen »Perle des Indischen Ozeans« nicht zu Unrecht.

Die wichtigste Entscheidung bei der Reiseplanung für Mauritius betrifft die Wahl des Standorts. An der Nordwestküste findet man die etablierten Urlaubsgebiete – allen voran Grand Baie, ein ganz auf Touristen eingestellter Badeort mit zahlreichen Hotels, Nachtklubs, Bars, Einkaufszentren und einem belebten Strandbereich. Der Reiz des nahen Trou-aux-Biches konzentriert sich auf das gleichnamige Strandhotel, das vom Kasino bis zum Golfplatz und Tauchschule alles bietet. Etwas ruhiger geht es in den Hotels zwischen Trou-aux-Biches und Port Louis zu.

Die Badeorte der Westküste rühmen sich eines ganzjährig beständigen Wetters und wunderschöner Sonnenuntergänge; darüber hinaus offerieren sie einige der besten Tauch- und Wassersportmöglichkeiten und bieten sich als Ausgangspunkt für Erkundungen des Inselinnern an. Zu den wichtigsten Zentren gehören Flic-en-Flac, das nahe Wolmar sowie die Halbinsel Morne, auf der sich einige der schönsten Strände von Mauritius befinden. Von hier gut zu erreichen ist die Schlucht des Rivière Noire, die zum Wandern einlädt. Sinnvollerweise schließt man sich einer organisierten Tour an, denn die einheimischen Führer wissen am besten, wo man sich zur Vogelbeobachtung auf die Lauer legt. Wer den üblichen Touristenpfaden entkommen will, sollte per Leihwagen einen Ausflug zur zerklüfteten Südküste machen. In dieser wilden Region trifft man auf kleine Fischerdörfer, nagelneue Hotelanlagen, schmale Strände mit rauer Brandung und alte Kolonialhäuser.

Für viele ist die Ostküste etwas zu abgelegen. Hierher kommen vor allem diejenigen, die eine Vorliebe für Hotels der Spitzenklasse – wie Touessrok oder St Géran – haben und die herrlichen Strände um Belle Mare und Trou d'Eau Douce sowie die Einsamkeit der vorgelagerten Eilande zu schätzen wissen.

Im Südosten der Insel gibt es einige Hotels rund um Mahébourg, die günstig zum Flughafen und für Ausflüge an die unberührten Küsten im Süden und Osten wie auch ins Inselinnere liegen.

Während die Küsten von Mauritius die Hauptattraktion für Touristen sind, bevorzugen die Einheimischen ein Leben in den Städten und Dörfern des Inselinnern. Diese mögen oberflächlich betrachtet zwar nicht sehr attraktiv erscheinen, vermitteln aber einen interessanten Einblick in mauritisches Alltagsleben.

Die Hauptstadt Port Louis liegt im Nordwesten. Die Einwohner der Hauptstadt sind stolz auf die Modernisierung ihrer Uferpromenade, die neue Restaurants und Geschäfte sowie ein lebhaftes Nachtleben entstehen ließ. Für Fremde aber sind der Zentralmarkt und die Gelegenheit, einen Hauch zeitgenössischen Insellebens zu erhaschen, von größerem Reiz.

Der Besuch von Rodrigues erfordert etwas Zeit und Vorplanung und zieht zumeist Ruhe Suchende an. Was der Insel an Infrastruktur fehlt, machen die Einheimischen durch ihre Ausstrahlung wieder wett. Wer Eindrücke vom einfachen, schnörkellosen Leben auf einer weltfernen Insel gewinnen möchte, sollte nach Rodrigues fahren, bevor es zu spät ist. ■

◄◄ Blick von Tamarin zum Montagne du Rempart
◄ Geschnitztes Holzportal der Jummah Mosque, Port Louis, der bedeutendsten Moschee von Mauritius

Port Louis – kontrastreicher Inselhafen

Seite 104

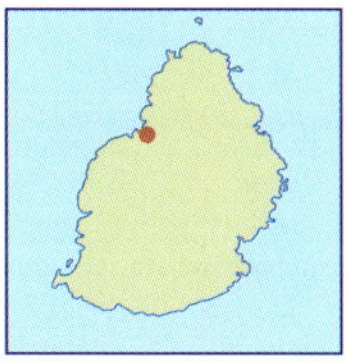

Oberflächlich betrachtet strahlt die Hauptstadt von Mauritius nur wenig Atmosphäre aus und macht einen zerrissenen Eindruck. Dabei ist es gerade die bunte Mischung moderner und etwas heruntergekommener Gebäude, trendiger Boutiquen und quirliger Märkte und natürlich der Menschen, die Port Louis durchaus besuchenswert machen.

Als vor noch nicht allzu langer Zeit die Büroangestellten Punkt 16 Uhr ihre Arbeit beendeten und aus der drückenden Hitze der Stadt ins Hochland flohen, wurden in Port Louis schon am Nachmittag die Läden geschlossen und die Bürgersteige hochgeklappt. Die Stadt war abends so tot wie der Dodo und abgesehen von einem Glücksspiel mit Sino-Mauritiern oder Seeleuten gab es wenig Abwechslung. Das hat sich inzwischen geändert. Port Louis wurde einem regelrechten »lifting« unterzogen und besonders die aufgewertete Caudan Waterfront mit ihren Designergeschäften, Straßencafés, Kinos, Kasino und Klubs gilt nun als Haupttouristenattraktion.

Sino-Mauritier
→ werden die Mauritier chinesischer Abstammung genannt.

Ironischerweise werden all jene, die nicht hoffnungslos dem Einkaufsrausch verfallen sind, den Rest der Stadt interessanter finden. Man ist mindestens einen halben Tag lang damit beschäftigt, durch die Straßen zu streifen – vorbei an malerischen alten Gebäuden, Moscheen, Kirchen und Tempeln, chinesischen und muslimischen Vierteln und Pferderennbahn sowie dem lebhaften überdachten Markt.

Geschichte eines Inselhafens

Port Louis – benannt nach Louis XV. von Frankreich – wurde 1722 gegründet, als die junge Französische Ostindienkompanie ihr Hauptquartier von einer alten holländischen Siedlung in Warwick Bay (das heutige Mahébourg) zum damaligen Nordwesthafen verlegte. Seit ihren Anfängen zog die Stadt Glücksritter an, so dass ein Reisender des 18. Jhs. über einen »Abschaum von Pleitegeiern, ruinierten Abenteurern, Betrügern und Halunken jedweder Sorte« berichtete. Diese Charaktere prägen das Stadtbild längst nicht mehr, aber selbst die modernen Einkaufszentren und die unzähligen Fastfood-Läden konnten die Vergangenheit nicht gänzlich auslöschen.

◀ Die attraktive Caudan Waterfront im Stadtzentrum ▶ Auch das alte Port Louis verleitet zum Shoppen

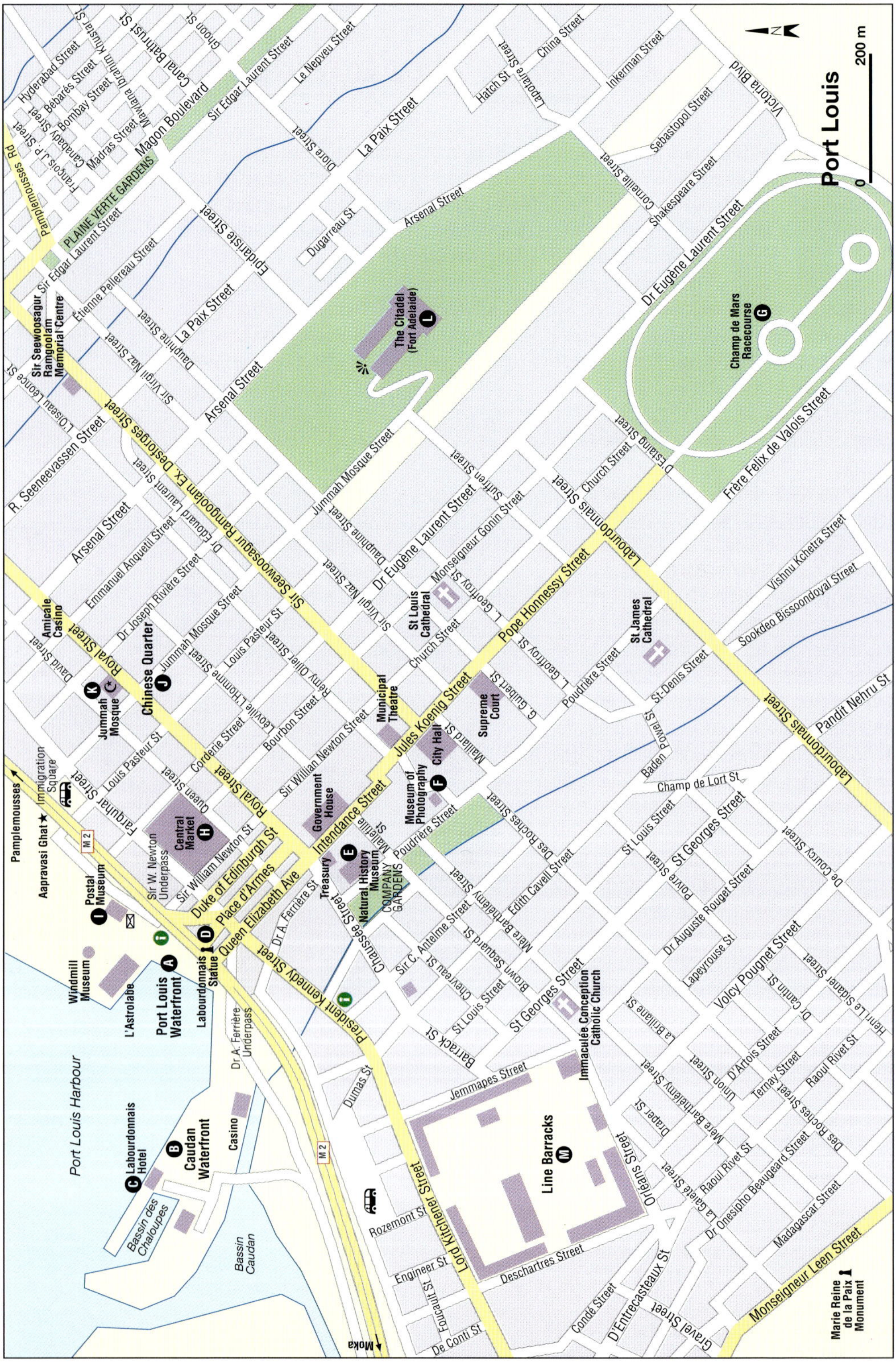

Port Louis
0
200 m
N
Port Louis Harbour
Bassin des Chaloupes
Bassin Caudan
Labourdonnais Hotel
Caudan Waterfront
Casino
L'Astrolabe
Windmill Museum
Port Louis Waterfront
Labourdonnais Statue
Postal Museum
Aapravasi Ghat
Immigration Square
Pamplemousses
Pamplemousses Rd
Moka
M2
Central Market
Chinese Quarter
Jummah Mosque
Amicale Casino
Government House
Treasury
Natural History Museum
COMPANY GARDENS
Museum of Photography
City Hall
Municipal Theatre
Supreme Court
St Louis Cathedral
St James Cathedral
The Citadel (Fort Adelaide)
Champ de Mars Racecourse
Line Barracks
Immaculée Conception Catholic Church
Marie Reine de la Paix Monument
Sir Seewoosagur Ramgoolam Memorial Centre
PLAINE VERTE GARDENS
Sir W. Newton Underpass
Dr A. Ferrière Underpass
Royal Street
Sir Seewoosagur Ramgoolam Ex. Desforges Street
Duke of Edinburgh St
Place d'Armes
Queen Elizabeth Ave
President Kennedy Street
Intendance Street
Jules Koenig Street
Pope Hennessy Street
Labourdonnais Street
Lord Kitchener Street
St Georges Street
Dr Eugène Laurent Street
La Paix Street
Arsenal Street
Magon Boulevard
Canal Bathurst St
Sir Edgar Laurent Street
Farquhar Street
Louis Pasteur St
Queen Street
Sir William Newton St
Sir William Newton Street
Corderie Street
Bourbon Street
Remy Ollier Street
Léoville L'Homme Street
Jummah Mosque Street
Dr Joseph Rivière Street
Emmanuel Anquetil Street
Dr Edouard Laurent Street
R. Seeneevassen Street
David Street
Chaussée Street
Dr A. Ferrière St
Poudrière Street
Mallard St
Maillard St
G. Guibert St
L. Geoffroy St
Church Street
Monseigneur Gonin Street
Suffren Street
Dauphine Street
Sir Virgil Naz Street
Epidariste Street
Dioré Street
Dugarreau St
Le Nepveu Street
Ghoon St
Hatch St
Laporte Street
China Street
Inkerman Street
Sebastopol Street
Corneille Street
Shakespeare Street
Victoria Blvd
D'Estaing Street
Frère Felix de Valois Street
Vishnu Kchetra Street
Sookdeo Bissoondoyal Street
Pandit Nehru St
St-Denis Street
Baden Powel St
Champ de Lort St
St Louis Street
Poivre Street
De Courcy Street
Dr Auguste Rouget Street
Lapeyrouse St
Volcy Pougnet Street
Edith Cavell Street
Des Roches Street
Mère Barthélemy Street
Sir C. Antelme Street
St Benard St
Brown Sequard St
Chevreau St
Barrack St
Dumas St
Jemmapes Street
Rozemont St
Engineer St
Foucault St
De Conti St
Deschartres Street
Orléans Street
D'Entrecasteaux St
Condé Street
Gravel Street
Monseigneur Leen Street
Madagascar Street
Dr Onesipho Beaugeard Street
La Gaieté Street
Raoul Rivet St
Draper St
Union Street
La Briliane St
D'Artois Street
Ternay Street
Dr Cantin St
Henri Le Sidaner Street
Hyderabad Street
Bénarès Street
Bombay Street
Madras Street
Canabady Street
François J.P. Street
Mawlana Ibrahim Khusrat St
Étienne Pellereau Street
L'Oiseau Léonce St
A B C D E F G H I J K L M

Unter den Briten avancierte Port Louis zu einem bedeutenden Hafen für Segelschiffe. Als im späten 19. Jh. die ersten Dampfschiffe auftauchten und der Suezkanal fertig gestellt war, verlor die Stadt schnell an Anziehungskraft.

Heute liefert der Blick auf die zahlreichen Frachtschiffe im Bassin Caudan den Beweis, dass Port Louis noch immer ein betriebsamer Hafen und ein bedeutendes Handelszentrum ist. Tausende strömen täglich zur Arbeit in die Stadt, infolgedessen sind die Straßen morgens und am späten Nachmittag mit Autos und Bussen verstopft. Die Einwohnerzahl stieg auf 170 000, die gedrängt auf nur 10 km² leben. Kein Wunder, dass Port Louis wie die meisten modernen Hauptstädte überfüllt, stickig und laut ist.

Spaziergang entlang der Seepromenade

Die Neugestaltung des Hafenbereichs umfasst zwei verschiedene Zonen: die große Caudan Waterfront mit privaten Einrichtungen und die kleinere, staatliche Port Louis Waterfront. Ein guter Ausgangspunkt für einen Rundgang durch die Stadt ist die **Port Louis Waterfront** Ⓐ mit einer Einkaufspassage. Schräg gegenüber im Erdgeschoss des Air Mauritius House befindet sich das **Touristenbüro** (Zugang über die Unterführung, Mo–Fr 9–16 Uhr, Tel. 208 6397).

Zu den eigentümlichsten Sehenswürdigkeiten in dieser Ecke gehört das **Windmill Museum** (Mo–Fr 10–12 und 13 bis 15 Uhr). Im 18. Jh. bauten die Franzosen an dieser Stelle eine Windmühle; später finanzierten sie den Mechanismus der heutigen Rekonstruktion.

An der etwas südlicher gelegenen modernen **Caudan Waterfront** Ⓑ mit unzähligen Geschäften, Restaurants, Kasino und dem Blue Penny Museum (Briefmarkensammlung, Mo–Sa 10–17 Uhr) erhebt sich das **Labourdonnais Hotel** Ⓒ, das überwiegend von Geschäftsleuten genutzt wird und eine gute Adresse zum Dinieren ist.

Seite 104

Einen der besten Blicke auf die Stadt genießt man während einer **Hafenrundfahrt.** Der Vergnügungsdampfer startet direkt vor dem Labourdonnais Hotel und tuckert an einer herrlichen Kulisse vorbei: Das Stadtbild dominiert der Signal Mountain, im Süden ragt Le Pouce (»der Daumen«) in den Himmel. Der auffälligste Berg aber – dessen Spitze an die mit einem Mantel umhüllten Schultern eines Mannes erinnert – ist der **Pieter Both,** benannt nach einem holländischen Admiral, der vor der Küste ertrank. Näher zur Stadt hin liegt im Norden die Anhöhe La Citadelle mit den Ruinen eines alten Forts.

Zeugen der Geschichte

TOP 50 Seite 362

Eine Unterführung führt hinüber zur **Place d'Armes** Ⓓ, wo man vom berühmtesten Wahrzeichen der Stadt, der Bronzestatue des Bertrand François Mahé de Labourdonnais, begrüßt wird. Er traf 1735 als frisch ernannter Generalgouver-

▲ Eine Fahrt mit dem Touristenzug an der Waterfront kostet nur wenige Rupees
▶ Alt und neu

neur der Maskarenen ein und machte es sich zur Aufgabe, das verschlafene Port Louis zu einem blühenden Seehafen und Handelszentrum zu entwickeln. Auf der palmenbestandenen Place d'Armes treffen sich die Einheimischen gern zum Plausch und scheinen sich von der Geräuschkulisse vorbeifahrender Autos und Busse überhaupt nicht stören zu lassen.

Am südöstlichen Ende des Platzes befindet sich das **Government House,** der offizielle Regierungssitz. Die ursprüngliche Holzhütte wurde im Jahr 1738 von Labourdonnais ausgebaut und später von den Briten verschönert. Im Hof, der von schmiedeeisernen Toren geschützt wird, steht inmitten leuchtend roter Flammenbäume eine streng wirkende Marmorstatue von Königin Victoria. Das Denkmal dahinter zeigt Sir William Stevenson, der von 1857 bis 1863 britischer Gouverneur war. Rechterhand des Government House, an der Ecke von Chaussée, liegen die Gebäude des alten Schatzamts (1883), die 2004 renoviert und Büros des Premierministers wurden.

In südwestlicher Richtung, etwas zurückgesetzt von der Chaussée, liegt das Mauritius Institute, in dem sich das **Natural History Museum** ❺ (Mo, Di, Do, Fr 9–16 Uhr, Sa, So 9–12 Uhr) befindet. Seine heutige Sammlung ist nur noch ein Abbild der einst wertvollen Exponate und viele Besucher kehren dem Museum enttäuscht den Rücken. Zu sehen sind eine Nachbildung des ausgestorbenen Dodo, eine riesige Aldabra-Schildkröte, Muschelsammlungen, ausgestopfte Vogelarten der Maskarenen und ein überaus traurig aussehender Hai, den man an der Decke aufgehängt hat.

Auch die **Company Gardens** gegenüber könnten eine Auffrischung vertragen. Während mittags viele Angestellte ihre Pause unter den großen Banyanbäumen und Flaschenpalmen verbringen, ist der Park am Abend fest in der Hand von Prostituierten.

▲ Erinnerung an die koloniale Vergangenheit
▼ Einer der vielen bunten Hindutempel der Insel

Teure Leidenschaft

Ein kurzer Spaziergang von der Place d'Armes über die Intendance Street Richtung Südosten führt zu weiteren historischen Gebäuden der Stadt. Zunächst erreicht man in der Jules Koenig Street das 1822 errichtete **Municipal Theatre,** seines Zeichens das älteste im Indischen Ozean. Um 1950 schienen die Tage des Theaters gezählt, doch nach beträchtlichen Umbaumaßnahmen wurde es 1994 wieder eröffnet. Beeindruckend sind die mit schönen Malereien versehene Kuppel und die herrlichen Kristallleuchter, die man aber nur im Rahmen einer Veranstaltung bewundern kann. Gelegentlich werden im Theater Konzerte, Opern und Schauspiele aufgeführt, zudem ist das Haus zu einer begehrten Adresse für Hochzeiten und Empfänge geworden.

Gegenüber führt die mit Kopfsteinen gepflasterte Rue du Vieux Conseil zum **Museum of Photography** ❻ (Mo–Fr 9 bis 15 Uhr, Tel. 211 1705), das einige der ältesten Kameras und Abzüge mit Motiven der Insel präsentiert, darunter Daguerreotypen und Fotografien aus dem kolonialen Mauritius. Die überaus umfangreiche Sammlung wurde vom Fotografen Tristan de Breville zusammengestellt, der um den Fortbestand seines Museums kämpft.

In östlicher Richtung gelangt man zur schlichten **St. Louis Cathedral.** Das originale französische Gotteshaus wurde im 19. Jh. von Zyklonen vernichtet und zweimal wieder aufgebaut, bevor es 1932 in seiner heutigen Gestalt die Weihung erhielt. Mahé de Laboudonnais wurde hier begraben. Zur Linken befindet sich der mit schönen Säulengängen ausgestattete Bischofssitz.

Die andere bedeutende Kirche der Stadt ist die **St. James Cathedral** in der Poudrière Street, die sich über Gartenanlagen mit schattigen Palmen und üppigen Bougainvilleen erhebt. Bevor die Briten das Gebäude zur anglikanischen Kirche umbauten, nutzten die Franzosen es als Schießpulverdepot und Gefängnis – ddeshalb sind die Mauern ungewöhnlich dick.

Nicht weit von diesen beiden Gotteshäusern entfernt befindet sich die Pferderennbahn **Champ de Mars** ❼, wo sehr viel Geld den Besitzer wechselt. Früher wurden auf dem Gelände französische Soldaten ausgebildet, heute ist es meist Schauplatz der Feierlichkeiten zum Unabhängigkeitstag am 12. März – und der populärsten Sportart der Nation: Pferderennen. Wer die Gelegenheit hat, sollte unbedingt eine der Veranstaltungen – Saison ist von Mai bis September – besuchen, denn dies ist der Ort, wo man der mauritischen Volksseele sehr sehr nahe kommt. Achten Sie in dem Gedränge besonders auf ihre Tasche und ihr Portemonnaie!

Ein exotischer Markt

Wenn es einen Ort gibt, den man in dieser Stadt gesehen haben muss, dann ist es der **Central Market** ❽ (Mo–Sa 6–18, So 6 bis 12 Uhr), der auf Créole *Bazar Central* ge-

Seite 104

TOP 50 Seite 362

Kleine Oase
Zwischen November und April kann es in Port Louis unerträglich heiß sein. Vor allem dann bietet sich das **Café du Vieux Conseil** (Mo–Sa nur tagsüber geöffnet) in der Rue du Vieux Conseil zur Einkehr an, wo man sich unter schattigen Bäumen bei einem Getränk oder leckeren Imbiss erholen kann.

▶ **Auf der Rennbahn Champ de Mars finden zwischen Mai und November jeden Samstagnachmittag Pferderennen statt**

Seite 362 TOP 50

nannt wird und sich über zwei Blöcke nördlich der Place d'Armes erstreckt. Schon über 150 Jahre lang haben sich hier Händler aus allen Kontinenten getroffen und auch heute noch bieten in den 2004 erweiterten Gebäuden Inder, Chinesen und Kreolen ihre Waren feil. Entlang der Hauptpassage preisen auf Touristen ausgerichtete Stände T-Shirts, Körbe und Gewürze an. Aber das Herz des quirligen Marktes pocht in den Seitenbereichen.

Am besten heftet man sich an die Fersen der Einheimischen, die sicheren Schrittes durch die Hallen schreiten und aus Bergen tropischer Früchte und Gemüsesorten nur die allerbesten Stücke auswählen oder Heilkräuter suchen, die garantiert alle Beschwerden von Diarrhöe über Kopfschmerzen bis hin zur Diabetes kurieren. Überall werden für wenige Rupien würzige Pfannkuchen *(dal puris)*, mit Gemüse, Fleisch oder Geflügel, gefüllte *samousas* und andere mauritische Leckerbissen angeboten – nur wer einen sensiblen Magen hat, sollte hier besser Zurückhaltung an den Tag legen.

Bombli

→ Der gefährlich klingende Name dieses gesalzenen Trockenfischs lässt durchaus Rückschlüsse auf seinen Geruch zu – kaum ein Fremder kann sich überwinden, diese Spezialität zu probieren.

Wunderschöne Ausblicke auf Port Louis genießt man von dem Monument **Marie Reine de la Paix,** welches südwestlich der Stadt an der Flanke des **Signal Mountain** liegt. Im Jahr 1989 versammelten sich hier Tausende von Menschen anlässlich des Besuchs von Papst Johannes Paul.

◀ **Obststand in der Altstadt**

Kleiner Abstecher nach Nordosten

Vom Windmill Museum (s. S. 105) lässt sich der Stadtbummel in östlicher Richtung fortsetzen, dann gelangt man zum **Postal Museum** ❶ (Quay Street, Mo–Fr 9–16, Sa 9–12 Uhr, Tel. 208 2851). Das ebenso kleine wie interessante Museum in einem ehemaligen Krankenhaus präsentiert Objekte aus dem 19. Jh., u. a. Telegrafenapparate, Briefmarkenautomaten, alte Grafiken, Druckplatten und natürlich eine große Briefmarkensammlung mit Kopien der berühmten Blauen und Orangen Mauritius. In einem kleinen Laden werden Alben, Vergrößerungsgläser und diverse Briefmarken verkauft.

Ein kurzer Spaziergang weiter nach Norden führt zu den Gärten von **Aapravasi Ghat,** die einst *Immigration Depot* und *Coolie Ghat* genannt wurden, weil hier die ersten indischen Einwanderer untergebracht waren, bevor man sie zu den Zuckerrohrplantagen transportierte. Elf bronzene Darstellungen präsentieren Szenen aus dem Immigrantenleben – eine davon zeigt ein Händepaar, das Ketten sprengt. In einem Gedicht zu Ehren des Unbekannten Einwanderers heißt es, dass er »Stein in grüne Felder, die zu Gold wurden« verwandelte.

Das Chinesenviertel

Östlich des Markts erstreckt sich über mehrere Straßen das Chinese Quarter ❶, welches mit seinen winzigen, exotischen Lebensmittel-, Gewürz- und Kräuterläden zu den schillerndsten Stadtteilen zählt. In den unzähligen Restaurants, die sich hier Hotel nennen, kann man günstig essen und an beinahe jeder Straßenecke halten mobile Verkaufsstände alle möglichen Snacks bereit, von gâteaux piments über knusprige samousas bis hin zu frischen Ananas mit scharfer Chilisauce.

Mitten im Chinesenviertel befindet sich erstaunlicherweise auch das eindrucksvollste muslimische Gotteshaus der gesamten Insel. Die um 1853 errichtete und später vergrößerte **Jummah Mosque** Ⓚ gilt wegen ihrer kostbaren Ausstattung gar als wertvollster historischer Bau von Mauritius. In Plaine Verte, dem Muslimviertel im Norden der Stadt, findet das jährliche Fest Ghoon statt, doch abgesehen von diesem Ereignis, kleinen Teestuben und Textilgeschäften gibt es dort nur wenig Aufregendes zu entdecken.

Blaue Mauritius

→ Sie gehört zu den seltensten Briefmarken der Welt. Sie wurde Mitte des 19. Jhs. auf der Insel Mauritius herausgegeben, die als eine der ersten Kolonien einen eigenen Postdienst besaß.

Symbole der Staatsgewalt

Hauptgrund für einen Besuch der **Zitadelle** Ⓛ (So–Fr 9–16, Sa 9 bis 12 Uhr) – auch Fort Adelaide genannt – ist der herrliche Panoramablick auf die Berge, die die Stadt wie die Ränge eines Amphitheaters umschließen. Das zwischen 1834 und 1840 aus Basalt gebaute Fort wurde nach Königin Adelaide, der Frau Wilhelms IV., benannt und gilt als kostspieligster Besitz der Stadt. Einige kleine Läden bieten kunsthandwerkliche Produkte an, doch die Ruine scheint auch dann nicht aus ih-

Seite 104

▲ Jummah-Moschee
▼ Im lebendigen Chinesenviertel

Seite 104 114

Seite 358 TOP 50

Seite 369 TOP 50

Mangelware Grün Zu den wenigen Grünflächen von Port Louis gehören die **Robert Edward Hart Gardens** südwestlich der Caudan Waterfront; hier findet man schnell Anschluss zu Einheimischen – und auch eine Büste von Lenin.

rer Apathie zu erwachen, wenn die Stille von lauten Touristenstimmen durchbrochen wird.

Der chinesische Tempel zu Füßen der Zitadelle an der Ecke von Generosity Street und Justice Street lohnt allein für den Besuch des buddhistischen Schreins im ersten Stock. Interessant ist auch der älteste chinesische Tempel der Stadt, **Kwan Tee Pagoda,** der sich am Kreisverkehr südlich der Caudon Waterfront befindet und dem für Gerechtigkeit kämpfenden chinesischen Kriegsgott geweiht ist.

In den **Line Barracks** Ⓜ ist die Polizei zu Hause. Zu sehen sind einige schöne Beispiele von Kolonialarchitektur aus dem 18. Jh. sowie ein versteinerter Dodo, im Innenhof legen Fahrschüler ihre Prüfung ab. Das goldfarbene Tor am Eingang zum Gefängnis – mit dem hochtrabenden Namen »Alcatraz« – kostete einst ein Vermögen und löste einen kleinen Volksaufstand aus. Ganz in der Nähe befindet sich ein mit blauen Badezimmerkacheln gepflasterter Weg, der zum Parkplatz der Polizisten führt und über dem ein Schild mit der Aufschrift »Einfahrt zur Disziplin« prangt.

◀ **Government House**
▶ **Domaine Les Pailles: Vorbereitung für Flechtarbeiten**

Ausflüge in die Umgebung

Nach nur zehn Minuten Fahrt vom Stadtzentrum Richtung Nordosten erreicht man in Sainte-Croix zu Füßen des Long Mountain das **Grabmal des Père Laval.** Der Pater kam im Jahr 1841 als Missionar nach Mauritius und verschaffte sich rasch Beliebtheit durch seinen Einsatz für die Armen und seinen Ruf als Heiler. Als er 1864 starb, wurde er in Sainte-Croix beigesetzt, das damit den Status einer Pilgerstätte erhielt. Auch heute noch defilieren täglich Angehörige aller Glaubensrichtungen an seinem steinernen Sarkophag vorbei, um für die Kranken zu beten. Bei der jährlichen Wallfahrt in den Nächten des 7. und 8. Septembers versammeln sich gar Tausende von Menschen in Sainte-Croix.

Unweit der Kapelle im Vorort Abercrombie kann der reich geschmückte, südindische **Kailaisson-Tempel** besichtigt werden (die Schuhe bitte am Eingang ausziehen).

Das nur wenige Kilometer südlich des Stadtzentrums gelegene Gelände der **Domaine Les Pailles** (tgl. 9–17 Uhr) ist ein idealer Ort, um dem Getöse der Hauptstadt zu entfliehen – einige Restaurants und 1200 ha Land harren ihrer Erkundung. Die größte Attraktion ist eine Tour per Minizug oder Pferdekutsche, auf der man über die Herstellung von Zucker, Rum und anderen lokalen Produkten informiert wird und die mit einer Sega-Aufführung endet. Im Maskenmuseum werden Exponate aus aller Welt präsentiert. Kinder können auf Ponys reiten oder im Freibad plantschen, während Erwachsene an einer Jeep- oder Mountainbike-Safari durch die Berge teilnehmen, wo mit etwas Glück Hirsche, Affen und Hasen zu beobachten sind. ■

Der Norden

Die von Stränden gesäumte Nordküste ist die populärste Region von Mauritius und besitzt mit Grand Baie den einzigen größeren Badeort der Insel. Nur einige wenige Einrichtungen vermögen die Besucher von der Küste wegzulocken, z. B. der Botanische Garten von Pamplemousses.

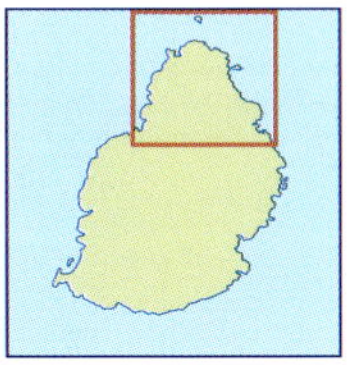

Die meisten Besucher von Mauritius steigen in einem der Hotels nördlich von **Port Louis ❶** ab. Zwischen Trou aux Biches und Grand Baie hat sich der Tourismus gut etabliert – nicht zuletzt wegen der herrlichen Küste, die sich als ununterbrochenes Band aus weißen Pulverstränden und kristallklaren Lagunen präsentiert. Hier findet man eine reiche Auswahl an Hotels, Gästehäusern und Privatbungalows und ständig kommen neue hinzu. Die gepflegtesten Strände gehören zu Hotels und sind in der Regel für deren Gäste reserviert. An den von Einheimischen genutzten öffentlichen Stränden von Trou aux Biches, Mont Choisy und Pereybère herrscht vor allem an Wochenenden reger Betrieb.

Im Vergleich zum gebirgigen Inselinnern des Südens wirken die mit Zuckerrohr bebauten Landstriche des nördlichen Hinterlands etwas eintönig, dafür eignet sich das überwiegend flache Gelände hervorragend zum Radfahren. Es hat durchaus seinen Reiz, durch das Labyrinth der Zuckerrohrfelder zu streifen.

Die schnellste Verbindung zu den Stränden des Nordens ist die vom Flughafen bis nach Grand Baie führende M1. Wer mehr Zeit zur Verfügung hat, sollte sich für die interessantere Küstenstraße entscheiden.

Ruhe vor dem Sturm

Sobald man die letzten Vororte von Port Louis hinter sich gelassen hat, taucht an der Küste **Roche Bois ❷** auf, wo die hellroten Grabsteine des chinesischen Friedhofs (Rot ist die Farbe des Glücks) von der sino-mauritischen Bevölkerung zeugen. 1999 verhaftete man hier den Sega-Sänger Kaya bei einer Demonstration für die Freigabe von Haschisch. Am nächsten Tag fand man Kaya tot in seiner Zelle auf (s. S. 78).

Etwas weiter nördlich wurden 1615 vier Schiffe der Holländischen Ostindienkompanie von einem Zyklon aufs Riff getrieben. Sie sanken in der **Baie du Tombeau ❸** (»Bucht der Gräber«), alle Seeleute kamen ums Leben, darunter auch der holländische Admiral Pieter Both, der kurz zuvor zum Gouverneur der Kompanie ernannt worden war. Das verschlafene Dorf Baie du Tombeau liegt im Süden der Bucht und scheint die Welt

◀ **Entspannung am Pool, Cap Malheureux**
▶ **Verkäufer in Grand Baie**

Der Norden
0
2 km
N
INDISCHER OZEAN
INDISCHER OZEAN
Coin de Mire
Flat Island
Gabriel Island
Île d'Ambre
Grand Baie
Pereybère
Cap Malheureux
Grand Gaube
Goodlands
Petit Raffray
The Vale
Trou aux Biches
Mont Choisy
Triolet
Plaine des Papayes
Fond du Sac
Pamplemousses
Rivière du Rempart
Poudre d'Or
Piton
Plaine des Roches
Flacq
Poste de Flacq
Bon Accueil
Moka
Port Louis
Baie du Tombeau
Arsenal
Terre Rouge
Long Mtn
Black River
Pointe aux Sables
Pointe aux Piments
Balaclava
Maheswarnath Temple
Le Canonnier Hotel
Royal Palm Hotel
The Oberoi Hotel
Maritim Hotel
Prince Maurice Hotel
St Géran Hotel
Belle Mare Plage Hotel
Botanical Gardens
L'Aventure du Sucre
Sugar Factory
Centre de Flacq
Curepipe
M 1
M 2
A 2
A 4
A 5
A 6

mit Gleichmut zu bedenken, indem es den Blick auf seinen hübschen Strand versperrt. Der Zugang dazu ist nicht leicht zu entdecken, doch wer ihn sucht, sollte nach den Ruinen eines alten französischen Forts Ausschau halten, die teilweise im Gestrüpp verborgen sind.

Bei **Arsenal** trifft man wieder auf die Straße nach Grand Baie, von der eine Abzweigung ins Inselinnere zum Botanischen Garten von Pamplemousses führt (s. S. 120).

Hinter der kleinen Gemeinde **Balaclava** wird ein Gebiet erreicht, das eine rasche Entwicklung erlebt – Vorbeifahrende allerdings sehen lediglich die Mündungen privater Straßen, die zu Hotels wie La Plantation, The Oberoi oder Maritim führen. Diese Herbergen der Luxusklasse stehen an den Ufern des Flusses Citrons, der in die **Baie aux Tortues** ❹ (»Schildkrötenbucht«) mündet, die auch Baie de l'Arsenal genannt wird. Das Maritim Hotel befindet sich auf einem Gelände, das Teil eines französischen Arsenals im nahe gelegenen **Moulin à Poudre** war, wo Munition für Schiffe nach Indien gelagert wurde. Obwohl die touristische Entwicklung streng beaufsichtigt wird, fürchten Einheimische, dass die steigende Zahl der Unterkünfte und damit der Besucher in diesem lange Zeit unberührten Gebiet eine Gefahr für die Bucht darstellt, in der die Korallen noch zum überwiegenden Teil intakt sind.

In **Pointe aux Piments** stößt die Straße wieder auf die Küste. Hier rascheln Filaobäume und das Leben spielt sich gemächlich an den Stränden ab. Wer sich von den Resorthotels Victoria oder Le Méridien loszureißen vermag, kann an einem einsamen Küstenabschnitt den Zauber eines mauritischen Sonnenuntergangs genießen oder den Fischern zuschauen, die mit ihren Angeln durch die seichte Lagune waten.

Der kleine Badeort **Trou aux Biches** ❺ ist mit seinem 3 km langen, feinen Sandstrand und der tiefblauen Lagune ein Mekka für Sonnenanbeter und Wasserratten. Es geht hier wesentlich ruhiger zu als in Grand Baie, vor allem wochentags kann man in diesem ehemaligen Fischerdorf noch den mauritischen Alltag beobachten. Unter den Kasuarinen neben der Bootsanlegestelle feilschen die Fischer auf Créole um den Fang; Jugendliche verkaufen frisch gefangenen Fisch, den sie für ihre Kunden häuten und ausnehmen; Händler bieten Muscheln und Modellboote an und Obstverkäuferinnen schälen mit der Machete überaus geschickt frische Ananas. Die Stille der Lagune wird nur an Wochenenden von den Geräuschen der Schnellboote beeinträchtigt.

Triolet ❻ kann von sich behaupten, das größte und längste Dorf der Insel zu sein. Seit der Unabhängigkeit spielte es eine wichtige Rolle in der mauritischen Politik. Darüber hinaus hat Triolet den höchsten indo-mauritischen Bevölkerungsanteil der Insel und besitzt deshalb den größten Hindutempel von Mauritius in nordindischen Stil. Der Komplex des 1857 erbauten **Maheswarnath-Tempels**

Seite 114

TOP 50 Seite 358

TOP 50 Seite 364

▲ Die Hindugöttin Durga
▶ Der Maheswarnath-Tempel in Triolet ist der größte Hindutempel der Insel

Für einen Tagesausflug von Grand Baie bietet sich ein Segeltörn auf der 1852 in Mallorca gebauten »Isla Mauritia« an. Das Schiff ankert in der Baie du Tombeaux, wo man in glasklaren Gewässern schnorcheln kann. Im Preis enthalten ist ein mittägliches Barbecue mit Gesangs- und Sega-Einlagen der Crew. Buchungen über Yacht Charters in Grand Baie (Tel. 263 8395).

ist ein Kaleidoskop der Farben. Ein Plakat unter einem mächtigen Banyanbaum heißt alle Pilger willkommen und der Aufseher bietet sich gegen ein kleines Entgeld für Führungen an.

An Wochenenden und Feiertagen scheint die gesamte Region nach **Mont Choisy ❼** zu strömen, wo türkisblaues Wasser einen langen samtweichen Strand begrenzt. Indo-mauritische Frauen bereiten im Schatten der Kasuarinen das umfangreiche Picknick für die ganze Familie vor; Kinder spielen auf dem Rasen einer ehemaligen Landebahn Fußball und daneben erinnert ein Denkmal an den ersten Flug französischer Piloten von Mauritius nach Réunion (1933). Wochentags ist Mon Choisy der perfekte Ort zum Baden in der warmen Lagune oder zu einer Fahrt mit dem Glasbodenboot.

Tentes

→ Dies sind die großen Körbe, in denen die Mauritier gerne ihr Strandpicknick verstauen.

Die mauritische Côte d'Azur

Wenn es ein klassisches Touristenzentrum auf Mauritius gibt, dann ist dies **Grand Baie ❽**. Seine hufeisenförmige Bucht säumen Hotels, Restaurants, Bars, Klubs, Designerläden und Boutiquen. Die rasante Entwicklung vom kleinen Fischerdorf zum Feriendomizil hat Grand Baie verändert: Aus Geschäften wurden Supermärkte, die Kriminalität stieg leicht an.

Individual- und Pauschaltouristen schätzen den Ort ebenso sehr wie Einheimische, von denen viele hier einen zweiten Wohnsitz haben. Grand Baie wartet mit vielen Restaurants und Bars auf, die nicht an Hotels angeschlossen sind. Zur weiteren Angebotspalette gehören kleinere Gästehäuser und Apartments für Selbst-

▼ **Das Ausflugsschiff Isla Mauritia**

versorger, Leihwagenfirmen sowie unzählige Touranbieter, die keinen Wunsch offen lassen – von organisierten Ausflügen in alle Inselteile inklusive nach Rodrigues über Hochseefischen bis hin zu U-Boot-Safaris, Unterwasserspaziergängen, Tauchen und Fallschirmspringen ist alles möglich (s. Top10, S. 368).

Im Fokus sämtlicher Aktivitäten steht der **Sunset Boulevard,** eine moderne Einkaufszeile am Wasser mit Supermärkten, Restaurants, Fastfood-Läden und Reiseagenturen in der näheren Umgebung. Leider besitzt der Ort selbst keinen herausragenden Badestrand, eine gute Alternative stellt der kleine öffentliche Abschnitt im nördlichen Teil der Bucht dar. Hinter den schwarzen Basaltfelsen, die den Strand zur Rechten begrenzen, verbirgt sich die weiße Sandfläche La Cuvette beim **Royal Palm Hotel,** einem Treffpunkt der Schönen und Reichen. Wie in den meisten anderen Hotels sind fremde Strandspaziergänger eher unwillkommene Gäste, einen Tisch im Restaurant dagegen kann man mit etwas Mühe ergattern – allerdings gibt es in der Stadt zahlreiche günstigere Alternativen.

Grand Baie hat mehr Nachtklubs *(boîtes de nuit)* und Diskos als jeder andere Ort der Insel. Zwei der populärsten Adressen sind das Bananas Café und die Diskothek Stardance, die das junge In-Publikum anzieht. Gut einkaufen kann man im Supermarkt der Kette Super U, einige hundert Meter landeinwärts vom Sunset Boulevard.

Zum Kap des Unheils

Riesige Flamboyantbäume, die im Sommer leuchtend rote Blüten tragen, flankieren die Straße nach **Pointe aux Canonniers ❾,** das unter Ruhe suchenden Touristen und Einheimischen gleichermaßen beliebt ist. Die von Stränden gerahmte Landzunge wurde einst von der französischen Garnison genutzt und spä-

Seite 114

TOP 50 Seite 364

TOP 50 Seite 368

▲ Lust auf einen Unterwasserspaziergang?
▼ Hotel »Le Cannonier«

Indische Farbenpracht
Eine 10-minütige Fahrt führt von Grand Baie zur Anse la Raie und einer kleinen Brücke, die sich hinter dem Paradise Cove Hotel über den Meeresarm Bain Bœuf spannt. An heiligen Tagen wie Ganga Asnan (Nov.) bringen hinduistische Frauen Speisen zu einem prächtigen Schrein, der direkt am Meeresufer steht.

Seite 358 TOP 50

ter von den Briten in ein Quarantänegebiet umgewandelt. In der weitläufigen Gartenanlage des **Le Canonnier Hotel,** die einen fantastischen Blick auf die Insel Coin de Mire (s. unten) gewährt, wachen Kanonen aus dem 18. Jh. – die einst Dutzenden von Schiffen zum Verhängnis wurden – sowie ein verfallender Leuchtturm aus dem 19. Jh. über das Riff. Auf der Le Canonnier gegenüber liegenden Seite der Landzunge befindet sich das angenehme Gästehaus **Colonial Coconut Hotel.**

Das nur 2 km weiter nördlich von Grand Baie gelegene **Pereybère** ⓾ hat den Anschluss an den Ferienort noch nicht geschafft – hier geht alles etwas langsamer vonstatten, auch die Preise sind niedriger. Traditionell diente Pereybère als Erholungsgebiet für die chinesische Inselbevölkerung, inzwischen kommen zunehmend ausländische Individualreisende sowie Urlaubsgäste aus Grand Baie, die Abwechslung vom Trubel suchen und am schönen Strand ausspannen oder in der Lagune schnorcheln wollen. Pereybère ist so etwas wie eine kleinere Version von Mont Choisy (s. S. 116). Am Wochenende bevölkern die Einheimischen den Strand und improvisieren ab und zu sogar eine Sega-Party; Imbissbuden bieten heiße Snacks, Getränke und frisches Obst an, mitunter macht ein Eisverkäufer laut auf sich aufmerksam und in den kleinen Restaurants kann man ausgezeichnet und günstig essen.

Kasuarinen, die Schatten auf seichte Lagunen und felsige Buchten werfen, säumen die schmale Straße in das 6 km entfernte **Cap Malheureux** ⓫. Dieser nördlichste Zipfel der Insel hat seinen Namen – »Kap des Unheils« – wahrscheinlich von den zahlreichen Schiffen, die hier untergingen.

In dem idyllischen Dorf – das über einen kleinen Strand, ein Restaurant, einen Laden und eine Tankstelle verfügt – passiert wenig, nur gegen 16 Uhr scheint es kurz zu erwachen, wenn die Fischer ihren Fang nach Hause bringen.

Nach 5 km Fahrt durch Zuckerrohrfelder gen Osten gelangt man zu den weißen Stränden von **Grand Gaube.** Von den Terrassen der Hotels Legends und Paul et Virginie genießt man einen schönen Blick über die Bucht.

◀ **Beim Fischfang vor der Insel Coin de Mire**

Inselhüpfen

Empfehlenswerte Ziele für Tagesausflüge sind Coin de Mire, Flat Island (Île Plate) und Gabriel Island (Îlot Gabriel), die bei guten Wetterverhältnissen per Segelboot umrundet werden können. Der Luxus-Katamaran *Le Pacha* beispielsweise legt mit 20 bis 30 Passagieren am Sunset Boulevard in Grand Baie ab und ankert in geschützten Buchten zum Schnorcheln, Schwimmen oder Sonnenbaden. Andere Agenturen in Grand Baie unterbreiten ähnliche Angebote.

Die küstennahe Insel **Coin de Mire** ⓬ besteht aus bröckeligem Tuffgestein, was eine Landung unmöglich macht. Es lohnt sich, zu den schönen Stränden von **Fla**

Island ⓭ weiterzufahren, das wie seine Nachbarinsel **Gabriel Island** von einem Korallenriff umgeben ist. Beide Eilande dienten während der Choleraepidemie, die 1856 fast die gesamte Bevölkerung von Port Louis dahinraffte, als Quarantänestation für Immigranten. Auf Flat Island kann man problemlos den ganzen Tag verbringen und die kleinen Pfade rund um den Leuchtturm und den Friedhof erkunden.

Die Naturreservate Round Island und Serpent Island, die beide etwa 24 km nördlich von Mauritius liegen, sind für die Öffentlichkeit nicht zugänglich. Auf **Round Island** (Île Ronde) mit ihren steilen Klippen leben mehrere gefährdete Tierarten, darunter der seltene Telfair-Schlankskink (s. S. 88), zwei Schlangenarten sowie der Weißschwanztropikvogel *(paille-en-queue)*, der die Heckflossen der Maschinen von Air Mauritius ziert. Auch die Pflanzenwelt ist von wissenschaftlichem Interesse. **Serpent Island** (Île aux Serpents) ist entgegen ihrem Namen ein Vogelschutzgebiet, so wie es auf **Pigeon House Rock** (Le Pigeonnier) nördlich von Flat Island keine einzige Taube gibt.

Seite 114

Wo Schiffe das Thema sind

In Grand Gaube entfernt sich die Straße von der Küste und verläuft südwärts nach **Goodlands ⓮**. Die betriebsame Stadt besitzt einen interessanten Markt und ist die Heimat von **Historic Marine** (Mo–Fr 8.30–17, Sa, So 9–12 Uhr), dem landesweit größten Hersteller von Modellschiffen. Wochentags kann man den Handwerkern bei der Arbeit zuschauen, die mit viel Geduld an den kleinen Meisterstücken basteln. Ein großer Ausstellungsraum präsentiert neben Schiffen auch andere hübsche Holzprodukte.

Von Goodlands führt die Hauptstraße in südöstlicher Richtung zurück zur Küste in das reizende Dorf **Poudre d'Or ⓯**. Hier

TOP 50 Seite 362

▲ **Modellschiffbau in Goodlands**
▼ **Heiße Tage beleben in Pereybère das Geschäft**

Zuckerrohr
1872 verwarf der Reisende Nicholas Pike die Vorstellung, dass Poudre d'Or (»Goldstaub«) seinen Namen vom feinen Sand oder gar von Goldvorkommen habe – seine Erklärung lautete nüchtern Zuckerrohr. Einen Beweis davon erhält man zwischen Juni und Dezember in der Zuckerfabrik Mon Loisir bei Rivière du Rempart. Spannend dokumentiert das Zuckermuseum **L'Aventure du Sucre** in Beau Plan die Zuckerrohrverarbeitung (tgl. 9–18 Uhr).

kann man zur Landzunge gegenüber des Riffs schlendern, an dem 1744 die *Saint Géran* in einem Sturm unterging. Das tragische Unglück inspirierte den französischen Romancier Bernardin de Saint Pierre zu seinem berühmten Liebesroman »Paul und Virginie«. Diverse aus dem Wrack geborgene Objekte sind im Seefahrtsmuseum von Mahébourg (s. S. 128) ausgestellt. Am Pier von Poudre d'Or bieten Fischer eine Ausflugsfahrt zur 30 Min. entfernten und unbewohnten **Île d'Ambre** ⑯ an, wo man herrlich baden und schnorcheln kann.

Ambra
→ Das wohlriechende Stoffwechselprodukt aus dem Darm des Pottwals wurde einst zuhauf auf der Île d'Ambre gefunden und gab der Insel ihren Namen.

Weiter südlich markiert eine große Landzunge die Grenze zwischen Nord- und Ostküste. Sie wird von den windumtosten Stränden **Roches Noires** und **Poste Lafayette** dominiert, die mit schwarzem Vulkangestein übersät sind. Abgesehen von ein paar Fischern sieht man hier nur wenige Menschen, was nicht zuletzt an der rauen See liegt, die zum Schwimmen eher ungeeignet ist.

◀ **Der Lilienteich in Pamplemousses**

Botanische Berühmtheit

In Poudre d'Or zweigt eine Straße ins Inselinnere zum **Botanischen Garten von Pamplemousses** ⑰ ab (tgl. 8.30 bis 17.30 Uhr, im Sommer 8–18 Uhr, auch geführte Touren). Obwohl er nicht in bestem Zustand ist, lohnt sich ein Besuch vor allem zwischen Dezember und April. Die 25 Hektar große Anlage wurde 1988 zu Ehren des verstorbenen Premierministers in Sir Seewoosagur Ramgoolam Botanical Gardens umbenannt, was sich allerdings nie durchsetzen konnte. Der alte Name »Pamplemousses« – den auch das benachbarte Dorf trägt – stammt von einer Zitruspflanze, welche die Holländer im 17. Jh. aus Java importierten und in dieser Gegend kultivierten. Ihre Frucht ähnelt einer großen Pampelmuse, die in der tamilischen Sprache *bambolmas* heißt – es wird vermutet, dass das französische Wort auf das tamilische zurückgeht.

Man sollte sich mindestens zwei Stunden Zeit nehmen, um die zahlreichen von Palmen gesäumten Wege zu erkunden. Reiseagenturen kombinieren den Besuch gerne mit einem Einkaufsbummel in Port Louis und neigen zu kurzen Aufenthalten. Auch die offiziellen Führer, die sich gegen ein festgelegtes Entgeld am Eingang anbieten, sind flott unterwegs, doch zumindest zeigen sie die Hauptattraktionen und kennen interessante Einzelheiten über die selteneren Pflanzenarten. Wer auf eigene Faust losziehen möchte, kann am Eingang ein Handbuch kaufen, das eine Karte und fachliche Informationen über die Pflanzen – die nur zum Teil beschildert sind – enthält und auf die wichtigsten Sehenswürdigkeiten hinweist. Da es innerhalb der

Anlage keine Erfrischungsstände gibt, sollte man sich am Parkplatz mit dem Nötigen eindecken.

Insgesamt sind über 500 Pflanzenarten zu sehen, darunter 80 Palmenarten und 40 auf den Maskarenen heimische Gewächse wie Ebenholz-, Mahagoni- und Schraubenbäume. Besonders eindrucksvoll sind der **Lotosteich** mit einer gelb und einer weiß blühenden Art und der große **Lilienteich,** der zur Hälfte unter den riesigen Blättern der Amazonas-Wasserlilie *(Victoria amazonica)* verborgen ist. Die Blüten der Lilie entfalten sich zunächst weiß, verblassen am Ende des zweiten Tages zu einem dunklen Rosa und sterben dann ab. Eine weitere bemerkenswerte Pflanze ist die Talipotpalme *(Corypha umbraculifera),* die 40 bis 60 Jahre bis zur Blüte benötigt und dann abrupt abstirbt. Zu den vielen Gewürzen, die ihren Duft verströmen, gehören Ingwer, Nelken und Zimt.

Die Ursprünge des Pamplemoussesgarten gehen auf das Jahr 1735 zurück, als Mahé de Labourdonnais hier ein Haus erwarb, das er Mon Plaisir nannte. Nach und nach verwandelte er das umgebende Gelände in einen Obst- und Gemüsegarten, mit dessen Produkten die in Port Louis anlegenden Schiffe versorgt wurden. 1768 übernahm der französische Gartenbauexperte Pierre Poivre die Residenz und pflanzte die Setzlinge der heute zu bewundernden Arten (s. S. 247). Das **Château Mon Plaisir,** ein britisches Erbe aus dem 19. Jh., wurde vor dem Verfall gerettet und dient nun Staatsempfängen.

In der Nähe des Eingangs kauen Aldabra-Riesenschildkröten zwischen ihren geräuschvollen Paarungsperioden genüsslich Blätter. Neben dem Gehege befindet sich der Nachbau einer frühen Zuckermühle – Zuckerrohr jedoch sucht man hier vergebens.

Genüssliche Autofahrt

Eine der schönsten Strecken der ganzen Insel ist die A2, die von Pamplemousses Richtung Centre de Flacq und Ostküste führt. Vorbei an der Kulisse der gezackten Moka Range geht es zunächst nach **Grande Rosalie,** wo im Jahr 1743 die erste Zuckerplantage der Insel gegründet wurde. Die Gebäude sind zwar nicht öffentlich zugänglich, aber vom nahen, etwas südlicher gelegenen Wasserreservoir **La Nicolière** ⓲ gewinnt man einen guten Eindruck von der herrlichen Lage des Geländes. Die Straße windet sich nun bergan und eröffnet grandiose Ausblicke auf die üppig grüne Landschaft, bevor sie durch Wälder und verschlafene Weiler wieder in tiefere Gebiete führt.

Unterwegs Richtung Westküste lohnt sich bei schönem Licht ein Stopp im kleinen Dorf **Malenga** nahe dem Berg **Pieter Both** mit dem markanten Felsen auf dem Gipfel. Der Volksmund besagt, dass eine Katastrophe die Insel vernichten wird, wenn der Kopf herabstürzt – doch selbst die fürchterlichen Zyklone von 1892 und 1960 haben dem Felsen nichts anhaben können. ■

Seite 114

Weisheit des Alters
Wer sich im Botanischen Garten von **Pamplemousses** einen der offiziellen Führer nehmen möchte, sollte auf die Erfahrung und das immense Wissen der älteren Generation zurückgreifen. Viele arbeiten schon seit Jahren in diesem Job und können mehr über die Pflanzen erzählen als jedes Nachschlagewerk.

▶ Der markante Gipfel des Pieter Both, der an einen sitzenden Mann mit einem über die Schultern geworfenen Mantel erinnert

Der Osten

Mit ihren herrlichen Stränden, luxuriösen Hotelanlagen und verschlafenen Dörfern ist die Ostküste der perfekte Ort für einen erholsamen Urlaub. Wer in diesem Paradies gelandet ist, reißt sich nur schwer wieder los – nicht zuletzt wegen der kleinen, kurvigen Straßen, die etwas Zeit erfordern.

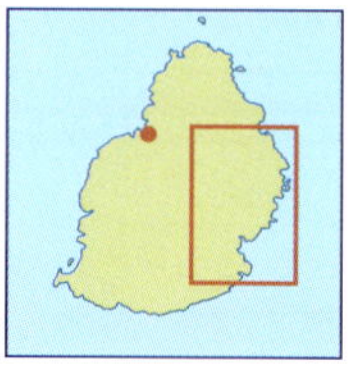

Verglichen mit dem Norden und Westen von Mauritius geht die touristische Entwicklung an der Ostküste langsamer vonstatten, obwohl insbesondere rund um Belle Mare immer mehr Hotels aus dem Boden schießen und die traumhaften weißen Strände für sich vereinnahmen. An diesem Küstenabschnitt befinden sich einige der besten Resorts der Insel, darunter so weltberühmte Häuser wie Le Prince Maurice, St-Géran und Touessrok.

Zentrum des Zuckeranbaus und des Jetsets

Der nördliche Teil der Ostküste wird von dem Distrikt Flacq eingenommen, dessen Name auf das Holländische *Vlakte* (»Ebene«) zurückgeht. Da sich das flache Terrain ausgezeichnet für den Anbau von Zuckerrohr eignet, verwundert es nicht, dass sich hier eine Plantage an die nächste reiht, darunter das größte mauritische Unternehmen in diesem Sektor, FUEL (Flacq United Estate Limited). Die Region gilt als ländlichste der Insel und versorgt den einheimischen Markt darüber hinaus mit Zwiebeln, Tomaten, Chilis, Erdnüssen und Auberginen.

Dreh- und Angelpunkt des Distrikts ist **Centre de Flacq.** Die Briten erbauten im 19. Jh. das mächtige Gerichtsgebäude und drückten der Stadt damit ihren Stempel auf. Abgesehen vom geschäftigen Sonntagsmarkt *(foire)* gibt es wenig zu sehen, aber Centre de Flacq ist ein wichtiger Verkehrsknotenpunkt sowohl in Richtung Ostküste als auch nach Port Louis und in den Norden.

Die größte Konzentration von Hotels an der Ostküste findet man rund um **Belle Mare ❶**, etwa zehn Fahrtminuten von Centre de Flacq entfernt. Der überdurchschnittlich gute öffentliche Strand des Orts geht in Kasuarinenwälder über, in denen alte Brennöfen von der einst blühenden Industrie des Korallenkalk-Brennens zeugen – wer hinaufklettert, genießt schöne Ausblicke auf die Küste und die Zuckerrohrfelder. Nahebei liegen die Luxusherbergen **Belle Mare Plage** und das ein wenig an Disneyland erinnernde **Coco Beach,** beide mit paradiesischen Stränden vor der Haustüre. Kleine und große Wasserratten werden sicher vom neuen Wasserpark **Le Waterpark** mit mehreren Rutschen, Tunneln sowie dem Wellen- und

TOP 50 Seite 354
TOP 50 Seite 364
TOP 50 Seite 368

◀ Sonnenaufgang am Strand von Belle Mare ▶ Bootsverleih mit Auswahl: Segelboote, Kajaks, Tretboote und Surfbretter

Der Osten
0 2 km
N
INDISCHER OZEAN
INDISCHER OZEAN
Flacq
Moka
Grand Port
Pont Praslin
Pamplemousses
Mare d'Australia
La Nicolière
Nicolière Mts
Salazie
Brisée Verdière
Grand Retraite
Bon Acceuil
Belvédère
A 2
Bois d'Oiseaux
Grand Bois Fond
Lalmatie
Françoise
Poste de Flacq
Pont Blanc
Camp Poorun
Le Prince Maurice Hotel
St Geran Hotel
Belle Mare Plage Hotel
Coco Beach Hotel
Pte de Puits
The Residence Hotel
Constance
Providence
St-Remy
Belle Vue Allendy
Centre de Flacq
Camp Bouillon
Camp Garreau
Mare la Chaux
Mare du Puit
Belle Mare
Pte du Puits des Hollandais
Pte aux Boeufs
Le Palmar Hotel
St-Julien
Union Flacq
A 7
Isidore Rose
Quatre Cocos
Rich Fund
F.U.E.L. Sugar Factory
Camp Bonnemère
Bramsthan
Camp Ithier
Mare Tatos
Palmar
Camp Thorel
R. du Poste de Flacq
Coignard
Queen Victoria
Ecroignard
Île Vacoas
Pte Quatre Cocos
Trou d'Eau Douce
Quartier Militaire
St-Julien d'Hotman
l'Unite
Camp de Masque Pavé
West Peak 433
Fayence Mountain
Petit Bois
Île de la Batterie
Îlot Lievres
Touessrok Hotel
Mont Ida
Bel Étang
Camp de Masque
Medine
Providence
A 7
Mare Jacot
La Caroline
Bel Air (Rivière Sèche)
Île de l'Est
Petite Cabane
Hermitage
Clemence
Belle Rose
Ernest Florent
Île aux Cerfs
Pte Grand Vacoas
Mt Blanche 532
Blanche Mountain
Trois Îlots
Melrose
Petit Paquet
Beau Champ
Deep River
Montagne Blanche
Pellegrin
Françoise ou du Boucan
Île aux Chats
Grande Rivière Sud Est
Île Camisard
Lesur
Sebastopol
Deux Frères
La Nourrice
Anse Cunat
Pte de la Batterie
Sans Souci
Clavet
Olivia
Quatre Soeurs
Bois d'Oiseaux
Pte St-Lain
Pointe aux Feuilles
L'Étoile
La Commune
Marie Jeanne
Grande Rivière Sud-Est
Kewal Nagar
Pte aux Feuilles
Mt Bambou 626
Grand Sable
Anse du Grand Sable
Îlot Flamants
Pic Grand Fond 521
Grande Rivière Sud-Est
Bambou Mountains
Pointe aux Roches
Pte aux Roches
Île aux Oiseaux
Anse du Petit Sable
Petit Sable
Pointe du Diable
Pte du Diable
Domaine de l'Ylang Ylang
Domaine du Chasseur
Anse Bambou
Bambous Virieux
Pte Corail
Créole Mountains ou Monts des Hollandais
Champagne
Nyon
Anse Jonchée
Pte Bambou
Providence
Anse Jonchée
Pte Masulipatan
Le Val
Le Val Nature Park
Ste-Madeleine
Monument to the Dutch
Lion Mt 480
Ferney
Vieux Grand Port
Bois des Amourettes
St-Hubert
Le Vallon
Cent Gaulettes
Anse Colas
Pavillon du Grand Port
Eau Bleue (Rama)
St-Hilaire
Salles d'Armes
Treize Cantons
Île aux Singes
Île Marianne
Rocher des Oiseaux
Île aux Fous
Mare Chicose
R. des Créoles
Mt des Créoles 369
La Terre Rouge
Trou Beloute
Riche en Eau
Rivière des Créoles
Pte Brocus
Astroea
Camp Jardin
Îlot Vacoas
Île aux Fouquets
Île de la Passe
Pte de la Colonie
Deux Bras
La Chaux
Petit Bel Air
Rault Biscuit Factory
Ville Noire
New Grove
Grand Bel Air
Mahébourg
Anse des Courants
Rau Copeau
Naval Museum
La Rosa
Port Louis
A 10
Île aux Aigrettes
Mare d'Albert
La Rampe le Morin
Île du Hangard
Preskil Beach Resort Hotel
M 2
A 10
Beau Vallon
Pte D'Esny
Sir Seewoosagur Ramgoolam International Airport
Pointe D'Esny
Plaine Magnien
Pte des Deux Cocos
Gros Bois
Union Vale
Blue Bay
Shandrani Hotel
Pte Corps de Garde
Île des Deux Cocos
Trois Boutiques
Mon Trésor-Mon Désert
Le Chaland
Pte Vacoas

Sprudelbad begeistert sein (tgl. 10 bis 17 Uhr). Die Kette der Hotels setzt sich gen Süden mit dem imposant im Plantagenstil erbauten **La Residence** fort, bevor man zu den mit Stroh gedeckten Bungalows vom **Le Palmar** gelangt.

In **Trou d'Eau Douce** ❷ befindet man sich wieder in der Welt des realen Lebens. Das kleine Dorf ist ein wahres Labyrinth enger Gassen; Frauen waschen Wäsche im Fluss und dicht am Ufer schaukeln Fischerboote. Die meisten Touristen fahren hier nur durch, ihr Ziel heißt **Touessrok,** eines der Top-Resorts auf Mauritius, oder Île aux Cerfs. Dabei laden in Trou d'Eau Douce nette Restaurants zur Einkehr ein, die in ihrer Einfachheit eine erfrischende Abwechslung zu den Hotelanlagen sind.

Paradiesische Insel

Die **Île aux Cerfs** ❸ ist ein sowohl bei Einheimischen als auch bei Touristen beliebtes Badeziel. Verwaltet wird sie vom Hotel Touessrok, steht aber allen Besuchern offen. Mehrere Agenturen in Trou d'Eau Douce betreiben einen regelmäßigen Fährdienst und auch die örtlichen Fischer bringen Passagiere zur Insel hinüber. Von mehreren Orten auf Mauritius werden Tagesausflüge hierher angeboten.

Die unvergleichlich schönen Strände des Eilands werden von klarem und unwahrscheinlich blauem Wasser umspült. In der Nähe der Anlegestelle bietet ein Unternehmen Wasserskifahren, Parasailing und Windsurfen an, Händler und zwei Restaurants warten auf Kunden. Der bekannte deutsche Golfprofi Bernhard Langer ist für die Gestaltung des 2004 fertig gestellten 18-Loch-Golfkurses des Touessrok-Hotels verantwortlich.

Auf der Île aux Cerfs herrscht eine entspannte Stimmung, doch mitunter, vor allem am Wochenende, viel Betrieb. Wer die Einsamkeit sucht, findet in der Nähe ruhigere Strände. Für Abwechslung sorgen Spaziergänge, die entlang markierter Pfade um die Insel führen. Hinter der Anlegestelle gibt es einen kleinen Schildkrötenpark.

Auf den Spuren der Holländer

Seite 124

Die Strecke von Trou d'Eau Douce gen Süden über die alte holländische Küstenstraße und heutige B28 nach Mahébourg gehört zu den schönsten des Landes. Zunächst führt sie ins Inselinnere nach Bel Air, zweigt dann zur Küste ab und erreicht die Schluchten und Wasserfälle des **Grande Rivière Sud-Est,** seines Zeichens der längste Fluss der Insel. In der gleichnamigen Siedlung springen häufig kühne Jugendliche von den Basaltklippen kopfüber ins Meer.

Entlang der steilen Ausläufer der Bambou Mountains geht es nun weiter durch malerische Fischerdörfer bis in den geschichtsträchtigen Distrikt **Grand Port** im Südosten von Mauritius – zahlreiche (schlecht erhaltene) Ruinen zeugen hier von den Anfängen der Kolonisation auf Mauritius durch die Franzosen und Holländer. Historisch besonders interes-

TOP 50 Seite 359

▲ Die berühmteste Bewohnerin der Île aux Cerfs ist eine vermutlich schon 200 Jahre alte Aldabra-Riesenschildkröte
▶ Tauchunterricht mit Luxusambiente im Touessrok

Vom Duft der Pflanzen
In der **Domaine de l'Ylang Ylang** (tgl. 9–17 Uhr, Tel. 634 5668) bei Vieux Grand Port kann man sehen, wie aus den duftenden Ylang-Ylang-Blüten und anderen Pflanzen ätherische Öle gewonnen werden.

Seite 354 TOP 50

sant ist das zu Füßen des Lion Mountain gelegene **Vieux Grand Port ❹**, wo die Holländer nach ihrer Landung im Jahre 1598 eine erste Basis errichteten. Die ursprüngliche Festung wurde in die Verteidigungsanlagen der Franzosen aus dem 18. Jh. integriert. Heute zeugen nur noch schwarze Mauerreste von der Vergangenheit, doch 1997 entdeckten Archäologen Becher, Töpferwaren, Glas und chinesisches Porzellan aus dem 17. Jh. Diese und andere Funde sind im **Frederick Hendrik Museum** (Mo–Sa 9–17, So 9–12 Uhr) ausgestellt, in dem audiovisuelle Vorführungen die Geschichte der Holländischen Ostindienkompanie und deren Bedeutung für Mauritius erläutern.

Vieux Grand Port bietet sich als Basis für diverse Ausflüge an. Unweit des Dorfes an der Küste befinden sich die Höhlen **Salles d'Armes,** wo französische Ehrenmänner einst ihre Duelle ausfochten – sie sind entweder per Boot oder aber über verschlungene Pfade durch die Zuckerrohrfelder zu erreichen. Der etwas weiter nördlich gelegene **Bois des Amourettes** war ein bevorzugter Treffpunkt französischer Soldaten und ihrer Geliebten. Im Zweiten Weltkrieg bauten die Engländer dort einen Beobachtungsposten, doch es sind nur einige alte Zementbunker erhalten, die über das Zuckerrohr hinausragen.

Das private Naturreservat **Domaine du Chasseur ❺** (Tel. 634 5097, tgl. 9 bis 17 Uhr) bietet einen Ausblick auf die Kulisse, vor der Franzosen und Briten 1810 die Schlacht von Vieux Grand Port ausfochten. Die Schüsse, die heute zu hören sind, stammen allerdings aus den Gewehren von Jägern. Früher war das Reservat bei Jagdgesellschaften sehr beliebt, heute sind eher »grüne« Touristen die Zielgruppe. Ein ca. 30 km langes Wegenetz führt durch Wälder mit einheimischen Bäumen und Gewürzpflanzen. Neben Java-Hirschen, die auf dem 160 ha großen Gelände gezüchtet werden, entdeckt der geduldige Beobachter Wildschweine, Affen,

▼ **Ananasfelder in der Domaine du Chasseur**

Hasen und viele endemische Vogelarten, wie z. B. den gefährdeten Mauritius-Turmfalken, der bei der nachmittäglichen Fütterung (tgl. 15 Uhr) zu sehen ist. Besucher können neben Wanderungen (z. B. zu einem Bassin mit Bademöglichkeit) auch Ausflüge mit Quadbikes und Allradwagen unternehmen. Zwei Restaurants und rustikale Bungalows für Übernachtungen stehen zur Verfügung.

Zwischen Vieux Grand Port und Mahébourg erinnern zwei Monumente an die Landung der Holländer 1598 und die Einführung des Zuckerrohrs im Jahre 1639. Beide Stätten waren lange verwaist und wurden erst für den königlichen Besuch aus Holland 1998 aufpoliert.

Charme der alten Zeit

Das nach dem ersten Gouverneur der Maskarenen, Mahé de Labourdonnais, benannte **Mahébourg ❻** liegt im Süden der großen Bucht von Vieux Grand Port. Unter den Franzosen war Mahébourg ein geschäftiger und blühender Hafen, den die Engländer später durch eine – inzwischen still gelegte – Eisenbahntrasse mit Port Louis verbanden. Die Namen der gitterförmig angelegten Straßen reflektieren den Einfluss der europäischen Siedler und man verspürt noch etwas historisches Flair, das den meisten anderen mauritischen Städten fehlt.

Mahébourgs Zentrum macht einen etwas heruntergekommenen Eindruck, was den besonderen Charme dieser Stadt in keinster Weise beeinträchtigt. Die am Meer entlangführende Rue des Hollandais wird von dem geschäftigen Treiben des großen Busbahnhofs bestimmt und erhielt 2003 ein neues Gepräge im typisch mauritischen Stil – mit Boutiquen, Straßencafés und Restaurants. Bunte Einbäume schaukeln um die kleine Insel Mouchoir Rouge und Frauen scheuern ihre Wäsche auf den Steinbecken des öffentlichen Waschhauses Le Lavoir. Auch der tägliche

Seite 124

Aussichtsreiche Mahlzeit
Im **Panoramour Restaurant** in der Domaine du Chasseur hat man die Qual der Wahl: Wildbret-Curry, Hummer vom Grill, geröstetes Wildschwein oder frischer Fisch – und all das bei einer wunderbaren Panoramasicht.

▼ Fischhändler in Mahébourg

Süßer Abstecher
Fährt man von Mahébourg über den Rivière La Chaux gen Norden, weisen Schilder den Weg zur Rault Biscuit Factory (Tel. 631 9559, Mo–Fr 9–11 und 13–15 Uhr), wo man bei einer geführten Tour verfolgen kann, wie aus Manioc köstliche Biskuits (»biscuits manioc«) entstehen, auf Vorbestellung wird auch ein mauritisches Mittagessen serviert.

Markt mit exotischen Früchten, vielen verschiedenen Gemüsesorten, Kräutern und Gewürzen ist einen Besuch wert. Montags wird an der Uferpromenade ein lebhafter **Wochenmarkt** mit Kleidung, Stoffen, Schmuck und Haushaltswaren abgehalten.

Das **Marinemuseum** (Tel. 631 9329, tgl. außer Di 9–16, Sa/So 9–12 Uhr) am südlichen Stadtrand ist in einem Gebäude aus dem 18. Jh. untergebracht. Der ursprüngliche Besitzer Jean de Robillard verwandelte das Haus in ein Hospital, in dem die Kommandeure der französischen und britischen Streitkräfte, die die Schlacht von Vieux Grand Port ausfochten, Seite an Seite gesund gepflegt wurden.

Das Museum besitzt eine bunte Sammlung von Exponaten aus holländischer, französischer und britischer Zeit. An den Wänden hängen Porträts, die u. a. Prinz Moritz von Nassau, Pieter Both, Pierre Poivre und den »König der Korsaren« Robert Surcouf zeigen. Zu den berühmtesten Stücken gehört die Schiffsglocke der unglückseligen *St-Géran,* die 1744 vor der Nordostküste sank. Ein Zeitungsausschnitt hält die Erinnerung an das Schicksal des britischen Dampfers *Trevessa* wach, der 1923 Hunderte Kilometer von Mauritius entfernt unterging. Die Überlebenden, die nichts als Kekse zu essen hatten, erreichten 25 Tage später mit einem Rettungsboot Bel Ombre an der Südküste. Einige Biskuits und die Zigarettendose, mit der sie die Wasserrationen maßen, sind ausgestellt. Zu sehen sind außerdem das Himmelbett des Mahé de Labourdonnais sowie zwei Holzsänften, in denen Sklaven ihre Herren trugen.

◀ **Immer weniger Fischerboote werden aus Holz gebaut**

Ausflüge in die Umgebung von Mahébourg

Die Fahrt zur **Blue Bay** ❼ führt zunächst an ärmlichen Hütten vorbei und erreicht bei Pointe d'Esny eine der begehrten Adressen auf Mauritus. Auf halber Strecke liegt das Hotel **Le Preskil Beach Resort,** welches einen hübschen Strand und schöne Ausblicke auf die Berge bietet – der größte Vorteil allerdings liegt in seiner Nähe zum Flughafen. Hingegen lohnt sich der Ausflug zum öffentlichen Strand von Blue Bay, wo himmelblaue ruhige Gewässer die winzige Île des Deux Cocos vom Festland trennen. Hier starten Glasbodenboote und Ausflugsschiffe zur Île des Deux Cocos, auf der Hochzeiten und Feste stattfinden. Auf der anderen Seite der Bucht steht das **Shandrani Hotel,** das höchsten Luxus zu entsprechenden Preisen anbietet und eine eigene Halbinsel mit 30 ha Gartenanlagen besitzt. Unterwegs passiert man einen aus Zement gegossenen Dodo, der die Stelle markiert, an der 1865 ein nahezu vollständiges Skelett des Vogels gefunden wurde. Es ist heute im British Museum von London zu bestaunen.

Durch Zuckerrohrfelder führt die B7 von Ville Noire, einem Vorort von Mahébourg, zum Dorf **Riche en Eau** (»Wasserreich«). Dieses Gebiet war einst die Heimat kleiner privater Zuckerbetriebe, deren zerfallene Schlote heute National

denkmäler sind. Der nahe **Le Val Nature Park ❽** (tgl. 9–16 Uhr) soll eigentlich darüber aufklären, wie sich die Zuckerplantagen im Laufe der Zeit zu diversifizierten agrarischen Betrieben entwickelt haben – leider stehen keime Führer, nur Informationen zur Verfügung. Entschädigt wird man durch die gurgelnden Wasserläufe, an denen Brunnenkresse und *brède songe* (»grünes Gemüse«) für den lokalen Bedarf angebaut wird, die Krabbenteiche und einen kleinen Wildpark.

Kassava
→ bzw. Maniok ist eine aus Südamerika stammende Pflanze sowie wichtiges Grundnahrungsmittel in Lateinamerika, Afrika und Asien.

Insel des Ökotourismus

Etwa 20 Minuten sind es per Fähre vom Hotel Le Preskil Beach Resort zur **Île aux Aigrettes ❾**, die 1998 als Naturreservat wieder öffentlich zugänglich gemacht wurde. Besucher dürfen die Insel nur in Begleitung eines Mitarbeiters der *Mauritius Wildlife Foundation* (MWF) erkunden. Höhepunkt sind Beobachtungen des gefährdeten Mauritius-Turmfalken und der Rosentaube (s. S. 91), die in einer auf der Welt einzigartigen Flora brüten. Die MWF hat das Eiland unter großem Einsatz renaturiert. Im Zweiten Weltkrieg wurden weite Waldgebiete abgeholzt, um Platz für britische Truppen und deren gegen die Japaner gerichteten Geschütze zu schaffen – ein Feind, der niemals kam. Den ehemaligen Generatorraum hat man in ein Museum umgewandelt; von der Aussichtsplattform bietet sich ein wunderbarer Blick auf die Bucht bis hinüber zur **Île de la Passe.** Beide Inseln bieten genügend Abwechslung für einen Halbtagesausflug. ■

▲ Seltene Rosentaube auf der Île aux Aigrettes
▼ Waschtag am Rivière des Créoles

Die Südküste

Seite 132 133

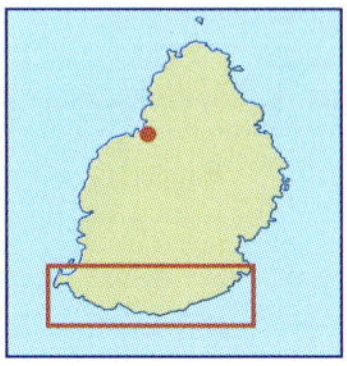

Im Süden von Mauritius entstanden in den letzten Jahren erste Hotelanlagen mit herrlichen Golfplätzen – lebhafte Orte und weite Strände sucht man hier vergeblich, dafür präsentiert sich eine ursprüngliche Naturlandschaft, die Besucher geradewegs in die Vergangenheit zurückversetzt.

Das 20. Jh. scheint an der Südküste beinahe spurlos vorübergegangen zu sein. Weite Landstriche mit zerklüfteten Basaltklippen, Hügeln und sich im Wind wiegendem Zuckerrohr, das zu jahrhundertealten Plantagen gehört, prägen das Bild, auch nachdem zwischen Bel Ombre und Riambel erste Hotels ihre Pforten öffneten. Im Westen erheben sich schroff die Savanne Mountains, die dem Distrikt seinen Namen geben und der Küstenregion nur wenig Raum lassen. Die Flüsse, die aus dem Hochland zum Ozean fließen, haben an vielen Stellen den Aufbau von Korallenriffen verhindert, so dass geschützte Lagunen weitgehend fehlen. Trotzdem findet man besonders im Südwesten einige herrliche Sandstrände, an denen 2007 noch weitere Hotels entstehen sollen. Im flacheren Osten führt die Straße an Zuckerrohrfeldern vorbei, überquert Wasserläufe und verbindet kleine, urige Dörfer.

Mit dem Auto lässt sich die Südküste gemütlich im Rahmen eines Tagesausflugs erkunden. Wer einen ganzen Tag zur Verfügung hat, kann sogar eine Rundfahrt in Betracht ziehen, die den Black River Gorges National Park einbezieht (s. S. 146). Die meisten Hotels bieten Touren zur Südküste an, bei denen üblicherweise ein Mittagessen auf einer Zuckerplantage inbegriffen ist.

Vom Strand ins Zuckerland

Die Fahrt beginnt im Westen, nur wenig südlich von Le Morne. Auf den Felsen der einsamen Strände sitzen Fischer, die ihre Netze flicken. Das erste größere Dorf, **Baie du Cap ❶**, ist ein typisches Beispiel für viele Dörfer der Südküste. Es gibt einige von Chinesen betriebene *boutiks* (kleine Läden) und eine Polizeistation, die ein lokaler Zuckermagnat im 19. Jh. aus einem vor der Küste gesunkenen Schiff erbauen ließ.

Nach wenigen Kilometern erreicht man **Bel Ombre ❷**. Früher sah man hier zu manchen Jahreszeiten kaum andere Fahrzeuge als mit Zuckerrohr beladene Lastwagen und mit Arbeitern gefüllte Minibusse. Sie waren unterwegs zur inzwischen geschlossenen Zuckerfabrik, die dem Ort ihren Namen gab. Bel Ombre war lange das Herz der Zuckerindustrie

◀ **Plantagenarbeiterin mit Kindern**
▶ **Die windgepeitschten Klippen von Le Gris Gris**

der Südküste. Im Jahr 1816 erwarb der englische Geschäftsmann Charles Telfair, nach dem das nahe gelegene Hotel benannt ist, die Fabrik und begann sofort mit ihrer Umstrukturierung zu einer Modellplantage. Aber schon bald zog sich der Menschenfreund den Zorn der einheimischen Sklavenhalter zu, die sich seiner Idee widersetzten, den Sklaven bessere Verpflegung und Unterkünfte zu gewähren.

Auf dem 18-Loch-Golfplatz des im Kolonialstil gehaltenen Telfair Hotels steht noch der Schornstein der alten Fabrik.

Auf dem Weg nach **Beau Champ** kommt man an einem weiteren neuen Luxushotel vorbei, dem Heritage Hotel. Dessen Wellnessbereich im afrikanischen Stil und das »grüne Tourismuskonzept« ziehen vor allem Erholungssuchende und Naturliebhaber an.

Etwa 1 km hinter Beau Champ zweigt die B10 von der Küste nach **Chemin Grenier** ab, von wo eine kleine Nebenstraße zum Kratersee **Bassin Blanc** führt, an dem man mit ein wenig Glück und Geduld den leuchtend grünen Mauritius-Sittich und den Mauritius-Turmfalken zu Gesicht bekommt. Wanderfreunde können sich von der Straße durch den Black River Gorges National Park zu Fuß auf den Weg zum See machen (ca. 4 km von Les Mares). Im Black River Gorges National Park liegt auch das **Val Riche Forest,** in dem es eine leider abnehmende Zahl einheimischer Baumarten gibt, die entlang der Rivière Jacotet wachsen.

Badefreuden kann man im Pool der **Rochester Falls** genießen. Über 10 m hohe Basaltsäulen stürzt hier die Rivière Savanne in die Tiefe. Zu erreichen sind die Wasserfälle entweder mit dem Auto oder aber zu Fuß – der etwa 5 km lange Weg verlässt Souillac bei der Brücke über die Rivière Savanne, schlängelt sich 15 Min. lang bergauf, bevor er zu den Wasserfällen führt.

▲ Die wertvollen Eier des seltenen Mauritius-Turmfalken

Küste der Gegensätze

In **Pointe aux Roches** ❸ beginnt der längste Strandstreifen dieser Region, der sich über 5 km gen Osten erstreckt. Hier sollen weitere Unterkünfte entstehen. Die wild zerklüftete Küste ist nicht ganz ungefährlich, weswegen sich hier lange Zeit keine Hotels angesiedelt haben. Auf dem 2400 ha großen Gelände der ehemaligen Zuckerfabrik St-Felix werden geführte Wanderungen, Bootsfahrten und andere Aktivitäten angeboten.

Von einem Bad am nahe gelegenen öffentlichen Strand wird mangels eines schützenden Korallenriffs eher abgeraten. An windigen Tagen peitscht und donnert die Gischt spektakulär gegen die pechschwarzen Felsen.

Das weiter östlich liegende **Pomponnette** ist für seine tückischen Strömungen bekannt und Einheimische bevorzugen den sicheren **SSR Public Beach** bei dem Ort **Riambel.**

Seite 132 133

Herz des Südens

An einer kleinen Bucht im Mündungsbereich der Flüsse Savanne und Patates befindet sich die größte Ansiedlung der Südküste, **Souillac** ❹. Zur Blütezeit der Zuckerproduktion im 19. Jh. wurden hier große Mengen von Zuckerrohr aus den umliegenden Plantagen auf Dampfer verladen, die es entlang der Küste nach Port Louis schipperten. Als Straßen und Eisenbahn die Schiffe verdrängten, geriet der Hafen in Vergessenheit und war dem Verfall preisgegeben. Die in den letzten Jahren durchgeführten Verschönerungsmaßnahmen sollten Souillac ein neues Image als »Touristendorf« bescheren – ein Vorhaben, dem mehr Optimismus als Realitätssinn anhaftet. Trotzdem lohnt sich ein Aufenthalt, um die zahlreichen Sehenswürdigkeiten in und um Souillac zu erkunden.

Im Westen der Stadt zweigt eine Straße zum **Marine Cemetery** ab, der zu den bekanntesten seiner Art auf Mauritius gehört. Wer weiß, wie viele Grabstätten über die Jahre hinweg vom Meer ausgewaschen wurden. 1957 berichteten die Anwohner, dass eine Flutwelle Hunderte Schädel und Knochen über den Friedhof verteilt habe. Die fortschreitende Ausspülung der Mauern zum Meer hin droht bald noch mehr zu zerstören. Zu den ältesten Gräbern gehört jenes des Gutsherrn Thomas Etienne Bolgerd (1748 bis 1818), einst eine wichtige Persönlichkeit in Souillac und stolzer Besitzer von 500 Sklaven; 1809 wurde er von den Briten gefangen genommen, aber im Austausch gegen ein paar Ziegen wieder auf freien Fuß gesetzt. Auch der berühmteste Dichter und Schriftsteller von Mauritius, Robert Edward Hart (1891–1954), liegt hier begraben.

> ***Riambel***
> **→ Der Name dieses kleinen Dorfes ist madagassischen Ursprungs und bedeutet übersetzt so viel wie »Sonnenscheinstrand« – gibt es eine bessere Empfehlung?**

Nächstes Ziel ist der alte **Hafen,** wo ein restauriertes, 200 Jahre altes Lagerhaus für Zuckerrohr ins Auge fällt, in dem heute u. a. das Restaurant **Le Batelage** untergebracht ist. Von der schattigen Terrasse am Kai bietet sich ein schöner Ausblick auf den Fluss. Gegenüber vom Busbahnhof liegen am Meer die **Telfair Gardens,** ein Lieblingsplatz der Einheimischen.

▲ **Zuckerrohr-Ernte**

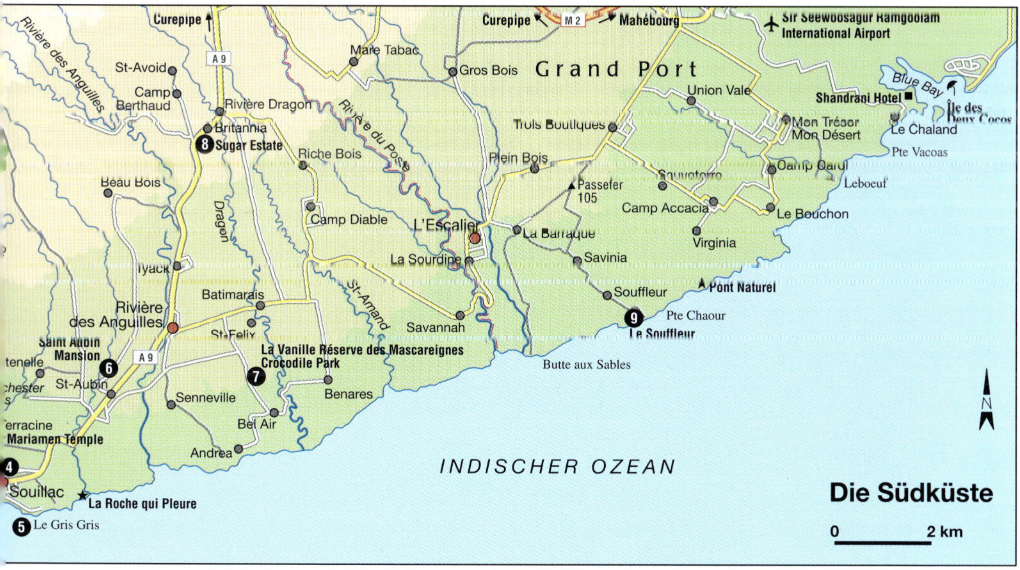

Lauf übers Feuer
In **Terracine,** wenige Kilometer außerhalb von Souillac, befindet sich nicht nur eine der ältesten – inzwischen stillgelegten – Zuckerfabriken der Insel (1820), sondern gleich daneben auch der bunte tamilische **Mariamen Tempel.** Ende Januar bzw. Anfang Februar begehen die Tamilen hier ihr Fest Kavadee, bei dem Gäubige über glühende Kohlen laufen und sich die Haut mit Nadeln durchstechen.

Ein 10-minütiger Spaziergang führt zum **Robert Edward Hart Museum**, das sich im ehemaligen Haus des berühmtesten Sohnes der Stadt befand. Der Dichter und Schriftsteller irisch-französischer Abstammung lebte allein in dem charmanten kleinen Bungalow, der aus Korallenkalk erbaut wurde und den Namen Le Nef (»Das Kirchenschiff«) trägt. Durch die Schönheit seiner Umgebung wurde Hart offensichtlich zu derart literarischen Höhenflügen inspiriert, dass er sogar in England und Frankreich höchste Anerkennung fand. Ein Museum stellt Manuskripte, Bücher und persönliche Gegenstände des Schriftstellers aus (Mo, Mi, Fr 9–16, Sa/So 9–12 Uhr, Tel. 625 6101).

Nicht weit vom Meeresufer führt eine 5 km lange Straße ins Landesinnere zu den **Rochester Falls**, an denen der Fluss Savanne 10 m tief hinabstürzt. Häufig springen waghalsige Jungen von den Felsen ins kühle Wasser des Beckens und hoffen für den Mutsprung auf eine paar Rupien. Baden ist hier möglich, jedoch sollte man auf seine Wertsachen achten.

Kurz hinter Le Nef erreicht man in **Le Gris Gris** ❺ den südlichsten Zipfel von Mauritius, der eher an die vom Wind gepeitschten Küsten Schottlands als an die freundlichen Gestade einer Tropeninsel erinnert. Der Name Gris Gris soll auf die früher hier betriebene Schwarze Magie *(gris gris* auf Créole) zurückgehen. Auf der Landspitze, wo windschiefe Kasuarinen von der Kraft der Naturgewalten zeugen, führt eine 15-minütige Wanderung über einen schmalen Pfad zum »Felsen, der weint«, **La Roche qui Pleure** – wenn bei hohem Seegang die Wellen über ihn hereinstürzen, sieht es ein wenig so aus, als ob er Tränen vergieße.

Koloniale Lebensart

Zu den Höhepunkten eines Ausflugs an die Südküste gehört der Besuch eines Wohnhauses aus der Kolonialzeit. Die

▼ **Die Rochester Falls**

meisten Gebäude sind der Öffentlichkeit leider nicht zugänglich, doch das Herrenhaus **Saint Aubin ❻**, 5 km nordöstlich von Souillac, kann im Rahmen einer organisierten Tour von MTTB (Tel. 670 4301) oder in Verbindung mit der Besichtigung der Teefabrik in Bois Chéri (s. u.) besichtigt werden. Das gut erhaltene Anwesen stammt aus dem Jahr 1819 und ist heute im Besitz von *Union Saint Aubin Sugar Estate*. Man kann sich auf die große schattige Veranda setzen und einfach nur das Ambiente auf sich wirken lassen, im schönen Speisezimmer ein kreolisches Mittagessen zu sich nehmen, einen Spaziergang durch die duftenden Vanille- und Flamingoblumen-Plantagen machen oder sich die steinalten Bäume auf dem weitläufigen Gelände anschauen.

Die Ganztagestour von MTTB schließt auch einen Besuch des Herrenhauses **Domaine les Aubineaux** bei Curepipe sowie der **Teefabrik Bois Cheri** ein (10 km von Saint-Aubin, Mo–Sa 9–15.30 Uhr, Tel. 626 1513). Im Museum sowie im Rahmen einer Führung erhält man einen hEinblick in die verschiedenen Phasen der Verarbeitung und Verpackung des Tees. In einem Pavillon, von dem man einen herrlichen Blick auf einen See und gepflegte Teestrauchpflanzungen bis hin zum Meer genießt, kann man sich bei einer Tasse Tee – je nach Wahl unparfümiert oder mit Vanille, Kokosnuss, Pfefferminze oder Bergamotte versetzt – stärken.

Nur im Rahmen einer organisierten Tour sind zwei weitere Häuser franko-mauritischer Zuckerbarone zu besichtigen. Der Morgentee wird im luxuriösen Salon der Villa L'Exil in **Bel Air** mit Blick auf die küstennahen Grünflächen und den Fluss Savanne gereicht. Anschließend bleibt genügend Zeit, um die üppigen Gartenanlagen zu erkunden, in denen zwischen Kokospalmen und Vacoabäumen, über Teichen, kleinen Wasserfällen und gurgelnden Bächen exotische Vögel ihre Runden drehen. Von der Villa in **Andrea**

Seite 132 133

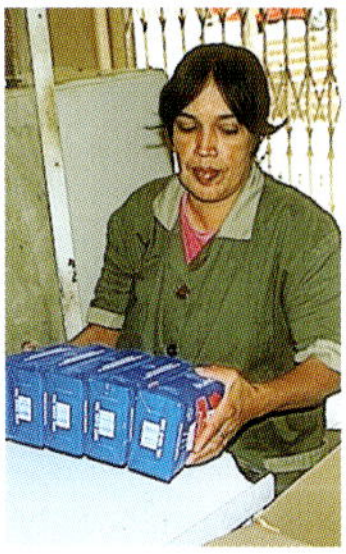

▲ Verpacken des Tees in der Fabrik »Bois Cheri«
▼ Das Herrenhaus von Saint Aubin

Seite 132 133

führt ein Weg hinab zur Felsenküste, wo die Brandung beständig gegen die Mündung der Rivière der Anguilles ankämpft. Die Kalorien des herzhaften kreolischen Essens kann man bei einem Spaziergang entlang der Küste abbauen – vielleicht erspäht man dabei sogar Rotwild, das unbeeindruckt von den tosenden Wellen äst.

Krokodilfleisch
Das **Restaurant Hungry Crocodile** im La Vanille Crocodile Park besticht mit seiner Speisekarte: Krokodilfleisch in verschiedener Zubereitung steht hier an oberster Stelle – wer sich damit nicht anfreunden kann, kann auch auf »croque monsieur« zurückgreifen, einen Käse-Schinken-Toast.

Zufriedene Bestien

Den **Vanille Réserve des Mascareignes Crocodile Park** ❼ (tgl. 9.30–17 Uhr) erreicht man am einfachsten über das Städtchen **Rivière des Anguilles** am Ufer des gleichnamigen Flusses, wo Schilder den Weg weisen. Der Park erstreckt sich über ein Tal mit üppiger tropischer Vegetation, wie sie auf Mauritius nur selten finden ist – so etwa muss es hier vor Ankunft der ersten Kolonisten ausgesehen haben. Für den australischen Zoologen Owen Griffiths war dies der perfekte Ort, um seine Zucht von Nilkrokodilen aufzubauen. Ein männliches und vier weibliche Tiere wurden 1985 aus Madagaskar importiert, inzwischen gibt es reichlich Nachwuchs der Furcht erregende Kreaturen. Die Tiere werden in ausbruchsicheren Gehegen gehalten. Bei den regelmäßigen Fütterungen schnappen ihre mächtigen Kiefer mit knirschenden Geräuschen nach den frisch geschlachteten Hühnern.

◄ **Auf dem Weg zur Arbeit**
► **Fütterung im Vanille Crocodile Park**

Ein gewundener Pfad führt zu den Gehegen der Aldabra-Riesenschildkröten und der großäugigen mauritischen Fliegenden Hunde, der Wildschweine und Makaken, auch Chamäleons und leuchtend grüne Geckos kann man entdecken. Besucher sollten sich vor dem Rundgang mit einem Insektenschutzmittel einsprayen, Moskitos gibt es im Park in Hülle und Fülle.

Von Rivière des Anguilles führt die A9 in nördlicher Richtung zu den gepflegten Grünflächen und Ananasplantagen des **Britannia Sugar Estate** ❽, seines Zeichens der letzte bedeutende private Zuckerbetrieb im Süden. Zu dem sehr aktiven Unternehmen gehört ein Dorf mit Steinhäusern sowie eine eigene Schule.

Wer von Rivière des Anguilles Richtung Osten nach Mahébourg unterwegs ist, kann sich für die wenig befahrene B8 entscheiden. Ungefähr auf halber Strecke zweigt in L'Escalier eine Straße nach **Le Souffleur** ❾ an der Südküste ab. Durch ein natürliches Loch im Felsen schießt hier das Meerwasser meterhoch in die Luft – wenngleich die Erosion diesem Schauspiel arg zusetzt und sein Anblick vor 30 Jahren wesentlich spektakulärer war. Bei einem Spaziergang entlang der Küste entdeckt man eine Lücke im Korallenriff, die die Wellen an dieser Stelle ungebremst auf die Küste zurollen lässt. Sehenswert ist außerdem der nahe *pont naturel,* eine natürliche Brücke, die beim Einsturz des Daches einer Meereshöhle entstand. Da man Le Souffleur nur über das Gelände der Plantage Savinia erreicht, sollte man vor dem Besuch die Erlaubnis des zuständigen Büros einholen, welches sich in der Nähe der Polizeistation von L'Escalier befindet. ■

Rund um das Zuckerrohr

Bis vor kurzem wurde auf über 90 % der landwirtschaftlichen Fläche von Mauritius Zuckerrohr angebaut – das hat sich inzwischen geändert. Viele Plantagenarbeiter haben weniger anstrengende Tätigkeiten im aufstrebenden Tourismus, in der Textilbranche oder in Büros gefunden. Dank vereinfachter Produktionsweisen spielt die Zuckerproduktion jedoch weiterhin eine führende Rolle in der mauritischen Wirtschaft und die riesigen Zuckerplantagen sind immer noch der drittgrößte Arbeitgeber des Landes. Diejenigen, die dem Industriezweig treu geblieben sind, genießen durchaus auch Vorteile. Die Zuckerbetriebe stellen Unterkünfte, Krankenhäuser und kostenlose medizinische Versorgung, gewähren freien Transport zur Schule und bieten darüber hinaus zahlreiche Freizeit- und Sportmöglichkeiten an. Manche vergeben sogar Stipendien und unterstützen die Ausbildung von Arbeitern und deren Familienangehörigen in technischen Schulen.

Mauritius produziert den besten unraffinierten Zucker der Welt, wobei die meisten Exporte in die Europäische Union gehen. Zu den wichtigen Nebenprodukten gehört »bagasse« (Zuckerrohrfaser), die zum Befeuern der Dampfkessel in den Fabriken dient. Die Melasse fließt in die Produktion von Essig, Arznei und Parfüm, aus dem Destillat wird Rum gebrannt. Nichts wird verschwendet: Selbst der im Veredelungsprozess entstehende Schaum enthält wichtige Nährstoffe, die wieder dem Boden zugeführt werden, und die langen grünen Blätter des Zuckerrohrs dienen als Viehfutter.

▶ Die Felder
17 große Zuckerbetriebe teilen sich über die Hälfte der Plantagenflächen, während 33 000 private »Pflanzer« den Rest bewirtschaften.

▲ Starkes Nebenprodukt
»Green Island«, die meistverkaufte Rumsorte des Landes, entsteht aus Zuckerrohrdestillat.

▲ Die Arbeitskraft
Obwohl viele Abläufe inzwischen maschinell geleistet werden, kann auf die menschliche Arbeitskraft auf den Zuckerrohrfeldern nicht verzichtet werden.

◀ Die Unterkünfte
Während der Ernte wohnen viele Plantagenarbeiter in der Nähe der Zuckerrohrfelder in behelfsmäßigen Hütten.

Sterbende Riesen

Das erste Zuckerrohr wurde 1639 von den Holländern von Java nach Mauritius gebracht. Über Generationen hinweg war Zucker das Herzblut von Mauritius – Menschen erwarben mit ihm Vermögen, kämpften um ihn und starben für ihn. Erst in den 80er Jahren des 20. Jhs. verringerte sich die Zahl der privaten Betriebe durch fortschreitende Zentralisierung, heute sind nur noch wenige der alten Fabriken in Betrieb. Von deren produktiver Vergangenheit zeugen überall im Land die Ruinen und Schornsteine, die zu Nationaldenkmälern erklärt wurden. In rekonstruierten Zuckermühlen – z. B. im Botanischen Garten von Pamplemousses, in der Domaine Les Pailles und im Museum L'Aventure du Sucre (s. S. 120) – wird demonstriert, wie aus dem ausgepressten Saft des Zuckerrohrs Kristalle entstanden, bevor die Maschinen Einzug hielten.

▼ Die Erntezeit
Zwischen Juni und Dezember schwebt der süße Geruch von Melasse in der Luft.

▲ Ochsenstärke
Früher wurde das Zuckerrohr mit Hilfe von Mühlsteinen ausgepresst, die von Ochsen bewegt wurden – seit Mitte des 19. Jhs. ersetzen Maschinen die Tiere.

▼ Das Endprodukt
Lange Veredelungsprozesse sind nötig, bis Produkte wie feinkörniger Zucker oder dicke Melasse entstehen.

◀ Harte Arbeit
Als es noch keine Traktoren gab, brachte man das Zuckerrohr auf Ochsenkarren zur Fabrik.

Der Westen

Seite 142

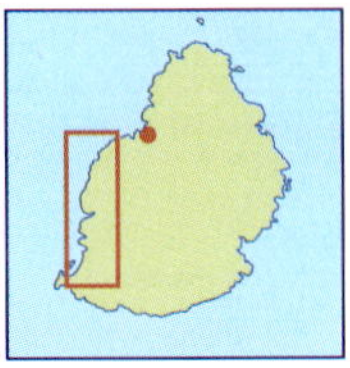

Hauptattraktionen des Westens sind die traumhaften Strände von Flic en Flac, Wolmar und Le Morne, aber auch Naturliebhabern wird einiges geboten: Die Bergregion des Black River Gorges National Park lädt zum Wandern ein und gehört darüber hinaus zu Mauritius' Top-Plätzen für Hobby-Ornithologen.

Bald nachdem man die öden Vorstädte und Industriegebiete von Port Louis verlassen hat, werden auf der Reise gen Süden die markanten Umrisse der Gebirgszüge Corps de Garde, Rempart und Trois Mamelles sowie in der Ferne der Gipfel von Le Morne Brabant zum Wegbegleiter – ein auf dieser Insel einzigartiges Landschaftsbild. Von der A3 zweigen einige Nebenstraßen zur Küste ab, bevor sie bei Tamarin das Meer erreicht. Die paradiesischen Strände von Flic en Flac, Wolmar und Le Morne aber bleiben verborgen.

Zwischen Port Louis und Flic en Flac

Viele brausen auf direktem Weg durch die Vorstädte von Port Louis, um so rasch wie möglich die Küstengebiete zu erreichen – dabei gibt es unterwegs durchaus einige lohnende Abstecher.

Man verlässt Port Louis auf der A1 und erreicht am südwestlichen Stadtrand **Grande Rivière Nord-Ouest,** wo eine Eisenbrücke über den Fluss gleichen Namens sowie die Ruinen eines Krankenhauses aus dem 18. Jh. Aufmerksamkeit verdienen. Einen schönen Blick auf den Fluss und die Bucht genießt man von der Abzweigung der B31 zum Küstenort **Pointe aux Sables ❶**. Der hiesige Strand ist gemessen an anderen der Insel eher mittelmäßig, aber die Nähe zur Hauptstadt lockt viele Besucher an. Prostituierte haben dem Badeort einen zwielichtigen Ruf verschafft; an der etwas außerhalb gelegenen Kapspitze sind die Atmosphäre und der Strand wesentlich angenehmer als im Ort selbst.

Die Straße führt nach Süden und trifft auf die westwärts nach **Pointe aux Caves ❷** abzweigende B78. Vom Leuchtturm, der Anfang des 20. Jhs. gebaut wurde, hat man eine schöne Aussicht auf Küste und Berge. Nun geht es wieder zurück zur A3, die südwärts durch eine weite, fruchtbare Ebene führt. Flammenbäume und hübsche Häuser säumen die Straßen des geschäftigen Städtchens **Bambous ❸**. Inmitten von Zuckerrohrfeldern im Norden von Bambous versteckt sich der sehenswerte **Friedhof St. Martin,** auf dem 127 identische Grabsteine an 1580 jüdische Flüchtlinge aus Osteuropa erinnern. Die Briten hatten ihnen im Jahr 1940 die Einreise nach Palästina verwei-

◄ Salzgewinnung an der Müdung des Grande Rivière Noire
► Panorama an der Straße nach Le Morne

Die Westküste und das Hochland
0 2 km
N
INDISCHER OZEAN
Grand River Bay
Pointe aux Sables
Pte aux Sables
Petit Verger
Pte aux Caves
Petite Rivière
Pte Petite Rivière
Camp Créoles
Gros Cailloux
Petite Rivière Bay
Albion
Canot
Belle Étoile
Richelieu
Chebel
Beau Bassin
Pte Moyenne
La Ferme Reservoir
St Martin Cemetery
La Mecque
Bambous
Eau Bonne
Mt St-Pierre 446
Corps de Garde
Corps de Garde 720
Plaisance
Stanley
la Source
Flic en Flac
Villas Caroline
Palmyre
Casela Nature & Leisure Park
Beaux Songes
Palma
La Pirogue Hotel
Sugar Beach Resort
Wolmar Nature Reserve
Cascavelle
Wolmar
Sofitel Imperial Hotel
Hilton Mauritius Resort
Taj Exotica Hotel
Rivière du Rempart
Mt du Rempart 545
Trois Mamelles
Papayes
Pte Sud Flic en Flac
Barachois
Baie du Tamarin
Black River
Tamarin
Tamarin Estate
Pte du Tamarin
Vacoas Mountains
Yemen
Boucan
La Mivoie
La Preneuse
Island Sports Club
Martello Tower
Tourelle du Tamarin 548
Simonet 632
Grand Rivière Noire
Grande Rivière Noire Bay
Hotel Club
Tamarind Falls
Tamarind Falls Reservoir
Les Salines
Grande Rivière Noire
Mare Longue Reservoir
Îlot Fortier
Visitor's Centre
Petite Rivière Noire Bay
Îlot Malais
Petite Rivière Noire
Petite Case Noyale
Piton de la Petite Rivière Noire 828
Gorges de la Rivière Noire
Information Centre
Le Pétrin
Grande Case Noyale
Île aux Bénitiers
Black River Gorges Viewpoint
Plaine Champagne
Black River Gorges National Park
Chamarel
La Gaulette
Cachette
Alexandra Falls
Coteau Raffin
Coloured Earths
St Denis
Chamarel Waterfall (Cascade Chamarel)
Rivière du Cap
Le Morne Brabant
Piton du Fouge 596
Mt Cocotte 771
Valriche
Bassin Blanc
Savanne
Savanna Mountains
Patates
Piton Savanne 704
Beau Bois
M 1
A 1
Port Louis
Signal Mtn
Abercrombie
Priest's Peak
Grande Rivière Nord-Ouest
Les Guibies
Pailles
Domaine Les Pailles
Pieter Both 823
M 2
Le Pouce 811
La Laura
Moka Range
Eureka House
Roselyn Cottage
L'Agrement
Mount Ory
Moka
St-Pierre
L'Avenir
Folk Museum of Indian Immigration
Mont Fleury
A 7
Helvetia
Circonstance
Chateau du Réduit
Telfair
Verdun
A 11
Rose Hill
Côte d'Or
Ebène
Bagatelle
L'Assurance
A 8
Belle Terre
Quatre Bornes
Petit Camp
Cinq Arpents
Valentina
Candos Hill 484
Hermitage
Highlands
Carreau la Liane
St-Antoine
Camp Fouquereaux
Phoenix
Mesnil
La Caverne
A 10
Vacoas
Engrais Martial
Quinze Cantons
Engrais Cathan
Plaines Wilhems
Holyrood
Floreal
Curepipe
Glen Park
Camp Caval
Camp Roches
Les Casernes
Forest Side
Camp la Savanne
Camp Mapou
Henrietta
La Marie
Seiziéme Mille
Curepipe Point 686
Tamarin
Mare aux Vacoas
Grand Port
Kanaka Crater
Rivière du Poste
Grand Bassin
702
Grand Bois
Tea Factory
Bois Chéri
Rivière des Anguilles
1 2 3 4 5 6 7 8 9 10 11 12 13 14 15 16 17 18 19 20 21 22 23

Seite 142

gert, weil man sie als »illegale Immigranten« betrachtete. Daraufhin wurden die Flüchtlinge nach Mauritius verschifft, wo sie zwar herzliche Aufnahme fanden, aber unter den harten Lebensbedingungen in den Lagern litten. Nach dem Krieg konnten viele ein neues Leben im Ausland beginnen, doch noch immer reisen Juden nach Mauritius, um denjenigen Respekt zu zollen, die niemals heimkehrten. Auf dem Friedhof sind auch einige Tamilengräber zu sehen.

Fried landt flaak

→ »Freies und flaches Land« – so hieß Flic en Flac in den Zeiten der Holländer. Der heutige Name ist vermutlich eine Verballhornung dieser Wortgruppe und stammt von den Franzosen.

Flic en Flac und Wolmar

Flic en Flac ❹ kann sich bei weitem nicht mit dem Rummel und dem Angebot von Grand Baie messen, doch gibt es hier einige Hotels, Bars, Apartments für Selbstversorger, mehrere Läden sowie eine überdurchschnittlich gute Auswahl an Restaurants, welche die steigende Zahl der Touristen bewirten. Ein weiterer Pluspunkt ist die Nähe zur Hauptstadt, zum Black River Gorges National Park und zu den Städten im Hochland. Viele Einheimische der Mittelschicht haben sich hier ein Wochenenddomizil zugelegt.

Am Ortseingang passiert man mehrere Bars und Cafés sowie das familiäre Hotel **Villas Caroline,** das die nördlichen Ausläufer des riesigen Strandes überblickt. Der weiße pulverige Sand wird auf der einen Seite von der tiefblauen Lagune begrenzt und auf der anderen von Palmen oder Kasuarinen. Unbeschreiblich schöne Sonnenuntergänge lassen sich von hier aus beobachten. Wochentags sind die wenigen Lokale leer, doch an Wochenenden strömen die Einheimischen aus der Region herbei – dann bilden sich am Nachmittag an den Bushaltestellen lange Schlangen.

Flic en Flac ist ein Paradies für Badenixen, Windsurfer, Schnorchler und nicht zuletzt für Taucher – vor der Küste verbergen sich die schönsten Tauchgebiete von Mauritius (s. S. 93) und das **Pirogue Diving Centre** zählt zu den besten Tauchschulen des Landes.

Keine 2 km weiter südlich liegt **Wolmar ❺**, das schon beinahe als Verlängerung von Flic en Flac angesehen werden kann. In den letzten Jahren haben immer mehr Hotels in dem kleinen Dorf angesiedelt, darunter das **La Pirogue** (mit Kasino), sowie **Sugar Beach, Sofitel Imperial** und die luxuriösesten Häuser der Westküste, das **Hilton Mauritius Resort** und das **Taj Exotica,** sowie das **Sands Resort Hotel.** Alle diese Unterkünfte verfügen über exzellente Einrichtungen, mit denen sich die Hotels in Flic en Flac nicht messen können.

Gegenüber vom La Pirogue Hotel beginnt das private **Wolmar Nature Reserve**

▲ Durst löschende Strandangebote

▶ Am Strand vom Hotel »La Pirogue« liegen die Segel zum Surfen bereit

Romantiker und Fotografen sollten sich auf keinen Fall einen nachmittäglichen Spaziergang entlang der **Rivière Tamarin** entgehen lassen – diese Gegend gehört zu den landschaftlich schönsten der Westküste, im Sommer ist der Fluss von scharlachroten Blüten gesäumt.

Seite 368 TOP 50

▼ **Tempo, Spaß und Sport**

(Tel. 453 8463), in dem Obst angebaut und Rotwild sowie Wildschweine für den lokalen Bedarf und die Hotelküchen gezüchtet werden. Das öffentlich zugängliche Reservat bietet schöne Möglichkeiten zum Mountainbiken und kann auch auf einer geführten Tour erkundet werden. Im Herzen des Reservats lassen sich Rotwild, Wildschweine, Affen, Hasen, Flughunde und Mungos beobachten. Die Hotels im Umkreis arrangieren Führungen.

Casela Nature and Leisure Parc und Tamarin

Nicht nur für Familien mit Kindern empfiehlt sich der Besuch im **Casela Nature and Leisure Park ❻** (tgl. 9–17 Uhr), wo in einem Mini-Zoo Aldabra-Riesenschildkröten, Tiger, Lemuren, Rotwild und 142 Vogelarten aus aller Welt (u. a. endemische Rosentaube, Mauritius-Turmfalke) zu sehen sind. Der 10 ha große Park schmiegt sich an die Hänge der Rempart Mountains und bietet spektakuläre Ausblicke auf die Zuckerrohrfelder der Westküste. Geführte Touren und Quad-Fahrten ins benachbarte Yemen Estate am Mamzel-Zobet-Felsen werden angeboten.

Auf der Weiterfahrt gen Süden kommt der 556 m hohe Berg Le Morne Brabant ins Blickfeld, während das Inland von den Gebirgszügen der Rempart und Black River Mountains dominiert wird. 6 km südlich von Casela erreicht man die Küste bei **Tamarin ❼**, dessen Name auf die von den Holländern importierten Tamarinden zurückgeht. Das Dorf liegt an einer geschützten Bucht und wirkt trotz der touristischen Entwicklung ruhiger als Flic en Flac. Preiswerte Unterkünfte machen Tamarin zum alternativen Ausgangspunkt für die Erkundung des Südwestens. Der hiesige Strand eignet sich gut zum Baden; Taucher und Schnorchler hingegen sind von dem Korallenriff eher enttäuscht, da die Sicht durch das Süßwasser der Flüsse Rempart und Tamarin stark beeinträchtigt

wird. Umso begeisterter sind die Surfer, die vor allem zwischen Juni und August herbeiströmen, wenn die Wellen eine Höhe von über 2 m erreichen können.

Die Gegend um Tamarin gehört zu den landschaftlich schönsten Abschnitten der Westküste. Der Tamarin Fluss wird im Sommer (Dezember/Januar) von scharlachrot blühenden Flamboyant-Bäumen gesäumt und bietet wunderschöne Fotomotive. Nahe der kleinen Ortschaft Henrietta auf dem Hochplateau befindet sich ein Wasserreservoir und daneben die **Tamarind Falls ❽**, die auch unter dem Namen »Les Sept Cascades« bekannt sind. Das Wasser des Tamarin stürzt hier über sieben Klippen durch eine enge Schlucht in die Tiefe. Yemaya Adventures (Tel. 283 8187) bietet Touren zu den Fällen an, bei denen man sich entlang des Wasserlaufs abseilen und am Ende in das letzte Auffangbecken plumpsen lassen kann. Anschließend wandert man wieder hinauf zum Beginn der Tour. Es ist auch möglich, von Henrietta oder Le Pétrin im Black River Gorges National Park zu den Fällen zu wandern, doch diese anstrengenden Touren sollte man nur in Begleitung eines erfahrenen Führers unternehmen, da die Wege in schlechtem Zustand sind und man sich leicht verlaufen kann.

Wilde Schönheit

Die Straße von Tamarin nach **Grande Rivière Noire ❾** wird von Flamboyant-Bäumen flankiert. Früher wurde hier in großen Becken durch Verdunstung Meersalz gewonnen. Der Ort liegt an der Mündung

Seite 142

Tamarind Falls
Wer die Wanderung zu den Wasserfällen scheut, kann per Auto einen **Aussichtspunkt** ansteuern, von dem man einen wunderbaren Ausblick auf die sich herabstürzenden Wassermassen genießt. Die Zufahrt erfolgt über Vacoas im Zentralplateau (s. S. 154).

Erbe der Briten

Oberhalb des öffentlichen Strandes La Preneuse, etwa 2 km südlich von Tamarin, ragt der am besten erhaltene Martello-Turm von Mauritius in die Höhe. Von den fünf Befestigungen, die britische Soldaten im 19. Jh. an den Küsten der Insel errichteten, sind außer La Preneuse – heute ein Museum – noch drei weitere erhalten: an der Pointe aux Sables (s. S. 141), in La Harmonie sowie in Les Salines südlich der Grande Rivière Noire.
Die Türme besitzen an der zum Meer hin gewandten Seite 3 m dicke Mauern und waren darauf ausgelegt, einer Beschießung standzuhalten. Es gab Pulvermagazine und Lagerräume sowie Quartiere für 20 Männer und auf dem Dach standen schwenkbare Kanonen. Feinde hatten kaum eine Chance, in die wehrhaften Festungen einzudringen: Der Zugang war nur über Leitern möglich, die man von oben herabließ.
Der Name Martello geht auf Mortella Point in Korsika zurück, wo britische Soldaten während der Französischen Revolution erstmals einen derartigen Turm sahen. Zwischen 1796 und 1815 bauten die Briten rund 200 Martello-Türme in England und anderen Teilen des Empires, darunter Bermuda, Irland und Ascension Island (»Himmelfahrtsinsel«) im Südatlantik.

▶ **Flammenbaum in voller Blüte**

des gleichnamigen Flusses, der sich durch eines der wildesten Gebiete von Mauritius schlängelt. In dieser Gegend leben nur wenige Menschen; es gibt nur kleine Dörfer und Weiler, die zu den ärmsten der Insel gehören und deren Bevölkerung überwiegend afro-kreolisch ist.

Neue Villen und das moderne Einkaufszentrum Ruisseau Creole zeugen jedoch vom Interesse der mauritischen Mittelschicht, hier Wochenendhäuser zu errichten. Besucher der Gorges de la Rivière Noire kehren in Grande Rivière Noire in den Restaurants ein und Hochseeangler wissen die guten Fanggründe vor der Küste zu schätzen. Zwischen September und März ziehen Marline, Wahoos, Segelfische, Gelbflossen-Thunfische und Haie in die warmen Gewässer um Mauritius, um dort nach Nahrung zu suchen, wo das Riff abrupt bis in 600 m Tiefe abfällt (s. S. 97). Entsprechende Touren organisieren die Hotels sowie der **Islands Sports Club** und der **Club Centre de Pêche,** die nur einen Steinwurf von der Hauptstraße entfernt liegen.

Seite 365 TOP 50

Chinesische Guaven
→ wachsen zuhauf an den steilen Ufern der Rivière Noire. In den Wintermonaten sammeln viele Einheimische die kirschroten Früchte, die viel Vitamin C liefern.

Black River Gorges National Park

Die zerklüftete Berglandschaft des Südwestens gehört zu den schönsten Gegenden von Mauritius. Hier suchten einst *marrons* (entlaufene Sklaven) Zuflucht vor ihren Herren und konnten sich dessen gewiss sein, dass man sie nie finden würde. Heutige Besucher dagegen freuen sich über die Erschließung des **Black River Gorges National Park.** Der 6575 ha große Park wurde 1997 zum Schutz der verbliebenen einheimischen Wälder ausgewiesen und hat für jeden etwas zu bieten – seien es anspruchsvolle Wanderungen oder auch nur eine gemütliche Fahrt durch die schöne Landschaft. Das grüne Herz der Insel ist kein Ort für Tierbeobachtungen, doch Experten können nach den 150 endemischen Pflanzen- und neun endemischen Vogelarten Ausschau halten, darunter die Rosentaube und der Mauritius-Turmfalke. Größere Chancen bestehen, den graziösen Weißschwanztropikvogel, den Raupenfänger oder die Mauritiusamsel zu erspähen.

Von der Westküste erreicht man den Norden des Parks über eine Straße, die südlich von Grande Rivière Noire beim **Pavillon de Jade Restaurant** – wo es die beste chinesische Küche der Region gibt – von der A3 abzweigt. Nach 5 km Fahrt an Zuckerrohrfeldern entlang gelangt man zum **Visitor Centre ⑩**, wo Karten und Informationen über die Wanderwege erhältlich sind. Die leichteren Routen führen durch die tiefer gelegenen Bereiche des Parks, eine anstrengende, 16 km lange

▲ Aussichtspunkt Gorges de la Rivière Noire
◀ Die Chamarel-Fälle sind nach heftigen Regengüssen besonders eindrucksvoll

Wanderung auf den Wegen »Parakeet« oder »Macchabee« verbindet die felsigen Schluchten der Grande Rivière Noire mit der Plaine Champagne.

Eine alternative Anreise führt über den Küstenort Grande Case Noyale in die Höhen des bewaldeten Plateaus **Plaine Champagne,** dessen bildhafter Name auf die cremeweißen Blüten des Ligusters zurückgeht. Diese Strecke führt zum Informationszentrum Le Petrin (s. S. 148) und bietet sich für all diejenigen an, die schöne Landschaften vom Auto aus erleben wollen.

Die farbige Erde von Chamarel

Von Grande Case Noyale windet sich die Straße steil durch bewaldetes Land zum Dorf **Chamarel ⓫** hinauf, das überwältigende Ausblicke auf die Küste bietet. Das Gebiet um Chamarel ist für seinen Kaffee bekannt, den man auf der herrlichen Aussichtsterrasse des Restaurants **Le Chamarel** probieren sollte. Die meisten Besucher kommen jedoch, um den Wasserfall und ein kurioses geologisches Phänomen zu sehen. Der **Chamarel Waterfall** wird von der Rivière St-Denis gespeist und stürzt sich in einen großen Krater – mit 83 m ist dies der höchste Wasserfall von Mauritius. Nur rund 1 km von Chamarel in südwestlicher Richtung entfernt befinden sich die **Coloured Earths** (»Farbige Erde«; tgl. 9 bis 17 Uhr, Eintrittsgebühr). Dieses Naturphänomen fasziniert nicht nur Geologen mit seinen welligen Formen und Farben von Rosa bis Braun.

Man nimmt an, dass die Farbtöne auf verschiedene Mineralien im Boden zurückzuführen sind. Interessanterweise haben bislang weder sintflutartige Niederschläge noch andere Umwelteinflüsse diesem einzigartigen Ort etwas anhaben können. Ein kleiner Laden verkauft in Glasflaschen verpackte Bodenproben. Selbst wenn man die unterschiedlichen

Seite 142

Frühaufsteher haben die beste Chance, um die **»Farbige Erde«** von Chamarel in aller Pracht zu sehen – natürlich nur bei gutem Wetter. Bei schlechten Lichtverhältnissen kann der Besuch enttäuschend ausfallen.

▼ **Die »Coloured Earths« von Chamarel**

Im **Besucherzentrum von Le Pétrin** (tgl. 8.30 bis 16 Uhr) erhält man Karten, Auskunft über Zustand und Länge der Wege sowie auf Wunsch einen Führer.

Erdtöne miteinander vermischt, sind sie am nächsten Tag wieder voneinander getrennt.

Kümmerliche Vegetation säumt die Straße, die sich von Chamarel durch die Plaine Champagne in die Berge hinaufwindet. Entlang der Strecke kann man an mehreren Stellen die herrliche Aussicht bis hinunter zum Meer genießen, so von der Terrasse des Ausflugslokals **Varange sur Morne** (tgl. 7–19 Uhr, Tel. 483 6610). Besonders empfehlenswert ist der **Black River Gorges Viewpoint ⓬** mit einer umfassenden Sicht von der Westküste und den Piton de la Petite Rivière Noire bis in die Schlucht. Weiter östlich führt eine Piste zu den **Alexandra Falls** mit Blick auf die Südküste.

Kurz darauf wendet sich die Straße gen Norden zum **Informationszentrum Le Pétrin ⓭**, einem guten Ausgangspunkt für die Erkundung des Parks. Bänke und Tische laden unter schattigen Bäumen zu einem Picknick ein. Angeschlossen ist der **Pétrin Native Garden** mit einheimischen Pflanzenarten und Heilkräutern. Zu sehen sind u. a. die Nationalblume *boucle d'oreille* (»Ohrring«), das gegen Magen- und Leberbeschwerden helfende *patte poule piquant* (»stacheliges Hühnerbein«) und der schirmförmige Baum *bois de natte*, der häufig mit Baumfarnen, wilden Orchideen und Flechten überzogen ist.

Der nur 2 km östlich von Le Pétrin gelegene, von Wäldern umgebene Kratersee **Grand Bassin ⓮** zieht zahlreiche Besucher an – weniger wegen der Schönheit der Natur als aus religiösen Gründen. Die Hindus nennen das Gewässer Ganga Taleo, über ihm thront die höchste Statue der Insel, der 32 m hohe Hindugott Shri Mangal Mahadev. Gemäß einer Legende leben im See Nachtfeen, aber als ein Brahmane träumte, dass zwischen ihm und dem heiligen Ganges eine Verbindung bestehe, wurde er für die indische Bevölkerung zu einer bedeutenden Pilgerstätte. Anlässlich des Festes Maha Shivaratree im

▼ **Schrein von Krishna und Radha Rani, Grand Bassin**

Februar bzw. März strömen weiß gekleidete Gläubige aus allen Inselteilen zu Tausenden zum Seeufer, um ihrem Gott Shiva an den bunten Schreinen zu huldigen. Das ganze Jahr über leben hier Affen, die mitunter durchaus zudringlich werden können.

Wer ein klassisches Beispiel für einen Vulkankegel sehen möchte, kommt mit dem 5 km entfernten **Kanaka Crater** auf seine Kosten – doch nur erfahrene Wanderer sollten sich auf den Weg zum Kraterrand machen, um einen Blick in den Schlund zu werfen.

Vergeblicher Tod

Die Halbinsel **Le Morne Brabant** ⓯ im Südwesten von Mauritius ist nach dem 556 m hohen »Berg« in ihrer Mitte benannt. Einst suchten hier entlaufene Sklaven Zuflucht. 1835 sandte man Soldaten auf die Halbinsel, um die Abschaffung der Sklaverei zu verkünden – die Betroffenen glaubten jedoch , es handele sich um eine neue Finte, ihrer habhaft zu werden, und stürzten sich von den Felsen.

Inzwischen hat sich die abgelegene Halbinsel zu einem gehobenen Touristenziel mit den herrlichen Hotelanlagen **Le Paradis, Berjaya, Dinarobin, Indian Resort** und **Les Pavillons** entwickelt. Die Stille an dem 5 km langen Strand, der als einer der schönsten von ganz Mauritius gilt, wird nur gelegentlich vom Lärm kreisender Hubschrauber durchbrochen. In den Lagunen vor den Luxushotels kann man herrlich schnorcheln, tauchen, windsurfen oder Wasserski fahren, am Hotel Le Paradis lockt ein 18-Loch-Golfplatz, und auch einem Ausflug zur nahen unbewohnten Ile aux Bénitiers steht nichts im Wege.

Der Berg selbst kann nur mit einem Führer erkundet werden (Yanature, Tel. 785 6177). An seinen Flanken werden inzwischen immer mehr Privatvillen errichtet. ■

Seite 142

TOP 50 Seite 355

TOP 50 Seite 364

▲ Mit dem Jeep am Le Morne
▼ Das Hotel »Le Paradis« organisiert Angelausflüge

Städte des Hochlands

Seite 142

Die dicht bevölkerten Städte im Zentrum von Mauritius bieten eine willkommene Abwechslung vom Strandleben, vielfältige Einkaufsmöglichkeiten und einzigartige Einblicke in den mauritischen Lebensstil.

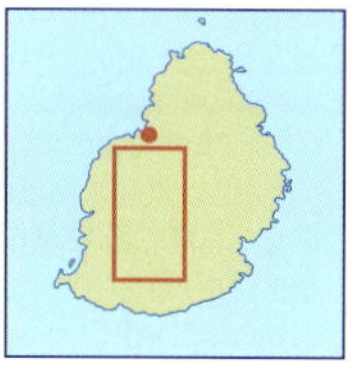

In den frühen Tagen der Besiedlung galten diejenigen, die im Inselinnern lebten, als verrückt, undurchschaubar oder von zweifelhafter Vergangenheit. Das Gebiet war unerforscht und voller entlaufener Sklaven, die sich mit Überfällen ein Auskommen sicherten. Auch ein paar Abenteurer ließen sich hier nieder, darunter der Deutsche Wilhem Lechenig. Als die Franzosen 1721 das von den Holländern hinterlassene Vakuum füllten, trafen sie auf den zurückgezogen lebenden Lechenig und nannten den Distrikt ihm zu Ehren Plaines Wilhems.

Mit Ausnahme von Port Louis liegen in den **Plaines Wilhems** alle wichtigen Städte der Insel: Rose Hill-Beau Bassin, Quatre Bornes, Vacoas-Phoenix und Curepipe. 30 % aller Mauritier wohnen hier, damit ist das Hochland der am dichtesten bevölkerte Inselteil. Feuersbrünste, Krankheiten und Zyklone hatten die Menschen einst von der Küste hierher flüchten lassen, heute ist es ein begehrtes Wohngebiet.

Während die Städte des Inselinnern für die Einheimischen eine ganz eigene Identität besitzen, können ihnen die meisten Besucher nur wenig abgewinnen. Tatsächlich kommen viele nur zum Einkaufen hierher, meist mit einer organisierten Tour, die fast alle Agenturen im Programm haben. Dabei ist dies der Ort, um das etwas andere Mauritius kennen zu lernen. Es gibt einige architektonische Höhepunkte sowie kleinere Sehenswürdigkeiten und das kühlere Klima stellt eine willkommene Abwechslung von der schwülen Hitze in den Küstengebieten dar. Alle Städte sind über Hauptstraßen und die viel befahrene Royal Road (A1) gut zu erreichen; die Stadtpläne des Touristenbüros in Port Louis sind eine ausgezeichnete Hilfe für Erkundungsfahrten.

Koloniale Schätze

Wie Vacoas und Phoenix im Süden sind auch Beau Bassin und Rose Hill weniger Schwesterstädte als schlichtweg im Laufe der Zeit zusammengewachsene Orte. Das weniger hektische **Beau Bassin** ⓰ besitzt nur wenige Sehenswürdigkeiten. Unter seinen gut erhaltenen Häusern aus der Kolonialzeit ist insbesondere **Le Thabor** in der Swami Sivananda Street erwähnenswert, das sich im so genannten English Quarter befindet. Der Name geht auf die einst in diesem Viertel lebenden englischen Aristokraten und Diplomaten zurück – und deren Vorliebe für einen

◀ Alljährliches Cavadee-Fest in Quatre Bornes
▶ Sacré Coeur, Rose Hill

Wanderfreunde kommen am Berg **Le Pouce** (»der Daumen«) auf ihre Kosten, der von zahlreichen schönen Wegen umgeben ist – bei trockenem Wetter kann man auch den Aufstieg zum Gipfel in Angriff nehmen. Das Gebiet ist erreichbar über die Moka Road, wo kurz vor dem Roselyn Cottage ein Schild den Weg zum Berg weist.

großzügigen Lebensstil, Pferderennen und Gartenbaukunst. Le Thabor gehört heute der katholischen Kirche und hat schon berühmte Gäste gesehen: 1836 logierte hier Charles Darwin und 1989 der Papst während eines offiziellen Besuchs.

In derselben Straße befinden sich die **Balfour Gardens** (tgl. außer Mi 6 bis 18 Uhr), die schöne Ausblicke auf die Moka Mountains und eine Schlucht mit Wasserfall gewähren.

Mit etwas Glück erlebt man einen der zauberhaften Sonnenuntergänge über dem Berg Corps de Garde, der **Rose Hill** ⓱ den Namen gab. Noch stärker in Erinnerung bleiben vermutlich die vom Regen fleckigen Bürogebäude, Geschäfte und Speiselokale mit bunt angemalten Wellblechdächern. Sie stehen in starkem Kontrast zum modernen Komplex Cyber City, einem Zentrum der Informationstechnologie an der Straße nach Ebène. Gegenüber vom viktorianischen Postgebäude lädt **Arab Town** zum Einkaufen ein. Das Viertel wurde nach den muslimischen Händlern benannt, die hier einst zusammenkamen; heute feilschen mauritische Frauen um Haushaltswaren. Ein faszinierendes Warenangebot halten die Läden in der Royal Road bereit: Von Statuen hinduistischer Gottheiten und Marienbildern – umrahmt von Shampooflaschen und Unterwäsche – bis hin zu Saris kann man hier alles erstehen.

Abstecher nach Moka

Knapp 4 km von Rose Hill entfernt liegt nördlich der A7 die Universitätsstadt **Moka** ⓲. Besonderes Interesse verdient das Mahatma Gandhi Institute mit dem **Folk Museum of Indian Immigration** (Mo–Fr 9–15.30, Sa 9–12 Uhr), das vom Leben und der Geschichte der indischen Zuckerrohrarbeiter berichtet, die im 19. Jh. auf die Insel gebracht wurden.

In Moka befindet sich die offizielle Residenz des Präsidenten. Das prächtige

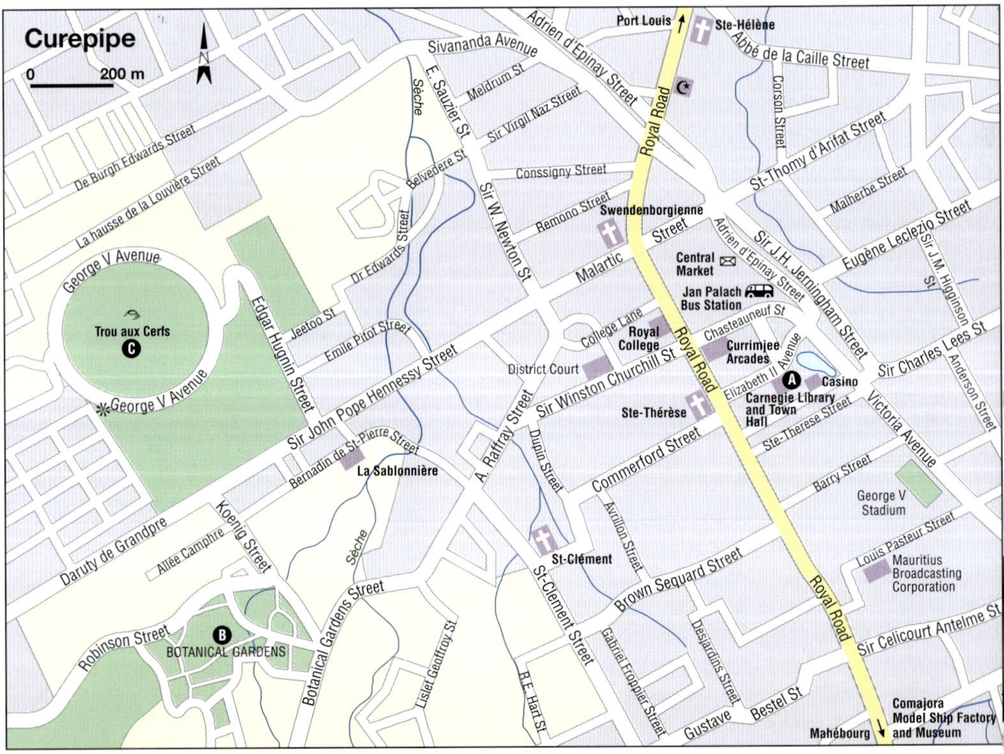

Château de Réduit wurde 1748 als Landsitz und Rückzugsort bei feindlichen Angriffen für die Frauen und Kinder der Angestellten der Französischen Ostindienkompanie errichtet. Zweimal jährlich kann das Schloss an bestimmten Tagen im März und Oktober besichtigt werden.

Nördlich von Moka steht die kreolische Villa **Eureka** ⑲ (Tel. 433 4951, tgl. 9 bis 16 Uhr), die 1830 von einem Engländer erbaut wurde. Wenige Jahre später kaufte sie die reiche franko-mauritische Familie Leclezio. Angeblich soll Henri Leclezio – der sein Leben der Restaurierung des Herrenhauses verschrieb – »Eureka« gerufen haben, als er auf der Auktion den Zuschlag erhielt. Der Besitz umfasst zwei Häuser und drei Pavillons sowie einen Garten. Das aus Holz gebaute Haupthaus ist mit kolonialen Möbeln gefüllt und beim Tee oder Mittagessen auf der Veranda oder im Nebengebäude Le Ravin ist eine Stunde im Nu verstrichen. In den Gebäuden am Eingang werden Souvenirs aller Art angeboten. Pfade führen übers Gelände zu schönen Wasserfällen und Becken, in denen man sich erfrischen kann.

Einblick ins Alltagsleben

Südlich von Rose Hill erreicht man **Quatre Bornes** ⑳, das nach vier Zuckerbetrieben benannt ist, welche die alten Grenzlinien *(bornes)* markierten. Im Westen erhebt sich der Corps de Garde mit mehreren indischen Tempeln an seinen Flanken. Jährlich im Februar feiern die Tamilen hier ihr schillerndstes Fest, Cavadee, bei dem sich Gläubige in rituellen Handlungen Nadeln durch die Haut stechen (s. S. 72). Während im Zentrum an der Grande Route Saint Jean kaum etwas die Aufmerksamkeit fesselt, lohnt sich ein Bummel durch die von Bambus gesäumten Nebenstraßen mit ihren hübschen alten Villen. Kleine Restaurants und Snackbars geben Einblick in den Alltag und

Seite 142

▲ Dodo im Eureka-Garten
▼ Koloniale Architektur: Villa Eureka

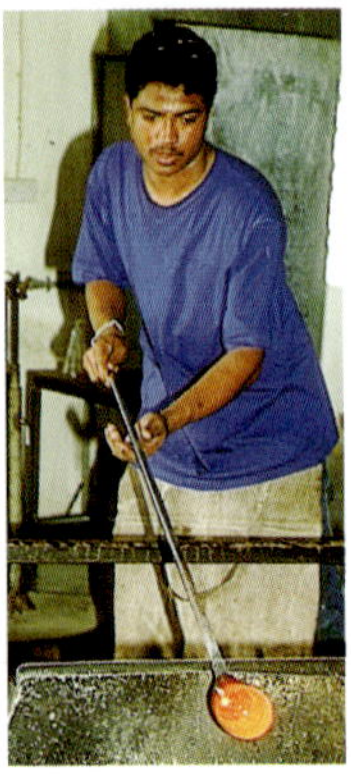

zwei Mal pro Woche – donnerstags und sonntags – versammeln sich Händler auf dem Markt beim Busbahnhof, wo sie unter bunten Schirmen alle erdenklichen Waren von Mode über Lederwaren bis Tischwäche anbieten.

Wohnort der Privilegierten

Vacoas und Phoenix, die wegen ihres angenehmen Klimas ein beliebtes Wohngebiet von Ausländern, Diplomaten und Franko-Mauritiern sind, bilden gemeinsam ein großes städtisches Konglomerat. **Vacoas ㉑** scheint abgesehen vom betriebsamen Busbahnhof und einem Markt kein eigentliches Zentrum zu haben. Ältere Mauritier denken versonnen an die »gute alte Zeit«, als die Briten noch die hiesige Fernmeldezentrale leiteten. Die ehemaligen HMS-Gebäude beherbergen heute das Hauptquartier der *Special Mobile Force,* deren **Museum** (Mo–Fr 9–16 Uhr) durchaus einen Besuch lohnt. Zu den makabren Schaustücken der gerichtsmedizinischen Abteilung der Polizei gehören menschliche Organe mit Schusswunden. Das Gebäude selbst ist ein schönes Beispiel der Kolonialarchitektur: Es diente zunächst als schottische Episkopalkirche und später als Rumdepot in Port Louis, wurde dann Stein für Stein abgetragen und an heutiger Stelle wieder aufgebaut.

Rund um **Phoenix ㉒** hat sich viel Industrie angesiedelt. Berühmt sind vor allem die hier hergestellten Glaswaren und natürlich auch das einheimische Phoenix-Bier von den **Mauritius Breweries.**

Shoppingparadies Curepipe

Mit ihren 550 Höhenmetern ist **Curepipe ㉓** die höchstgelegene Stadt der Insel und eine Bastion der weißen franko-mauritischen Bevölkerung. Die Ursprünge und vermutlich auch der Name der Stadt

▲ Glasbläser in der »Glass Gallery« von Phoenix
▼ Krater Trou aux Cerfs

reichen bis ins 18. Jh. zurück: Angeblich war Curepipe eine beliebte Zwischenstation auf der Durchquerung der Insel, wo die Reisenden eine Rast einlegten und ihre Pfeifen reinigten oder »kurierten«.

Die Stadt trägt die zweifelhafte Auszeichnung, den meisten Niederschlag auf der Insel abzubekommen und an Tagen mit Regen – also fast immer – wirken ihre Gebäude deprimierend grau. Zu den attraktivsten Bauwerken gehören die **Carnegie Library** Ⓐ aus dem Jahr 1920 sowie die **Stadthalle,** vor der eine Statue von *Paul und Virginie* steht (s. S. 120). Beide befinden sich in der Nähe des Marktes in der Elizabeth Avenue.

Die meisten Besucher kommen zum Shoppen nach Curepipe. In den **Currimjee Arcades** an der Ecke von Royal Road und Chasteauneuf Street konzentrieren sich die Bekleidungsgeschäfte. **La Sablonnière** in der Pope Hennessy Street – ein klassisches Beispiel der Kolonialarchitektur mit Miniatur-Eiffelturm im Garten – ist zu einem Einkaufsemporium umgebaut worden, wo es Orientteppiche, Kunstobjekte und Mobiliar zu kaufen gibt; günstigere Preise findet man in den Einkaufszentren der Vororte **Floreal** oder **Forest Side,** wo einige Textilbetriebe Fabrikläden betreiben. Der **Botanische Garten** Ⓑ ist zwar nicht so groß und interessant wie der von Pamplemousses, bietet sich aber zu einem Spaziergang an.

Bekannteste Touristenattraktion ist der 300 m breite Krater **Trou aux Cerfs** Ⓒ westlich des Stadtzentrums, der vor Jahrmillionen als Folge vulkanischer Aktivitäten entstand und heute mit Sand, Wasser und dichter Vegetation gefüllt ist. Vom Krater schweift der Blick bei gutem Wetter über ein Meer von Häusern bis hin zu den Bergen, die von den Menschen bislang unangetastet blieben.

Zu den interessanten Adressen in Floreal gehört das **Textilmuseum** im Einkaufszenrum Floreal Square (Mo–Fr 9.30 bis 17 Uhr, Sa 9.30–13 Uhr), das anschaulich über die Entwicklung der mauritischen Textilindustrie informiert – einer der wichtigsten Arbeitgeber des Landes. In dem modernen interaktiven Museum kann man verschiedene Stoffe anfassen und sogar sein Geschick im Stricken testen. Angeschlossen ist ein Geschäft, in dem Qualitätskleidung aus Kaschmirwolle, Baumwolle und Seide angeboten wird.

Richtung Süden

Die Städte des Hochlands sind ein guter Ausgangspunkt für Ausflüge in den Süden und zum Black River Gorges National Park. Wer nur wenig Zeit zur Verfügung hat, sollte zumindest einen Ausflug zu den **Tamarind Falls** (s. S. 144) unternehmen, um einen Eindruck von der Gegend zu erhalten. An der Straße, die von Vacoas Richtung Süden verläuft, befindet sich ein Aussichtspunkt, der via La Marie auch von Curepipe leicht zu erreichen ist. Nach dem Dorf **Henrietta** endet die Straße an einem Parkplatz, von dort sind es noch 15 Gehminuten bis zu der Stelle, von wo man einen guten Blick auf die Fälle hat. ■

Seite 142 152

Kleine Meisterwerke
Die meisten Modellschiffe, die überall in Curepipe angeboten werden, stammen aus der Fabrik **Comajora,** La Brasserie Rd., Forest Side (Mo–Fr 8–17 Uhr). Nebenan zeigt ein Privatmuseum (tgl. 8–17 Uhr) eine Sammlung mit fast 100 Booten. Der Eigentümer ist ein Kenner der Segelboote und übernimmt gerne die Führung.

▶ **Denkmal von »Paul und Virginie« in Curepipe**

MAURITIUS PRIDE

Rodrigues – die vergessene Insel

Rodrigues' Strände mögen einem Vergleich mit anderen Inseln des Indischen Ozeans nicht standhalten, seine ursprüngliche Atmosphäre und seine Unterwasserwelt jedoch sind kaum zu überbieten. Hier zeigt sich, dass Schönheit durchaus im Verborgenen liegen kann.

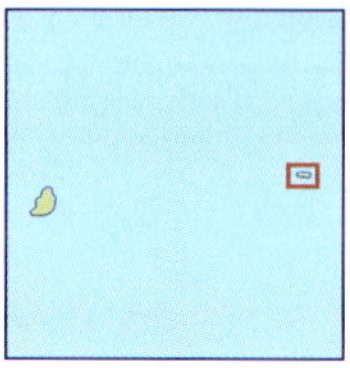

Die kleinste der drei Maskarenen-Inseln liegt 560 km östlich von Mauritius in einer riesigen von Korallenriffen geschützten Lagune und erinnert in ihrer Form an einen dicken Fisch. Über beinahe die gesamte Länge der Insel (18 km) verläuft ein zerklüfteter Gebirgskamm, von dem mehrere Täler steil zum schmalen Küstenflachland abfallen. Rodrigues steht erst am Beginn der touristischen Entwicklung und fasziniert noch durch seine Ursprünglichkeit. Man kann an einsamen Stränden ein Sonnenbad nehmen, in seichten Lagunen angeln, am Riff tauchen und schöne Wanderungen durch Kasuarinenwälder machen. Die Menschen sind offen und herzlich und strahlen eine Fröhlichkeit aus, die sich nur mit Optimismus erklären lässt.

Rodrigues heißt Besucher willkommen, denen ein flinker Service und Fünf-Sterne-Herbergen nicht alles bedeuten. Auf der Insel gibt es erst einige wenige größere Hotels und Gästehäuser. Touristen aus Réunion und Mauritius fliegen gewöhnlich für drei bis fünf Tage ein; wer mehr Zeit hat, kann sich eine Kabine auf der *Mauritius Pride* oder der *Mauritius Trochettia* reservieren, die alle fünf bis sieben Tage von Port Louis eintreffen (s. Infoteil).

Eine winzige Hauptstadt

1726 besetzten die Franzosen Rodrigues und errichteten in **Port Mathurin ❶** eine winzige Niederlassung. Aus Mosambik und Madagaskar wurden Sklaven importiert und aus dem französischen Mauritius kamen weitere Siedler. 1864 trafen die Briten ein, begannen mit der Stadtplanung und schufen das noch heute bestehende Straßennetz.

Die Hauptstadt mag zwar keine bedeutenden Baudenkmäler besitzen, aber ein Spaziergang verschafft Einblicke in das beschauliche Leben dieses Eilands. Ein guter Ausgangspunkt ist die Schiffsanlegestelle, wo ein Denkmal an Freiwillige aus Rodrigues erinnert, die in den Weltkriegen fielen. Samstags findet hier ein **Markt** statt, der ab 6 Uhr beginnt und um 10 Uhr seinem Ende entgegengeht. Viele Insulaner brechen schon um Mitternacht in ihren Dörfern auf, um die Stände aufzustellen oder als erste um die besten Produkte zu feilschen. Im Angebot sind neben touristischen Artikeln wie Körbe oder Taschen

◀ Im Hafen von Port Mathurin ▶ Spaziergang mit dem Hausschwein

▲ **Körbe aus Vacoa-Blättern auf dem Markt von Port Mathurin**

aus geflochtenen Vacoa-Blättern Gemüse, Obst, Chutneys und Chilischoten.

Port Mathurin besitzt keine der sonst üblichen Touristenmeilen. Die meisten Läden – einfache Wellblechhütten – verteilen sich über einen Block, der von der Rue François Leguat und Rue Hajee Bhay Fateh Mamode begrenzt wird. Ein paar Läden in der Rue Max Lucchesi verkaufen nette Geschenkartikel, die größte Auswahl aber bietet der **Craft Aid Workshop** (Mo–Fr 8 bis 15, Sa 8–12 Uhr, Tel. 831 1766) in Camp du Roi vor den Toren der Stadt. Craft Aid beschäftigt 30 Behinderte, die traditionelle Souvenirs herstellen. Eine angeschlossene Imkerei produziert den klaren duftenden Honig von Rodrigues.

Hauptverkehrsader der Stadt ist die Rue de la Solidarité, früher Jenner Street, die im Westen an der einzigen Tankstelle der Insel beginnt und über eine Fußgängerbrücke zum Busbahnhof im Osten führt. An ihrem westlichen Ende steht, etwas versteckt, die **Noor-ud-Deen-Moschee,** die für die wenigen Nachkommen der ersten Muslime gebaut wurde, welche 1907 als Textilhändler eintrafen. Ebenfalls in der Rue de la Solidarité verbirgt sich hinter weißen Mauern als letzter Zeuge des britischen Kolonialismus **La Résidence,** früher die Island Secretary's Residence. Das für offizielle Empfänge genutzte Gebäude ist nicht zugänglich, doch man kann einen Blick durch das Tor werfen und sieht im Schatten eines Indischen Mandelbaums eine breite Veranda.

Ein kurzer Spaziergang führt zur anglikanischen **Kirche Saint Barnabas,** die

Piqueuses ourites

→ nennt man die Fischerinnen, die im seichten Wasser der Lagunen Tintenfische aufspießen, um sie anschließend in der Sonne zu trocknen.

von Gartenanlagen und Bäumen umgeben ist. Da die meisten Inselbewohner gläubige Katholiken sind, wird auch die kleine **Kirche Saint Cœur de Marie** in der Rue Mamzelle gut besucht. Über die Brücke gelangt man zu einer Stelle, an der 1691 die ersten Siedler von Rodrigues unter François Leguat ihr Lager errichteten.

Flussaufwärts Richtung Fond La Digue steht in einem dicht bewaldeten Tal das schöne kreolische Hotel **Escale Vacances.** Von hier kann man schöne Wanderungen unternehmen, für die festes Schuhwerk jedoch unerlässlich ist.

Invasion der Briten

1761 traf eine britische Flotte ein und errichtete am Strand von **Anse aux Anglais** ❷ (»Bucht der Engländer«) ein Camp. Die wenigen französischen Inselbewohner leisteten kaum Widerstand und die Briten blieben sechs Monate. Der englische Einfluss auf Rodrigues wurde 1901 verstärkt, als die *Eastern Telegraph Company* (später *Cable & Wireless)* ein Meereskabel von Rodrigues nach Mauritius verlegte, das die letzte Kommunikationslücke zwischen Australien und Europa schloss. Einen guten Blick auf Port Mathurin hat man von der Landzunge Pointe Vénus, auf der französische und englische Astronomen 1761 und 1874 den Venusdurchgang vor der Sonne beobachteten. 2005 eröffnete hier das moderne Pointe Venus Hotel, das mangels Strand einen riesigen Pool bietet.

Kleine Gästehäuser säumen den sauberen Strand von Anse aux Anglais, der bei Ebbe ein beliebter Jagdplatz der *piqueuses ourites* ist. Vorbei an den stillen Strandbungalows begüterter Familien in Caverne Provert führt ein steiler Weg zu einer Landzunge mit schönen Ausblicken auf den Ort **Grand Baie.**

2 km westlich von Port Mathurin liegt die große **Baie aux Huitres** ❸ (»Austernbucht«) umgeben von Hügeln und dichten Kasuarinenwäldern. Die beste Aussicht genießt man von **Allée Tamarin,** einem kleinen Dorf oberhalb der Bucht.

Ausflug ins Inselinnere

Einen Ausflug ins Inselinnere sollte man nicht beginnen, ohne vorher einen letzten Blick auf die Hauptstadt und die Lagune geworfen zu haben. Kaum ein Platz ist hierfür besser geeignet als die meteorologische Station an der oft stürmischen **Pointe Canon,** wo eine alte britische Kanone einen befremdlichen Kontrast zur weißen Statue der Jungfrau Maria *(La Reine de Rodrigues)* bildet. Am 15. August scheint die ganze Inselbevölkerung hierher unterwegs zu sein, um Mariä Auferstehung zu feiern.

Die Straße nach Mont Lubin erreicht 2 km südlich von Port Mathurin den Wald von **Solitude.** Neben zahlreichen Eukalyptusbäumen findet man auch kleinere Bestände von Jamrosa- und Mangobäumen, zu denen abends Fliegende Hunde ausschwärmen, um Nahrung zu suchen.

Mont Lubin ❹ ist ein geschäftiges Dorf mit baufälligen Häusern, das den Ein-

Seite 158

Strandwanderung
Eine kurze Wanderung führt von Grand Baie zum einsamen Strand von **Baladirou.** Als Alternative bietet sich die 40-minütige Bootfahrt von Port Mathurin an.

▶ **Zum Trocknen aufgehangener Oktopus**

druck erweckt, man befände sich am höchsten Punkt der Insel – tatsächlich liegt dieser in 398 m Höhe auf dem nahen Mont Limon. Die meisten Touristen statten dem **Women's Handicraft Centre** einen Besuch ab, wo Frauen Körbe aus Vacoa-Blättern flechten und verkaufen.

Bevor man sich auf die weitere Reise gen Westen macht, lohnt sich ein Abstecher zur größten Kirche von Rodrigues in **Saint Gabriel,** die 1939 unter schwierigsten Bedingungen gebaut wurde. Esel schafften den Sand von der Küste herauf und freiwillige Helfer, darunter viele Frauen und Kinder, trugen Zement, Kalk, Korallenblöcke, Wellblech und Holz über die schmalen Bergpfade. Die Kirche kann jederzeit besichtigt werden, bleibende Erinnerungen jedoch erhält man während der Sonntagsmesse, die um 9 Uhr beginnt.

Die 5 km lange Serpentinenstraße zwischen den Dörfern Petit Gabriel, Quatre Vents und Mangue gewährt Ausblicke auf schillernd blaue Lagunen und Einblicke in das ländliche Leben. Der nächste Ort **La Ferme** besitzt ein kleines Stadion, in dem der Papst 1989 eine Messe hielt. 2 km westlich der Siedlung wird die **Cascade Pistache** erreicht. Inmitten von hügeligem Grasland steht man plötzlich vor einem Granitkrater, in den sich ein – besonders nach Regenfällen – beeindruckender Wasserfall ergießt. Wer will, kann von La Ferme auf der an der Küste verlaufenden

◀ **Erkundung des Felsenlabyrinths der Caverne Patate**

Die Macht der Frauen

Die ersten Siedler auf Rodrigues waren Hugenotten unter der Führung von François Leguat. Religiöse Verfolgung hatte sie aus Frankreich vertrieben und auf der Suche nach ihrem Inselparadies setzten sie in Holland Segel. Ihr Ziel waren die Maskarenen, über die sie aus Berichten anderer Reisender viel Positives gehört hatten. 1691 landete die Gruppe auf der unbewohnten Insel Rodrigues und lebte zwei Jahre lang »von sehr gesunden und luxuriösen Nahrungsmitteln, die nicht die geringste Krankheit verursachten«. Während dieses Aufenthalts schrieb François Leguat das erste Buch über die Insel. »Voyages and Adventures« avancierte zum klassischen Werk über die einzigartige Flora und Fauna – er berichtete von über 300 kg schweren Schildkröten an den Stränden, die so zahlreich waren, dass man nur über ihre Panzer schreitend zum Meer gelangen konnte. Leguat und seine Gefährten lebten glücklich in der Gesellschaft von Seekühen, Krabben und Austern, lauschten dem Zwitschern Tausender Vögel und sahen den längst ausgestorbenen Solitaire, einen Verwandten des Dodo aus Mauritius (s. S. 67).
Nur eines fehlte in diesem Paradies: Frauen. Der Mangel an weiblicher Gesellschaft erwies sich als zu schwere Last und so zogen die Männer ins holländisch besetzte Mauritius um. Tragische Ironie des Schicksals: Man hielt sie für Spione, nahm sie sofort nach ihrer Ankunft fest und hielt sie auf einer kleinen Insel gefangen.

Straße über die Baie du Nord zurück nach Port Mathurin fahren (9 km). Unterwegs passiert man abgelegene Gehöfte mit Gärten voller Weihnachtssterne, Hibiskussträuchern und Ringelblumen sowie die Mangroven der Baie Malgache.

Auf der Suche nach dem Solitaire

Ein abenteuerlicher Ausflug, der jedoch nichts für ängstlich oder klaustrophobisch veranlagte Gemüter ist, führt durch die mit Stalagmiten und Stalaktiten durchsetzten dunklen Gänge der **Caverne Patate ❺**. Die 18 m unter der Erde gelegene Korallenhöhle fasziniert die Forscher seit ihrer ersten offiziellen Erforschung im Jahre 1786, bei der ein französischer Kommandant Knochen fand, die dem Dodo zugeschrieben wurden. 1894 entdeckten britische Forscher weitere Knochen und Vergleiche mit früheren Funden bewiesen, dass sie vom Solitaire stammten, den François Leguat 1691 beschrieben hatte. Gemäß alten Berichten enthalten die Höhlen »großartige Versteinerungen in ungeheurer Formenvielfalt, die sich alle voneinander unterscheiden« – heutige Besucher werden auf Ähnlichkeiten des Gesteins mit der Chinesischen Mauer hingewiesen. Zum Besuch der Höhlen ist eine Genehmigung erforderlich, und um Bürokratie zu vermeiden, sollte man in Port Mathurin eine Tour mit einem örtlichen Reiseunternehmen buchen. Für die Besichtigung sind eine Taschenlampe und festes Schuhwerk erforderlich.

Mit dem Auto kann man auch einen Ausflug zum Steinbruch **Plaine Corail** nahe dem Flughafen machen, wo Arbeiter früher Korallengestein aus den Klippen brachen und es in Bausteine zersägten.

Gäbe es keine Hummer, Krabben oder Garnelen, wäre **Port Sud-Est ❻** völlig ausgestorben. So aber waten die wenigen Fischer am Morgen in die Lagune hinaus, um ihre Käfige zu kontrollieren. Ab und

Seite 158

▲ Erinnerung an den längst ausgestorbenen Solitaire
▼ Radausflug auf der Straße nach Port Sud-Est

Seite 158

Eine erste Orientierung Die Website www. rodrigues-island.org (engl. und frz.) präsentiert Unterkünfte, Restaurants, Agenturen, Einkaufsadressen u. Ä. auf Rodrigues. In Grande Montagne stellt ein **Informationszentrum** (Tel. 832 5737) Kartenmaterial zur Verfügung, ein kleines Museum informiert über Flora und Fauna.

zu schnappen sie sich einen der Einbäume und stechen in See – gegen ein kleines Entgelt nehmen sie gerne Touristen mit. Auch Ausflüge nach **Cat Island,** ein Paradies für Schwimmer und Schnorchler, sowie **Hermitage Island,** der vielleicht malerischsten Satelliteninsel von Rodrigues, werden von den Fischern organisiert. Ein traumhafter Spaziergang führt von Port Sud-Est über karg bedeckte Hügel zum schönen Strand von **Petit Gravier.**

Ungetrübte Badefreuden

Die 6 km lange Strecke von Mont Lubin nach Port Sud-Est gilt unbestritten als die schönste der ganzen Insel. Über unzählige Serpentinen windet sich die Straße zur Küste hinab und stets schweift der Blick über die Lagunen von Port Sud-Est, die mit kleinen Korallenatollen übersät sind. Auf einer Klippe am Meer steht so abgelegen wie Rodrigues selbst das **Mourouk Ebony Hotel,** das eine gute Tauchbasis, eine Windsurfschule sowie ein Bootshaus besitzt. Der nächstgelegene Laden, eine knallrote Baracke, verkauft so elementare Dinge wie Brot, Wasser, Süßigkeiten oder Zigaretten. Das nächste Dorf Songe besteht aus ein paar Hütten, die sich wie Dominosteine über die Hügel verteilen.

Der schönste Badestrand im Osten der Insel ist nur über das Inland zu erreichen. An der Pointe Coton steht das von niedrigen Korallenklippen gesäumte **Cotton Bay Hotel ❼**, ein Paradies für Ruhe suchende, Flitterwöchner und Wanderfreunde.

Ein beliebter Ausflug auf Schusters Rappen führt ins Inland zum Sandsteinfelsen **Roche Bon Dieu,** der – wie sein Name schon vermuten lässt – vom Himmel gefallen sein soll. Ausdauernde Wanderer auf der Suche nach einsamen Bademöglichkeiten sollten sich von Pointe Coton in südlicher Richtung zunächst zu den herrlichen Stränden **Anse Ally, Saint François** und **Baie de l'Est** aufmachen. Landeinwärts geht es durch das geschützte Waldgebiet von **Tasman,** bevor der Pfad wieder die Küste erreicht und in stetigem Auf und Ab – vorbei an Kasuarinen- und Akazienwäldern sowie einem Plateau aus toten Korallen – zu den hübschen Buchten **Grand Anse, Trou d'Argent** und **Anse Bouteille** gelangt. Von diesem östlichsten Zipfel der Insel sind es nur mehr 5500 km bis zur nächsten Landfläche, der Westküste Australiens. Wer möchte, kann dem Wanderweg bis Port Sud-Est folgen.

Keinesfalls versäumen sollte man den Besuch der westlich von Rodrigues gelegenen **Île Cocos ❽**, dem letzten Rückzugsgebiet einer Grasmücke, die sonst kaum noch anzutreffen ist. Auf dem idyllischen Eiland mit seinen zuckerweißen Stränden fühlt man sich ein bisschen wie Robinson Crusoe – in die Tat umgesetzt hat dies der einzige Inselbewohner, ein Wachmann der Regierung, der ein einsames Leben in einer Wellblechhütte führt. Für den Besuch der Insel ist eine Genehmigung des *Central Administration Office* in Port Mathurin erforderlich. Man sollte sich einer von Agenturen angebotenen Tour anschließen. ■

◀ Einsame Hütte in Port Sud-Est ▶ Im »Mourouk Ebony« in Port Mathurin gibt es Vorführungen traditioneller einheimischer Tänze

EBONY
NIGHT CLUB
SOIREE TRADITIONELLE
LES VENDREDIS

Aus dem Meer geboren

Réunion gehört zusammen mit Mauritius und Rodrigues zur Inselgruppe der Maskarenen und hat doch so wenig mit ihren ungleichen Schwestern gemeinsam. Aus dem Meer ragt ein mächtiger Gebirgsstock auf, der vor rund drei Millionen Jahren infolge vulkanischer Aktivitäten auf dem Meeresboden geboren wurde. Eigentlich besteht die Insel aus zwei großen vulkanischen Bergmassen – einer jüngeren und einer älteren. Zuerst streckte der Piton des Neiges – mit 3069 m der höchste Berg der Maskarenen – seinen Gipfel in die Höhe und mit ihm erhob sich eine Landmasse, die heute etwa zwei Drittel der Inselfläche ausmacht. Viel viel später erhob sich im Südosten ein zweiter Vulkan aus dem Wasser: der 2510 m hohe Piton de la Fournaise, nach wie vor einer der aktivsten Feuer speienden Berge unseres Planeten. Im Laufe der Jahre erlosch der Piton des Neiges, stürzte ein und erodierte zu drei Talkesseln, den so genannten »Cirques«, die heute die Hauptattraktion von Réunion darstellen. Zwei davon – der Cirque de Salazie und der Cirque de Cilaos – können mit dem Auto erkundet werden, der dritte – der Cirque de Mafate – ist nur aus der Luft oder zu Fuß erreichbar. Durch die Abgelegenheit einiger Gebiete haben sich auf Réunion große Bestände jungfräulichen Regenwalds erhalten, die seltenen Tier- und Pflanzenarten Lebensraum bieten.

Die Insel ist prädestiniert für sportliche Aktivitäten und insbesondere für Wanderer ein Paradies. Gut markierte Pfade erschließen die spektakuläre Szenerie mit ihren schroffen Gipfeln, tief eingeschnittenen Flüssen, dichten Wäldern und tosenden Wasserfällen – nicht zu vergessen der aktive Vulkan Piton de la Fournaise, der inmitten einer bizarren Mondlandschaft liegt. So verwundert es nicht, dass ein Großteil der Touristen in erster Linie hierher kommt, um dem Abenteuersport zu frönen, sei es Mountainbiken, Kajakfahren, Raften, Canyoning oder Gleitschirmfliegen.

◄◄ **Atemberaubende Ausblicke am Cratère Commerson; Von Wind und Wellen gepeitschte, zerklüftete Küste**
◄ **Die Sumpfgebiete bei St-Paul aus der Vogelperspektive**

Natürlich besitzt Réunion auch einige beliebte Strände und gute Hotels, kann sich hierbei aber keinesfalls mit ihrer Schwester Mauritius messen. Dafür erwarten den Besucher hier wesentlich mehr Sehenswürdigkeiten kultureller Art: Museen, Zucker- und Vanillefabriken, botanische Gärten und gut erhaltene koloniale und kreolische Architektur.

80 Prozent der Touristen auf Réunion stammen aus Frankreich. Sie betrachten die Insel als Erweiterung des Mutterlandes und schätzen die Linkssteuerung von Renaults und Peugeots ebenso sehr wie die guten Straßen, die Einkaufszentren, die Bistros und die Diskotheken. Sogar ihre Hunde dürfen sie mitbringen und natürlich spricht jeder Französisch.

Réunion mag eine gallische Außenstelle sein, doch nirgends in Frankreich findet man Landschaften und ein Lokalkolorit wie auf dieser Insel. Sie ist ein Schmelztiegel verschiedener Ethnien, was auf keinem anderen Eiland im Indischen Ozean deutlicher zum Ausdruck kommt. Gerne wird Réunion als Paradebeispiel für ein friedliches Zusammenleben verschiedener Völker gesehen, die über die Jahrhunderte hinweg freiwillig oder unfreiwillig eingewandert sind: europäische Siedler, afrikanische Sklaven, indische Vertragsarbeiter, Madagassen und Chinesen. Die Nachfahren dieser Menschen bezeichnet man heute als Kreolen, was nichts anderes bedeutet, als dass sie auf der Insel geboren wurden. Nur ein verschwindend geringer Anteil der Bewohner Réunions stammt vom französischen Festland, aber gemeinsam mit den übrigen Weißen der Insel verfügen sie über einen unverhältnismäßig großen Einfluss – was der hehren Vorstellung von Gleichberechtigung einen gewissen Knacks verpasst. Trotzdem gab es bislang nur wenig Ausschreitungen und nach einer langen Zeit der Verleugnung ihrer Identität unter der französischen Politik entdecken die unterschiedlichen Ethien ihr eigenes Erbe bewusst wieder, ohne sich dabei gegenseitig auszugrenzen.

Réunion kann man als gut behütetes Geheimnis bezeichnen, das den anderen zwei Maskarenen-Inseln in gewisser Weise sogar den Rang abläuft. Wer Vielfalt liebt, wird sich auf diesem Eiland zu Hause fühlen – und wieder kommen. ■

Die Réunionnais

Kultur und Menschen von Réunion können mit einem Wort umschrieben werden: *métissage* oder Völkervermischung. Über einen Großteil der Geschichte hinweg stand die Insel unter dem Einfluss der französischen Sprache und Kultur, so dass die verschiedenen Religionen und Ethnien immer der Integration mit dem Vaterland unterworfen waren. Die Assimilationsbestrebungen zwischen 1946 und 1981 behinderten lange Zeit die Entstehung einer eigenständigen Identität. All das hat sich inzwischen geändert. Heute tragen die Inselbewohner selbstbewusst ihre Herkunft zur Schau und die vergangenen Jahre waren geprägt von einem kulturellen und religiösen Erwachen der tamilischen, muslimischen und anderen nichtchristlichen Minderheiten.

Das Fundament der Gesellschaft

Die ersten Einwohner von Réunion waren ins Exil geschickte Franzosen sowie einige Madagassen. Im 17. Jh. trafen schubweise neue Siedler aus Europa und Asien ein und Piraten verlegten ihre Schlupfwinkel von Madagaskar nach Bourbon, wie Réunion damals genannt wurde. Mit der voranschreitenden Kultivierung von Kaffee und dem Import von Sklaven aus Ostafrika und Madagaskar im 18. Jh. entwickelte sich Bourbon zu einer mehrheitlich schwarzen Gesellschaft. In jener Zeit entstand auch das Créole (s. S. 21). Als weiße Familien durch die Aufteilung des Landbesitzes unter Geschwistern verarmten, zogen die weniger Glücklichen in die höheren Regionen, um die unwirtlichen Böden von Les Hauts zu bestellen. 1830 wurden für Salazie und 1840 für Cilaos Landkonzessionen vergeben, nur der größte Talkessel Mafate ließ sich kaum erschließen.

Das 19. Jh. stand ganz im Zeichen des Zuckerrohrs. Charles Desbassyns führte die erste Dampfmaschine ein und andere *grands blancs* (»mächtige Weiße«) schwangen sich mit ihm zu den führenden Pflanzern der Insel auf. Als am 20. Dezember 1848 die Sklaverei abgeschafft wurde, ersetzte man die fehlenden Arbeitskräfte mit Vertragsarbeitern aus Madagaskar, Indien, China, von den Komoren und aus dem Jemen.

Gegen Ende des 19. Jhs. trafen die ersten freien Einwanderer aus den Kantonesisch und Hakka sprechenden Regionen Chinas ein. Sie drängten in die Bereiche des Handels und siedelten vorwiegend im Norden und Süden der Insel. Etwa zur selben Zeit kamen indische Kaufleute aus Gujarat

und Bombay. All diese Immigranten entschieden sich für ein dualistisches Sozialisationssystem: Annahme einer fremden und Bewahrung der eigenen Kultur. Bis heute bilden sie die am deutlichsten abgegrenzten Gemeinschaften innerhalb einer größtenteils integrierenden Kultur.

Soziale Wirklichkeit

Drei Viertel der Bevölkerung von Réunion besteht aus *métis* – Menschen gemischter Abstammung. Es gibt kaum Anzeichen von ethnischen Auseinandersetzungen, obwohl wenige weiße Familien einen unverhältnismäßig großen wirtschaftlichen Einfluss ausüben. Zumeist handelt es sich dabei um Nachkommen der früheren Landbesitzerklas-

◀ **»Petite blanc« aus Salazie**
▶ **Tamilentempel Bois Rouge, St-André**

se, die irgendwann ins Bankwesen oder das Import-Export-Geschäft eingestiegen sind. Ihre Zahl wurde durch Beamte und Geschäftsleute erhöht, die in jüngerer Zeit aus Frankreich kamen und deren Luxusvillen in den besten Vierteln von St-Denis und St-Pierre stehen.

Die weniger reichen Weißen *(petits blancs),* die seit Generationen in Les Hauts leben, bilden eine enge und relativ leicht identifizierbare Gemeinschaft. Typischerweise haben sie eine Neigung zu traditionellen Berufen in der Landwirtschaft und im Handwerk, sind von kleiner Statur, besitzen charakteristische Gesichtszüge und intensiv blaue Augen. Zwischen diesen Landbewohnern und der städtischen Bevölkerung von St-Denis besteht eine größere Kluft als zwischen den Weißen und *métis* der Hauptstadt.

z'oreilles
→ **Der Spitzname (»die Ohren«) soll auf die Gewohnheit von französischen Neuankömmlingen zurückgehen, die Hand hinter die Ohren zu legen, wenn sie das Créole nicht verstehen.**

Die modernen Réunionnais unterscheiden sich weniger durch ihre Hautfarbe als durch ihre Religion. Ein Großteil der Nachkommen indischer Händler sind Muslime und werden *z'arabes* genannt. Der Ursprung von nahezu einem Viertel der Inselbewohner liegt in Südindien und ihre Vorfahren waren überwiegend Tamilisch sprechende Hindus. Seit sie von dem vorgeschriebenen Katholizismus der Kolonialperiode befreit sind, entdecken viele der so genannten *Malabar* ihre religiösen Wurzeln neu (s. S. 19). Die mehrheitlich katholischen Chinesen von Réunion gehen immer häufiger Mischehen ein und allmählich in der übrigen Gesellschaft auf.

Den jüngsten Bestandteil der Gesellschaft bilden die *z'oreilles* (s. Glossar), zumeist Beamte, die zur Führung des modernen Staats beitragen. Réunions Status als Überseedépartement Frankreichs bedeutet, dass jeder EU-Bürger das Recht hat, auf der Insel zu arbeiten und zu leben; das Gleiche gilt selbstverständlich auch für die Réunionnais in Frankreich. Nur hin und wieder werden Unmutsbekundungen laut: Die Bewohner von Réunion beklagen sich darüber, dass die *z'oreilles* viele der höheren Positionen besetzen, und die Pariser beklagen sich wiederum über die geringen Steuerbeiträge der Insulaner.

Trotz des hohen Anteils von Menschen mit gemischtem ethnischem Hintergrund sind die afrikanisch geprägten Inselbewohner klar zu erkennen. Die Nachkommen der Afro-Kreolen werden mitunter *cafres* genannt (arabisch: *kafir* – »Heide«), doch das Wort kann auch als Beleidigung aufgefasst werden.

Insgesamt wird die Gesellschaft von Abhängigkeiten geprägt. Die Bevölkerung ist jung (nahezu 50 % unter 25 Jahre) und die Arbeitslosenquote hat in der Vergangenheit schon einmal die astronomische Höhe von 40 % erreicht. Viele sind auf Sozialleistungen aus Frankreich angewiesen. Die große Kluft zwischen Besitzenden und Besitzlosen beschwört immer wieder latente Spannungen herauf, die manchmal zu heftigen Ausschreitungen führen – wie im Februar 1991 in Chaudron, einem ärmlichen Vorort der Hauptstadt.

Die meisten Probleme sind struktureller Natur. Durch den von Frankreich forcierten hohen Lebensstandard und die damit verbundenen hohen Löhne ist ein erfolgreiches Unternehmertum wie im benachbarten Mauritius undenkbar. Aber die politischen Beziehungen zu Frankreich werden kaum in Frage gestellt und den Franzosen scheinen sie so wichtig zu sein, dass sie an der finanziellen Last Réunion festhalten. Solange dies so bleibt, wird die Insel keine wirtschaftliche Lebensfähigkeit erreichen.

Kulturell profitieren Réunion und die umliegenden Inseln stark von der frankophonen Welt. Die modernen Medien bringen das französische Fernsehen in alle Haushalte und stärken das Gemeinschaftsgefühl der französisch-kreolischen Diaspora durch franko-karibische Rhythmen und Kunststile.

Samblani
→ Diese traditionellen Bestattungen werden auf Réunion immer noch von den Tamilen durchgeführt.

Kultur und Religion

Die Hinduistischen Glaubensvorstellungen und damit verbundene Riten resultieren aus der Ansiedlung von Vertragsarbeitern aus Indien. Sie errichteten in der Nähe der Zuckerplantagen kleine Tempel, die zum Teil noch heute stehen. Zu Ehren von Draupadi, Mariammen und Kalimai finden jährlich Feste statt und in mehreren Hindutempeln auf der Insel werden alle drei Gottheiten gleichzeitig verehrt. Mit einem Tanz, der von einem mit bunten Farben bemalten Gläubigen namens *jacot* (»Affe«) angeführt wird, huldigt man dem Affengott Hanuman.

Auch die ältere Generation der Chinesen, die mehrere Pagoden auf Réunion bauten, hält noch an alten Durchgangsriten fest. Auf kleinen Hausaltären wird der Ahnen gedacht und die Hakka ziehen in einer jährlichen Prozession zur Pagode in St-Pierre, um die Seelen der Toten zu ehren. Auf mehreren Friedhöfen der Insel sind auffällige Chinesengräber zu bewundern.

Es gibt 13 Moscheen auf der Insel, deren älteste aus dem Jahre 1905 stammt. Viele Muslime gehen regelmäßig zum Freitagsgebet, halten sich an die Vorschriften des Fastenmonats Ramadan und erfüllen ihre Almosenpflicht *(zakat)* gegenüber der Moschee. Dagegen tragen die meisten muslimischen Frauen westliche Kleidung, nur selten sieht man noch Schleier.

Überall präsent ist das kulturelle Erbe aus Afrika und Madagaskar – in den Gesichtern, der Musik, der Sprache und den Ortsnamen. Die *maloya* ist ein früherer Sklaventanz und viele Wörter des Créole entstammen dem Bantu und anderen ostafrikanischen Sprachen. Madagassische Ortsnamen sind besonders sinnträchtig: Cilaos bedeutet »wo Feiglinge nicht hingehen« und Cimendef im Cirque de Mafate ist nach einem entlaufenen Madagassen benannt – »Der kein Sklave sein kann«. Einige madagassische Familien pflegen noch traditionelle Todesriten *(velasa)* und betreiben Ahnenverehrung.

◀ Cilaos Einwohner stammen großteils von französischen Siedlern des 19. Jahrhunderts ab
▶ Auch an den abgelegensten Stellen stehen Schreine für den Heiligen St-Expédit

Verführerische Rhythmen

Eine urtypische Musikrichtung von Réunion heißt »maloya«. Der langsame und sinnliche Rhythmus ähnelt der »sega typic« von Mauritius und der »moutya« der Seychellen, besitzt jedoch eindeutig lokale Züge.

So sehr wie die Réunionnais der Frankophonie verfallen sind, lieben sie die »zouk«-Klänge der französischen Karibik ebenso wie ihre heimischen Klänge. Als Folge davon haben sie die komplizierten Tanzmuster des Zouk übernommen und mit eigenen Melodien unterlegt.

Aberglaube und Okkultismus

Lange Zeit waren andere Religionen als das Christentum auf Réunion verpönt und so hat man stillschweigend einige hinduistische Traditionen in christliche Feierlichkeiten integriert. Die Verehrung von Mariammen etwa wird mit der Verehrung der Jungfrau Maria gleichgesetzt und Krishnas Geburtstag mit dem von Jesus Christus verknüpft. Symbolfigur für das Verschmelzen der Religionen ist auch der Heilige St-Expédit (nominell katholisch), der als Manifestation der Hindu-Göttin Kali gilt.

> ***Ombiasy***
> → werden die Zauberer madagassischen Ursprungs auf Réunion genannt.

Der Katholizismus hat auf Réunion einen ganz eigenen Stil entwickelt. In verblüffender Ähnlichkeit zu hinduistischen Riten besuchen Gläubige christliche Schreine wie die Schwarze Jungfrau in der Wallfahrtskirche Notre-Dame-de-la-Salette, um ein Gelöbnis zu würdigen, das im Austausch für einen eingeforderten Wunsch geleistet wurde. Dies ist nur einer von Hunderten über die Insel verstreuten Jungfrau-Schreinen, die stets mit Blumen und Danksagungen bedeckt sind.

Nach wie vor vollziehen chinesische Katholiken zu Hause buddhistische Rituale und verehren in den farbenprächtigen Pagoden der Insel ihre Ahnen. Viele Glaubensvorstellungen haben die jahrhundertelange französische Akkulteration überlebt. Hindus glauben daran, dass Gebete an Götter und Göttinnen bestimmte Krankheiten heilen können, während Muslime manche Leiden auf den Einfluss böser Geister *(djin)* zurückführen. Ein indischer Hexenmeister heißt auf Réunion *pusari* und ein tamilischer Priester *pujari* – selbst die Wörter weisen auf die Verbindung zwischen Religion und Magie hin.

Okkulte Zauberformeln zirkulieren seit jeher auf Réunion. Die Sammlung *Petit Albert,* welche von europäischen Einwanderern mitgebracht wurde, und die afrikanische Schwarze Magie namens *gris gris* haben viele Anhänger. Auch der Glaube an wandernde gestörte Seelen ist weit verbreitet und basiert offenbar auf dem madagassischen Konzept *matoatoa.* Menschen, die an der Pest oder anderen Seuchen starben, galten als besessen, und noch heute suchen Abergläubige bei bestimmten Anlässen deren Gräber auf den Friedhöfen von St-Denis, St-Pierre und Le Port auf.

Feste ohne Ende

Der Festereigen beginnt Anfang Januar mit *Pandyale*, bei dem gläubige Hindus über glühende Kohle laufen. Dieser Ritus wird auch anlässlich der spektakulären Zeremonie Cavadee durchgeführt; außerdem kann man an diesem Tag beobachten, wie sich viele Teilnehmer ihre Haut mit Nadeln und Spießen durchbohren, an denen oft noch Zitronen oder kleine Gefäße hängen. Im Mai huldigen die Tamilen ihrer Göttin Mariammen und zu Ehren von Kali im August werden Hähne und Ziegen geopfert. Ende Februar bzw. Anfang März steht das chinesische Neujahrsfest auf dem Programm und im September gibt es zum chinesischen Mittherbstfest leckere Mondkuchen. Die muslimischen Händlerfamilien begehen ihre Feste Eid ul Fitr und Eid ul Kebir mit Tieropfern. Manche Rituale gründen sich auf reale Ängste: Am 15. August ziehen Pilger zum Schrein der Jungfrau in Parasol, Ste-Rose, um darum zu bitten, dass der Vulkan nicht ausbricht. Der offizielle Feiertag am 20. Dezember wird in Erinnerung an die Abschaffung der Sklaverei 1848 abgehalten. ■

◀ **Vorbereitungen für das Hindu-Fest Cavadee**

Cases Creoles

Langsam, aber sicher verschwindet das architektonische Erbe der Inseln des Indischen Ozeans. Die einst so zahlreichen schönen Holzhäuser mit ihren langen Veranden müssen modernen Betonbauten weichen, die wenig von der Ausstrahlungskraft ihrer Vorgänger besitzen. Besucher sollten deshalb nicht versäumen, dem Charme der verbliebenen Kolonialhäuser ein wenig Aufmerksamkeit zu widmen, seien es bescheidene »cases creoles« oder stolze Plantagenhäuser.

Die typische Case Creole stammt aus dem 18. Jh. Damals warben die Siedler Schiffszimmerleute an, um ihnen Häuser aus einheimischen Hölzern zu bauen. Die Inspirationen für Schindeldächer (»bardeaux«) und Außenwände aus Holzplanken gehen auf Schiffe zurück. Eine große Rolle bei der Entwicklung der Baustile spielten die Wetterbedingungen. Vorgezogene Dächer schützen die Häuser vor den heftigen Tropenregen, während die schattigen und luftigen Veranden (»varangues«) ein beliebter Aufenthaltsort – sozusagen das zweite Wohnzimmer – waren, wo sich die tropische Feuchtigkeit und Hitze besser ertragen ließen. Ihr besonderes Aussehen erhalten die kreolischen Häuser durch dekorative Elemente wie Girlanden aus Holz oder Blech (»lambrequins«), die oft mit speziellen Motiven des Besitzers versehen sind. Eines der schönsten Gebäude in diesem Stil steht in Hell-Bourg auf Réunion, die Villa Folio (s. S. 228).

Mit der Entwicklung des Handels wuchs auch der Anteil wohlhabender Kaufleute auf den Inseln. Von ihnen stammt die etwas größere Version der Cases Creoles, zumeist umgeben von einem hübschen Schmuckzaun. Einige Beispiele dieser historischen Häuser sind noch in den Nebenstraßen von Port Louis auf Mauritius sowie in der Rue de Paris in St-Denis auf Réunion zu sehen. Als die Mittelschicht später in neue Wohngebiete umsiedelte, wurde die kreolische Architektur weiter verfeinert und durch stilvolle Gartenanlagen ergänzt. In den Städten des mauritischen Zentralplateaus zwischen Rose Hill und Curepipe sind viele solcher Residenzen erhalten.

Die eindrucksvollsten Villen gehörten den frühen Zuckerbaronen oder Pflanzern, die gefragte Exportprodukte wie Vanille und Gewürze anbauten. Mit ihren Türmchen, Balustraden und überdachten Galerien verbinden diese Gebäude die klassischen Merkmale kreolischer Architektur mit den individuellen Ansprüchen ihrer Besitzer. Feine Spitzengardinen unterstreichen den Stil dieser schlossartigen Residenzen aus dem 18. und frühen 19. Jh. Die meisten Häuser sind in Privatbesitz, doch auf Mauritius kann man die Villa Eureka in Moka besuchen oder im stattlichen Herrenhaus St-Aubin bei Souillac dinieren. Besucher der Seychellen haben gar die Möglichkeit, in solch einer Villa zu übernachten, z. B. im einfachen Château St-Cloud auf La Digue.

Und am obersten Ende der Fahnenstange stehen die großzügigen kolonialen Residenzen hoher amtlicher Würdenträger, darunter der Sitz des mauritischen Staatspräsidenten in Moka, das Château de Reduit, oder die Préfecture in St-Denis, Sitz des von Frankreich entsandten Präfekten. ■

▲ Mit seinem roten Wellblechdach, den weißen Holzwänden und dem hübschen Fenster ist diese Haus in Hell-Bourg ein typisches Beispiel für eine »case creole«

Die Küche von Réunion

Café au lait und Croissants zum Frühstück, *croque monsieur* (warmes Käse-Schinken-Sandwich) zum Mittagessen und Bouillabaisse zum Abendessen – der Einfluss der französischen Küche ist überall auf Réunion deutlich zu spüren. Während in den modernen Bars und Bistros von St-Denis oder St-Gilles-les-Bains nur selten kreolische Gerichte auf der Speisekarte stehen, bieten viele kleine Restaurants typische Hausmannskost an: *cari* (mildes Currygericht, meist mit Fleisch), weißer oder gelber Reis (mit Safran gekocht), Hülsenfrüchte (rote und weiße Gartenbohnen, Linsen und Erbsen), unterschiedliche *rougailles* (scharfes Gericht mit Tomaten und Gemüse, das auf Mauritius *chatini* heißt) und *achards* (scharf gewürzter Rohkostsalat).

Currygerichte werden in der Regel mit Schweine-, Hühner- oder Rindfleisch zubereitet. Um vieles leckerer ist die Variante mit Ziegenfleisch, *massala* genannt, bei der das Fleisch sehr langsam in einer würzigen Sauce gekocht wird, bis es so weich ist, dass es auf der Zunge zergeht.

Süße Versuchung
In der Pâtisserie Loïc Olivier (Rue de la Plage, St-Gilles-les-Bains, Tel. 02 62 24 33 73; 6.30 bis 19 Uhr) sollten Sie unbedingt probieren, u. a. »napolitaines« oder »goolab«, eine indische Leckerei, überzogen mit einer glitzernden Zuckermasse. Ein eher ungewöhnliches Mitbringsel stellt »canne en sucre« dar, das aus Rum und Gewürzen hergestellt wird. Mit einem seiner Meisterstücke hat es Olivier gar ins Museum von Stella Matutina (s. S. 212) geschafft – in der hier ausgestellten, zu 100 % essbaren Torte stecken 400 Stunden Arbeit.

Vielseitige Gemüsegerichte

Vegetarier finden auf den lokalen Märkten eine breite Vielfalt an frischem Obst und Gemüse. Komplizierter ist es, vegetarische Gerichte in einem kreolischen Restaurant zu bekommen. Die Hauptgerichte bestehen in der Regel aus Fleisch oder Fisch und nur die Vorspeisen oder Beilagen sind manchmal fleischlos. Auf den meisten Speisekarten stehen Currygerichte mit Gemüse oder Linsen sowie *salade de palmiste* (Palmherzensalat), doch man sollte bei der Bestellung von Salaten nachfragen, ob Fleisch- oder Fischbrocken untergemischt sind. Eine sättigende Alternative ist *tarte brède chou chou,* eine cremige Quiche aus einer Art Spinatgemüse – tatsächlich handelt es sich dabei um die Ranken, an denen die Knollenfrucht *chou chou* wächst.

Chou chou (auch *Christophine* genannt) erinnert im Geschmack an Zucchini und ist ein extrem wandelbares Gemüse mit über hundert Zubereitungsarten: Es wandert in Kuchen, Süßspeisen, Marmeladen und Currygerichte, wird als Auflauf serviert oder dient in gekochter Form schlicht als Beilage. Selbst die harten Stiele der Pflanze finden Verwendung – sie werden gespalten, getrocknet und zu Flechtwerk verarbeitet.

Essen wie bei Mutter

Authentische einheimische Küche bieten die *fermes auberges* (größere Landgasthäuser) und *tables d'hôtes,* Privathäuser, in denen Hausfrauen traditionelle Gerichte zubereiten. Ein typisches Menü könnte aus *gratin chou chou* als Vorspeise, dickem Fischcurry oder Ente mit Vanillesauce und abschließend *parfait chocolat* – natürlich auch mit Vanillesauce – bestehen. Vor und nach dem Essen wird gewöhnlich ein hausgemachter Rumpunsch gereicht. Zu den besten Tables d'hôtes gehört das Haus von Madame Eva Annibal in Bras-Panon (Tel. 02 62 51 53 76, nur mit Reservierung).

Da Réunion einer der führenden Vanilleproduzenten weltweit ist, spielen die Schoten eine wichtige Rolle in der hiesigen Küche. Sowohl süße als auch würzige Soßen werden damit verfeinert. Außerdem wandert die Vanille zur Anreicherung des Aromas in Tee, Kaffee sowie diverse alkoholische Getränke wie den auf Rum basierenden Likör *Pause Café.* Wer sehen möchte, wie Vanille wächst und verarbeitet wird, sollte die Kooperative in Bras-Panon (s. S. 206) besuchen.

Kleine Happen

An den populären Stränden der Westküste bieten zahlreiche Garküchen belegte Baguettes und Crêpes bretonischer Art an. Es lohnt sich auch, nach *pâtisseries, croissanteries* oder *sandwicheries* Ausschau zu halten, die in großen Supermärkten wie *Continent* kreolische Snacks anbieten, die einem das Wasser im Munde zusammenlaufen lassen: *Bonbons piments* (knusprige Chilifladen), *samousas* (mit Fleisch oder Gemüse gefüllte Teigdreiecke) und *bouchons* (gedämpfte Teigtaschen mit Fleischfüllung) sind billig und sättigend.

Rumpunsch oder Wein

Réunions kulinarisches Erbe zeigt sich in allen möglichen Getränken. Der hochprozentige *Rhum arrangée* besteht aus Rum und Früchten, die zusammen mit einer Gewürzmischung monatelang angesetzt werden. Früchte, Zuckerrohrsirup, Saft und natürlich Rum sind die wesentlichen Bestandteile des weniger starken *punch.*

Seit langem werden in Cilaos Trauben angebaut. Die Region ist das einzige Weinanbaugebiet der Insel und produziert aus den Sorten Cot, Pinot Noir und Chenin gute Tafelweine. 1991 gründeten Winzer die Kooperative *Le Chai de Cilaos,* die Weine für den Export nach Frankreich produziert und zu einer Weinprobe einlädt. Der trockene Weißwein passt gut zu gegrilltem Fisch und Käse, der süße Weißwein zum Dessert und der vollmundige Rotwein aus der Cot-Traube zu Fleischgerichten. ■

◀ Frisches Gemüse aus den Gärten der Insel auf dem Markt von St-Paul
▶ Kreolische Snacks

Vulkanische Lebensräume

Im Gegensatz zu den anderen Maskareneninseln sind im zerklüfteten Gebirge und den tiefen Schluchten von Réunion viele der ursprünglichen Wälder in gutem Zustand erhalten geblieben. Dies konnte jedoch nicht verhindern, dass auch hier einige spektakuläre Tierarten ausstarben, darunter Riesenschildkröten, flugunfähige Vögel und farbenprächtige Papageien.

Einst gab es auf Réunion einen Vogel, der lange Zeit für einen weißen Dodo oder Solitaire gehalten wurde. Jüngere Funde haben nun zu der Erkenntnis geführt, dass es sich wohl um einen truthahngroßen, flugunfähigen Ibis gehandelt haben muss. Im frühen 17. Jh. gab es weder Reiseführer noch ornithologische Bücher und somit kein Medium, welches geeignet gewesen wäre, eine einheitliche Namensliste von Vögeln zu veröffentlichen. Zu den anderen Vögeln, die Réunion verlor, gehören der Haubenstar, der zuletzt Mitte des 19. Jhs. gesichtet wurde, sowie ein schöner rostbrauner Papagei mit lilafarbenem Kopf, der im späten 18. Jh. ausstarb. Wahrscheinlich lebten diese Tiere vorwiegend in den Regenwäldern des Tieflands, die den Äxten der Siedler zum Opfer fielen.

Angesichts der ausgedehnten Regenwälder im Hochland sind Naturforscher erstaunt, dass auf Réunion die Verwandten der Rosentaube, des Turmfalken, des Mauritius-Sittichs (s. S. 91), des Waldwebers und vor allem der Fruchtfledermaus nicht überlebt haben. Wer sich einen Eindruck von der einst auf Réunion existierenden Tierwelt verschaffen will, sollte das Museum für Naturgeschichte in St-Denis (s. S. 199) besuchen.

Tierische Immigranten

Um ihre Nahrungsversorgung sicherzustellen, brachten die Siedler zahlreiche Säugetiere auf die Insel, u. a. Wildschweine, Lemuren, Eichhörnchen und Hasen. Sie sind alle ausgestorben. 1761 führte man den Java-Hirsch ein, hatte aber bereits 1793 den gesamten Bestand durch die Jagd vernichtet. Leider wurden während der 1980er Jahre in der Plaine des Chicots sowie im Forêt de Bébour neue Tiere ausgewildert, die sich von den Schößlingen einheimischer Pflanzen ernähren und dadurch die natürliche Regeneration der Wälder gefährden.

Zu den interessantesten Säugetieren gehört der an ein Stachelschwein erinnernde Insektenfresser Tongue (*Tenrec ecaudatus,* dt. Taurek), der zur Bereicherung des Speiseplans eingeführt wurde und in ländlichen Gebieten noch heute im Angebot ist und mit Fallen in den Wäldern gejagt wird. Für den Fortbestand sorgen die immens großen Würfe der Weibchen – der Rekord liegt bei 34 Jungtieren. Offenbar muss nur ein Ei befruchtet werden, das sich dann wiederholt teilt, so dass alle Jungen dasselbe Geschlecht haben und genetisch identisch sind.

Weit verbreitet ist auch die Indische Hausspitzmaus. Der große Allesfresser ernährt sich hauptsächlich von Reptilien und wirbellosen Tieren. Außer Ratten und Wildkatzen, die den Falbkatzen ähneln, leben nur wenige Säugetiere auf Réunion und keine Art stammt ursprünglich von der Insel.

◀ Tief im Herzen des Regenwaldes
▶ Gelb gestreifter Tanrek

Bunte Vogelwelt

Trotz Ratten, die Vogeleier stehlen, und Katzen, die den Vogelfang zu einer hohen Kunst erhoben haben, gibt es zahlreiche heimische Vögel, die besonders am Roche Écrite und im Forêt de Bébour gut zu beobachten sind. Der Réunionschwätzer – wegen seines Rufs auch *tec tec* genannt – ist am weitesten verbreitet und mit Ausnahme der nördlichen und westlichen Küstenstriche überall anzutreffen. Häufiger als auf der Nachbarinsel Mauritius sieht man den Paradiesfliegenschnäpper, den Schwarzen Bülbül und zwei Brillenvögel-Arten.

Vierge

→ bzw. »Jungfrau« wird der Paradiesfliegenschnäpper auch genannt, weil er einen purpurfarbenen Kopf besitzt und der Jungfrau Maria begegnet sein soll.

Auch die Maskarenenhöhlensalangane lebt in großer Zahl auf Réunion und hält sich mit Vorliebe in Schwärmen fliegender Insekten auf, von denen sie sich ernährt. Wesentlich seltener ist die Schwalbe, die im östlichen Tiefland und im Cirque de Cilaos ihre Heimat hat. Den äußerst seltenen Newtonraupenfänger *(tuit-tuit)*, der sich in den Wäldern der Plaine des Chicots oberhalb von St-Denis verbirgt, bekommen nur wenige Glückspilze zu Gesicht.

Über den Wäldern und den Cirques kreist die Réunion-Weihe, der größte und auffälligste Vogel der Insel. Die Raubvögel können eine Flügelspannweite von über einem Meter erreichen und zu ihren Opfern zählen insbesondere Tanreks, Ratten, Vögel und wirbellose Tiere. Erwachsene männliche Vögel besitzen ein grau-weiß-schwarzes Gefieder, die weiblichen sind braun.

Seltene Sturmvögel

Das Nistgebiet des Barau-Sturmvogels (»Pterodroma baraui«) machte man erst in den 1960ern in den Felswänden des Piton de Neiges ausfindig. Die Nester des Schwarzen Sturmvogels (»Pterodroma atterima«) blieben bis heute vor den Augen der Menschen verborgen. Am späten Nachmittag kann man den Barau-Sturmvogel über den Stränden von St-Gilles oder in den Cirques beobachten. Es ist ein herrlicher Anblick, wenn die Tiere über die zerklüftete Bergwelt von Cilaos schweben. Jungvögel verirren sich zuweilen in den Gebäuden an der Küste.

Flug in die Freiheit

Viele Vögel, die man in bewohnten Gegenden zu Gesicht bekommt, stammen von entflogenen Ziervögeln ab und sind relativ neue Inselbewohner. Zu ihnen gehören der Gelbe Webervogel, verschiedene hübsche Mitglieder aus der Familie der Prachtfinken und der weniger schöne Maina-Star.

Leises Gurren macht auf die kleinen grauen Bodentauben und die Madagaskarturteltaube aufmerksam. Von Letzterer glaubte man lange Zeit, sie habe ihren Ursprung auf der Nachbarinsel, doch teilweise fossile Funde haben bewiesen, dass sie auf Réunion heimisch ist. Sehr häufig kann man auch den hellroten Madagaskarweber sehen.

Da der Mungo niemals eingeführt wurde, können sich die verschiedenen Jagdvögel eines relativ friedlichen Lebens erfreuen, dazu gehören drei Wachtel- und zwei Truthahnarten, Wildhühner sowie eine weitere den Wachteln verwandte Art.

Bewohner der Küste

Neben dem Barau-Sturmvogel und dem Schwarzen Sturmvogel siedelt auf Réunion mit dem Audubon-Sturmtaucher ein kleiner schwarz-weißer Seevogel, der in den Klippen nistet und sich von Meerestieren ernährt. Außerdem sind mehrere

Kolonien Keilschwanzsturmtaucher anzutreffen. In den Cirques, Tälern und Klippen lebt zudem der Weißschwanztropikvogel *(paille-en-queue)*, der einen langen stromlinienförmigen Bürzel hat und Nationalvogel der Insel ist. Auf Petite Île vor der Südküste Réunions nisten je 300 Paare Noddi-Seeschwalben und Schlankschnabelnoddis, zu denen sich jüngst Feenseeschwalben gesellt haben.

Farbenprächtige Geckos

Neben zahlreichen nachtaktiven Hausgeckos, die durch Gärten und Häuser huschen, leben auf der Insel zwei schillernd bunte endemische Taggeckos. Dem grün-rot-weißen Manapy-Taggecko begegnet man erstaunlicherweise nur bei Manapany an der Südküste, wo er sich auf Bananenblättern sonnt oder an den Stämmen von Kokospalmen und Schraubenbaumen entlangflitzt. Der blau-grüne Réunion-Taggecko, welcher an beiden Seiten mit einem roten Streifen geschmückt ist, hat sich in die Hochwälder des Nordostens und Ostens zurückgezogen und ist daher schwieriger auszumachen. Durch Lavaströme wurde sein Habitat in mehrere Bereiche getrennt, was zur Entstehung verschiedener Gattungen derselben Art führte; zuweilen lassen sich ein paar Exemplare in der Nähe von Imbissbuden auf Parkplätzen sehen.

Das schöne grün-blau-rote Pantherchamäleon aus Madagaskar steht als einzige importierte Art unter Schutz und ist um St-Paul beheimatet.

Tamarinden und Orchideen

Die mit Zuckerrohr bepflanzten Kulturflächen reichen bis in 800 m Höhe, wo sie von grünem Mischwald abgelöst werden, der in noch höheren Lagen schließlich in karges Heideland übergeht. Auf Réunion sind über 60 000 ha Naturwald erhalten geblieben und stehen unter dem Schutz des *Office National des Forêts* (ONF). Weit verbreitet sind eine endemische Tamarinde aus der *Acacia*-Familie und eine Bambusart namens *calumet*. Zu den Epiphyten auf den Bäumen gehören sieben endemische und viele andere Orchideenarten sowie zahlreiche Farne und Baumfarne.

Eine Gefahr stellen verschiedene importierte Pflanzen dar, z. B. die Guave *(goayvier)* aus Brasilien, die überall im Unterholz der Wälder wuchert. Da ihre köstlichen Früchte, die zudem reich an Vitamin C sind, viele tierische Leckermäuler anziehen, wird auch der Samen sehr verbreitet. ■

◀ Réunions Nationalvogel, der Weißschwanztropikvogel, ist leicht an seinem langen Schwanzgefieder zu erkennen
▲ Wilde Lupinen in Mafate

Insel der Abenteuer

Das spektakuläre Landesinnere von Réunion lädt zu einer Vielzahl von Unternehmungen ein, wobei jeder auf seine Kosten kommt. Ob man nun einen Rundflug per Hubschrauber macht, einen kurzen Spaziergang oder eine anstrengende Wanderung unternimmt, sich durch einen Wasserfall abseilt, per Gleitschirm durch die Lüfte schwebt oder auf einem Raft durch Stromschnellen schießt – immer begleitet einen die majestätische Landschaft der Insel.

Die *Cirques* (»Talkessel«), Berge und Ebenen, die wie geschaffen für solche Abenteuer sind, entstanden über Jahrtausende in verschiedenen Phasen vulkanischer Aktivität. Der Piton des Neiges (3069 m) war ursprünglich der Gipfel eines riesigen Vulkans, welcher um ihn herum zusammenfiel und zu drei großen Talkesseln erodierte: Cirque de Cilaos, Cirque de Mafate und Cirque de Salazie. Südöstlich davon liegen zwei Hochebenen, die Plaine-des-Palmistes und die Plaine-des-Cafres, welche aus offenem Grasland mit einigen Wäldern bestehen. In den Ebenen gibt es zahlreiche Mountainbikerouten, einfachere Wanderpfade und schöne Reitstrecken.

Das A und O: die Vorbereitung

Die beste Zeit für Unternehmungen aller Art sind die kühleren und trockeneren Monate von Mai bis November, in denen die Temperaturen in den Bergen tagsüber zwischen 12 °C und 18 °C liegen, nachts jedoch gegen Null tendieren können. Aktuelle Wetterinformationen erhält man in den beiden Zweigstellen der *Maison de la Montagne*. Wer Französisch spricht, kann telefonische Auskunft beim Wetteramt einholen (s. S. 390).

Vor dem Aufbruch zu einer Wanderung gilt es die eigene Leistungsfähigkeit realistisch einzustufen und sich mit den grundlegenden Sicherheitsvorkehrungen vertraut zu machen. In Notlagen kann man den regelmäßig über den Cirques kreisenden Hubschraubern ein SOS-Signal geben, indem man die Arme V-förmig in die Höhe streckt. Alljährlich müssen mehr als 100 Personen aus den Talkesseln geborgen werden, viele davon mit Brüchen und Bänderdehnungen.

Unterwegs gibt es verschiedene Übernachtungsmöglichkeiten, die von einfachen *gîtes de montagne* (Berghütten) über *chambres d'hôtes* (Gästezimmer) bis hin zu Jugendherbergen reichen. Wer mit Zelt und Schlafsack ausgerüstet ist, findet entlang der Wanderwege auch einige mögliche Orte zum Campen und *abris* (Notunterstände).

In den *chambres d'hôtes* ist das Frühstück im Preis inbegriffen und manche bieten auch einen *table d'hôte* an, d. h. sie servieren typische Landeskost. Hierfür sind Reservierungen unerlässlich, aber die Maison de la Montagne hilft gerne weiter. In den Dörfern *(îlets)* des Inselinnern gibt es meistens (jedoch nicht überall) eine *épicerie*, in der die wichtigsten Lebensmittel erhältlich sind.

◀ Viele Plätze sind zum Gleitschirmfliegen geeignet
▶ Erfahrene Kajakfahrer zieht es immer häufiger nach Réunion

Aus der Vogelperspektive

Die Cirques und Berge wirken vor allem aus der Vogelperspektive Ehrfurcht gebietend. Es ist ein großartiges Erlebnis, im Hubschrauber (s. S. 220) oder einem kleinen Flugzeug zwischen den Gipfeln dahinzubrummen. Rundflüge über die Cirques, den Piton des Neiges oder den Vulkan werden u. a. angeboten von Felix ULM Run (Tel. 02 62 45 58 38, Mobiltel. 06 92 87 32 32) in St-Paul und auch Les Passagers du Vent (Tel. 02 62 42 95 95) ebenfalls in Le Port.

Eines der aufregendsten Erlebnisse ist es, wie ein Vogel über die dramatische Landschaft von Réunion zu gleiten. Die besten Plätze zum Gleitschirm- und Drachenfliegen sind die Rivière des Galets an der Grenze zum wilden Cirque de Mafate, Le Dimitile in den Höhen von Entre-Deux und die Hauts de St-Leu, die vor starken Winden geschützt und deshalb auch für Anfänger gut geeignet sind. Flüge und Kurse haben Azurtech (Tel. 02 62 34 91 89, Mobiltel. 06 92 85 04 00) in Les Avirons sowie Parapente Réunion (Tel. 02 62 24 87 84) in St-Leu im Programm.

Wilde Flüsse

Sich über Abfälle hinunterstürzende Flüsse und die vielen hohen Wasserfälle bieten ideale Bedingungen für ein abenteuerliches Canyoning. Allerdings sollten das nur Menschen mit einem guten Nervenkostüm in Betracht ziehen, da man sich ausgestattet mit Klettergurt, Neoprenanzug und Sturzhelm oft stundenlang im nassen Element aufhält und durch Wasserfälle abseilt. Empfehlenswerte Orte für diesen Nervenkitzel sind Îlet Fleurs Jaunes und Îlet du Bois Rouge im Cirque de Cilaos oder Trois Cascades.

Auch erfahrene Kajakfahrer zieht es in den europäischen Wintermonaten immer häufiger nach Réunion. Flüsse wie die Rivière des Roches oder die Rivière Langevin mit ihren unzähligen Stufen und Wasserfällen lassen das Herz eines jeden Kanuten höher schlagen. Die zahlreichen Stromschnellen auf der Rivière des Marsouins laden zum Wildwasserrafting ein, das im Gegensatz zum Kajakfahren keine Vorkenntnisse erfordert. Zu den Anbietern, die sich auf diese Sportarten spezialisiert haben, gehören Austral Aventure (Tel. 02 62 32 40 29, Mobiltel. 06 92 87 55 50) in St-Gilles-les-Hauts, Oasis Eaux Vives (Mobiltel. 06 92 00 16 23) in St-Benoît sowie Alpanes (Tel. 02 62 94 16 60) in St-Denis. Die erstgenannte Agentur organisiert auch Kletterausflüge in die Berge.

◄ ▲ ► Es gibt viele aufregende Arten, Réunion kennen zu lernen, sei es beim Canyoning, Mountainbiking oder Reiten

Unterwegs auf zwei Rädern

Sieben größere Gebiete im Inselinnern besitzen speziell für Mountainbiker (VTT) markierte Pfade, die eine Gesamtlänge von fast 700 km (Radstrecken insgesamt ca. 1400 km) erreichen. Maïdo, Entre-Deux, Cilaos, die beiden Hautes-Plaines, St-Philippe und Ste-Rose stellen teilweise hohe Anforderungen an technisches Können und Kondition, aber sie bieten wunderschöne Ausblicke. Die geeigneten Räder werden u. a. von Rando Bike an der Straße zum Vulkan (Tel. 02 62 59 15 88) und VTT Réunion, Les Avirons, (Tel. 02 62 38 01 97) stunden- oder tageweise vermietet.

Hoch zu Pferd

Auch die Erforschung der Insel auf dem Pferderücken hat ihren besonderen Reiz – ob für eine Stunde, einen Tag oder über Nacht mit Zelt. Mit Führern der Ferme Équestre du Grand-Étang (Tel. 02 62 50 90 03; s. S. 222) kann man einen 3-tägigen Ritt durch den Forêt de Bébour-Bélouve unternehmen und das Centre Équestre Alti-Mérens (Tel. 02 62 59 18 84) bietet eine Tour an, bei der man zwei Tage lang hoch zu Ross zum Vulkan unterwegs ist. Die Pferde auf Réunion wurden einst aus den Pyrenäen importiert; sie sind zahm und auch für Anfänger geeignet. ■

Maison de la Montagne

Ob man nur einen Tag oder eine ganze Woche in den Cirques verbringen will, die Maisons de la Montagne in St-Denis und Cilaos (www.reunion-nature.com) sind bei allen Unternehmungen behilflich. Ihre Angestellten sprechen zumeist auch Englisch und geben hilfreiche Infos zu Wanderrouten, buchen die Unterkünfte, vermitteln auf Anfrage Führer und verkaufen Wanderkarten des Institut Géographique National (1 : 25 000) sowie Wanderführer des ONF. Auch Pferdetrekking, Canyoning, Mountainbiking, Drachenfliegen und vieles mehr wird hier organisiert.

Zur Sicherheit in den Bergen hat die Organisation zehn Empfehlungen formuliert:
Niemals alleine in die Berge gehen. Seien Sie in guter körperlicher Verfassung. Besprechen Sie Ihre Wegbeschreibung mit der Maison de la Montagne. Gute Schuhe und wasserdichte Kleidung nicht vergessen. Nie gekennzeichnete Wege verlassen. Bleiben Sie ruhig an Ort und Stelle, falls Sie sich verirren. Das SOS-Zeichen für Hubschrauber: Arme V-förmig in die Luft strecken. Niemals Verletzte alleine lassen, sondern auf Hilfe warten. Wer die Berge nicht kennt, sollte mit Führer gehen. Keinen Abfall hinterlassen.

Wandern auf den Grandes Randonnées

Réunion ist ein Paradies für Wanderer, auch wenn der Schriftsteller Walter Besant seine Tour zum Piton des Neiges anno 1863 nicht ganz so positiv bewertete: Es war »eine Zeit der Blutergüsse, Hautabschürfungen, Risse und Kratzer, eine Zeit des Schmutzes, der Mühen und des drohenden Unheils«. Dank der Staatlichen Forstbehörde (ONF) gibt es heute ein über 1000 km langes und ausgezeichnet markiertes Wegenetz, das Wanderungen von einer Stunde bis hin zu mehreren Wochen ermöglicht. Diverse Agenturen helfen bei der Routenplanung, buchen die Unterkünfte und vermitteln Führer. Die beste Adresse hierfür ist die Maison de la Montagne in St-Denis oder Cilaos (s. S. 184); auch Maham (Tel. 02 62 47 82 82) in Hell-Bourg bietet einwöchige geführte Touren unterschiedlicher Schwierigkeitsgrade an (s. S. 228). Wer die Insel nicht kennt, sollte einen einheimischen Führer anwerben. Eine Bibel für Wanderfreunde ist der französische »Topo-Guide«, in dem acht Tageswanderungen verschiedener Schwierigkeitsgrade auf den »Grandes Randonnées« GR R1 und GR R2 vorgestellt werden; das Buch enthält überdies Auszüge der exzellenten IGN-Karten.

▲ **Wanderer erwartet ein sehr gut beschildertes Wegenetz**

1979 wurde der 60 km lange Weitwanderweg GR R1 eröffnet, der durch die Talkessel von Salazie, Cilaos und Mafate rund um den Piton des Neiges führt. Keine Tour wäre vollständig ohne eine Übernachtung in einem der Cirques, die sich bei Sonnenauf- bzw. untergang in einem eindrucksvollen Licht präsentieren. In der klaren Luft heben sich die Berge messerscharf vom Himmel ab – ein unvergesslicher Anblick, der selbst den müdesten Wanderer anspornt, die Gipfel zu erobern.

Der 150 km lange GR R2 durchquert die Insel von Norden nach Südosten. Die Wanderung beginnt außerhalb von St-Denis in La Providence, trifft in Marla im Cirque de Mafate auf den GR R1 und endet in St-Philippe an der Küste.

La Roche Écrite

Eine der populärsten Wanderungen beginnt in St-Denis mit Ziel Roche Écrite (2277 m). Der Weg gibt Einblick in Réunions unterschiedliche Vegetationszonen, vom feuchten Tiefland und Tamarindenwäldern mit üppiger Flora bis hin zum felsigen Gipfel.

Wenn die Zeit knapp bemessen ist, lässt sich der Rückweg auch an einem Tag schaffen. Schöner ist es jedoch, in der Berghütte von Plaine-des-Chicots zu übernachten und den Aufstieg zur Roche Écrite in aller Frühe in Angriff zu nehmen. Von oben genießt man einen herrlichen Ausblick auf die beiden höchsten Berge der Insel, den Piton des Neiges (3069 m) und den Gros Morne (2991 m), sowie auf die beiden Talkessel von Mafate und Salazie.

Als Startpunkt wird meist das wenige Kilometer südlich von St-Denis gelegene Le Brûlé bzw. der nahe Parkplatz von Mamode Camp gewählt. Der gut ausgeschilderte Pfad windet sich gemächlich durch Eukalyptuswälder und endemischen Bambus (Nastus borbonicas) in die Höhe, durchquert zwei Schluchten, die von immergrünen Wäldern – den »bois de couleurs« – umgeben sind, bis er die Berghütte in Plaine-des-Chicots erreicht. Von hier benötigt man noch etwa 1,5 Std. für den Aufstieg zur Roche Écrite. Unterwegs werden zwei Abzweigungen passiert; die Erste führt zu der kleinen Wasserstelle La Mare aux Cerfs, an der sich abends Rotwild einfindet, und die Zweite zur Caverne Soldats.

Cirque de Mafate

Keine einziges Auto stört die Ruhe dieses wilden Talkessels, nur gelegentlich rattert ein Hubschrauber mit Touristen oder Material für die Einheimischen vorbei. Der Cirque wird von zahlreichen Wegen erschlossen, die von einfachen 3-stündigen Touren nach La Nouvelle bis zu schwierigen Tageswanderungen reichen. Man kann natürlich auch von »îlet« zu »îlet«, d. h. von Dorf zu Dorf wandern und in Berghütten übernachten.

Dos d'Âne an der D1 ist ein guter Startpunkt für eine mehrtägige Trekkingtour auf dem GR R2. Zunächst führt der Weg in 2 Std. sehr steil hinab zur Rivière des Galets, die von den Hängen des Gros Morne durch eine bewaldete Schlucht bis zur Küste bei Le Port fließt. Mehrmals quert man den Fluss, bevor der Pfad nach links in die Berge abzweigt. Nach 2 Std. anstrengenden Aufstiegs ist Aurère erreicht, wo man in einfachen Herbergen, die über die Maison de la Montagne vorgebucht werden müssen, übernachten kann (auch Frühstück und Abendessen). Am nächsten Tag gelangt man in ca. 4 Std. nach Le Bélier am Rand des Cirque de Salazie – entweder über den längeren, aber einfacheren Wanderweg namens Scout oder über eine direktere und dafür wesentlich anspruchsvollere Route.

Cirque de Salazie

Mit seinen unzähligen Übernachtungsmöglichkeiten ist Hell-Bourg (s. S. 228) wie geschaffen für die Eroberung des Piton des Neiges, was ungefähr 6,5 Std. in Anspruch nimmt. Die Gîte de la Caverne Dufour liegt rund 1,5 Std. Fußmarsch vom Gipfel entfernt und bietet ein einfaches, aber nettes Matratzenlager. Tipp: Vor der Morgendämmerung aufbrechen, da oft schon am frühen Vormittag Wolken aufziehen. Von Hell-Bourg verläuft der Weg steil hinauf zum bewaldeten Plateau Terre Plate, wo Pfade zur Mineralquelle von Manouilh abzweigen. Auf dem GR R1 geht es nun vorbei am Forêt de Bébour und durch Heidelandschaften (»les branles«) bis zur Gîte und weiter zum Piton des Neiges.

Cirque de Cilaos

Der GR R1 windet sich westlich von Cilaos hinauf nach Marla im Cirque de Mafate. Auf der 6-stündigen Wanderung passiert man die Cascade de Bois Rouge und den Col du Taïbit (2082 m). Wer nur einen Tag Zeit hat, sollte in Cilaos einen Bus Richtung Îlet à Cordes nehmen und am dortigen Wegbeginn aufbrechen. Als Alternative bietet sich die 2-stündige leichte Rundwanderung zur Cascade de Bois Rouge an.

Piton de la Fournaise

Die Umgebung von Réunions aktivem Vulkan ist von mehreren Wanderwegen durchzogen und hält für jeden Geschmack etwas bereit. Beispielsweise kann man vom Aussichtspunkt Pas de Bellecombe auf dem GR R2 entlang der Caldera (»Enclos Fouqué«) zum Nez Coupé du Tremblet laufen. Die 5-stündige Tour führt durch die großartige Plaine des Sables (s. S. 219) und ist nicht allzu schwierig. Etwa auf halber Strecke, am Plateau de Foc Foc, zweigt der Hauptweg des GR R2 Richtung Süden ab und führt durch das Vallée Heureuse auf teilweise schlüpfrigen Pfaden bis hinunter nach Basse Vallée an der Küste (ca. 7 Std.). Der Abstieg zum Meer – genauer gesagt zur Pointe du Tremblet – ist auch vom Nez Coupé du Tremblet möglich. ■

▲ **Wanderer am Grand Etang**

Gipfel des Feuers

Der Piton de la Fournaise zählt zu den aktivsten Vulkanen der Erde. Seit 1640 ist er über 150 mal ausgebrochen: 1778 trug er zur Vergrößerung der Insel bei, 1786 hörte man seine Eruption sogar bis nach Mauritius und 1787 »war der Himmel rot und der Ozean kochte, als Feuer auf Wasser traf«. Der Piton de la Fournaise produziert nämlich spektakuläre Lavafontänen, die in breiten Bahnen bis hinunter zum Meer strömen. Sein Entdecker Bory de St Vincent beschrieb ihn 1801 als riesig, majestätisch, blutrot und turbulent. Er war völlig fasziniert, andere fürchteten ihn.

Von den beiden Kratern des Vulkans ist der etwas höhere namens Bory seit 1791 friedlich, während der Dolomieu bei dem heftigen Ausbruch Ostern 2007 zusammenstürzte. Am 8. April 1977 bekamen die Inselbewohner die unsägliche Macht ihres Berges wieder deutlich zu spüren: Fünf Tage lang spie er rotes Feuer aus seinem geschmolzenen Herzen. Glühende Lava floss die Hänge hinab und zerstörte an der Ostküste 20 Häuser sowie eine Tankstelle in Piton Ste-Rose, bevor sie an einer Kirchentür wie durch ein Wunder zum Stillstand kam und zur schwarzen Masse verhärtete.

Bei dem Ausbruch am 20. März 1986 wälzten sich etwa 100 000 m² Lava pro Stunde – mit Temperaturen bis zu 1160 °C – in Richtung Meer und vergrößerten die Insel unter lautem Zischen um mehrere Hektar.

Am 9. März 1998 wurde der Vulkan erneut aktiv – und hörte 196 Tage lang nicht mehr auf. Blutrote Feuerfontänen weckten zugleich Angst und Begeisterung. Die Lavaströme kamen schließlich neben einem Schrein von St-Expédit, 7 km nördlich der Pointe de Tremblet, zum Stocken (s. S. 209). Allein 2006 brach der Vulkan monatelang aus und über die Ostertage 2007 spie er gewaltige Massen von Lava und Gas.

► **Manche mögen's heiß**
Jedem Feuer speienden Berg – egal wie berechenbar er sein mag – sollte man mit höchstem Respekt begegnen.

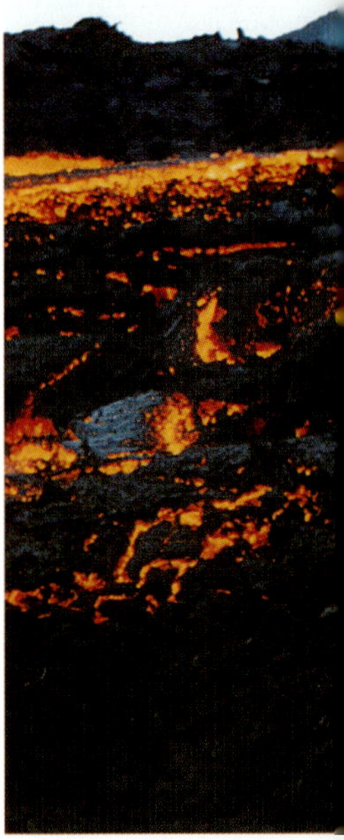

▲ **Kostenloses Neuland**
1986 vergrößerte ein Lavastrom die Ostküste bei der Pointe de la Table um mehrere Hektar.

▲ **Macht der Natur**
Vulkanische Aktivitäten waren verantwortlich für das grandiose Landesinnere von Réunion.

◄ **Vulkanfakten**
Die »Maison du Volcan« in Bourg-Murat informiert anschaulich über Hintergründe und die letzten Ausbrüche.

Das Geheimnis der Lava

Wie Hawaiis Feuer speiende Berge ist auch der Piton de la Fournaise ein Schildvulkan. Da sein Magma sehr dünnflüssig ist, läuft es gut ab, türmt sich nicht auf und bildet relativ flache Flanken.
Am Piton de la Fournaise findet man zwei verschiedene Typen erstarrter Lavaströme, die hawaiische Namen tragen. Pahoehoe erinnert in seiner Form an die Windungen eines Seils (so genannte Stricklava) und ist gut zu begehen. Seine Lava blieb lange flüssig und kühlte nur langsam aus, so dass die Gase durch eine stetig härter werdende »Plastikhaut« entweichen konnten. Im Gegensatz dazu sind Lavaströme vom Typ Aa wesentlich schneller und verhärten zu scharfkantigen Brocken oder Gesteinsschlacke.

▶ Dramatische Küste
Südlich von L'Étang-Salé-les-Bains führt die Straße durch schwarzes Lavagestein, an dem das Wasser wie Fontänen – gennant »souffleurs« – in die Höhe schießt.

▼ Schwarzes Land
Bizarre Basaltformationen verwandeln das Gebiet um den Vulkan in eine unwirkliche Mondlandschaft.

◀ Natürliche Grenzen
Der Wald von Grand Brulé wurde durch erstarrte Lavastrome in mehrere Gebiete geteilt.

▶ Notre-Dame-des-Laves
1977 schickte der Vulkan seinen Lavastrom nach Piton-Ste-Rose, wo er erst vor der Kirche zum Halten kam.

BOURBON

PROMENADES EN MER
VISION SOUS-MARINE

Vielfalt auf kleinstem Raum

Réunion kann nur schwer mit den anderen Eilanden des Indischen Ozeans verglichen werden. Die Insel ist weniger ein Reiseziel für reine Badeurlauber als für Menschen, die sich an faszinierenden Landschaften erfreuen können und Spaß an deren Erkundung haben – zur Belohnung kann man sich dann an einem der Strände entspannen.

Wer von Mauritius nach Réunion fliegt, mag beim Anblick der wilden Landschaft kaum glauben, wirklich auf einer Nachbarinsel im Indischen Ozean zu landen. Statt flacher Landstriche und langer Strände sieht man sich Vulkankratern, einer zerklüfteten Küste und üppig bewaldeten Schluchten gegenüber. Spätestens bei der Ankunft im modernen Flughafen Roland Garros wird klar, dass Réunion von einem gallischen Geist beherrscht wird. Dieser Eindruck findet seine Fortsetzung in der kleinen Hauptstadt St-Denis, wo verkehrsbelastete Straßen und französische Bistros das Bild prägen. Dabei muss man seine Schritte nur in die Nebenstraßen lenken, um das Leben hinter der frankophonen Kulisse aufzuspüren. Hübsche Häuschen zeugen vom kreolischen Erbe und auf den Speisekarten der vielen kleinen Restaurants stehen Gerichte, die für europäische Gaumen fremd sind.

Die guten Straßen auf Réunion machen das Reisen einfach, sei es mit öffentlichen Bussen oder Mietwagen, jedoch ist man zu Stoßzeiten häufig mit Staus konfrontiert. Auf der Küstenstraße kann man die Insel leicht an einem Tag umrunden – würde dabei aber viel zu viel verpassen. Immer wieder zweigen kleine Sträßchen ins Innenland ab, wo die eigentlichen Attraktionen der Insel verborgen liegen.

Hinter St-Paul beginnt der Reigen der Badeorte, unter denen St-Gilles-les-Bains der beliebteste ist. Es ist ein gutes Ziel für alle, die Meer, eine große Auswahl an Restaurants, quirliges Nachtleben und Wassersportmöglichkeiten suchen. Die Strände sind angenehm, wenn auch keinesfalls mit denen von Mauritius zu vergleichen. St-Pierre ist eine von Réunions nettesten Städten und ein guter Ausgangspunkt für Fahrten zur Südostküste.

Die grüne Ostküste um St-André und die verschlafene Ecke um St-Philippe verdienen ebenso Aufmerksamkeit. Vanilleplantagen laden zum Besuch ein, in tamilischen Tempeln werden rauschende Feste gefeiert und schöne Wanderwege führen durch dichte Wälder und vulkanisches Gelände.

Keine Reise nach Réunion aber wäre komplett ohne einen Abstecher ins Innenland. Im Herzen der Insel liegen mysteriöse Schluchten, zerklüftete Berge, gigantische Wasserfälle, erloschene Krater, abgelegene Dörfer – und ein äußerst temperamentvoller Vulkan. Den besten Eindruck von dieser Landschaft erhält man vom Aussichtspunkt am Piton Maido, dem der Cirque de Mafate zu Füßen liegt. Von allen drei Talkesseln ist er der am wenigsten erschlossene. Nicht eine einzige Straße gewährt Zugang zu seiner fremden Welt.

Südlich davon befindet sich der Cirque de Cilaos, der von dem gleichnamigen Ort gut erkundet werden kann und wo der klassische Aufstieg zum höchsten Berg der Maskarenen, dem 3069 m hohen Piton des Neiges, beginnt. Ebenfalls ein guter Ausgangspunkt für Wanderer ist Hell-Bourg im Cirque de Salazie, außerdem bietet die Stadt das beste architektonische Erbe der Insel. ■

◄◄ Einheimische am Strand von
t-Gilles-les-Bains
◄ Buchungen für Segelfahrten
verden hier, am Hafen von
t-Gilles-les-Bains, gern entgegen
enommen

St-Denis – Hauptstadt en miniature

Seite 196

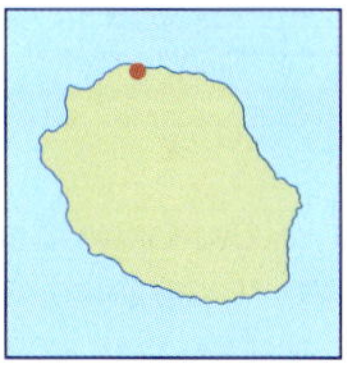

Das »Paris des Indischen Ozeans« ist in Wirklichkeit nichts weiter als eine provinzielle Hauptstadt – aber eine mit Charme. In St-Denis kann man so richtig ins geschäftige Inselleben eintauchen und dabei das architektonische Erbe der Vergangenheit bewundern.

Als der französische Gouverneur Regnault 1669 St-Denis gründete, entschied er sich für eine geschützte Stelle an der unbewohnten Nordküste. Das Leben der ersten 77 Einwohner war trist, außer gelegentlichen Piratenüberfällen gab es kaum Abwechslung. Selbst als das Hauptquartier der Französischen Ostindienkompanie 1738 nach St-Denis verlegt wurde, tat sich nicht allzu viel. Mehrere Gouverneure versuchten vergebens, die neue Hauptstadt in einen maritimen oder militärischen Stützpunkt zu verwandeln, aber noch Ende der 1950er Jahre war Infrastruktur ein Fremdwort und Touristen hatten alle Mühe, ein Quartier zu finden.

Heute ist alles anders. St-Denis hat sich in eine moderne Stadt mit 120 000 Einwohnern verwandelt und bietet fast alles, was man auch von einer französischen Metropole erwarten würde. Der Unterschied zum Mutterland besteht natürlich im tropischen Ambiente. Schöne – mitunter auch baufällige – kreolische Häuser mit schmiedeeisernen Toren und üppig grünen Gärten verzaubern die Besucher. In den Restaurants stehen *cari* (Currygerichte) und fremde Gemüse wie *chou chou* (s. S. 177) auf der Speisekarte und bunte Märkte bieten einheimische Spezialitäten an.

Ein Tag in St-Denis reicht völlig aus, um durch die Straßen zu spazieren, den wichtigsten Sehenswürdigkeiten einen Besuch abzustatten und seinen Inselaufenthalt vorzubereiten. Zwei Dinge aber sollte man wissen: St-Denis ist nicht billig und überall sonst auf Réunion gibt es wesentlich mehr zu sehen und zu tun. Wer seinen Urlaub an der Küste verbringen will, ist in St-Gilles, Boucan-Canot oder St-Pierre besser aufgehoben.

Rund um den Hafen

Den ersten Blick auf St-Denis hat man gewöhnlich aus der Luft. Die Maschinen landen 11 km östlich der Stadt auf dem Flughafen Roland Garros, nachdem sie an spektakulären Bergen vorbeigeflogen sind. Eingerahmt von Rivière des Pluies und Rivière St-Denis erstreckt sich die Stadt vom Meer ins ansteigende Hinterland bis nach La Montagne, wo moderne Appartementhäuser und Villen die Baracken der 1950er Jahre ersetzt haben.

Ein guter Ausgangspunkt für eine Stadtbesichtigung ist die schattige Uferprome-

◀ Hôtel de la Préfecture ▶ Filigrane Ornamente sind das Merkmal kreolischer Häuser

▲ **Das lokale Bier der Marke Bourbon bestellt man beim Kellner mit den Worten »un dodo«**

nade **Barachois** Ⓐ. Einst wurden in dieser Bucht Schiffe entladen, wobei die Passagiere das rettende Ufer nur über eine haarsträubende Anlegestelle erreichten: Die »Gangway« konnte je nach Schiff und Wellengang erhöht oder gesenkt werden und war nur mit ein paar Eisenketten am Ufer befestigt. Dem Schriftsteller T. V. Bulpin zufolge musste man »mit einiger Akrobatik daraufspringen, stets im Gedanken an die Haie, die im Wasser auf einen lauerten«. Zyklone zerstörten die Apparatur irgendwann, doch auch das spätere eiserne Pier erwies sich als nutzlos – schließlich schüttete man die Bucht zu und bepflanzte sie mit Palmen. Die neun aufs Meer gerichteten Kanonen symbolisieren noch die beabsichtigte Funktion der Stadt als Militärbasis. Entlang der ganzen Küste trifft man immer wieder auf ähnliche Geschütze, die von gesunkenen Schiffen geborgen oder von Gouverneuren für dekorative Zwecke erworben wurden.

In der Nähe des Barachois an der Avenue de la Victoire liegen einige Bars sowie nahebei das Hôtel St-Denis mit Kasino. An der **Place Sarda Garriga** sind noch die Fassaden ehemaliger Lagerhäuser der Französischen Ostindienkompanie erhalten. Eines beherbergt heute das älteste

Restaurant der Stadt, das **Roland Garros** (Tel. 02 62 41 44 37), sowie zwei In-Bars.

Vom Hafen stadteinwärts

Ein Spaziergang führt südwärts über die Avenue de la Victoire zu einigen der schönsten Bauwerken der Stadt. Das koloniale **Hôtel de la Préfecture** ❸ ist von einem gepflegten Park umgeben. Ursprünglich diente es als Lagerhaus für Kaffee, avancierte dann aber zum Hauptquartier der Französischen Ostindienkompanie und schließlich zur offiziellen Residenz des Gouverneurs. 1942 wurde es von den *Free French Forces* besetzt, die Réunion von Sympathisanten der Vichy-Regierung befreien wollten, und kurz darauf kam General de Gaulle. Zu den späteren Gästen gehörten Giscard d'Estaing und Jacques Chirac. Die Préfecture ist für die Öffentlichkeit nicht zugänglich.

Auf dem benachbarten Platz schaut einsam eine **Statue des Mahé de Labourdonnais** aufs Meer hinaus. Hier wurden einst wichtige Neuigkeiten aus dem Mutterland verkündet, u. a. 1848 die Abschaffung der Sklaverei. Labourdonnais hat sich auf Réunion nur wenige Anhänger geschaffen, behandelte er die Insel in seiner Zeit als Gouverneur der Maskarenen doch eher als lästiges Anhängsel.

Roland Garros (1888–1918)

→ überflog 1913 als erster Pilot das Mittelmeer. Die Statue des berühmtesten Sohns der Stadt steht vor dem Hôtel St-Denis an der Place Sarda Garriga.

Folgt man der Avenue de la Victoire, die leicht bergan in Richtung Stadtmitte führt, liegt linker Hand der Palais Rontaunay in der gleichnamigen Straße, in der sich die **Maison de La Montagne** befindet, wichtigste Anlaufstelle für alle,

Seite 196

TOP 50 Seite 360

TOP 50 Seite 363

▼ **Die Kathedrale von St-Denis, 1832**

Parken
ist in St-Denis nicht einfach. Vielleicht findet man einen freien Platz auf der Place Sarda Garriga. Am Grand Marché in der Rue du Maréchal Leclerc ist die erste Stunde gebührenfrei und am Jardin de l'État gibt es weitere Parkflächen.

die im Gebirge wandern wollen (5, rue Rontaunay, Tel. 02 6290 7890). Hier erhält man Infos über den Zustand der Wege, gutes Kartenmaterial und Bücher. Übernachtungen (Berghütten lassen sich nur hier zentral buchen), geführte Touren und viele weitere sportliche Aktivitäten im Inselinneren können hier gebucht werden.

Einige Meter weiter steht die **Kathedrale** ❸ aus dem 19. Jh. Das Bauwerk selbst kann nicht gerade eine Schönheit genannt werden, beherbergt aber einige sehenswerte Flachreliefs von St-Denis. Wesentlich reizvoller präsentiert sich der Vorplatz mit seinen ausladenden Bäumen und einem Eisenbrunnen aus dem 19. Jh.

Beim weiteren Spaziergang entlang der Avenue de la Victoire passiert man in rascher Folge mehrere bemerkenswerte Kolonialgebäude, angefangen mit der linker Hand gelegenen **Universität** von 1759. Das **Monument aux Morts** ❹, das an den Tod von über 1000 Insulanern im Ersten Weltkrieg erinnert, markiert den Beginn der **Rue de Paris,** wo einige der ältesten kreolischen Häuser der Stadt stehen, darunter gleich rechts das wunderschön renovierte alte Rathaus **Hôtel de Ville**. In einer repräsentativen Stadtvilla mit Säulenportal ist das **Musée Leon Dierx** ❺ (Di–So 9–12, 13–17 Uhr) untergebracht. Zu sehen sind Arbeiten des Dichters und Gartenbaukünstler Leon Dierx (1841 bis 1912) sowie von anderen einheimischer Künstlern und originale Werke berühmter Maler wie Cézanne, Gauguin, Renoir und Picasso. Leider lebt das Museum vom Verleih seiner Exponate, so dass nicht alle Werke gleichzeitig ausgestellt sind. Nebenan zeigt die **L'Artothèque** (Di–So) Ausstellungen moderner Kunst.

Unterricht in Naturgeschichte

Die Rue de Paris endet an der Place de Metz und dem **Jardin de l'État** ❻. Seine Glanzzeit erlebte der Garten unter dem

▼ **»Jeune femme au divan« von Berthe Morisot (1841–1895)**

Botaniker Nicolas Bréon, der 1817 mit einer Sammlung europäischer Bäume nach Réunion kam. Von seinen Expeditionen in alle Ecken der Welt brachte er ständig neue Setzlinge mit. In der Anlage erinnern zwei Büsten an die berühmten Gärtner Pierre Poivre, Begründer des Botanischen Gartens von Pamplemousses auf Mauritius (s. S. 120), und Joseph Hubert, einen Einheimischen, der nützliche Gewürze importierte. Schilder informieren Besucher über die Pflanzen, für die Einheimischen bilden schattige Sitzgelegenheiten, ein kleines Café und Boule-Bahnen die eigentlichen Attraktionen.

Herzstück des Gartens ist das etwas verstaubt wirkende **Musée d'Histoire Naturelle** (Mo–Sa 10–17 Uhr) im ehemaligen Palais Législatif. Hier wird man in verschiedenen Abteilungen darüber aufgeklärt, wie die Fauna vor Ankunft der Menschen aussah, wie sie unter ihnen litt und wie gefährdete Arten heute geschützt werden können. Im Mittelpunkt eines Madagaskar gewidmeten Raumes steht die Replik eines prähistorischen Fisches *(Latimeria chalumnae)*, der bis 1938 nur in fossiler Form bekannt war, dann jedoch vor den Komoren entdeckt wurde. Zu den anderen Exponaten gehören ausgestopfte Tierarten der Insel und rekonstruierte Skelette ausgestorbener Maskarenen-Vögel, darunter natürlich der Solitaire von Rodrigues sowie der Dodo von Réunion und Mauritius.

Religiöses Potpourri

Einkaufszentrum von St-Denis ist die Rue du Maréchal Leclerc mit ihren Nebenstraßen. Auswärtige Besucher schätzen vor allem den **Grand Marché** Ⓖ (tgl. geöffnet), der zwar nicht die quirlige Atmosphäre anderer Märkte besitzt und erhöhte Preise hat, wo man aber viele schöne Mitbringsel findet. Angeboten wird vor allem Kunsthandwerk aus Madagaskar, darunter hübsch bestickte Tischtücher, *ten-*

Seite 196

▲ **Die drei Grazien ...**
▼ **... und das Museum für Naturgeschichte im Jardin de l'État**

Seite 196

Golfspieler sollten sich den Platz im Freizeitpark von Colorado nicht entgehen lassen, der eine herrliche Aussicht auf die Berge bietet. Informationen und Reservierungen können unter Tel. 02 62 23 79 50 vorgenommen werden.

tes (Einkaufstaschen aus geflochtenen Vacoablättern), T-Shirts und Holzwaren.

Östlich der Rue de Paris ist die Rue de Maréchal Leclerc teilweise eine Fußgängerzone, in der die Einheimischen sich mit Waren für den Alltagsgebrauch eindecken. Zwischen den Geschäften verbirgt sich nahe der Ecke zur Rue Jules Auber die **Grande Mosquée** (Besuch nur ohne Schuhwerk und außerhalb der Gebetszeiten), deren Minarett einfacher zu entdecken ist als der Eingang.

Obst und Gemüse gibt es am Ende der Rue St-Anne auf dem **Petit Marché.** Gegenüber steht die **Chinesische Pagode** und auf der anderen Marktseite gelangt man zum äußerst bunten tamilischen **Tempel Kalikambal,** an dem schöne Reliefs verschiedene Götter zeigen. In der nahen Straße desselben Namens vervollständigt die gotische **Kirche St-Jacques** das religiöse Potpourri.

Ein Besuch im **Musée du Peuplement** mit der Ausstellung zur Geschichte der Besiedlung der Insel eröffnet interessante Einblicke in die Bevölkerungsstrukturen und Entwicklung des Eilands (Mo–Sa 10 bis 12, 14.30–18.30 Uhr, So 9.30–11.30, 13.30–16.30 Uhr, Tel. 02 62 31 88 01). Auch wenn die Beschriftungstafeln und die Führung auf Französisch sind, gibt es auch eine Informationsbroschüre in englischer Sprache, die viele Exponate erklärt.

Auf dem Weg zurück in die Innenstadt folgt man kurz der viel befahrenen Rue Labourdonnais und biegt nach links in die **Rue Juliette Dodu,** wo sich einige schöne kreolische Häuser aufreihen. Der Straßenname erinnert an eine 1848 in St-Denis geborene Heldin. In der Rue Juliette Dodu und und in der Rue Pasteur gibt es diverse Restaurants und Hotels.

◀ **Paradiesvogelblume**
▶ **Bei der Gartenarbeit**

In die Berge

Wer nur einen einzigen Ausflug von St-Denis unternehmen möchte, sollte die **Route de la Montagne** wählen, die über Schwindel erregende Serpentinen mit schönen Ausblicken auf die Stadt zum **Jardin de Cendrillon** in La Montagne führt. In der Gartenanlage sind über 300 Orchideenarten, zahlreiche Anthurien sowie ein Garten mit medizinischen Kräutern und Gewürzen zu bestaunen. Da das Anwesen in Privatbesitz ist, müssen Besuche (mind. 4 Personen) angemeldet werden (Tel. 02 62 23 63 28, 06 92 86 32 88).

Volkstümlicher geht es im großen Freizeitpark von **Colorado** wenige Kilometer hinter La Montagne zu. Am Wochenende kommen viele Einheimische zum Picknick oder nehmen eine der angebotenen Aktivitäten wie Mountainbiking, Reiten, Tennis und Golfspielen (9-Loch) wahr.

Von **Le Brûlé** in den Höhen südlich von St-Denis führt ein 4 km langer, gut beschilderter Wanderpfad in rund 30 Minuten zur **Cascade Maniquet.** Etwas mehr Kondition benötigt man für die 18 km lange Wanderung vom Parkplatz Camp Mamode oberhalb von Le Brûlé zum 2277 m hohen Gipfel **La Roche Écrite,** der spektakuläre Ausblicke auf den Cirque de Mafate bietet (s. S. 225). ■

St-Denis
Aéroport de la Réunion-Roland Garros
Le Port
La Possession
St-Paul
St-Leu
Les Avirons
St-Louis
St-Pierre
Le Tampon
Entre-Deux
Cilaos
Les Trois Bassins
Cirque de Mafate
Cirque de Salazie
Cirque de Cilaos
Piton des Neiges 3069
Le Gros Morne 2991
Le Grand Bénard 2896
Piton Maido 2203
Le Piton Rouge 2401
Forêt des Bénares
Plaine des Chicots
Cimetière Marin
Grotte des Premiers Français
Musée de Villèle
Jardin d'Eden
Conservatoire Botanique Jardin de Mascarin
Kelonia Meeresschildkröten-Observatorium
Stella Matutina
Croc Nature Park
Exotica
Aerodrome de Pierrefonds
Cascade Maniquet
Cascade du Chaudron
Baie de St-Paul
INDISCHER OZEAN

Réunion
0
5 km
N
INDISCHER OZEAN
La Domaine du Grand Hazier
Pointe des Haziers
Ste-Suzanne
Ste-Marie
Village Desprez
La Marine
Cascade Niagara
Bois Rouge
Quartier Français
Cambuston
Bagatelle
Terrain Elisa
Ravine des Chèvres
Carron
Le Colosse
Pointe du Champ Borne
Champ-Borne
Deux Rives
Montée Sano
Menciol
St-André
Bras des Chevrettes
Rivière du Mât les Bas
La Cressonnière
Pointe de la Rivière du Mat
Lotissement Diore
La Rivière du Mât
Bras-Panon
Coop. de Vanille
La Rivière des Roches
L'Escalier
Rivière du Mât
La Caroline
Beauvallon
La Cabane
Pointe du Bourbier
Bois de Pomme
Cascade du Chien
Salazie
Bourbier
Bassin la Mer
Abondance
St-Benoît
Le Petit Sable
L'Oasis
Beaufonds
Pointe de la Ravine Sèche
Rivière des Roches
Rivière des Marsouins
La Confiance
St-François
Ste-Anne
Chemin de Ceinture
Takamaka
796
Cascades
Grand Etang
L'Echo
683
Morange
Petit St-Pierre
529
St-Benoît
1495
Cascade Biberon
Ferme Equestre du Grand Etang
Le Premier Village
Les Chicots
Monument Corbett
Ste-Rose
Le Pit Brûlé
La Ravine Glissante
La Plaine-des-Palmistes
Deuxième Village
Bras Piton
Bellevue
Plaine des Cafres
1924
Bras des Calumets
Col de Bellevue
1606
Piton de l'Eau
1881
Rivière de l'Est
Forêt Mourouvin
Piton Ste-Rose
Vierge au Parasol
Pointe des Cascades
Cascade Grand Bassin
Bois Court
Maison du Volcan
Nez de Bœuf
Cratère Commerson
1726
Anse des Cascades
Bois Blanc
Observatoire Volcanologique
Bourg-Murat
1358
La Plaine-des-Cafres
La Grande Ferme
Plaine des Remparts
Pas de Bellecombe
2311
461
LE VOLCAN
Piton de la Fournaise
2510
La Ravine Blanche
Le Dix-Neuvième
Notre Dame de la Paix
Cratère Bory
2632
Cratère Brûlant ou Dolomieu
2300
Roche Plate
Morne Langovin
2015
Le Grand Brûlé
Forêt du Grand Brûlé
La Bergerie
Bras Creux
Le Petit Tampon
Le Grand Tampon
Rivière des Remparts
Jardin des Sculptures
Coulée de Lave
Grand Coude
Nez Coupé du Tremblet
1911
Pointe du Tremblet
Tremblet
Grand Galet
Cascade de la Grande Ravine
Mont Verts les Hauts
Petite Plaine
Piton Goyaves
Plaine des Grègues
Haut de Jean-Petit
Piton Ango
1009
Takamaka
Pointe de la Table
Puits Arabe
La Crête
Jean-Petit
La Ravine du Pont
Les Lianes
La Passerelle
Sentier Botanique
Ravine Ango
Petite-Île
Carosse
Matouta
Jardin des Parfums et des Epices
St-Philippe
Anse-les-Bas
Jean-Petit les Bas
Le Baril
Mare Longue
Manapany-les-Bains
Vincendo
Puits des Anglais
Bois Noirs
Basse-Vallée
Puits des Français
Cayenne
St-Joseph
Langevin
Pointe de Langevin
N 2
N 3

Küste der Gegensätze

Seite 202 203

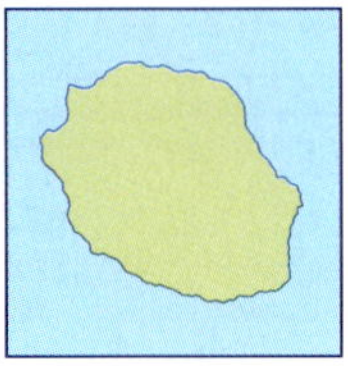

Die Küstenstraße von Réunion geleitet Besucher durch die gegensätzlichsten Landschaften der Insel: Von Zuckerrohrfeldern und vulkanischer Einöde im Osten bis zu den von Korallen gesäumten Stränden des Westens reicht die Palette, nicht zu vergessen die vielen interessanten Orte, die immer wieder zum Pausieren einladen.

Réunions Hauptattraktionen liegen zweifellos im üppig grünen und spektakulären Inselinnern. Im Vergleich dazu sind die Küstengebiete, besonders im Westen und Süden, trocken und karg. Paradiesische Strände und Lagunen wie auf der Nachbarinsel Mauritius sucht man vergebens, aber Wasserratten finden auf Réunion ausreichend Gelegenheit zu einem Sprung ins nasse Element, einem faulen Tag am Meer und natürlich zum Schnorcheln, Tauchen, Surfen oder Hochseefischen, um nur einige der vielen Angebote zu nennen.

Auf der gut ausgebauten Route Nationale (RN1) ließe sich die Insel mit einem Auto gut an einem einzigen Tag umrunden. An der 207 km langen Küstenstraße liegen allerdings so viele Sehenswürdigkeiten, dass man für die Tour mindestens drei Tage einplanen sollte. Außerdem lockt immer wieder ein Ausflug ins Inselinnere. Unterkünfte jeder Art findet man in den meisten Orten entlang der Strecke und die Touristenbüros helfen gerne mit Informationen weiter.

Der beliebteste Küstenstreifen ist das Gebiet zwischen St-Paul und St-Pierre. Aber auch das im Nordosten gelegene quirlige Städtchen St-André, Tor zum Cirque de Salazie, ist einen Besuch wert und rund um das südliche St-Philippe faszinieren dichte Wälder, zerklüftete Küsten und bizarre Vulkanlandschaften.

Auf dem Zucker- und Gewürzpfad

In der Kolonialzeit wurden die ertragreichen, sanft ansteigenden Hänge östlich von **St-Denis ❶** in große Zuckerrohrplantagen verwandelt und noch heute dominiert die hoch wachsende Pflanze das dortige Landschaftsbild.

Ein weiteres Erbe der frühen Unternehmer sind die großen Häuser, die sie erbauen ließen. Zu ihnen gehört beispielsweise **Le Domaine du Grand Hazier** (nur geführte Touren und nach Anmeldung unter Tel. 02 62 52 32 81) 3 km westlich von **Ste-Suzanne ❷**, die 1998 für Besucher geöffnet wurde. Die am Ende einer Palmenallee verborgene Villa aus dem 18. Jh. ist mit originalen Möbelstücken eingerichtet und liegt inmitten von tropischen Gemüse- und Obstgärten.

◀ Die Küstenstraßen auf La Réunion sind in der Unterhaltung sehr teuer

▶ Erfreulicher Tagesfang

Seite 363 TOP 50

▲ Réunion gehört zu den führenden Vanilleproduzenten der Welt
▼ Notre-Dame-des-Laves

Zwischen 1815 und 1832 blühte die Zuckerproduktion auf Réunion. Als 1848 die Sklaverei abgeschafft wurde, mussten die Plantagenbesitzer neue Arbeitskräfte anwerben. In mehreren Einwanderungswellen kamen vor allem indische Kontraktarbeiter, deren Nachfahren noch heute zwischen Ste-Suzanne und St-André leben.

Manche arbeiten in der Zuckerfabrik **Bois Rouge** mit angeschlossener Distillerie Savanne, wo ein altes Plantagenhaus erhalten ist. Während der Zuckersaison von August bis November kann man es im Rahmen von Führungen besichtigen (Tel. 02 62 58 59 74). In der Umgebung finden sich auch einige heilige Stätten der Inder, darunter ein eindrucksvoller tamilischer **Tempel,** der sich mitten in den Feldern westlich von Bois Rouge versteckt, sowie drei weitere im nahen **Parc du Colosse** an der Küste.

Quartier Français südlich von Bois Rouge war einst Sitz einer der ältesten Zuckerfabriken, die zum großen Kerveguen-Imperium gehörte. Der Betrieb in der Avenue Raymond-Verges schloss 1981 seine Pforten, aber allein der gut erhaltene Schornstein macht den Besuch lohnend.

Das 10 km von Ste-Suzanne entfernte **St-André** ❸ stellt den Ausgangspunkt zum Cirque de Salazie (s. S. 227) dar und ist ein lebendiges Städtchen mit mehreren interessanten Sehenswürdigkeiten. In der **Maison de la Vanille** (Di–So 9–11.30, 14–17.30 Uhr) einen Block nördlich der Hauptstraße gewinnt man Einblick in den Entstehungsprozess von der grünen Schote bis zum begehrten Exportartikel. Der angeschlossene Laden verfügt über ein breites Angebot aller möglicher Waren, die unter Verwendung der kostbaren Stange hergestellt werden. Interessantes über Vanille vermittelt auch die **Coopérative de Vanille** (Mo–Sa, Fei 8.30–12, 14 bis 17 Uhr, Tel. 02 62 51 70 12) im nahen **Bras-Panon** an. Ein Video zeigt den Prozess der Vanillegewinnung.

Seite 202 203

Von St-André führt der Chemin Lagorgue an die Küste nach **Champ-Borne,** wo die Ruinen einer Kirche aus dem 19. Jh. zu besichtigen sind. Das Gotteshaus wurde 1962 vom Zyklon Jenny beschädigt und die hohen Flutwellen machten selbst vor dem Friedhof nicht Halt.

Ein hübscher Ausflug ins Inselinnere führt auf der D53 entlang der Rivière des Marsouins hinauf zum Parkplatz des E-Werks **Takamaka,** von wo man einen herrlichen Blick auf die tiefe Schlucht und die **Cascade de l'Arc-en-Ciel** genießt.

Von St-Benoît zur Anse des Cascades

Das nächste Glied in der Kette der Küstenorte ist **St-Benoît ❹**, das wenig zu bieten hat, sofern man nicht an Gespenstergeschichten glaubt. Der Legende nach soll hier der Geist des Bürgermeisters Louis Brunet (1847–1905) umgehen; Interessierte können seinem Mausoleum hinter der Stadtkirche einen Besuch abstatten. St-Benoît hat im Grunde nur eine Bedeutung als Verkehrsknotenpunkt zur Westküste, denn hier zweigt die N3 Richtung Hochebene und Vulkan ab (s. S. 217).

5 km hinter St-Benoît erreicht man das unscheinbare **Ste-Anne ❺**, das überraschenderweise schon als Drehort für einen bekannten Film diente. Die kitschige Barockfassade der Kirche inspirierte François Truffaut zur Hochzeitsszene in seinem Streifen »Das Geheimnis der falschen Braut«, den er 1968 mit Cathérine Deneuve und Jean-Paul Belmondo drehte. Während die Kirche aus dem 19. Jh. stammt, wurden die schönen Steinmetzarbeiten erst Anfang des 20. Jhs. von tamilischen Künstlern hinzugefügt.

Von Ste-Anne schlängelt sich die Straße ins Inland zur Rivière de l'Est, die von einer 1893 erbauten Hängebrücke (nur für Fußgänger) überspannt wird. Der kleine Fischerort **Ste-Rose ❻** musste 1809 einen Angriff britischer Truppen über sich ergehen lassen, die sich auf ihre Übernahme der gesamten Insel von den Franzosen vorbereiteten. Ein Denkmal an der Promenade erinnert an den britischen Vizekommandanten Corbett, der bei einem Scharmützel ums Leben kam. In dieser Gegend werden viele Bananen angebaut, zwei Plantagen (Bananaland und Exploitation du Joyau des Laves) können auf Führungen besichtigt werden.

Im April 1977 sandte der Vulkan zwei Lavaströme ins Nachbardorf **Piton Ste-Rose ❼** und zerstörte über 20 Häuser. Die Lava kam erst an einer Kirche zum Stehen, erhärtete und legte einen bis heute erhaltenen schwarzen Gürtel um das Gotteshaus, das seitdem **Notre-Dame-des-Laves** (»Unsere liebe Frau der Lava«) genannt wird. Im Innenraum verkünden Zeitungsberichte, dass die Einwohner ihre Rettung durchaus als »Wunder Gottes« betrachteten. Neben der Kirche steht seit 2005 die blumengeschmückte Marienstatue **Vierge au Parasol ❽**, die damals unter Lavamassen zu verschwinden drohte. Man transportierte sie vom Originalstandort weiter südlich bei Bois Blanc hierher.

Kleine Niagara-Fälle
Etwa 2 km südlich von Ste-Suzanne liegt die 30 m hohe **Cascade Niagara,** eine Miniaturausgabe der Niagara-Fälle. Man kann dort schön schwimmen, sollte jedoch besser wochentags hinfahren, denn am Wochenende kommen viele Einheimische zum Picknick.

▶ Vierge au Parasol – die Jungfrau mit dem Schirm hat seit dem Vulkanausbruch von 2002 einen neuen Standort

3 km südlich von Piton Ste-Rose geht es zur Abzweigung nach **Anse des Cascades ❾**, das in einer schönen Landschaft am Meer liegt. Wasserfälle stürzen von hohen Klippen in eine Bucht, von wo Fischer aufs Meer fahren. Ein einsames Restaurant lädt zum Mittagessen ein und am Wochenende ziehen viele Einheimische zum Picknick in die Kokoshaine.

Begeisterte Wanderer sollten sich auf keinen Fall eine Tour zu den Lavaströmen entgehen lassen. Kurz vor Puits Arabe informiert am **Café du Volcan** eine Tafel über Wege, Entfernungen und Gehzeiten. Gleich nebenan steht ein Schrein für St-Expédit, der mit den Häuptern von Heiligen geschmückt ist.

Vulkanische Einöde

Die dramatischste Küstenlandschaft Réunions kann auf der weiteren Strecke nach St-Philippe erlebt werden. Im Südosten der Insel verläuft die RN2 am Rande eines großen vulkanischen Massivs, **Le Grand Brûlé,** das einst aus Lavaströmen vom Piton de la Fournaise geformt wurde. Immer wieder weisen große Flächen erstarrter Lava auf frühere Eruptionen hin.

Überall kann man die roten Schreine für St-Expédit (s. S. 208) entdecken. Einer steht neben der **Coulée de Lave ❿**, ein Lavastrom, der 1998 die Hauptstraße abschnitt und das Gebiet über Nacht zur Touristenattraktion machte. Im nahen **Jardin des Sculptures** stehen phallische Symbole aus Zement und Vulkanschlacke, die der einheimische Bildhauer J. C. Mayo schuf.

Auf der Küstenstraße gelangt man bei **Puits Arabe ⓫** zu weiteren Mondlandschaften aus schwarzer Lava. Informationsschilder – leider nur auf Französisch – beschreiben den Ablauf der Ereignisse zwischen dem 19. und 30. März 1986, als über 500 Menschen in vier Phasen

◀ **Einer von den vielen roten Schreine für St-Expédit**
▶ **Erstarrter Lavastrom**

Der Inselheilige St-Expédit

St-Expédit ist ein relativer Newcomer in der Welt der Heiligen und erreichte diesen Status wohl eher durch Volksglauben als durch heilige Taten. Er begann seine Karriere als römischer Soldat, wurde wegen seines christlichen Glaubens zum Märtyrer und in Frankreich und Deutschland wegen seiner Fähigkeit zur raschen Problemlösung verehrt. 1930 stellte eine Frau aus Réunion, die in Marseille für ihre rasche Rückkehr nach Hause betete, seine Kräfte auf die Probe – womöglich war es nur ein günstiger Schiffsfahrplan, der ihren Wunsch erfüllte. Sie kehrte heim, schuf eine Statue des St-Expédit und alsbald begann sich dessen Ruf auszubreiten.
In den 1960er Jahren erschienen blutrote Schreine für St-Expédit auf Friedhöfen, in Höhlen, an Straßen und neben Statuen der Jungfrau Maria. Der katholische Klerus beobachtet den kometenhaften Aufstieg des Heiligen mit Argwohn – hat er doch mittlerweile schon Kultstatus erreicht und wird von den Einheimischen angebetet, damit er belohne oder bestrafe. Der größte Schrein steht in Mare Longue bei St-Philippe, insgesamt werden jedoch rund 300 Stück mit brennenden Kerzen, Blumen, Obst, Zigaretten, gar enthaupteten Figuren oder Unterwäsche bedacht, um Problemlösungen herbeizuführen oder Dank zu sagen.

evakuiert werden mussten. Die Lavamassen wälzten sich über die Hänge von **Takamaka** und erstarrten erst 300 m vor der Straße. Von Puits Arabe kann man zur 200 m entfernten **Pointe de la Table** hinüberlaufen, der Stelle, an der ein zweiter Lavastrom desselben Ausbruchs die Insel um 25 ha vergrößerte. Eine 5 km lange Wanderung führt über Klippen nordwärts nach **Tremblet,** wo ein Lavastrom aus dem 18. Jh. Einblicke in die Vorgänge des Abkühlens von Lavamassen gewährt.

Weltferne Südküste

Die Südküste ist zerklüftet, rau und wild. Vom Wind gebeugte Kiefern schauen auf die tosende See, deren Wellen gegen schwarze Basaltfelsen anstürmen. Die verschlafene Kleinstadt **St-Philippe** ⓬ eignet sich für eine Rast und zum Ergänzen der Vorräte. Es gibt einige schöne Beispiele kreolischer Architektur, ein hilfsbereites Touristenbüro und viele kleine Lokale, die belegte Baguettes und andere Snacks anbieten.

Westlich der Stadt führen Wanderwege von Mare Longue, Le Baril, Basse-Vallée und Langevin ins Inselinnere und teilweise bis zum Vulkan hinauf. Wer es etwas gemütlicher mag, kann den **Wald von Mare Longue** besuchen. Botanische Lehrpfade *(sentiers botaniques)* erschließen das etwa 70 ha große Gelände, auf dem unter anderem Schraubenbäume, von Vanilletrieben umrankte Kasuarinen, immergrüne Pflanzen und hohe Palmen gedeihen.

In **Basse-Vallée** säumen kleine kreolische Häuser mit Blumengärten die Straße wie in einem Bilderbuch. Östlich führt die Route Nationale zum kleinen, schmucken **Hôtel le Baril** (Tel. 02 62 37 01 04), der einzigen Unterkunft an dieser weltfernen Küste. Es wird von den Lavaströmen Puits des Anglais und Puits des Français umrahmt, unter denen nach einer Legende

Seite 202 203

TOP 50 Seite 355

Hobbybotaniker sollten an einer geführten Tour durch den Jardin des Parfums et des Épices bei Mare Longue teilnehmen, die vom Touristenbüro in St-Philippe (Rue Leconte-Delisle, Tel. 02 62 37 10 43) organisiert werden – allein der Duft der Kräuter- und Gewürzpflanzen ist betörend.

eine Schatztruhe verborgen sein soll, die der Geist eines toten Sklaven bewacht.

St-Joseph ⓭ eignet sich als Ausgangsbasis für eine anspruchsvolle Wanderung durch das großartige Tal der **Rivière des Remparts** zu deren Quelle am 30 km entfernten Aussichtspunkt **Nez de Bœuf** (s. S. 219). Nur geübte Trekker sollten die zwei Tage dauernde Tour in Angriff nehmen, die von St-Joseph zunächst durch Tieflandwald und das staubige Flusstal führt und dann immer mehr ansteigt.

Vetivergras

→ Die Pflanze in der Gegend um St-Joseph wird in der Parfümindustrie verwendet; aus ihren getrockneten Blättern entstehen Dächer.

In dem Bergdorf **Plaine des Grègues** wird in der Maison du Curcuma (Tel. 02 62 37 54 66, tgl. 9–12, 13–17 Uhr) interessierten Besuchern die Herstellung und Verwendung des in der regionalen Küche viel benutzten Gelbwurz-Gewürzes gezeigt.

Herrliche Ausblicke auf die Schluchten der beiden Wasserläufe Rivière des Remparts und Rivière Langevin genießt man von der Straße Richtung **Grand Coude.** Der Kieselstrand von **Manapany-les-Bains** ⓮ und insbesondere der von Palmen bestandene Sandstrand von **Grand Anse** sind zwar schön anzuschauen, aber wegen ihrer gefährlichen Strömungen zum Baden im offenen Meer nicht geeignet; Abhilfe schaffen kleine Naturteiche zwischen den Steinen.

Vergessenes St-Pierre

St-Pierre ⓯ liegt in einer weiten Küstenebene an der Mündung der Rivière d'Abord und ist mit 55 000 Einwohnern die größte Siedlung des Südens. Darüber hinaus zählt es zu den schönsten Städten

▼ Boote im Bassin de Radoub, St-Pierre

Seite 202 210

der Insel und stellt eine gute Basis für Ausflüge dar: Die Südostküste liegt nicht weit entfernt, in rund 45 Minuten ist man in St-Gilles-les-Bains an der Westküste und in etwa einer Stunde am Piton de la Fournaise.

Die Stadt wird zuweilen von der gesamten Wucht der Zyklone getroffen. 1990 sorgte Firinga für ruinöse Schäden, doch inzwischen hat man nicht nur den Hafen einer Schönheitskur unterzogen. Die Restaurants am Meer, die bis in den späten Abend geöffneten Bars und Diskos, die Hotels und der hübsche, wenngleich windige Strand locken auch aus St-Denis Touristen an.

Auf der einen Seite des Hafens befindet sich das **Bassin de Radoub** Ⓐ, das im 19. Jh. zur Reparatur von Schiffen genutzt wurde. Dahinter liegt der alte Bahnhof, **Ancienne Gare** Ⓑ, mit einer beliebten Bar und Restaurants. Weitere Restaurants findet man direkt gegenüber vom Hafen am Boulevard Hubert Delisle.

Ein kurzer Spaziergang durch die Stadt führt zum restaurierten **Hôtel de Ville** Ⓒ, ehemaliger Sitz der Ostindienkompanie und ein schönes Beispiel für Kolonialarchitektur. Westlich davon liegt der **Marché Couvert,** ein lebendiger Markt, der sich in einer ungewöhnlich runden Form präsentiert. Auf dem blumenüberladenen **Cimetière Marin** am Boulevard Hubert Delisle befindet sich das Grab von Sitarane, des berüchtigsten Verbrechers von Réunion, der das Blut seiner Opfer getrunken haben soll. Regelmäßig werden hier Zigaretten, geköpfte Hähne, Obst und Blumen geopfert, damit Sitarane Unheil oder Schlimmeres über Feinde bringt.

6 km westlich von St-Pierre gelangt man auf der D26 Richtung Entre-Deux zu einer eigenartigen Gartenanlage namens **Exotica** (Mo–Sa 9–18 Uhr), in der sich zumindest Kinder wohlfühlen. Die Pfade werden von Kakteen und kuriosen Kreaturen aus Pappmaschee gesäumt, zu denen Dinosaurier, Drachen, Giraffen und

▼ **Picknick mit der Familie**

Traditionelle Stühle aus Tamarindenholz und Schilfrohr werden in verschiedenen Werkstätten von **L'Étang-Salé-les-Hauts** hergestellt. Die armlosen »chaises du Gol« sind sehr schlicht, leisten jedoch ausgezeichnete Dienste bei Rückenschmerzen. Zu erstehen sind sie im Touristenbüro von L'Étang-Salé-les-Bains, Rue Octave Bénard.

Riesenfrösche gehören. In einem Treibhaus, das man durch den Bauch eines riesigen Gorillas betritt, sind Anthurien und Orchideen zu sehen.

Der Ort **St-Louis ⑯** ist Ausgangspunkt der kurvenreichen RN5 zum Cirque de Cilaos (s. S. 229). Einen schönen Blick in den Talkessel erhält man bereits im 12 km von St-Louis entfernten **Les Makes ⑰**, das über die D20 erreicht wird. Das kleine Dorf in 1000 m Höhe ist Heimat eines **Observatoriums** (tgl. 10.30–14.30 Uhr), wo geführte Touren in die Welt der Sterne einweihen; auch eine spezielle Nachtschau ist im Programm. 10 km hinter Les Makes erreicht man über die RF14 **La Fenêtre** mit einem wunderbaren Ausblick auf den Talkessel von Cilaos.

Fahrt durchs Hinterland

Wer die weißen Strände und Lagunen von Mauritius kennt, ist von Réunions Küste enttäuscht. Die Strände sind zwar sauber, jedoch so klein, dass sie besonders an Wochenenden überfüllt sind. Immer wieder werden sie von schroffen Basaltklippen wie bei **Le Gouffre,** 2 km vor L'Étang-Salé-les-Bains, unterbrochen, an denen die hereinbrechenden Wellen einen imposanten Eindruck von der Wildheit des Indischen Ozeans vermitteln.

◀ **Dramatische Kulisse an der Südküste**

L'Étang-Salé-les-Bains ⑱ markiert den Beginn der Westküstenstrände. Der Ort selbst ist eher ruhig, mit nur wenigen Hotels und Restaurants, und sein 5 km langer schwarzer Sandstrand reißt nicht gerade zu Begeisterungsstürmen hin. Mit Kindern lohnt sich ein Ausflug zum 2 km entfernten **Croc Nature Park** (tgl. 9.30 bis 17.30 Uhr) in **L'Étang-Salé-les-Hauts,** wo außer 190 aus Madagaskar importierten Nilkrokodilen auch Farmtiere, Enten und Pfauen gehalten werden. Angeschlossen ist ein Modelldorf mit Rathaus, Post, Kirche – und natürlich einer Snackbar und einem Laden.

Von L'Étang-Salé-les-Bains führt die RN1 durch schwarzes Lavagestein ins 22 km entfernte St-Leu. Bei starker Brandung lohnt sich ein Halt bei dem *souffleur*, einem natürlichen Durchbruch in der Felsenküste, wo riesige Wasserfontänen in die Höhe gedrückt werden.

Andere Perspektiven gewinnt man von der Straße durchs Inland, auf der man via **Les Avirons** nach St-Leu gelangt. Diese schöne Strecke wird auch *Allée des Flamboyants* genannt und gewährt schöne Ausblicke auf die Küste. Wegen der vielen Kurven und der manchmal halsbrecherisch fahrenden Einheimischen ist allerdings Vorsicht angeraten.

Rund 4 km südlich von St-Leu entfernt fungirt die frühere Zuckerfabrik **Stella Matutina** heute als hochinteressantes Museum (Di–So 9.30–17.30 Uhr, Kasse bis 16.45 Uhr). Es informiert anschaulich über die Geschichte der Zuckerproduktion und Landwirtschaft auf Réunion. Im Geschichtsraum kann man historische Landkarten und Porträts der Zuckerbarone anschauen und anschließend im Restaurant Le Stella den herrlichen Blick über das Meer genießen.

Mekka der Surfer

Die Stadt **St-Leu** ⑲ erlebte 1811 eine Sklavenrevolte, überstand 1859 eine Cholera-Epidemie und hatte unter schweren Zyklonen zu leiden – davon einmal abgesehen geht das Leben hier einen leichten Gang. Der lange schmale Sandstrand kann es auch mit den Wochenendbesuchern aufnehmen und bei günstigen Bedingungen strömen die Surfer herbei, um sich in den – angeblich besten – Wellen des Indischen Ozeans zu vergnügen. Zu den absoluten Top-Spots gehört der Bereich nahe der Mündung der **Ravine des Colimaçons** nördlich des Stadtzentrums.

Einen Besuch wert ist die Kirche **Notre-Dame-de-la-Salette**. Sie wurde zu Ehren einer Jungfrau erbaut, die den Menschen von St-Leu bei der Cholera-Epidemie von 1859 das Leben gerettet haben soll. Im September findet ihr zu Ehren ein Fest statt, dessen Höhepunkt eine Wallfahrt zur Kirche ist.

Im **Observatorium für Meeresschildkröten Kelonia** (tgl. 9–18 Uhr) 2 km nördlich von St-Leu leben Karettschildkröten und Grüne Meeresschildkröten unterschiedlichen Alters in Gehegen. Die ehemals kommerziell genutzte Farm versteht sich heute als Zentrum für das Studium und die Beobachtung der Tiere und konzentriert sich auf Brut- und Futtergewohnheiten: Im Laden werden jedoch immer noch Schildkrötensuppe, Schildkrötenfleisch in Konserven sowie diverse Souvenirs aus Schildkrötenleder angeboten.

Bei Kelonia zweigt eine Straße in Richtung Les Colimaçons und dem **Conservatoire Botanique National de Mascarin** (Di–So 9–17 Uhr) ab. Das großartige Freilichtmuseum stellt rund 4000 Pflanzenarten zur Schau und gewährt Einblick in Réunions bemerkenswerte Flora. Es gibt diverse Themengärten, die seltene heimische und endemische Pflanzen, Palmen, Orchideen, exotische Obstbäume und Kakteen beherbergen. Das Prunkstück ist die restaurierte Villa aus dem 19. Jh. mit kolonialen Möbeln. Auch die Stallungen, eine Jagdhütte und die alte Familienküche, die heute als Café dient, können besucht werden. Neben der Anlage steht die Kirche von **Les Colimaçons,** von der man einen spektakulären Ausblick über die von Riffen gesäumte Küstenlinie hat.

Nach St-Gilles-de-Bains gelangt man entweder über die Inlandroute über St-Gilles-les-Hauts (mit dem faszinierenden Musée de Villèle, s. S. 214) oder über die schnellere Küstenstraße.

Urlaubszentrum Nr. 1

St-Gilles-les-Bains ⑳ trägt den Beinamen »St-Tropez des Indischen Ozeans« und zieht zahlreiche einheimische und französische Feriengäste an. Es ist der perfekte Ort, um die Sonne zu genießen oder sich von einer Wanderung in den Bergen zu erholen. Am Abend erwachen die Restaurants und Klubs entlang der Rue General de Gaulle zu Leben und faszinieren mit ihrer Mischung aus gallischem Schick und kreolischer Sorglosigkeit.

Seite 202 203

TOP 50 Seite 360
TOP 50 Seite 365
TOP 50 Seite 366
TOP 50 Seite 370

► **Nichts wie an den Strand!**

Seite 355 TOP 50

▲ Die Bäckerei Loulou ist eine lokale Institution
▼ Surfer am Strand von St-Gilles-les-Bains

Ein Grund für die Beliebtheit des Strandes von St-Gilles ist sein weißer, wenngleich grobkörniger Sand. Das Zentrum der Aktivitäten liegt nördlich der Ravine St-Gilles, wo sich die meisten Besucher zum Sonnenuntergang versammeln, was schon beinahe ein örtliches Ritual ist. Weiter südlich ist der Strand zwar weniger schön, dafür aber ruhiger, da es mehr Ferienwohnungen und weniger Bars und Restaurants gibt. Im Hafen schaukeln zahlreiche Boote, die auf potenzielle Taucher und Hochseefischer warten. Die beste Zeit für Angler, um Jagd auf den Blauen Marlin, Segelfisch, Thunfisch oder Seebrasse zu machen, ist zwischen Oktober und Mai. Tauchkurse für Anfänger und Kinder bietet u. a. Bleu Marine Réunion (Tel. 02 62 24 22 00) an. Das Meer und seine Bewohner lassen sich auch im Aquarium am Port de Plaisance bewundern.

Das nur zehn Fahrtminuten entfernte **Boucan Canot** ㉑ ist kleiner, gepflegter und ruhiger als der Nachbarort. Hier befinden sich die meisten Cafés und Restaurants direkt am Strand, der an den Wochenenden meist sehr voll ist. Autofahrer sollten wissen, dass die nord-südlich verlaufende Hauptstraße eine Einbahnstraße ist und man nur am Nord- oder Südende der Seefront parken kann.

Attraktionen nahe bei St-Gilles-les-Bains

Das **Musée de Villèle** ㉒ (tgl. außer Mo 9.30–17 Uhr) in St-Gilles-les-Hauts ist im ehemaligen Familiensitz der Dynastie Desbassyns untergebracht. Berühmteste Bewohnerin des 1787 erbauten Hauses war die matriarchalische Kaffee- und Zuckerbaronin Madame Desbassyns, die ihren Sklaven schreckliche Bestrafungen auferlegt haben soll. Das koloniale Herrenhaus zeigt nun Erinnerungsstücke und Familienporträts, Karten der Sklavenschiffrouten sowie schönes französisch-ostindisches Mobiliar. Auf dem Gelände befinde

sich auch ein ehemaliges Krankenhaus für Sklaven, das jedoch nicht aus altruistischen Motiven gebaut wurde, sondern weil das Gesetz es vorschrieb. Die 1846 verstorbene Madame Desbassyns ist in der Chapelle Pointe neben den Ruinen der Zuckermühle beigesetzt.

Südlich von St-Gilles-les-Bains bildet der **Jardin d'Eden** (Di–So 10–18 Uhr) in Hermitage-les-Bains eine ruhige Oase abseits des Strandes. Man wandert durch Obst- und Gewürzgärten, lernt Heilkräuter kennen und kann die Mystik eines kleinen Reisfeldes erleben, das von einem Zen-Garten umgeben ist.

Die alte Hauptstadt

Die hübsche ehemalige Hauptstadt **St-Paul** ㉓ beherbergt viele historische Gebäude, darunter das heute als Feuerwehrwache dienende Hotel de Lassays sowie Grand Cour, der verlassene Sitz der Dynastie Desbassyns an der Route Royale. Das 1767 gebaute Rathaus erinnert an die Französische Ostindienkompanie. Die meisten Besucher allerdings kommen weder wegen der geschichtlichen Vergangenheit noch um am langen Sandstrand (Baden nicht möglich) zu faulenzen. Ihr Interesse konzentriert sich auf den am Freitagabend und Samstagmorgen stattfindenden **Markt,** der allerlei schönes Kunsthandwerk sowie Gewürze, Obst, Gemüse, Fisch und leckere Snacks in Hülle und Fülle bereithält.

Bei einem Spaziergang über den **Cimetière Marin** gelangt man zum Grab des berüchtigtsten Piraten der Maskarenen, Olivier Le Vasseur alias *La Buse* (»der Bussard«), der 1730 in St-Paul am Galgen endete. Seine Grabstätte liegt gleich gegenüber dem Eingang und ist an einem Totenschädel und zwei gekreuzten Knochen zu erkennen, die in ein Basaltkreuz eingemeißelt sind. Die Anhänger von La Buse, die sein Grab nach wie vor besuchen, lassen sich nicht von der Theorie abschrecken, dass er hier vermutlich gar nicht ruht – der Friedhof wurde erst nach 1730 eingerichtet.

Teurer Asphalt

Die 14 km lange Strecke zwischen St-Paul und St-Denis gilt als die meistbefahrene Straße der Maskarenen. Schlicht **La Corniche** (»die Uferstraße«) genannt, führt sie ganz nahe am Meer teilweise unter mit Netzen gesicherten Klippen hindurch und passiert einen Tunnel. Bei **Le Port** überquert die Straße die breite Mündung der Rivière des Galets, führt an **La Possession** vorbei, wo Gouverneur Jaques de Pronis im Jahr 1642 Besitz von Réunion ergriff, und erreicht schließlich die Hauptstadt St-Denis.

Der Abschnitt zwischen La Possession und St-Denis, parallel zur 1963 stillgelegten Bahnlinie, soll Frankreichs teuerstes Stück Straße sein. Ein Stopp ist nur in **La Grande Chaloupe** möglich, wo in einem alten Bahnhof heute ein kleines **Museum** (tgl. 9–17 Uhr) an die alten Zeiten erinnert, in denen schwere Lokomotiven von St-Denis nach St-Pierre rollten. ■

Seite 202 203

Spontane Strandpartys gehören in St-Paul zum festen Repertoire. Ein sicherer Tipp sind die Freitag- und Samstagabende, an denen sich regelmäßig Musikgruppen in den Strandbars einfinden und alle einträchtig darauf warten, die Sonne im Meer versinken zu sehen.

▶ **Warten auf Kundschaft auf dem Markt in St-Paul**

Rund um den Vulkan

Seite 218

Die meiste Zeit verbringt der Piton de la Fournaise in einer Art Dornröschenschlaf – faszinierend anzuschauen und eine sehr friedliche Atmosphäre ausstrahlend. Aber der Schein trügt: Der Vulkan ist einer der aktivsten unseres Planeten und lässt in regelmäßigen Abständen die Réunionnais vor Aufregung und die Besucher vor Begeisterung erbeben.

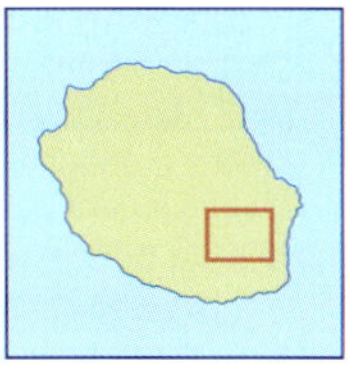

Seit 1690 ist der Piton de la Fournaise mehr als 150-mal ausgebrochen und seine Lavaströme haben deutliche Spuren der Zerstörung hinterlassen. Vor diesem Hintergrund erscheint es umso erstaunlicher, dass der Feuer speiende Berg relativ sicher und einfach zu erkunden ist – immer vorausgesetzt, man bleibt auf den markierten Pfaden.

Der 2510 m hohe Piton de la Fournaise wurde vor 500 000 bis 600 000 Jahren auf den Flanken des erloschenen Piton des Neiges geboren und ist ein relativ flach ansteigender Schildvulkan hawaiischen Typs, d. h. höchst aktiv, aber relativ ungefährlich (s. S. 189). Er erhebt sich inmitten einer hufeisenförmigen Caldera, dem sogenannten Enclos Fouqué, der im Durchmesser beinahe 10 km misst und zwei Krater besitzt. Der höhere von beiden, der Bory, ist seit 1791 ruhig, während sich die Eruptionen des aktiven Dolomieu zum größten Teil auf die Caldera beschränken.

Schauspiel der Natur

Jedes Jahr machen sich über 200 000 Besucher an den Aufstieg zum Vulkan (s. S. 219), die meisten davon starten am Aussichtspunkt **Pas de Bellecombe** Ⓐ Von der Plattform am oberen Rand des Enclos Fouqué bieten sich spektakuläre Blicke auf den Piton de la Fournaise und die ihn umgebende kahle Mondlandschaft. Egal ob man sich einer organisierten Tour anschließt oder auf eigene Faust unterwegs ist – oberstes Gebot für die rund 5-stündige Wanderung ist ein früher Aufbruch. Häufig ziehen schon vor 10 Uhr riesige Wolkenberge herbei und verschleiern die wilde Schönheit des Vulkans. Aber selbst wenn sich der Gipfel beim Aufstieg noch in Wolken oder Nebel hüllt, ist dies kein Grund für Verzweiflung. Die Wetterverhältnisse hier oben schwanken aufs Extremste und schon kurze Zeit später kann sich die atemberaubende Landschaft wieder von ihrer schönsten Seite präsentieren.

Da heftige Temperaturstürze keine Seltenheit sind, sollte man nur mit guter Ausrüstung aufbrechen, d. h. ausgestattet mit festen Schuhen, langen Hosen, Pullover, Sonnen- und Regenschutz.

◀ **Piton de la Fournaise ...**
▶ **... »Berg der lodernden Glut«**

Souvenirs
Von Lavaklumpen über Poster und Bücher bis hin zu T-Shirts, die an spektakuläre Eruptionen erinnern – kann man in der **Boutique du Volcan** beim Museum erstehen. Ganz in der Nähe serviert die **Auberge du Volcan** köstliche kreolische Currygerichte und bietet einfache Unterkunft (Tel. 02 62 27 50 91).

Seite 365 TOP 50

Seite 369 TOP 50

Das Eingangstor zum Piton de la Fournaise ist **Bourg-Murat** Ⓑ an der RN3, die als einzige Straße quer durch die Insel verläuft und St-Pierre im Süden mit St-Benoît im Norden verbindet. Die Anreise von den Küsten dauert jeweils etwa eine Stunde. Bourg-Murat ist eher ein großes Dorf als eine Stadt.

Hier wurde 1979 das **Observatoire Volcanologique** gegründet. Mit Hightech-Ausrüstung werden vor Ort die seismischen Aktivitäten gemessen, um die Insulaner rechtzeitig vor einem erneuten Ausbruch warnen zu können. Am 19. Juli 1999 allerdings lagen nur 45 Minuten zwischen dem gegebenen Alarm und einer – wenngleich kleinen – Eruption im Enclos Fouqué.

Wer die Gelegenheit haben sollte, das Schauspiel eines Vulkanausbruchs mitzuerleben, wird sich allerdings inmitten von langen Autoschlangen und zahlreichen Schaulustigen auf den Weg zum Kraterrand machen müssen.

Die zweite Hauptattraktion von Bourg-Murat ist das futuristische Gebäude der **Maison du Volcan** (Di–So 9.30 bis 17.30 Uhr). Das 1991 eröffnete faszinierende Museum verdankt große Teile seiner Sammlung dem französischen Vulkanologen-Ehepaar Maurice und Katia Krafft, die rund 20 Jahre lang durch die Welt zogen und die Eruptionen von 170 Vulkanen auf Film bannten. Ihre wissenschaftliche Arbeit hat enorm zur heutigen Kenntnis über die Tätigkeit von Vulkanen beigetragen. Die beiden Wissenschaftler starben 1991 beim Ausbruch des Unzen in Japan.

Auch wer des Französischen nicht mächtig ist, erfährt im Museum mittels interaktiver Bildschirme und eines 10-minütigen Films enorm viel über die Beschaffenheit von Vulkanen. Zu sehen gibt es außerdem eine Kunstgalerie, eine Ausstellung über extra-terrestrische Vulkane sowie Aufzeichnungen über die Ausbrüche des Piton de la Fournaise.

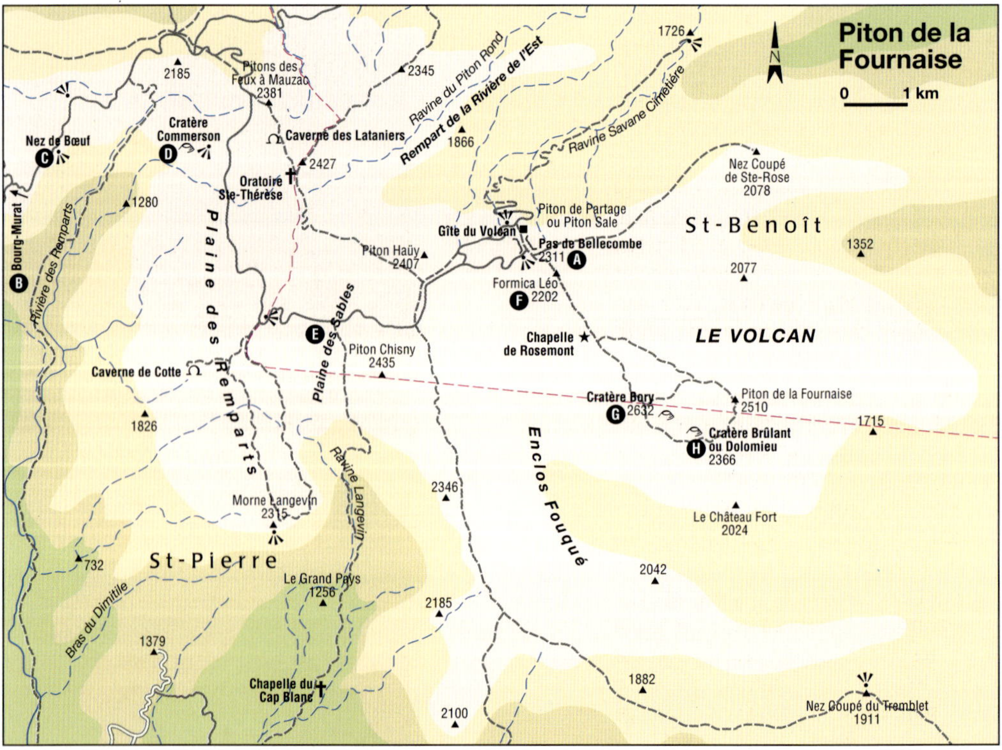

»Route du Volcan«

Von Bourg-Murat sind es auf der so genannten *Route du Volcan* noch 23 km zum Pas de Bellecombe – eine Strecke, die ihresgleichen sucht. Zunächst fährt man durch Pinienwälder und kleine Dörfer, vorbei an Milchfarmen und alpinen Wiesen. Dann beginnt die Straße allmählich anzusteigen, und je höher man kommt, desto erstaunlichere Ausblicke bieten sich hinter jeder Kurve.

Der erste Aussichtspunkt **Nez de Bœuf** ❸ (2070 m) befindet sich 7 km vor dem Pas de Bellecombe. Von hier hat man eine überwältigende Aussicht auf die mächtige Schlucht der **Rivière des Remparts.** Aus der Höhe wirkt der Fluss, der südwärts nach St-Joseph fließt, schmal wie ein Bleistift. Ein herausfordernder Wanderweg (GR R2) führt von der Küste am Flussufer entlang nach oben und trifft kurz hinter Nez de Bœuf auf die RF5; diese 30 km lange Tour ist von Norden nach Süden wesentlich einfacher zu bewältigen (s. S. 187).

Ein nächster Halt lohnt sich am **Cratère Commerson** ❹, wo eine Aussichtsplattform 120 m hoch über dem erloschenen Krater schwebt. Er wurde nach dem französischen Botaniker Phillibert Commerson benannt, der ihn 1771 zufällig entdeckte. Der Blick über den 200 m breiten Krater in Richtung der zerklüfteten Gebirgskette des Cirque de Cilaos scheint nicht mehr zu übertreffen sein, aber man hat die Rechnung ohne den kleinen Aussichtspunkt auf dem Bergrücken Rempart des Sables gemacht, wo die Straße ihren Abstieg in die **Plaine des Sables** ❺ beginnt. Schautafeln geben Auskunft über die zu Füßen liegende Landschaft: eine weite Ebene voller Lava, die von den Elementen zu feinem Geröll zermahlen wurde und von massiven Felsen und bizarren Gesteinsformationen wie ein Schutzwall eingerahmt wird. Die Fahrspur durch die Plaine des Sables ist nicht geteert, aber die Strecke ist relativ eben und nur bei Nässe etwas schwieriger zu befahren. Einzige Anzeichen von Leben in dieser unheimlich wirkenden Landschaft sind meist mickrige Stechginsterbüsche, Glockenheidekraut und Flechten.

Wanderung um das Feuer der Erde

Pas de Bellecombe ist der Ausgangspunkt für mehrere Wandertouren rund um den Piton de la Fournaise. In einem Unterstand am Parkplatz informieren Schautafeln über Geologie, Fauna und Flora des Gebiets; am nützlichsten ist ein Reliefmodell des Vulkans mit Strecken- und Entfernungsangaben. Zu lesen sind auch Regeln für Wanderer: a) gehe niemals alleine; b) informiere jemanden, wohin du gehst; c) nimm Wasser und Proviant mit. Die einzigen Erfrischungen und Toiletten gibt es in der **Gîte du Volcan,** zu Fuß ca. 10 Minuten vom Parkplatz entfernt. Wer mit dem Auto hinfahren will: Der Weg zur Hütte zweigt kurz vor dem Parkplatz links von der Hauptstraße ab.

Seite 218

Morgenstund
Um den Sonnenaufgang am Vulkan zu erleben, sollte man in der **Gîte du Volcan** (Tel. 02 62 21 28 96) übernachten, die nur wenige Minuten vom Pas de Bellecombe entfernt liegt.
Es werden kreolische Mahlzeiten serviert. Buchungen über die Maison de la Montagne in St-Denis (Tel. 02 62 90 78 78).

▶ **Spektakulärer Blick auf den Cratère Commerson**

Wandertipps
Für ausgetretene Pfade wie denjenigen vom Pas de Bellecombe zum Cratère Dolomieu benötigt man keine Karte. Wer längere Touren unternehmen möchte, sollte die IGN-Karte 4406RT Piton de la Fournaise (1 : 25000) im Gepäck haben, die in der Maison de la Montagne in St-Denis oder in der Maison du Volcan in Bourg-Murat erhältlich ist.

Den besten Eindruck vom Vulkan erhält man auf der ausgeschilderten 13 km langen Rundwanderung, die als mittelschwer eingestuft wird und 4 bis 5 Stunden dauert. Natürlich sind auch Teilstrecken möglich; der Hin- und Rückweg zum kleinen Krater Formica Léo in der Caldera nimmt nur etwa 40 Minuten in Anspruch. Solange man strikt auf den markierten und zum Wandern freigegebenen Pfaden bleibt, die Gefahrenschilder beachtet, richtig gekleidet und mit Wasser und etwas Proviant ausgerüstet ist, kann nichts passieren.

Soufrière
→ Die »Schwefelgrube« wird ihrem Namen gerecht und schickt Wanderern den unangenehmen Geruch fauler Eier in die Nase.

Ein steiler Weg, teilweise mit Stufen, führt vom Pas de Bellecombe in die 200 m tiefer gelegene Caldera. Während hier an der Abbruchkante noch undurchdringliches Buschwerk gedeiht, steht man im Enclos Fouqué plötzlich inmitten einer öden Mondlandschaft, von der sich die weißen Wegmarkierungen deutlich abheben. Als erster Orientierungspunkt dient der rötliche Schlackenkegel des **Formica Léo** ❻. Von dort sind es etwa 2 km zur **Chapelle de Rosemont,** deren hohler Vulkanwall wie eine kleine Kathedrale mit Tür und Fenster wirkt – daher ihr Name. Dies ist ein guter Ort für eine erste Rast, verbunden mit der Überlegung, welchen der beiden Wege auf den Vulkan man einschlagen möchte. Die rechte Variante ist die anstrengendere Route, die über scharfkantiges Vulkangestein direkt zum 2632 m hohen **Cratère Bory** ❻ hinaufführt. Versichern Sie sich vorab, dass das weniger steile Stück des Weges in nördlicher Richtung am Vulkanhang entlang bis **La Soufrière** (2530 m), der Nordseite des 2007 eingebrochenen **Cratère**

◄ **Kahle Mondlandschaft der Plaine des Sables**

Aus der Vogelperspektive
Die Helikopter-Rundflüge über den Piton de la Fournaise, den Cirque de Salazie und den Cirque de Mafate mögen teuer sein, sind aber ihren Preis wert. Erfahrene Piloten fliegen ihre Passagiere durch tiefe Talschnitte, kreisen über abgelegenen Dörfern und den Talkesseln, bevor es nach Osten zum Vulkan geht. Je nach Wetterbedingungen starten die Hubschrauber (max. 8 Pers.) um 7, 8.15 und 9.30 Uhr. Da eine große Nachfrage herrscht, sollte man mindestens 3 Tage vorher buchen. Hélilagon (Tel. 02 62 55 55 55) bietet von verschiedenen Startbasen Flüge über die ganze Insel und zum Vulkan an, die pro Person rund 260 Euro (einschließlich Hoteltransfer) kosten. Individuell zugeschnittene Flüge in Zweisitzern, die geradezu ideal sind für alle Fotografen, arrangiert Felix Ulm Run, Ulm-Basis Cambaie von Le Port, Tel. 02 62 45 58 38 oder Tel. 06 92 87 32 32.

Dolomieu ⓗ, wieder begehbar ist. Ab dort existierte eine Route entlang des Kraterrands von Dolomieu zum erloschenen Bory, während die kürzere Alternative geradewegs zum Cratère Bory führte.

Rund um den Piton de la Fournaise gibt es noch eine Menge anderer Wandermöglichkeiten. Zu den leichtesten gehört eine 9 km lange Tour, die vom Pas de Bellecombe zum **Nez Coupé de Ste-Rose** und zurück führt. (Weitere Touren s. S. 187).

Nicht so ebene Ebenen

Den *Hautes Plaines,* die den Piton de la Fournaise und die drei Talkessel voneinander trennen, fehlt es zwar an Dramatik, aber auch sie sind eine Erkundung wert. Von den beiden Dörfern La Plaine-des-Palmistes und La Plaine-des-Cafres im Westen gelangt man zu großartigen Nebelwäldern, Wasserfällen, Seen und Bergen – ein ideales Gelände für einfache Wanderungen, Ausritte oder Mountainbiketouren. Ein Abstecher führt zum **Col de Bébour** und in den gleichnamigen Wald bis zum Aussichtspunkt über den Cirque de Salazie an der bewirtschafteten Berghütte **Gîte de Bélouve** beim Hochseilgarten Forestia (Tel. 02 62 49 69 20, Anmeldung!).

Die RN3 schlängelt sich von St-Benoît an der Ostküste durch Zuckerrohrfelder, bevor sie über Serpentinen zum Aussichtspunkt **L'Écho ㉔** gelangt, der schöne Ausblicke nach Norden Richtung Küste und Meer gestattet. Kurz darauf zweigt rechts ein Weg zum **Grand Étang ㉕** ab, was schlicht »Großer Teich« bedeutet – umso beeindruckender präsentiert sich seine Lage: Das Gewässer wird von hochaufragenden bewaldeten Steilhängen umgeben, die an ein Amphitheater erinnern lassen. Wer diese Landschaft ein wenig länger auskosten will, sollte einen Spaziergang entlang der rechten Seeseite zu einem Wasserfall unternehmen.

Wieder zurück auf der Hauptstraße, ist bald die Plaine-des-Palmistes erreicht, wo

Seite 202/3 218

▲ **Nur Stechginster, Glockenheidekraut und Flechten sprießen aus der schwarzen Erde**

▼ **Der Formica Léo**

sich besonders im Januar und Februar eine Vielzahl von Urlaubern aufhält. Dennoch handelt es sich um ein größtenteils landwirtschaftlich genutztes Gebiet mit großen Anbauflächen des Guajavabaums. Seine roten Früchte sind so begehrt, dass ihnen zu Ehren jeden Sommer ein Fest gefeiert wird. Charakteristisch für die Region sind auch die vielen schönen Holzhäuser. Das Leben konzentriert sich um **Le Premier Village** ㉖, meist **La Plaine-des-Palmistes** genannt. In der Rue de la République gibt es ein Touristenbüro, das detaillierte Auskünfte über Hotels und mögliche Aktivitäten erteilt.

Kilometerangaben

→ werden in dieser Ecke der Insel durch Ortsnamen wiedergegeben: Le Vingt-Troisième oder Le Dix-Neuvième liegen 23 bzw. 19 km von St-Pierre an der Westküste entfernt.

▲ Unterkünfte sollte man vorab buchen

▼ Pferdepflege nach einem Ausritt

Nördlich von La Plaine-des-Palmistes warten ein Dutzend zahme Pferde auf der **Ferme Équestre du Grand Étang** (Tel. 02 62 50 90 03), um selbst die unerfahrensten Reiter durch die herrliche Umgebung zu tragen. Der Ausritt mit Rico Nourro, einem ehemaligen Bauer, der seine Liebe für die Natur zum Beruf gemacht hat, wird zu einem unvergesslichen Erlebnis. Über felsige schmale Pfade geleitet er seine Gruppen zum Grand Étang, wo die Pferde sich bei einer verdienten Pause im kühlen Nass erfrischen. Auf dem Rückweg passiert man Gärten mit traditionellen Heilkräutern und Zitrusplantagen, deren Früchte einem geradewegs in den Mund fallen. Wer noch nicht genug hat, kann an einer 4-tägigen Reittour zum Vulkan teilnehmen.

Auch Wanderer finden in der Gegend zahlreiche Möglichkeiten, ihrer Leidenschaft zu frönen. Zum Einstieg bietet sich der leichte, 2 km lange Spaziergang von

La Plaine-de-Palmistes zum 240 m hohen Wasserfall **Biberon** an. Längere Touren führen durch den **Forêt de Bébour,** der für den endemischen Baum *Tamarin des Hauts (Acazia heterophylla)* bekannt ist und sich in Höhe und Umfang deutlich von den übrigen *bois de couleurs* (immergrüne Pflanzen) unterscheidet. Um die zahlreichen Pfade des Waldes zu erkunden – der in die Tamarindenwälder von Bélouve und die Schlucht von Takamaka übergeht –, benötigt man mindestens einen ganzen Tag. Unterkunft bietet die **Gîte de Bélouve** (s. auch S. 221), die unweit des Abbruchs zum Cirque de Salazie liegt (unbedingt vorab durch die Maison de la Montagne buchen). Ein hilfreicher Begleiter ist die IGN-Karte 4405RT.

Durch die Plaine zurück an die Küste

Südlich von La Plaine-des-Palmistes führt die kurvenreiche Straße durch üppige Vegetation und erreicht nach 6 km den Aussichtspunkt **Col de Bellevue,** wo es sich schön picknicken lässt. In der **Plaine-des-Cafres** ㉗, früher ein beliebtes Versteck entlaufener Sklaven, wird die Straße gerader. Weiden, Milchfarmen und Vieh verleihen der Ebene ein alpines Bild. Das Gebiet ist zwar weniger reizvoll als die Plaine-des-Palmistes, aber auch hier gibt es einige lohnende Wanderwege und die Straße wird von *chambres d'hôtes* und Restaurants gesäumt. Kurz vor dem Ort La Plaine-des-Cafres steht ein einsamer, mit Blumen überhäufter Schrein für St-Expédit, der über das Land Richtung Piton des Neiges blickt. Er ist nur einer von vielen auf der Insel, die dem römischen Soldaten geweiht sind (s. S. 208); während die meisten anderen mit Schwarzer Magie verknüpft werden, zeugt dieser Schrein von christlicher Verehrung.

Eine schöne, 5 km lange Straße führt von der Dorfkirche in La Plaine-des-Cafres (auch als Le Vingt-Troisième bekannt) in nördlicher Richtung nach **Bois Court** und zu einem Aussichtspunkt über das tiefe Tal **Grand Bassin.** Nahe dem Ort stürzen Wasserfälle in eine tiefe Schlucht, in der sich südöstlich des Talkessels Cilaos die drei Flüsse Bras Sec, Bras de Suzanne und Bras des Roches Noires vereinigen. Als Alternative bietet sich eine Autofahrt über die D36 von Le Vingt Quatrième durch Notre Dame de la Paix zu einem Picknickbereich an, wo die umliegenden Wälder und Botanikpfade an der Rivière des Remparts auf ihre Erkundung warten.

Über viele Kurven führt die Hauptstraße hinab nach **Le Tampon** – dessen Name von dem madagassischen Wort *tampony* (»Gipfel«) abstammt – und weiter zur Küste nach St-Pierre. Seit Gabriel de Kerveguen 1830 das Land um Le Tampon kaufte und überall Zuckerrohr anpflanzte, ist die Gegend vorwiegend agrarisch geblieben. Einst befand sich hier auch ein Zentrum der Geranium-Zucht, doch obwohl deren ätherisches Öl für die Parfümindustrie zum besten der Welt gehört, ist die Produktion von 165 t im Jahr 1962 auf nun 10 t jährlich gesunken. ■

Seite 202 203

Information
Im Gebiet der »Hautes Plaines« gibt es zwei Touristenbüros: Domaines des Tourelles, Rue de la République, Plaine-des-Palmistes (Tel. 02 62 51 39 92), sowie Bourg Murat, 213 RN3, Plaine-des-Cafres (Tel. 02 62 59 09 82). Öffnungszeiten: tgl. außer Di 9–12.30 und 13.30–18 Uhr, Sa 10–17 Uhr, So 10–11.30 Uhr

► **Baumfarne im Wald von Bébour**

Die Talkessel – das Herz der Insel

Seite 226

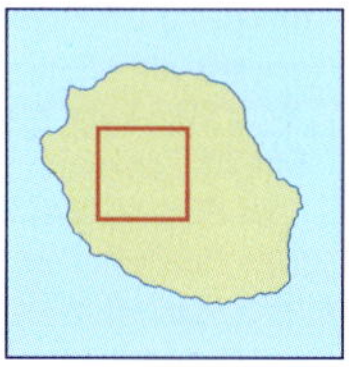

Bis zum heutigen Tag sind die Talkessel von Réunion eine entrückte Welt. In den Cirque de Salazie und den Cirque de Cilaos führt inzwischen zwar jeweils eine Straße, aber der Cirque de Mafate ist nur per Hubschrauber oder zu Fuß zugänglich – und damit ein wahres Paradies für Wanderfreunde.

Die spektakulären Talkessel von Mafate, Salazie und Cilaos reihen sich wie Kleeblätter um den erloschenen Vulkan Piton des Neiges. Mitte des 18. Jhs. waren sie ein beliebtes Versteck entlaufener Sklaven *(marrons)* und ein Jahrhundert später kamen verarmte weiße Siedler *(petits blancs)* von der Küste hinzu. Betrachtet man heute die Ehrfurcht gebietende Landschaft mit ihren zerklüfteten Bergen, tiefen Tälern, wilden Flüssen und Wasserfällen, scheint es unglaublich, dass die Menschen hier einst überleben konnten.

Am einfachsten zu erreichen ist der üppig grüne Cirque de Salazie, wo sich ein Wasserfall an den anderen reiht – besonders zur Regenzeit im europäischen Winter ist dies ein faszinierendes Schauspiel. So ist es kaum verwunderlich, dass Salazie die Besucher in Scharen anzieht. Einsamkeit pur dagegen erlebt man im Cirque de Mafate, der nur aus der Luft oder zu Fuß erkundet werden kann. Wer sein Quartier an der Westküste aufgeschlagen hat, wird vermutlich zunächst dem Cirque de Cilaos einen Besuch abstatten. Für die Anfahrt von St Louis über die schmale und kurvenreiche RN5 sollte man rund 90 Minuten kalkulieren. Da in allen Talkesseln das Wetter rasch umschlagen kann, gehören zu jeder Jahreszeit warme Kleidung und Regenzeug ins Gepäck – und ausreichend Euro, denn in keinem der Cirques gibt es eine Bank (allerdings akzeptieren die meisten Hotels in Cilaos und Salazie die gängigen Kreditkarten).

Cirque de Mafate

Dieser Cirque kennt weder Autos noch große Läden und ist daher der ideale Ort, um der Hektik der Welt zu entfliehen. In früheren Jahrhunderten suchten entlaufene Sklaven hier Zuflucht und wussten ganz genau, dass ihre Herren sie kaum finden würden – den Touristen geht es heute nicht anders. Man muss schon ein wenig Abenteuerlust und Kondition mitbringen, um in den Talkessel vorzudringen. Die wenigen Hundert Einwohner leben verstreut in einem Dutzend Weiler *(îlet)*, die durch Pfade miteinander verbunden sind, und alle gehen zu Fuß – auch der Briefträger.

Mafate ist der am schwierigsten erreichbare und am dünnsten besiedelte Talkessel. Zugang verschaffen allein die mar-

◀ Wasserfälle im Cirque de Salazie
▶ Herrlich abgeschiedene Lage in einer Schlucht

Zu leichten Spaziergängen lädt der Freizeitpark Parc du Maïdo (tgl. 9–17 Uhr) ein, in dem sich auch Kinder sehr wohl fühlen. Man kann hier Mountainbiken, sich im Bogenschießen üben, durch Tamarindenwälder streifen oder einfach nur ein schönes Picknick veranstalten.

kierten Wege der *Grandes Randonnées* (s. S. 186 f.) oder aber die Hubschrauber. Wenn die Zeit knapp bemessen ist, verschafft ein Rundflug einen großartigen Eindruck. Das Erlebnis wird abgerundet mit einer Landung in La Nouvelle, wo ein köstliches Currygericht auf den Tisch kommt. Touren wie diese werden täglich von Hélilagon (s. S. 220) ab dem Heliport L'Éperon bei St-Gilles durchgeführt.

Mit seinen 130 Einwohnern und drei Lebensmittelgeschäften ist **La Nouvelle ❶** das größte Dorf und die heimliche »Hauptstadt« von Mafate. Die Menschen leben vom Tourismus, kleinen Viehzuchtbetrieben in der Plaine des Tamarins und der Produktion von Geranienöl, doch die Zahl der kleinen Destillierbetriebe nimmt immer mehr ab.

Sehr lohnend ist die Wanderung von Cilaos nach **Marla,** das höchstgelegene Dorf im Cirque de Mafate (s. S. 187). Alternativ dazu kann man sich auch an den – relativ einfachen – Aufstieg von Grand-Îlet im Cirque de Salazie nach Mafate machen (s. S. 228).

Wer sich solchen Strapazen nicht aussetzen will, der kann von St-Paul oder St-Gilles mit dem Auto zum **Piton Maïdo ❷** (2203 m) fahren, um von hier einen Blick

in den Cirque de Mafate zu werfen. Die 25 km lange Strecke kann bis zu zwei Stunden in Anspruch nehmen und man sollte früh aufbrechen, da gegen 11 Uhr häufig Wolken aufziehen. Unterwegs passiert man die Geranienkulturen von **Petite France** sowie zahlreiche schön gelegene Picknickplätze.

Die Aussichtsplattformen des Maïdo bieten ein überwältigendes Panorama: Von links nach rechts sieht man die Gipfel von La Roche Écrite (2277 m), Le Cimendef (2226 m) und Le Morne de Fourche (2195 m), welche die Talkessel Salazie und Mafate voneinander trennen. Aus der Salazie-Kette ragen im Zentrum der drei Talkessel die Gipfel des Gros Morne (2991 m) und Piton des Neiges (3069 m) auf. Richtung Süden schließlich fällt der Blick auf den Col du Taïbit (2082 m) und den Grand Bénard (2896 m), die ihre Gipfel zwischen Mafate und Cilaos in den Himmel strecken. Eine schöne, aber anstrengende Wanderung (hin und zurück ca. 7 Std.) führt vom Aussichtspunkt am Maïdo auf dem Grat des Cirque de Mafate bis zum Grand Bénare.

Geranien
→ wurden um 1870 aus Südafrika importiert und trugen zum wirtschaftlichen Überleben der »petits blancs« bei. Aus den Geranienblättern gewinnt man ein Öl, das in der Parfümherstellung Verwendung findet.

Cirque de Salazie

Der Name Salazie geht auf das madagassische Wort *salazane* zurück, was so viel wie »Pfahl« oder »Pfosten« bedeutet und sich offenbar auf die drei Gipfel des Gros Morne bezieht, die wie Wachtposten an der südwestlichen Ecke des Talkessels aufragen. Erster europäischer Siedler war ein gewisser Monsieur Cazeau, der in einer kleinen Hütte lebte und Berühmtheit erlangte, als er sich während einer 43-tägigen Regenperiode ausschließlich von Kürbis ernährte. »Wenn es in Salazie regnet«, berichtete ein Besucher 1863, »dann regnet es … in einem steten Strom, der so beharrlich wie das europäische Geschäftsleben ist.«

Der viele Niederschlag hat den Talkessel in üppiges Grün gehüllt. Seit Mitte des 19. Jhs. bauen die Bewohner der insgesamt 25 Dörfer vor allem Brunnenkresse, Tabak, Kaffee, Äpfel und reichlich *chou-chou* an. Letzteres (s. S. 177) wird im Mai mit einem dreitägigen bunten Fest geehrt, bei dem an zahlreichen Ständen lokale Produkte zum Verkauf stehen, Musikgruppen aufspielen und sogar eine Miss Chou Chou gewählt wird.

Schon kurz hinter St-André bekommt man einen ersten Geschmack von Salazie. Entlang der dicht bewaldeten Schlucht der Rivière du Mât, wo Dutzende von Wasserfällen das Landschaftsbild bestimmen, schlängelt sich die Straße langsam aufwärts. Der erste größere Ort **Salazie**

Seite 226

▲ Nur für wagemutige Profis – Gleitschirmfliegen über dem Talkessel von Mafate
► In den Talkesseln finden sich einige entlegene Hütten

hat außer ein paar Geschäften und Lokalen sowie einem Touristenbüro im Rathaus nicht viel zu bieten. In der *boulangerie* in der Rue Père Boiteau gibt es frisch gebackene Baguettes, Croissants und Kuchen fürs Frühstück unterwegs.

Die Straße steigt nun kontinuierlich an und passiert die **Cascades du Voile de la Mariée ❸** (»Brautschleierfälle«), die sich in die Rivière du Mât ergießen. Wenig später gabelt sich die Straße. In westlicher Richtung zweigt die D52 ab und windet sich auf 34 km durch das Herz des Talkessels nach **Grand-Îlet ❹**, einem Dorf im Schatten der Roche Écrite mit einigen preiswerten *chambres d'hôtes.* Eine kleine Straße führt von hier in das 3 km entfernte **Le Bélier,** wo die meisten Trekkingtouren in den Cirque de Mafate sowie gen Süden zum Cirque de Cilaos beginnen (s. S. 187).

Folgt man der Hauptstraße (D48) ist nach etwa 30 Minuten Hell-Bourg (s. u.) erreicht – abzüglich zweier Stopps unterwegs, die nicht versäumt werden sollten. Sowohl von dem Aussichtspunkt **Mare à Poule d'Eau** als auch von dem 892 m hoch gelegenen **Le Point du Jour** bieten sich überwältigende Blicke auf die Roche Écrite und den kleinen Weiler Le Bélier.

▲ Dekorative offene Anbauten, so genannte »guetali«, sind typisch für kreolische Häuser
◄ Friedhof in Hell-Bourg

Reizvolles Bergdorf

Hell-Bourg ❺ – das nicht nach der Hölle, sondern nach einem gewissen Gouverneur de Hell benannt wurde – ist ein entzückendes Dorf, in dem man gut einige Tage verbringen kann. Mehrere kleine Hotels beherbergen Gäste und an der Hauptstraße **Rue Général de Gaulle** gibt es eine Hand voll Läden und Restaurants. Das Touristenbüro in der gleichen Straße (Tel. 02 62 47 89 89) hilft gerne.

Über den ganzen Ort verteilt findet man hübsche kreolische Villen, die farbenfroh gestrichen sind und inmitten gepflegter Gärten mit Bambus, Orangenbäumen und Farnen liegen. Gute Eindrücke von einem traditionellen Haus vermittelt die **Maison Folio** (tgl. 9–11.30, 14 bis 17 Uhr, geführte Touren) gegenüber der Kirche in der Rue Amiral Lacaze. Das 1870 erbaute Gebäude gehört Monsieur Folio, einem Nachfahren früher Siedler. Die beiden Pavillons hinter dem Haus dienten als Küche und Sklavenquartiere, während im *guetali* Gäste empfangen und mit Getränken aus einheimischem Rum und Gewürzen bewirtet wurden. Zu den originalen Möbelstücken gehört ein Himmelbett mit Baldachin aus dem 19. Jh., das der Überlieferung zufolge Korsaren auf einem ostindischen Schiff erbeuteten.

Die Entdeckung einer Heilquelle bei Hell-Bourg 1831 brachte viele Kranke in den Ort. 1948 wurden die Quellen durch einen Erdrutsch verschüttet, aber die Ruinen können bei einem Spaziergang erkundet werden – vom geschlossenen Hôtel des Salazes am Chemin du Cimetière sind es nur 15 Min. in westlicher Richtung.

Die Opfer des Erdrutsches wurden am Nordende des Chemin du Cimetière beigesetzt, wo sich einer der stillsten **Friedhöfe** der Insel befindet. Er ist von Bambus umrahmt, und im Hintergrund ragen grüne Berge auf. Zwischen den Gräbern von Siedlern, Soldaten und Aristokraten fällt ein grauer Steinhügel mit einfachem Eisenkreuz ins Auge: Hier soll der enthauptete Leichnam des Banditen und Sittenstrolches Mr. Zett bestattet liegen, der Anfang des 20. Jhs. die Umgebung in Angst und Schrecken versetzte. Um sicherzustellen, dass er niemals wieder auferstehen werde, schickte man seinen Kopf nach St-Denis. Manchmal stehen Gläser mit Rum und Zigaretten am Grab, die seinen unruhigen Geist beschwichtigen sollen.

Guetali

→ sind an Gartenecken stehende Lauben, von denen aus die feinen Damen heimlich das Leben auf der Straße beobachten konnten. Der Name geht auf das französische Wort »guetter« (belauern) zurück.

Wer Forellen mag, sollte den Schildern zum **Parc Piscicole d'Hell-Bourg** (tgl. 8 bis 18 Uhr) in der Nähe des Hôtels Relais des Cimes folgen, wo Angel und Köder auf Kunden warten. Man kann den eigenen Fang anschließend im Restaurant zubereiten lassen. Ideale Bedingungen für ein abenteuerliches Canyoning bestehen rund 1 km außerhalb der Stadt am Wasserfall **Les Trois Cascades.** Als Alternative bietet sich auch ein Raftingtrip durch wilde Stromschnellen an.

Für die besten Ausblicke auf den Cirque de Salazie sollte man das nordwestlich von Hell-Bourg gelegene **Îlet à Vidot** ansteuern. Von hier führt ein Teilstück des GR R1 auf den buckligen **Piton d'Enchaîng ❻**. Für den Hin- und Rückweg von Hell-Bourg benötigt man mindestens 5 Stunden; sämtlicher Proviant muss mitgenommen werden. Populärer ist die Besteigung des **Piton des Neiges ❼**, wobei man die Strecke auf zwei Tage verteilen und in der Gîte de la Caverne Dufour absteigen kann (s. S. 187).

Im Bann von Cilaos

Der **Cirque de Cilaos** wurde nach dem entlaufenen Sklaven Tsilaos benannt – madagassisch *tsy laosana* bzw. »Platz, den man niemals verlässt« –, was jeder nachvollziehen kann, der die 262 Serpentinen zwischen St-Louis und Cilaos hinter sich gebracht hat. Am Ufer der Rivière Bras de Cilaos klettert die RN5 beständig zum Eingangstor des Talkessels **Le Pavillion** hinauf. Früher wurden reiche Besucher von dort mit Sänften über enge Wege getragen, die an jeder Biegung neue Ausblicke auf wolkenverhüllte Berge und abgelegene Dörfer freigaben.

Das Städtchen **Cilaos ❽** in 1220 m Höhe lässt an den französischen Wintersportort Chamonix denken, dessen Partnerstadt sie ist. Ihre 6000 Einwohner stammen überwiegend von Siedlern ab, die im 19. Jh. aus der Normandie und Bretagne einwanderten und denen einige der

Seite 226

Nichts für Ängstliche
Letzter Schrei im Cirque de Cilaos ist **Canyoning.** Vor allem rund um Îlet Fleurs Jaunes und Îlet du Bois Rouge gibt es unzählige Klammen und Wasserfälle, durch die man sich abseilen kann. Die nötige Ausrüstung wie Rettungsweste, Klettergurt und Helm wird vom Veranstalter gestellt. Infos im Touristenbüro in Cilaos.

▶ Der Kurort Cilaos ist ein guter Ausgangspunkt für Wanderer

Der Cirque de Cilaos ist für seine Stickereien berühmt, die zumeist in Heimarbeit entstehen. Ein Zentrum ist Cilaos, in der dortigen **Maison de la Broderie** (Rue des Écoles, Mo–Sa 9.30–12, 14–17 Uhr, So und Fei 9.30 bis 12 Uhr) wird fleißig produziert.

Berge ihre fantasievollen Namen verdanken: *Les Trois Dents de Salazes* (»die drei Zähne von Salazes«) oder *Le Bonnet du Prêtre* (»die Priesterkappe«). Die Einheimischen leben heute größtenteils vom Tourismus und der Landwirtschaft, obwohl die Gegend auch berühmt ist für Stickereien, Linsen und Wein. Insbesondere Cilaos' Rotwein, ein aus der Cot-Traube hergestellter, süßlicher, vollmundiger Tafelwein, genießt einen recht guten Ruf.

In der **Rue Père Boiteau** im Stadtzentrum stehen einige liebevoll restaurierte kreolische Häuser. Besondere Erwähnung verdienen das lila-graue Haus namens »Soledad« gegenüber der Apotheke, das 80 Jahre alte lachsrote Restaurant »Chez Noé« (wo man gutes Ziegen-Massalé serviert) und das blau-weiß gestrichene älteste Haus der Stadt.

Bei einem Besuch im kleinen **Musée du Peuplement** lernt man die Geschichte und das frühere Leben der Bergbewohner von Réunion kennen (Mo–Sa 10–12, 14.30–18.30, So 9.30–11.30, 13.30 bis 16.30 Uhr, Tel. 02 62 31 88 01). Die Beschriftungstafeln und die Führung sind zwar auf Französisch, doch es gibt auch eine Informationsbroschüre in englischer Sprache, die viele Exponate erklärt.

Seit ein Ziegenjäger die Thermalquellen 1819 entdeckte, zog Cilaos als Kurort die Kranken und Schwachen an, die auch die lange Anreise von der Küste nicht scheuten. 1948 zerstörte ein Zyklon die Quellen, doch das Fitness- und Kurzentrum **Établissement Thermal d'Irénée-Accot** ist noch in Betrieb (Route de Bras-Sec, Mo–Sa 8–18, So 9–17 Uhr, Mi nachmittags und im Juni geschlossen, Tel. 02 62 31 72 27). Das Wasser der Thermalquelle soll gegen Verdauungsprobleme, Rheumatismus und Arthritis helfen. Viele kommen auch nur, um sich von einer anstrengenden Wanderung zu erholen, wofür sich eine Massage, die Sauna, der Whirlpool – und weniger das Fitnessstudio – hervorragend eignen.

Andere mag es eher zur **Chai de Cilaos** in Bras Sec (34 Rue des Glycines, Tel. 02 62 31 79 69, Mo–Fr 9–12, 14 bis 17.30 Uhr) ziehen, wo ein hervorragender Wein, sogar mit Exportqualität, produziert wird. Auf einer Führung bekommt man die Weinproduktion erklärt und darf natürlich probieren. Obwohl inzwischen auch moderne Methoden Anwendung finden, haben sich die Prozesse des Kelterns, Gärens und Abfüllens kaum verändert. Cilaos und das nahe Bras Sec gelten als beste Orte der Insel zum Einkauf von Wein. Der preiswerte Cilaos-Wein, den Einheimische am Straßenrand anbieten, ist allerdings oft von minderer Qualität.

Auf Schusters Rappen

Das Touristenbüro (2 Rue Mac-Auliffe, tgl. 8.30–12.30, 13.30–17.30, So und Fei 9 bis 12 Uhr, Tel. s. u.) befindet sich im selben Gebäude wie die Zweigstelle der Maison de la Montagne (TeFitnes- und Kurzentrum (Tel. 02 62 31 71 71). Hier erhält man alle nötigen Informationen über Unterkünfte, Wanderungen und sonstige Aktivitäten sowie diverse Landkarten.

Eine der einfachsten Wanderungen führt in zwei Stunden zu dem Aussichtsfelsen **Roche Merveilleuse,** der einen wunderbaren Panoramablick gestattet: Von links nach rechts sieht man das Dorf Bras Sec auf einem Plateau über dem Talkessel sowie Palmiste Rouge und Îlet à Cordes, wo die besten Linsen wachsen. Der Weg zur Roche Merveilleuse zweigt am Hôtel des Thermes links ab und führt durch den **Fôret du Grand Matarum,** der für eine lokale Tamarindenart *(Tamarind des Hauts),* japanische Cryptomeria und die einzigen Eichenbestände Réunions bekannt ist. Mehrere markierte Pfade durchziehen den Wald. Wesentlich anstrengender sind die Trekkingtouren nach Marla im Cirque de Mafate (s. S. 187) oder über den GR R2 via Bras Sec Richtung Süden nach Palmiste Rouge. ■

Seite 226

TOP 50 Seite 356

TOP 50 Seite 359

◄ Dreschen von Linsen

▼ Frisch getünchte Häuser und üppige Blumengärten verleihen Cilaos einen alpinen Charakter

Atlantis im Indischen Ozean

Unter den Seychellen finden sich die ältesten und einzigen ozeanischen Granitinseln der Welt. Vor Millionen von Jahren gehörten sie zum antiken Riesenkontinent Pangaea, der später in das nördliche Laurasia (das heutige Europa, Asien und Nordamerika) sowie das südliche Gondwanaland (Südamerika, Afrika, Antarktis, Australasien und Indischer Subkontinent) zerbrach. Auf dem isolierten Mikrokontinent entwickelte sich eine eigene Flora und Fauna und lange Zeit störten weder Menschen noch Landsäugetiere dieses Paradies.

Die Geschichte der Besiedlung begann auf den Seychellen erst vor wenigen Hundert Jahren. Zuvor hatten diverse Seeleute die Eilande entdeckt: Im 3. oder 2. Jh. v. Chr. hielten sich vermutlich Polynesier hier auf, zogen später jedoch nach Madagaskar weiter; die erste bekannte Verzeichnung auf Landkarten stammt von arabischen Kaufleuten aus dem 9. Jh.; 1502 sichtete der Seefahrer Vasco da Gama die Äußeren Inseln und im späten 16. Jh. tauchten die inneren Granitinseln unter dem Namen »Sieben Schwestern« in portugiesischen Landkarten auf. Die erste verzeichnete Landung erfolgte erst 1609 durch einen kleinen Trupp englischer Seeleute. Nach Erkundung von Mahé erklärte der Passagier John Jourdain das Eiland spontan zum »Paradies auf Erden«. Dennoch blieben die Seychellen für weitere 100 Jahre unbewohnt.

1710 wurde Mauritius von den Franzosen besetzt, deren Gouverneur Bertrand François Mahé de Labourdonnais die Seychellen kartografieren ließ – sie erhielten den treffenden Namen Îles d'Abondance: »Inseln des Überflusses«. Es sollte noch weitere 46 Jahre dauern, bis die Franzosen von den Seychellen Besitz ergriffen, und das nur, um den Briten ein Schnippchen zu schlagen. Letztere übernahmen ab Anfang des 19. Jhs. das Kommando und entließen den Archipel am 29. Juni 1976 in die Unabhängigkeit.

◄◄ Farben der Seychellen: bunt bemalte Holzstäbe, die man mit nach Hause nehmen kann; Insel St-Pierre vor Praslin; Rotfußtölpel auf der Insel Cosmolédo
◄ Prachtvoller Fang

Heute sind die Seychellois stolz auf ihr spektakuläres Land und teilen es gerne mit Besuchern. Bei der ersten Begegnung mögen sie zwar ein wenig reserviert wirken, doch sobald die Spannung gewichen ist, sind sie ungeheuer warmherzig und großzügig. Gerne öffnen sie ihre Häuser und teilen das, was gerade auf dem Tisch steht, mit denen, die sie näher kennen gelernt haben. Es ist eine junge Nation, die vor den unvermeidlichen Problemen einer kleinen und isolierten Inselbevölkerung steht, die mit der Außenwelt mithalten will. Das charakteristische *mañana*-Syndrom steht in Konflikt mit der Erfordernis zu modernisieren und abseits der Korallenstrände mit den Ansprüchen einer immer schneller und geschäftiger werdenden Welt Schritt zu halten. Auf der anderen Seite ist es genau jene entspannte Lebensart, die die Besucher fasziniert. Die meisten von ihnen kommen auf der Suche nach einer stressfreien Umgebung und nach konkurrenzloser natürlicher Schönheit.

Wer im Urlaub nur Sonne, See und Sand sucht, wird preiswertere Tropenziele finden, doch wer bereit ist, etwas tiefer in die Tasche zu greifen, um eine einzigartige Flora und Fauna – sowohl an Land als auch unter Wasser – zu sehen und sich auf einigen der schönsten Stränden der Welt zu entspannen, der liegt hier genau richtig. Natürlich hat sich seit 1609 landschaftlich vieles verändert, doch die Regierung der Seychellen war von Anfang an darauf bedacht, die Natur zu erhalten, und so gibt es nach wie vor viele schöne Stellen, die Jourdains Definition vom »Paradies auf Erden« entsprechen.

Die Inseln der Seychellen werden zu fünf größeren Gruppen zusammengefasst: die Amiranten, die Alphonse , die Farquhar und die Aldabra Gruppe sowie die Granitinseln. Ein jedes Eiland besitzt seine eigene Ausstrahlung und seine eigenen Charakteristka – alle aber verkörpern die Vorstellung von einem Tropenparadies und lassen es den Besuchern an nichts mangeln: seien es faszinierende palmengesäumte Strände, leuchtend blaue Lagunen, urzeitliche Regenwälder und nicht zuletzt die beeindruckende Unterwasserwelt, die bei Tauchern und Schnorchlern als eine der schönsten der Welt gilt. ■

Der Ursprung der Seychellen

Die Inseln der Seychellen können zu fünf größeren Gruppen zusammengefasst werden: die Amiranten, die Alphonse-, die Farquhar- und die Aldabra-Gruppe sowie die Granitinseln. Letztere – 40 an der Zahl – sind weltweit die einzigen ozeanischen Eilande, die aus einer Kontinentalmasse geformt wurden; alle anderen isolierten Ozeaninseln bestehen aus Korallen- oder Vulkangestein und sind dem Meer entwachsen. Im Gegensatz dazu

war das Gestein der Granitinseln niemals vollständig mit Wasser bedeckt. Sie wurden vor rund 750 Millionen Jahren aus dem »Bauch der Erde« ausgestoßen und waren ursprünglich vielleicht gefrorenes Ödland ohne Leben in der Nähe des Südpols.

Jahrtausendelang gehörte das Gestein der Seychellen zum antiken Riesenkontinent Pangaea, der einst sämtliche Landmassen der Welt umfasste und später in das nördliche Laurasia (das heutige Europa, Asien und Nordamerika) sowie das südliche Gondwanaland (Südamerika, Afrika, Antarktis, Australasien und Indischer Subkontinent) zerbrach. Damals lagen die Seychellen nahe der Stelle, wo Madagaskar, Indien und Afrika miteinander verbunden waren.

Als sich der Prozess der Kontinentalverschiebung vor 125 Millionen Jahren fortsetzte, brachen Madagaskar, die Seychellen und Indien als gemeinsame Landmasse ab. Madagaskar wurde vor rund 90 Millionen Jahren zur Insel und driftete mit seiner einzigartigen Flora und Fauna davon. Etwa 25 Millionen Jahre später trennten sich die Seychellen von der Westküste Indiens.

Es ist womöglich kein Zufall, dass die Entstehung der weltweit einzigen ozeanischen Fragmente kontinentalen Gesteins mit dem Aussterben der Dinosaurier zusammenfiel. Viele Wissenschaftler glauben, dass deren Verschwinden auf die Kollision der Erde mit einem Kometen zurückzuführen ist, der Mexikos Halbinsel Yucatán traf, Schockwellen durch den Globus sandte und am anderen Ende der Welt vulkanische Aktivitäten auslöste. Eine andere Theorie besagt, ein großer Komet sei beim Aufprall auf die Erdatmosphäre zerborsten und habe zunächst Yucatán und – auf Grund der Erdumdrehung – 12 Stunden später den Indischen Ozean getroffen. Natürlich gibt es auch Gelehrte, die das plötzliche Sterben aller Dinosaurier dementieren; ihnen zufolge handelte es sich um einen längeren Prozess, ausgelöst durch vulkanische Aktivitäten im Westen Indiens, wo die Seychellen einst am Subkontinent hafteten.

Der neue Mikrokontinent, der isoliert mitten im Ozean lag, war eine Landmasse von rund 300 000 km² und hatte damit ungefähr die Größe von Großbritannien und Irland. Heute sind nur noch die Gipfel der höchsten Berge erhalten. Durch die vereinten Kräfte von Erosion, Schwanken des Meeresspiegels und Gewichtszunahme der Korallen (wodurch sich das bildete, was Geologen eine Karbonatplattform nennen) wurden alle Gebiete mit Ausnahme von 250 km² Granit überschwemmt, so dass heute weniger als ein Tausendstel der ursprünglichen Größe des Archipels erhalten ist.

Silhouette und North ähneln oberflächlich betrachtet den anderen Granitinseln, sind aber jünger und bestehen überwiegend aus dem vulkanischen Tiefengestein Syenit. Die Geburt von Silhouette erfolgte als Resultat einer Eruption, die eventuell an Land stattfand. Vermutlich liegt dieser Vulkankrater südöstlich von La Passe, ist inzwischen fast völlig erodiert und versunken. Bei einem seiner häufigen Ausbrüche könnte Silhouette durchaus mit einem Schlag 3000 m aus dem Meer aufgestiegen sein. Da nur wenige vulkanische Flächen über Wasser erhalten sind, besteht keine Gewissheit darüber. Als einziger Ort auf den Seychellen ist an der Pointe Zeng Zeng Vulkanasche über dem Meeresspiegel erhalten geblieben, während sich Basaltfinger von der Insel Richtung Mahé ausstrecken.

Am Rand der Seychellenbank liegen die wesentlich jüngeren Inseln Bird und Denis, die vor rund 4000 Jahren entstanden, als der Meeresspiegel infolge veränderter Ozeanströmungen sank. Mahé beispielsweise liegt 5 m unter dem Ozeanniveau von Südindien. Wahrscheinlich ist die Entstehung der Amiranten auf dieselbe Ursache zurückzuführen.

Die Amiranten präsentieren sich als lineare Kette aus Koralleninseln und Atollen, die nirgends mehr als 3m über dem Meeresspiegel liegen. Einst wuchsen Vulkane aus dem Meer, die erloschen und wieder versanken – nur die beständig wachsenden Korallen hielten die Verbindung zur Wasseroberfläche aufrecht. Auch das Farquhar-Atoll im Süden der Seychellen muss irgendwann vulkanische Aktivitäten erlebt haben. Während die Granitgruppe einen Mikrokontinent bildete, war Farquhar offenbar nur ein Nanokontinent, d. h. das kleine Fragment eines Kontinents.

Aldabra, Assumption, Cosmolédo und Astove im Südwesten der Seychellen unterscheiden sich erneut. Die Inseln der Aldabra-Gruppe sind gewachsene Koralleninseln, wobei Aldabra als das größte Atoll der Welt gilt. Im Unterschied zu den üblicherweise tief liegenden Atollen erreichen die Aldabra-Inseln Höhen bis zu 8 m, was zu widerlegen scheint, dass sich die vulkanische Basis von Korallenatollen zusammenzieht und sinkt. Doch vielleicht ist nicht das Land gestiegen, sondern das Meeresniveau gefallen.

Der Zyklus hält bis heute an. Die schlimmste Befürchtung ist, dass sich die globale Erwärmung und das damit verbundene Ansteigen der Meeresspiegels zum Desaster für niedrige Koralleninseln entwickelt. Anzeichen von Stranderosion sind überall auf den Seychellen zu entdecken – und nirgends stärker als auf den Koralleninseln, die bei der gegenwärtigen Tendenz irgendwann verschwunden sein könnten. ■

◄ Aldabra-Kanal
▲ Geologen haben den genauen Ursprung des Farquhar-Atolls bislang nicht erklären können

Geschichtlicher Überblick

■ **851** Vermutlich besuchen arabische Händler die Seychellen; ein arabisches Manuskript aus jenem Jahr bezieht sich auf die »hohe Insel« jenseits der Malediven.

■ **961** In arabischen Landkarten taucht die Bezeichnung *zarin* (»Schwestern«) für die Seychellen auf.

■ **1502** Auf dem Weg nach Indien sichtet Vasco da Gama die Äußeren Inseln.

■ **1609** Die Englische Ostindienkompanie verzeichnet die erste Landung auf Mahé.

■ **1742** Französische Niederlassung. Lazare Picault kartografiert die Inseln nördlich von Madagaskar.

■ **1744** Picault kehrt auf die Seychellen zurück und nennt die Hauptinsel Mahé.

■ **1756** Corneille Nicholas Morphey beansprucht Mahé für Frankreich.

■ **1770** Französische Niederlassung auf Ste- Anne.

■ **1778** Eine 15 Mann starke Garnison wird in L'Établissement du Roi (Victoria) stationiert.

■ **1786** Die neue Kolonie, die ihr Einkommen aus der Versorgung von Schiffen bezieht, umfasst 24 Armeeangehörige, 5 Zivilisten und 122 Sklaven. Einführung eines Rechtssystems.

■ **1790** Im Kielwasser der Französischen Revolution bilden die Siedler der Seychellen eine Ratsversammlung, um die Kolonie zu regieren.

■ **1794–1803** Kriegsjahre. Die englisch-französische Rivalität in der Region macht der winzigen Kolonie das Leben schwer. Die Seychellen werden zum Paradies für französische Korsaren. Durch Pragmatismus und Zungenfertigkeit von Kommandant de Quinssy profitieren die Seychellen von den Napoleonischen Kriegen.

■ **1794** De Quinssy unterzeichnet eine erste Kapitulation gegenüber den Briten, die insgesamt 7-mal erneuert wird.

■ **1801** Ankunft politischer Häftlinge aus Frankreich.

■ **1803** Bevölkerung: 215 weiße und 86 farbige Einwohner, 1820 Sklaven. Zu den Anbauprodukten gehören Baumwolle, Mais, Zuckerrohr, Reis.

■ **1818** Der Baumwollanbau führt die 7500 Einwohner zu Reichtum.

■ **1821** Die Seychellen werden zur britischen Kolonie.

■ **1822** Verfall der Baumwollpreise, viele Pflanzer kehren nach Mauritius zurück.

■ **1835** Abschaffung der Sklaverei.

■ **1840** 5400 Einwohner. Einrichtung erster Kokosplantagen.

■ **1841** L'Établissement wird in Victoria umbenannt.

■ **1860er Jahre** Kokosöl ist nahezu der einzige Exportartikel.

■ **1861** Ankunft der ersten von 2500 befreiten Afrikanern.

■ **1862** Eine Schlammlawine überrollt Victoria und fordert über 70 Todesopfer.

■ **1875** Als erster von vielen politischen Gefangenen, die England ins Exil auf die Seychellen schickt, trifft der ehemalige Sultan von Perak (Malaysia) ein.

■ **1891** Wichtigstes Anbauprodukt ist Vanille, daneben exportiert man Kopra (Kokosnusskerne) und Gewürznelken.

■ **1901** 19000 Einwohner.

1903 Unabhängigkeit von Großbritannien. Die Seychellen werden eine eigenständige Kronkolonie unter dem ersten Gouverneur Sweet-Escott.

1906 Der Verfall des Vanillepreises erschüttert die Wirtschaft. Kokosprodukte dominieren wieder den Markt.

1908 Zimt-Exporte steigen.

1914–1918 Infolge des Ersten Weltkriegs leiden die Seychellen an Unterversorgung. Das *Seychelles Pioneer Corps* dient den Briten in Ostafrika.

1921 24 500 Einwohner.

1926 Elektrizität und Telefon erreichen die Inseln.

1937 Gründung der Liga für Farbige als Lobby für die Plantagenarbeiter.

1939 Gründung der Organisation der Steuerzahler als Lobby für die Angestellten.

1939–1945 Im Zweiten Weltkrieg dienen die Seychellen als Basis zum Auftanken von Schiffen. Das *Seychelles Pioneer Corps* ist wieder für die Briten im Einsatz.

1951 34 000 Einwohner.

1964 Gründung der *Seychelles People's United Party* (unter Albert René, fordert Unabhängigkeit) und der *Seychelles Democratic Party* (unter James Mancham, will engere Bande zu England).

1965 Neue britische Kolonie namens *British Indian Ocean Territory,* die aus mehreren Seychellen-Inseln besteht.

1967 Einführung des allgemeinen Wahlrechts.

1971 Fertigstellung des internationalen Flughafens; der Tourismus wird zum wichtigsten Wirtschaftszweig.

1976 Unabhängige Republik. In einer Koalitionsregierung wird James Mancham Präsident und Albert René Ministerpräsident.

1977 Staatsstreich gegen Mancham, Albert René wird Präsident einer sozialistischen Regierung.

1979 Eine neue Verfassung macht die Seychellen zum Einparteienstaat unter Führung der *Seychelles People's Progressive Front (SPPF).*

1980 63 000 Einwohner.

1981 Eine Söldnertruppe unter Colonel »Mad Mike« Hoare will die Macht an sich reißen und scheitert.

1982 Truppen aus Tansania schlagen eine Rebellion in der Armee nieder.

1984/1989 Zweite und dritte Amtsperiode von Albert René. Wachsender Tourismus.

1992 Rückkehr zum Mehrparteiensystem. Mancham versöhnt sich mit René.

1993 Annahme einer neuen Verfassung. René und seine SPPF werden wiedergewählt.

1998 René ist erneut Wahlsieger. Manchams *Democratic Party* wird von der *United Opposition* (später umbenannt in *Seychelles National Party)* auf Rang drei verwiesen.

2001 Aus den Präsidentschaftswahlen geht Albert René wieder als Sieger hervor.

2004 Im April übergibt René (auch 2001 wiedergewählt) sein Amt an den bisherigen Vizepräsidenten James Alix Michel.

2006 Feiern zum 30. Jahrestag der Unabhängigkeit auf den drei Hauptinseln.

2007 Die Seychellen schließen mit China Kooperationsvereinbarungen zu Technik, Bildung und Investitionen. ■

◀ Karte von Afrika und dem Indischen Ozean, Mitte 16. Jahrhundert
▶ Wahlkampfplakat des ehemaligen Präsidenten Albert René

القرآن ثم قرأ بعد اساطير تلاها وزخارف جلاها وقال اركبوا فيها بسم الله مجراها
ومرساها ثم تنفس تنفس المغرمين او عباد الله المذكرين وقال اما انا

Geburt einer Inselnation

Über die menschliche Frühgeschichte auf den Seychellen kann nur spekuliert werden. Im 3. oder 2. Jh. v. Chr. sollen sich Polynesier hier aufgehalten haben, die später auf Madagaskar siedelten. Weiter nimmt man an, dass arabische Händler im 9. Jh. bei ihren Kreuzfahrten im Indischen Ozean auf die Seychellen gestoßen sind – das zumindest geht aus einem Manuskript von 851 hervor, welches sich auf die Malediven sowie »höhere Inseln« dahinter bezieht.

Vermutlich handelten die Araber lange vor Ankunft der ersten Europäer mit der legendären Seychellennuss *(coco de mer)*, die es nur auf diesen Inseln gibt (s. S. 320). Da sich um die Herkunft der Nüsse derart viele Mythen rankten, avancierten sie zu einem wahren Importschlager und kein Händler hätte jemals seine kostbare Nachschubquelle preisgegeben. Im Gegenteil: Man schürte die Legenden und behauptete sogar, die Nüsse angeschwemmt an den Küsten der Malediven gefunden zu haben – was in der Tat sehr unwahrscheinlich ist, da sie in Salzwasser nicht schwimmen können.

Die ersten Europäer

Die frühe Geschichte der Seychellen kann auf das Kommen und Gehen von ein paar Schiffen reduziert werden. 1502 sichtete Vasco da Gama auf seinem Weg nach Indien die Äußeren Inseln, doch die Portugiesen unternahmen keinen Versuch, die Eilande zu kolonisieren. Im späteren 16. Jh. tauchten die inneren Granitinseln unter dem Namen »Sieben Schwestern« in portugiesischen Landkarten auf.

Als Nächste standen die Briten vor der Türe. Am 19. Januar 1609 kam die *Ascension* – ein Schiff der Britischen Ostindienkompanie – durch einen Sturm vom Kurs ab und ankerte »wie in einem Tümpel« vor Mahé. Mit an Bord war John Jourdain, der im Auftrag der Kompanie den Han-

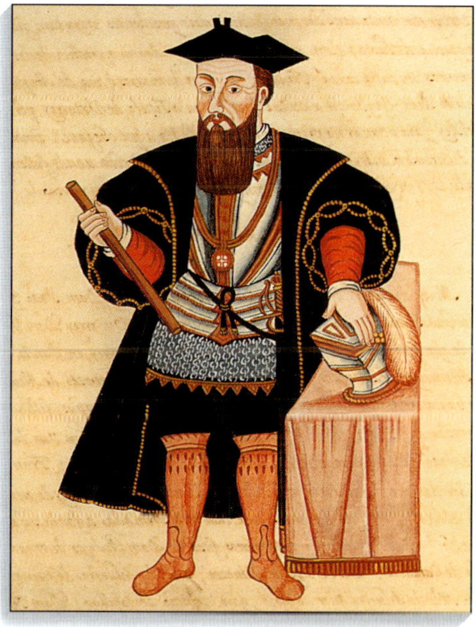

Schatzsuche

Im frühen 18. Jh. war Olivier Le Vasseur alias »La Buse« (der Bussard) ein gefürchteter französischer Korsar, der zusammen mit den englischen Piraten Edward England und Charles Taylor mehrere Jahre lang den Indischen Ozean durchkämmte und europäische Handelsschiffe kaperte. Ihre reichste Beute machten sie auf einem königlich portugiesischen Schiff, das sie im Hafen von Réunion überfielen. Zu den erbeuteten Schätzen gehörte auch das mit Diamanten, Rubinen und Smaragden verzierte »Feuerkreuz von Goa« – drei Männer waren erforderlich, um es anzuheben. Vasseur nahm das prächtige Schmuckstück an sich, wurde jedoch bald darauf von den Franzosen gefasst. Am 7. Juli 1730 brachte man ihn nach Réunion, wo er gehängt werden sollte. Kurz bevor man ihm die Schlinge um den Hals legte, warf er ein Bündel Dokumente in die Menge und rief: »Findet meinen Schatz, wenn ihr es könnt!« – Seitdem wird das kostbare Kreuz gesucht. Einer, der sein ganzes Leben lang suchte, war Reginald Cruise-Wilkins. Er war überzeugt, Vasseur habe den Schatz auf Mahé vergraben. Cruise-Wilkins starb, ohne sein Ziel erreicht zu haben, doch seine Söhne graben weiter.

del mit Indien ankurbeln sollte. Nach Erkundung der Insel verfasste er einen begeisterten Bericht über das »Paradies auf Erden«, das sie zufällig gefunden hatten: »Es ist ein sehr guter Versorgungsort für Holz, Wasser, Kokosnüsse, Fische und Federvieh, ohne jede Gefahr oder Bedrohung, außer den Alligatoren: Man kann nicht festellen, ob vor uns schon jemand dort gewesen ist.« Trotz dieser verführerischen Beschreibung setzten sich die Briten nicht in Bewegung und die Seychellen blieben für weitere 100 Jahre unbewohnt.

Ende des 17. Jhs. ging im Indischen Ozean das Piratentum um. Immer mehr Korsaren zogen sich aus den stark kontrollierten Gewässern der Karibik zurück, segelten gen Madagaskar und machten Jagd auf Schiffe, die in Richtung Rotes Meer oder Golfregion unterwegs waren. Die abgelegenen Seychellen stellten einen hervorragenden Schlupfwinkel dar.

Französische Besatzung

Die Île de France – wie Mauritius damals hieß – wurde erst 1710 von den Franzosen besetzt, gewann aber rasch an Bedeutung. 1735 ernannte man einen energischen Administrator: Bertrand François Mahé de Labourdonnais. Seine Aufgabe lautete, den Seeweg nach Indien für französische Schiffe abzusichern. Labourdonnais, selbst ein Seefahrer, setzte alles daran, eine direktere Verbindung von Île de France nach Indien zu finden und beauftragte Lazare Picault mit der Kartografierung der Inseln nordöstlich von Madagaskar. Am 21. November 1742 gingen dessen Schiffe *Elisabeth* und *Charles* in Anse Boileau bei Mahé vor Anker (nicht in der Baie Lazare, die später fälschlich für Picaults Landeplatz gehalten wurde). Die Mannschaft stieß auf ein Land voller Überfluss und so erhielt die Insel den treffenden Namen Île d'Abondance.

Da sich Picaults Karten als unzulänglich erwiesen, wurde er 1744 zu einer zweiten Mission ausgesandt und ankerte diesmal vor der Nordostküste in der Nähe des heutigen Victoria. Die Hauptinsel Île d'Abondance wurde in Mahé umbenannt und der Archipel hieß fortan Îles de la Bourdonnais. Picault setzte große Erwartungen in die Inseln, doch seine Pläne für eine Besiedlung wurden durch-

◄◄ **Arabisches Schiff auf dem Indischen Ozean; Vasco da Gama**
▲ **Ostindische Flotte auf See, von Nicholas Pocock (1741–1821)**
► **Mahé de Labourdonnais**

kreuzt, als der Kolonialkrieg zwischen England und Frankreich auch Indien erreichte. Man rief Mahé Labourdonnais aus Île de France ab und die Inseln gerieten ein weiteres Mal in Vergessenheit. Erst 1756 fassten die Behörden auf Île de France den Beschluss, von den Seychellen Besitz zu ergreifen, bevor die Briten ihnen zuvorkommen konnten. Unter dem Kommando von Corneille Nicholas Morphey stachen zwei Schiffe in See, um Frankreichs Ansprüche geltend zu machen.

Nach gründlicher Inspizierung von Mahé und den umliegenden Inseln hisste Morphey die französische Flagge und erklärte den Archipel am 1. November 1756 zum Besitz von Ludwig XV. und der Französischen Ostindienkompanie – begleitet von begeisterten Rufen »Lang lebe der König« und neun Böllerschüssen der Schiffskanonen. Die größte Insel taufte er Île de Séchelles – ein Name, der nach ihrer Rückbenennung in Mahé auf die gesamte Inselgruppe übergehen sollte.

Das Ende des Siebenjährigen Kriegs, Frankreichs Verlust von Kanada und der schwindende Einfluss in Indien beschleunigten den Niedergang der Französischen Ostindienkompanie. Die Siedlungen auf Île de France und den Seychellen, die zuvor der Kompanie unterstanden hatten, wurden der königlichen Autorität übergeben und 1768, während einer kommerziellen Expedition zur Ausbeutung von Holz- und Schildkrötenbeständen, weitete man die französische Souveränität auf alle Inseln der Granitgruppe aus. Frankreich hatte jedoch keine Eile, die Seychellen zu besiedeln: Auf sich alleine gestellt konnte eine Kolonie dort nicht bestehen und ihr Unterhalt wäre zu teuer gewesen. Erst als 1769 die beiden Seefahrer Rochon und Grenier nachwiesen, dass die Route via Seychellen schneller und sicherer nach Indien führte als andere Wege, begann man die strategische Bedeutung der Inseln zu erkennen.

Der Franzose Brayer du Barré erhielt die königliche Erlaubnis, auf eigene Kosten eine Siedlung auf den Seychellen zu gründen. Als Ort der Niederlassung wählte er die kleine Insel Ste-Anne vor der Nordostküste von Mahé. Am 12. August 1770 stach sein Schiff *Télémaque* mit 15 weißen Siedlern, sieben Sklaven, fünf Indern und einer Afrikanerin von Île de France in See und erreichte 14 Tage später die Insel. Du Barré selbst war nicht an Bord, sondern versuchte unterdessen, auf Île de France die nötigen Geldmittel aufzutreiben; sowohl dort als auch in Versailles stieß er auf taube Ohren. Verzweifelt reiste er auf die Seychellen, um die Situation noch zu retten – vergeblich. Als ruinierter Mann ging du Barré nach Indien, wo er kurz nach seiner Ankunft im Jahr 1777 starb. Im August 1772 hatten alle seine Leute Ste-Anne verlassen und waren nach Mahé gegangen oder heimgekehrt.

Zu jener Zeit hieß der Verwalter von Île de France Pierre Poivre (1719–1786). Der ideenreiche Mann war fest entschlossen, das holländische Monopol im lukrativen Gewürzhandel zu brechen und die einträglichen Geschmacksverstärker selbst anzubauen – als Basis besaß er Setzlinge für

Im Namen des Königs

Am 1. November 1756 stellte Corneille Nicholas Morphey auf Mahé die »Pierre de Possession« (Stein der Inbesitznahme) im Namen von Ludwig XV. auf und taufte die Inseln »Séychelles«. Namensgeber soll der damalige Finanzminister Viscount Jean Moreau de Séchelles gewesen sein. Einer anderen Theorie zufolge könnte sich der Name auch auf die Heirat zwischen dem damaligen Gouverneur der Île de France, der Morphey auf die Reise schickte, und einem weiblichen Mitglied der Familie Hérault de Séchelles beziehen.

Muskat und Nelken sowie 10 000 Muskatsamen. Doch Poivres Versuche auf Île de France und Bourbon (später: Réunion) waren nicht von Erfolg gekrönt. So sandte er 1771 den Ex-Soldaten Antoine Gillot nach Mahé, um dort die Anlegung eines Gewürzgartens zu überwachen. Gillot wählte Anse Royale an der Südostküste als Ort für den künftigen »Jardin du Roi«, in dem alsbald Muskat, Nelken, Zimt und Pfeffer gediehen.

Als britische Schiffe bei den Seychellen gesichtet wurden, sahen sich die Franzosen zum Handeln gezwungen. Unter dem Kommando von Lieutenant de Romainville brach von Île de France eilends eine Garnison auf, die an der Stelle des heutigen Victoria das *Établissement du Roi* (»Königliche Niederlassung«) errichtete. Nominell war Antoine Gillot den zivilen Siedlern überstellt, konnte seine Autorität jedoch nicht durchsetzen. Als Ersatz sandte der Gouverneur von Île de France 1788 mit Jean Baptiste Philogène de Malavois einen »Mann von echtem Schrot und Korn«. Binnen kurzer Zeit hatte dieser 30 Dekrete zum Schutz von Holz und Schildkröten erlassen und mit sofortiger Wirkung sensible Anbautechniken sowie vernünftige Ressourcennutzung vorgeschrieben.

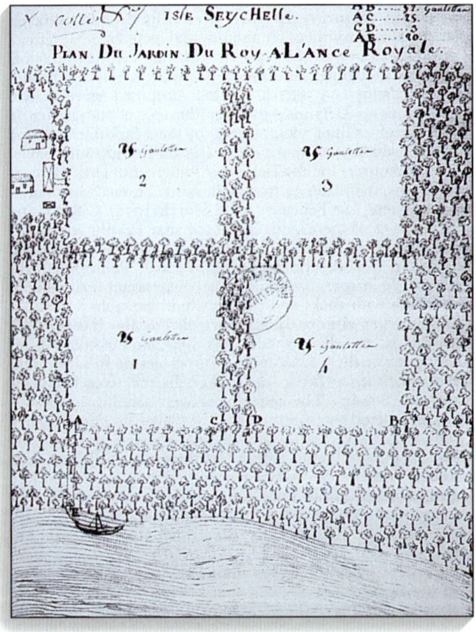

Frankreichs verschollener König

Eine fesselnde Anekdote rankt sich um die mysteriöse Gestalt des Pierre Louis Poiret. 1804 erreichte ein 19-jähriger Bursche die Insel Poivre. Er war in Begleitung eines Monsieur Aimé aus Frankreich, der alsbald nach Mahé weiter reiste, wo er dem damaligen Kommandanten de Quinssy geheime Briefe zukommen ließ. Poiret indes arbeitete zunächst an einer Entkörnungsmaschine für Baumwolle und ging dann nach Mahé, wo er Land sowie Sklaven erhielt. Der zurückhaltende Mann führte ein relativ unscheinbares Leben – bis er eines Tages erklärte, er sei der Thronfolger Ludwigs XVII. Nach der Hinrichtung seiner Eltern habe man ihn einem Schuster namens Simon Poiret anvertraut und dann in einem Heuwagen aus Paris geschmuggelt. In späteren Jahren schrieb er wiederholt an Karl X. von Frankreich, den er als seinen Onkel bezeichnete. Der angebliche Prinz Louis starb 1795. Für die Richtigkeit seiner Behauptungen gab es keinen Beweis oder Gegenbeweis, aber 1999 wurde die Kristallurne, die sein Herz enthielt, geöffnet. DNA-Analysen ergaben, dass eine Verwandtschaft mit Marie Antoinette und Ludwig XVII bestanden hatte.

Im Kielwasser der Französischen Revolution erklärten die Siedler im Jahr 1790 ihre Unabhängigkeit von den anderen französischen Kolonien, gründeten eine Kolonialversammlung und entwarfen eine eigene Verfassung. Künftig sollte der Boden auf den Seychellen nur mehr an Kinder einheimischer Siedler vergeben werden und diese sollten frei – und nicht nach dem Diktat von Île de France – über die Produkte der Kolonie verfügen können. Doch die Unabhängigkeit währte nicht lange. Die Begeisterung für die Revolution begann nicht zuletzt wegen der Abschaffung der Sklaverei zu schwinden, gegen die sich die Siedler entschieden auflehnten. Schließlich übergaben sie die Kontrolle freiwillig an einen Kommandanten.

Lettres de marques
→ Dies waren die Briefe der französischen Regierung, welche die Piraten offiziell dazu ermächtigten, feindliche britische Schiffe zu überfallen.

Die Kriegsjahre

1794 übernahm Jean-Baptiste Queau de Quinssy (1748–1827), dessen Name später zu Quincy anglisiert wurde, das Kommando über die Kolonie. Er steuerte die Seychellen mit viel Geschick und großem Eigennutz durch die bevorstehenden Kriegsjahre.

Zu jener Zeit dienten die Seychellen als Stützpunkt französischer Korsaren, die im Besitz von so genannten *lettres de marques* waren. De Quinssy hoffte, diese Vollmacht würde den Briten verborgen bleiben, doch 1794 traf ein Geschwader aus drei englischen Kriegsschiffen ein, die keinen Widerstand duldeten. Ihr Kommandant Henry Newcome bat um Hilfe für seine Verwundeten, darunter zahlreiche französische Gefangene, die ihm jedoch verweigert wurde – eine rein symbolische Geste. Newcome gab de Quinssy daraufhin eine Stunde Zeit zur Kapitulation und dieser traf die richtige Entscheidung. 13 000 Briten standen nur 20 Siedler gegenüber, die »fähig gewesen wären, eine Waffe zu führen«. Newcome besaß 166 Kanonen, de Quinssy acht. Insgesamt kapitulierte er siebenmal vor den Engländern: Hielten sie sich im Hafen auf, ließ er die englische Flagge hissen; sobald ihre Schiffe wieder außer Sicht waren, zog man die Trikolore hoch. Die Strategie funktionierte. Zukünftig versorgten die neutralen Seychellen sowohl britische als auch französische Schiffe; die Insulaner vermieden Konflikte und die Kolonie erblühte.

Damit waren aber noch nicht alle Probleme von de Quinssy beseitigt. Am 11. Juli 1801 traf die Fregatte *Chiffone* mit einer Ladung politischer Häftlinge ein, die Napoleon ins Exil geschickt hatte, und de Quinssy erfuhr, dass weitere unliebsame Zeitgenossen unterwegs waren. Insgesamt übertraf deren Zahl die der Inselbewohner. Zu allem Unheil lief kurz darauf die britische *HMS Sybille* unter Kapitän Adam ein und de Quinssy hatte keine andere Wahl, als die *Chiffone* zu verteidigen, die jedoch nach kurzer Schlacht besiegt wurde. Mit viel List und Charme gelang es dem Franzosen anschließend sich herauszureden und er rang Adam sogar das Zugeständnis ab, dass Schiffe der Seychellen eine Flagge mit den Worten

◀◀ Plan des Jardin du Roi; Nomen est omen: Pierre Poivre führte 1771 die Gewürze auf den Seychellen ein

▶ Briefmarke zur Erinnerung an den 200. Jahrestag der Französischen Revolution (1789/1989)

»Seychelles Capitulation« tragen durften, mit der sie unbehelligt durch die britische Blockade von Mauritius kamen.

Die Konfrontation mit den Briten war abgewendet, das Problem mit den Deportierten hatte Bestand. Sie verweigerten die Arbeit und redeten von Freiheit und Gleichheit, was besonders den Sklaven gefiel. Um eine Rebellion zu verhindern, ließ de Quinssy einige Häftlinge nach Frégate bringen und bat die Regierung von Île de France schriftlich um Unterstützung bei der Verlegung der restlichen Deportierten. Im Laufe der Zeit wurden 33 Häftlinge auf die Komoren deportiert, sechs verließen Mahé auf vorbeifahrenden Schiffen und die meisten anderen brachte man nach Île de France. Nur die Friedlichsten durften sich auf den Seychellen niederlassen.

Unter britischer Kontrolle

Die Kolonie trat mit einer Bevölkerung von 215 Weißen, 86 freien Schwarzen und 1820 Sklaven ins 19. Jh. ein. Im Krieg gewannen die Briten schließlich die Oberhand und festigten ihre Blockade um die französischen Kolonien im Indischen Ozean. Réunion ergab sich; 1810 folgte Île de France, in Mauritius unbenannt. Im April 1811 traf Kapitän Beaver auf der *Nisus* ein und gab bekannt, dass die Seychellen ihre bevorzugte Stellung zwar behalten konnten, aber gleichzeitig die Bedingungen der Kapitulation von Mauritius zu akzeptieren seien. Zur Überwachung stellte Beaver Leutnant Sullivan von der Königlichen Marine ab, der jedoch wenig dagegen ausrichten konnte, dass die Siedler auch weiterhin französische Schiffe mit Nachschub versorgten.

In völliger Übereinstimmung mit dem Britischen Empire ging Sullivan gegen den Sklavenhandel vor und spielte mit dessen Befürwortern Katz und Maus. Einmal ließ er sich auf einen geheimen Tipp hin nach Praslin bringen, wo er ein soeben gelandetes Sklavenschiff konfiszierte – dies war jedoch nur ein kleiner Triumph unter vielen Enttäuschungen. Sullivan klagte, dass die Seychellois »keinen Sinn für Stolz, Scham und Ehrgefühl« hätten, und trat zurück. 1814 traf mit Edward Madge der erste zivile britische Verwaltungsbeamte ein. De Quinssy wurde Friedensrichter und blieb bis zu seinem Tod im Jahre 1827 ein allseits respektierter Mann.

Unter den Briten gab es nur wenig Veränderungen. Der Verwalter war zwar britisch und London gegenüber verantwortlich, doch er regierte nach französischen Regeln. Die Siedler hatten an ihren neuen Herren zwei Dinge auszusetzen: die Abhängigkeit von Mauritius und die Abschaffung der Sklaverei im Jahre 1835. Ihre Plantagen befanden sich in einem schlechten Zustand, der Boden war ausgelaugt und für Investitionen stand kein Geld zur Verfügung. Es herrschte die Meinung, ohne Sklavenarbeit nicht überleben zu können; einige nahmen sogar ihre Sklaven und verließen die Insel. Das Leben auf den Seychellen stagnierte. Die Situation änderte sich erst, als man erkannte, dass der Handel mit Kokosnüssen weniger Arbeit und höheren Profit versprach als der mit traditionellen Anbauprodukten wie Baumwolle, Zucker, Reis oder Mais.

Währenddessen kämpften die Briten mit aller Macht gegen die Sklaverei. Sie patrouillierten entlang an der ostafrikanischen Küste, um arabische Daus abzufangen, die Sklaven in den Nahen Osten transportierten. Befreite Sklaven von Regionen südlich des Äquators wurden auf die Seychellen gebracht, wo sie bei Plantagenbesitzern eine Anstellung erhielten. Sie waren es, die mit ihrer billigen Arbeitskraft die Wirtschaft wieder in Schwung brachten. Nach 1861 trafen innerhalb von 13 Jahren rund 2400 Männer, Frauen und Kinder auf den Seychellen ein.

Die größte Siedlung auf Mahé – die im Jahr 1841 auf den Namen Victoria getauft wurde, um die Heirat zwischen Queen Victoria und Prince Albert zu würdigen – begann zu erblühen. 1879 gab es bereits einen Apotheker, zwei Auktionäre, fünf Einzelhändler, vier Schnapsläden, einen Notar, einen Rechtsanwalt, einen Juwelier und einen Uhrmacher.

Die Kronkolonie

Die Seychellen drängten darauf, eine eigenständige Kolonie zu werden. Ihr Ansinnen wurde von der Mutterkolonie unterstützt, indem der mauritische Gouverneur Sir Arthur Gordon eine diesbezügliche Petition an London richtete. Es gab kleinere Konzessionen, doch erst als 1903 der Gouverneur Sir Ernest Bickham Sweet-Escott sein Amt antrat, war es geschafft. Dem neuen Status gemäß erhielt die Kolonie einen Botanischen Garten und einen viktorianischen Uhrturm.

Der Erste Weltkrieg wuchs sich für die Inseln zur Katastrophe aus: Nötige Waren fehlten und Exportgüter konnten nicht verschifft werden; die Kriminalität wuchs; die Gefängnisse waren überfüllt. Für viele schien der Beitritt zum *Seychelles Labour Contingent* der einzige Ausweg. Die 800 Mann starke Truppe wurde nach Ostafrika verlegt, doch schon nach fünf Monaten waren so viele an Ruhr, Malaria und Beriberi gestorben, dass man das auf 465 Soldaten geschrumpfte Corps nach Hause sandte.

Nach dem Ersten Weltkrieg fühlten sich die damals rund 24 000 Seychellois von Whitehall vernachlässigt. Die neu gegründete *Planters Association* forderte eine stärkere Präsenz in dem Ausschuss, der über die Angelegenheiten der Sey-

◀ **Die britische Invasion, 1810**
▶ **Der Botanische Garten in Victoria, ca. 1930**

Vergoldeter Käfig

Die Briten betrachteten die Seychellen als geeigneten Ort, wohin sie ungeliebte Subjekte abschieben konnten. Im Laufe der Jahre kamen Gefangene aus Sansibar, Ägypten, Zypern und Palästina. Erster prominenter Exilant war 1875 der Sultan von Perak (Malaysia), der angeblich mit der Ermordung des dortigen britischen Statthalters zu tun hatte. Wie viele andere, die ihm folgten, fühlte er sich auf den Seychellen wohl. Der berühmteste Exilant war vielleicht Erzbischof Makarios, der 1956 kam und sich ebenfalls in sein »Gefängnis« verliebte.

chellen zu entscheiden hatte. 1929 war dank des *Colonial Development Act* zwar ein großzügigerer Geldfluss gesichert, doch es war eine Zeit der wirtschaftlichen Depression. Die Preise für Kopra (Kokusnusskerne) fielen und mit ihnen die Löhne. Der reformwillige Gouverneur Sir Arthur Grimble befreite Bürger mit niedrigem Einkommen zwar von der Steuer, plante Modellwohnungen und die Verteilung von Kleinbesitz an Landlose – viele seiner Ideen gingen jedoch in den Wirren des Zweiten Weltkriegs unter.

Die *Planters Association* machte sich für die reichen weißen Landbesitzer stark, aber jene, die für sie arbeiteten, besaßen keine Stimme. 1937 wurde deshalb die *League of Coloured Peoples* gegründet, die Mindestlöhne, ein Lohntribunal und freie Gesundheitsversorgung für alle forderte.

Der Zweite Weltkrieg brachte der Kolonie erneues Elend und politische Veränderungen. 1939 rief man mit der *Taxpayers Association* die erste Partei ins Leben, die jedoch ausschließlich die Interessen der Oberschicht vertrat und von einem britischen Gouverneur als »Verkörperung aller reaktionären Kräfte der Seychellen« beschrieben wurde. Nach dem Krieg bekamen alle Landbesitzer, die schreiben konnten, das Wahlrecht – 2000 von 36 000 Menschen. Fast alle Mitglieder der gesetzgebenden Versammlung gehörten nach der ersten Wahl von 1948 entweder der *Planters Association* oder der *Taxpayers Association* an.

Erst 1964 formierten sich neue politische Bewegungen. Die *Seychelles People's United Party* (SPUP) trat unter France Albert René für Autonomie ein, während James Manchams *Seychelles Democratic Party* (SDP) enge Beziehungen zu England aufrechterhalten wollte. England reagierte kühl auf die Idee der Integration, die Meinungen auf den Seychellen waren gespalten. 1967 führte man das allgemeine Wahlrecht für Volljährige ein. In der ersten Wahl gewannen beide Parteien drei Sitze, wobei Mancham dank der Unterstützung eines Unabhängigen den Sieg davontrug. Auch in den Wahlen von 1970 und 1974 konnte Mancham nur knapp für sich den Sieg erringen. Englands fortwährende Zurückhaltung bezüglich eines Zusammenschlusses trieb Mancham schließlich auf die Seite Renés und 1975 schlossen die beiden Rivalen eine Koalitionsregierung.

In der Unabhängigkeit

Am 29. Juni 1976 erklärte man seine Unabhängigkeit. James Mancham wurde erster Präsident der neuen Republik, René Ministerpräsident. Schon am 5. Juni 1977, putschten Renés Anhänger. Bei den Neuwahlen von 1979 trat René als einziger Kandidat auf. Anschließend wurde ein sozialistischer Einparteienstaat gegründet und die SPUP änderte ihren Namen in *Seychelles People's Progressive Front* (SPPF).

René nutzte die strategische Lage der Seychellen, um die USA und die Sowjetunion gegeneinander auszuspielen. Die Inseln erhielten Hilfe von beiden Seiten, ohne sich an jemanden binden zu müssen. Ohne Opposition baute René seine Macht aus, setzte soziale Reformen um, die unter seinem Vorgänger geplant worden waren, und forcierte radikalere sozialistische Ideen.

Mehrmals wurde versucht, René gewaltsam aus dem Amt zu drängen. Unter Führung von »Mad Mike« Hoare, der bereits Mobutu als Präsident von Zaire installiert hatte, flogen im November 1981 etwa 50 Söldner ein. Unter Spielzeug verborgen brachten sie Gewehre und Munition mit. Die meisten hatten den Zoll schon passiert, als ein Beamter im Gepäck eines französischen Touristen unerlaubt eingeführte Bananen entdeckte. Die letzten beiden Passagiere wurden sorgfältiger untersucht, und als ein Gewehr zu Tage kam, brach die Hölle los. Die Söldner besetzten den Flughafen und entkamen nach einem Schusswechsel mit einem entführten Flugzeug nach Südafrika, wo sie verhaftet wurden. Mancham distanzierte sich von dem Putschversuch, kommentierte jedoch sarkastisch, »dass der Coup nur wegen Bananen gescheitert sei«. Mancham blieb 15 Jahre lang im Londoner Exil und kehrte erst zurück, als 1992 das Mehrparteiensystem wieder eingeführt wurde. Sogleich brach die Rivalität zwischen seiner DP (wie sie nun hieß) und der SPPF wieder auf. 1993 fanden die ersten Mehrparteienwahlen seit der Unabhängigkeit 1976 statt: René triumphierte mit 59 % der Stimmen.

Unterdessen entstand eine dritte Kraft. Bei den Wahlen von 1998 gewann die *Seychelles National Party* (SNP) mehr Stimmen als die DP, konnte die SPPF jedoch nicht gefährden. Damals und bei den Präsidentenwahlen 2001 wurde René wiedergewählt. Bei den Parlamentswahlen Ende 2002 siegten Renés SPPF und die SNP, Manchans DP errang nur 3% der Stimmen. 2003 kündigte René seinen Rücktritt aus gesundheitlichen Gründen an, 2004 übernahm der bisherige Vizepräsident James Michel das Präsidentenamt. Im März 2007 löste er die Nationalversammlung auf und setzte Neuwahlen an, da die Opposition die Sitzungen fünf Monate boykottiert hatte.

Die Seychellen heute

Unter James A. Michel wird die Privatisierung gefördert und der freie Markt geöffnet. Immer mehr Investoren entdecken die Seychellen, und unter besseren Einfuhrbedingungen, z. B. für Güter, entstehen neue Hotelanlagen der Luxuskategorie. Derzeit sind die Seychellen ein Land mit mittlerem Einkommen, niedriger Arbeitslosenquote und recht hohem Lebensstandard. Die Wirtschaft wird vom Tourismus und Thunfischfang dominiert – zwei Bereichen, die vor einer Generation kaum existierten. Gerade im Tourismus wurde Umsicht bewiesen: man lernte aus den Fehlern anderer Urlaubsdestinationen und traf Maßnahmen gegen zu große Ballungen und Umweltzerstörungen. Angesichts der geringen Bevölkerungszahl sind die Einkünfte aus diesen Einnahmequellen beträchtlich, die Zukunft bleibt jedoch ungewiss: Die Wirtschaft steht auf zwei wackligen Säulen, die Kürzung von Zuschüssen aus dem Ausland verdunkelt den Horizont, und die Regierung kann nur mit Mühe ihr Budget ausgleichen. Dennoch sind die Seychellen heute eine aufstrebende Nation. ■

◀ **Uhrturm in Victoria, 1856**
▶ **Pro-Mancham-Wahlplakat**

Die Seychellois

Eigentlich könnte man die Seychellois als »neues« Volk bezeichnen: Als eigenständige Gemeinschaft existieren sie seit nur mehr 100 Jahren und erst mit ihrer Unabhängigkeit 1976 rückten sie noch näher zusammen. Wie die Bewohner vieler anderer Inselstaaten haben es auch die Seychellois schwer, ein gemeinsames Nationalgefühl zu entwickeln, sind jedoch ein exzellentes Beispiel dafür, dass Menschen verschiedener Volksgruppen in Frieden zusammenleben können.

Das Märchen von Aschenputtel

Von Anbeginn an waren die Seychellen ein Schmelztiegel. Französische Kolonisten, die zuvor in Mauritius und Réunion ihr Glück gesucht hatten, brachten Sklaven afrikanischen und indischen Ursprungs auf die Inseln und der Prozess der Rassenvermischung nahm seinen Lauf. Der vielleicht erste ständige Siedler war Pierre Hangard, der in Begleitung von fünf Sklaven aus Mauritius kam. Mit Annette, einer seiner Sklavinnen, hatte er eine Tochter, die er in die Freiheit entließ und mit Grundbesitz in Bel Ombre ausstattete. Sie heiratete später einen Franzosen, der eines der schönsten Besitztümer auf Mahé besaß.

Szenarien wie diese wiederholten sich immer wieder in der Geschichte der Seychellen und genau hierin liegt der Ursprung der Seychellois verborgen. Noch 1911 fasste die Kolonialregierung bei ihren Zählungen die Bewohner in ethnischen Gruppen zusammen, musste dann jedoch einsehen, dass dies nicht länger möglich war. Vielleicht könnte man daher diese bürokratische Entscheidung als die Geburtsstunde der Seychellois definieren.

Die Sklaven kamen vorwiegend aus Ostafrika, aber auch aus Madagaskar und in geringem Maße aus Indien. Eine größere Anzahl indischer Einwanderer traf erst im 19. Jh. ein, zusammen mit Chinesen. Sie arbeiteten im Straßenbau oder ließen sich als Händler nieder und brachten selbstverständlich ihre Religionen und Bräuche mit, an denen sie bis heute festhalten. Der größte kulturelle Einfluss aber kommt aus Afrika und Europa. Trotz der britischen Übernahme der Inseln im 19. Jh. siedelten nur wenige Engländer und die neue Kolonialregierung unternahm kaum etwas, um französische Gesetze, Institutionen oder die Spache zu ändern. Die Briten waren Herrscher wider Willen und versuchten gar, die Inseln im Tausch gegen französische Besitzungen in Indien zurückzugeben – ohne Erfolg.

◄◄ Schulkinder an der Côte d'Or
◄ Familientreffen, Praslin
► Der Künstler Colbert Nourrice in seinem Studio auf Mahé

Die Seychellois heute

Die modernen Seychellois und besonders die Jugend wirkt eher europäisch als afrikanisch oder asiatisch. Männer drücken Manchester United die Daumen und die Mädchen tragen westliche Kleidung. Man tanzt zu britischer Popmusik und hält westliche Werte hoch. Die Seychellen sind kein Dritte-Welt-Land, sondern eines mit mittlerem Einkommen, in dem nur wenige hungern. Zwar sind die Preise hoch, doch das Meer ist voller Fische und es gibt Obst im Überfluss. Spannungen zwischen Einheimischen und Touristen treten kaum zu Tage. Die Seychellois mögen reserviert wirken, was sich manchmal in Form von Gleichgültigkeit oder Verdruss äußert, doch sind die Barrieren erst einmal gefallen, stellt man fest, dass sie zu den nettesten und freundlichsten Menschen gehören, denen man begegnen kann. Neben der natürlichen Schönheit des Landes ist es vor allem diese Herzlichkeit, die viele Besucher immer wieder zurückkehren lässt.

Überregionale Verständigung

Wenn die frühen französischen Siedler mit Sklaven zu kommunizieren versuchten, die oft nur die Sprache ihrer Volksgruppe beherrschten, benutzten sie ein stark vereinfachtes Französisch, in das sie Wörter einstreuten, die sie aus den Unterhaltungen der Sklaven aufschnappten. Auf diese Weise entstand das Créole. Da die Sprache auf dem Französischen basiert, das im 18. Jh. gesprochen wurde, sind viele archaische und Dialektwörter erhalten geblieben, die man im modernen Französisch nur noch selten hört. Im Laufe der Zeit entwickelten Mauritius, Réunion und die Seychellen zwar eigene Akzente und Sprachmuster, doch trotz der lokalen Unterschiede können die Insulaner einander verstehen.

Eine polyglotte Gesellschaft

Auf den Seychellen gibt es drei offizielle Sprachen: Créole, Englisch und Französisch. Ein Großteil spricht fließend Créole und Englisch und kann problemlos mitten im Gespräch wechseln. Es sind diese beiden Sprachen, die man auf der Straße hört, doch einige alteingesessene Familien legen Wert darauf, zu Hause und unter sich Französisch zu sprechen.
Das Créole der Seychellen entstand aus den verschiedensten Einflüssen. Obwohl es überwiegend auf Französisch basiert, wurden viele afrikanische, madagassische und arabische Wörter eingebracht. In zunehmendem Maße kommen auch englische Wörter hinzu. So sind die Bezeichnungen im Fußball durchweg Englisch und nicht Französisch: Ein »good goal kick« wird zu einem »zoli goal kick«. Bemerkenswerte Merkmale des Créole sind die einfache Grammatik, der häufige Gebrauch des »z« (»les oiseaux«, frz. für Vögel, wird zu »zwazo«) und die Verwendung von »k« statt »c«.
In Hotels, Geschäften und Büros spricht man Englisch, doch abseits der Touristenstätten sollte man einige Worte Créole kennen – vor allem im Gespräch mit älteren Seychellois.

Die Religionen

Die meisten Seychellois sind römisch-katholisch. Der Kirchenbesuch ist soziale Pflicht, spirituelles Erlebnis und natürlich eine gute Gelegenheit, sich ein bisschen herauszuputzen. Die Frauen wetteifern um die Farbenpracht ihrer Kleider, während ältere Männer als Zeichen des Respekts langärmlige weiße Hemden tragen. Niemand käme auf die Idee, in Shorts oder gar Strandkleidung die Kirche zu besuchen, da man dies als ungeheuerliche Respektlosigkeit empfinden würde.

Die Heilige Kommunion ist das erste große Ereignis im Leben eines jungen Seychellois und es ist nicht ungewöhnlich, dass kleine Mädchen in weißen Spitzenkleidern und formell gekleidete Jungen in einer Prozession an der Kathedrale von Victoria erscheinen.

Auch andere christliche Glaubensgemeinschaften sind anzutreffen, darunter Anglikaner, Adventisten vom Siebenten Tag, die Pfingstbewegung und die Zeugen Jehovas. In Victoria gibt es einen Hindutempel sowie eine Moschee und in den letzten Jahren haben auch die Bahai viele Anhänger gewonnen.

Familienleben

Die Seychellois haben ein sehr entspanntes Verhältnis zur Heirat. Es ist gängige Praxis, dass Paare informell zusammenleben *(kantmenm zot an menage)* und große Familien gründen. Auch ist es nicht ungewöhnlich, wenn ein Mann die Familie verlässt *(marse marse)*, eine neue Beziehung beginnt und mit einer anderen Frau Kinder hat. In späteren Jahren kommt er oft zur früheren Partnerin zurück, um seinen Lebensabend in einer vertrauten Umgebung zu verbringen. Das wieder vereinte Paar könnte gar eine aufwändige und teure Hochzeit feiern – mit den eigenen Kindern als Trauzeugen.

Viele Haushalte sind Großfamilien, in denen eine Mutter mit ihren Kindern lebt – oft mit einer oder zwei Töchtern und deren Kindern sowie vielleicht einer Enkelin mit Nachwuchs. Kinder, die in solchen Haushalten aufwachsen, haben in der Regel großen Respekt vor ihren Müttern, jedoch nur wenig Achtung vor ihren abtrünnigen Vätern, was sich in den traditionellen Trauerzeiten widerspiegelt: 18 bis 24 Monate für die Mutter, 9 bis 12 Monate für den Vater.

◄ Fahrräder sind ein effizientes Transportmittel für die Bewohner der Seychellen
▲ Auch eine Art der Großfamilie vor ihrem kreolischen Haus

Traditionelle Riten

Wie der Malagasy-Volksstamm auf Madagaskar haben auch die Seychellois sehr großen Respekt vor Geistern und den Seelen Verstorbener. Der Tod ist ein sehr ernstes Thema. Moderne Seychellois mögen nicht abergläubischer als andere Menschen sein, doch in gewissem Maße werden neben den katholischen Bräuchen die alten Traditionen gepflegt. Totenwachen beispielsweise hält man zu Hause ab, wobei der Leichnam im besten Zimmer aufgebahrt ist und mit dem Kopf zu den Bergen und den Füßen zum Meer hin liegt. Im Licht flackernder Kerzen zieht eine stumme Prozession aus Besuchern, Familienangehörigen, Verwandten und einfach nur Neugierigen am offenen Sarg vorbei und besprenkelt den Verstorbenen mit Weihwasser. Die nächsten Familienangehörigen und Freunde verharren die ganze Nacht, doch dabei herrscht keineswegs Stille. Man spielt Karten und Domino und macht so viel Krach wie möglich, um böse Geister fern zu halten und zu verhindern, dass sie den Leichnam stehlen und in einen *dandosya* (»Zombie«) verwandeln.

Begräbnisse werden stets von vielen Trauergästen begleitet. Längst haben schwarze Leichenwagen die traditionellen Handkarren abgelöst, auf

denen früher die Verstorbenen zum Friedhof gebracht wurden. In langem Zug folgen Trauergäste dem Sarg, und oft werden Busse gemietet, mit denen alle gemeinsam zur Kirche fahren.

Geister und Aberglaube

Die Seychellois lieben aufregende Geistergeschichten, und auf manchen Inseln soll es sogar spuken. Auf Ste-Anne ist es eine grausame Französin, die eine Sklavin zu Tode prügeln ließ, auf Long Island ein kreolisches Mädchen, das sein Kind ertränkte. Auch für ihren Aberglauben sind die Seychellois bekannt. Viele Sprichwörter beziehen sich auf Glück, Unheil, Tod oder Teufel. So heißt es, dass es Unglück bringe, das Haus nach Sonnenuntergang zu fegen; und ein Turmfalke auf dem Dachgesims kündet vom baldigen Tod eines Verwandten.

Zauber und Wirklichkeit

Viele Generationen lang spielte *gris gris* eine wichtige Rolle im Alltagsleben der Seychellois.

◀ Ernte der Zimtrinde
▲ Weichklopfen eines Octopus
▶ Auch die Ravane ist bei einheimischen Musikern ein beliebtes Instrument

Schwarze Magier hatten großen Einfluss und die Kraft des Gris Gris wurde von der römisch-katholischen Kirche ebenso gefürchtet wie von Kolonialbeamten, die den Zauber mit allen Mitteln auszurotten versuchten – ohne Erfolg. Auch wenn die Zahl ihrer Anhänger schmilzt, hat sich die magische Kunst bis heute bewahrt.

gris gris
→ **wird die Mischung aus Folklore, Schwarzer Magie und traditioneller Medizin auf den Seychellen genannt.**

Der Überlieferung nach sollen Sklaven aus Afrika oder Madagaskar das Gris Gris auf die Seychellen mitgebracht haben, doch Experten erkennen auch europäische Praktiken der Hexerei. Besonderen Einfluss hatten zwei Bücher über Magie von 1800, deren Zaubertränke und Beschwörungsformeln Eingang in die lokalen Magievorstellungen fanden.

Die Praktiker des Gris Gris nennt man *bonnonm* oder *bonnfanm dibwa* (»Mann bzw. Frau aus den Wäldern«) und spricht ihnen unzählige magische Kräfte zu: Sie können vor dem bösen Blick schützen, Karriere oder Liebe beeinflussen und am Feind Rache üben; sie mixen Liebestränke und verteilen schützende Amulette oder kleine Päckchen mit gekochten Speisen, Eisen, Urin und Haaren; aus Spielkarten, Teeblättern und auf den Tisch gestreuten Kieseln lesen sie die Zukunft.

Mit diesen eher zweifelhaften Talenten ist oft eine gute Kenntnis der Naturmedizin verbunden. Schon lange bevor westliche Wissenschaftler mit dem Madagaskar-Immergrün spektakuläre Erfolge bei der Behandlung von Kinder-Leukämie erzielten, wurde es von den Einheimischen genutzt. Zur Kräuterküche gehören auch ein magenfreundlicher Tee aus Zitronengras, *tokmarya* gegen Halsentzündungen, *montosyel* für die Behandlung von Brüchen und *bred mouroung*-Blätter gegen Leberbeschwerden.

Vor allem die Älteren nehmen Gris Gris sehr ernst, doch auch junge Leute besuchen hin und wieder einen Zauberer. Das Thema ist sensibel und von Geheimnissen umwittert –nur wer sich ernsthaft damit beschäftigt, wird Beweise für seine Existenz finden.

Musikinstrumente vergangener Zeiten

Viele der traditionellen Musikinstrumente, die Sklaven aus Afrika und Madagaskar mitbrachten, haben heute ausgedient. Zu den Saiteninstrumenten gehörte die »zez«, die nur eine Saite besaß und deren Klangkörper aus einem ausgehöhlten getrockneten Kürbis bestand. Die »bonm« sah ähnlich aus, doch die Saite war an einem Holzbogen mit einem Kürbis am Ende befestigt und man spielte sie mit einem dünnen Stock anstatt zu zupfen. Eine Mischung aus Blas- und Saiteninstrument stellte die »mouloumpa« dar. Sie wurde aus einem Stück Bambus gebaut und hatte Saiten an der Außenseite, an denen der Spieler gleichzeitig herabblies und zupfte.

Das ungewöhnlichste Instrument hieß »makalapo«: Eine Saite war am einen Ende an einem im Boden vergrabenen Stück Blech befestigt und am anderen Ende an einen 1 m entfernten Stock gebunden. Die Töne entstanden durch Zupfen der Saite, wobei der Klang durch Bewegen des Stocks – um die Saite zu straffen oder zu lockern – verändert werden konnte. Als Schlaginstrumente dienten mit Leder bespannte Trommeln wie »tam tam« oder »tambour«. Die Rassel »Kaskavel« war mit Samen oder Kies gefüllt.

Afrikanische Rhythmen

Die Seychellois tanzen für ihr Leben gern. Heute tun sie es vorwiegend in Klubs zu moderner Musik, doch auch die traditionelle Musik hat viele Anhänger. Verbreitetster Tanz ist die unbeschwerte Sega, die im Vergleich zu ihrem mauritischen Gegenstück weit weniger provokative Elemente besitzt (s. S. 79). Oft wird sie sogar von Schulkindern auf Wettbewerben vorgeführt. Dabei ist das Ganze nicht so leicht, wie es aussehen mag – das Geheimnis zum Erfolg sind bewegliche Hüften. Männer tragen ein langärmliges weißes Hemd, eine lange schwarze Hose, ein buntes Stirnband oder vielleicht einen Strohhut; die Frauen lange weite Kleider. Getanzt wird barfuß und die Bewegungen sind lasziv, doch berühren sich die Tänzer nicht.

Erotischer und nur auf den Seychellen und La Réunion zu finden ist die *moutya.* Sie wurde von den Sklaven als Ablenkung von ihrem harten Leben kreiert und meist spät abends im Wald getanzt. Gouverneure und Bischöfe zeigten sich empört über ihre aufreizende Ausstrahlung und versuchten sie zu verbieten. Eine Beschreibung aus den 1930er Jahren zeigt die Haltung der Autoritäten: »Sobald die Trommeln im rhythmischen Takt geschlagen werden, tanzen Männer und Frauen Rücken an Rücken, doch sie drehen sich hin und wieder um, schauen sich an und machen eindeutige Bewegungen. Im Vergleich zur ›moutya‹ ist der berüchtigte Bauchtanz so harmlos wie ein Kinderweihnachtsfest.«

Während *moutya* afrikanischen Ursprungs ist, haben der beliebte *kanmtole* und Sega ihre Wurzeln in Europa – und zwar in den zahlreichen formalen französischen Hoftänzen wie *lavals* (Walzer), *ekosez* (schottischer *Gigue), mazok* (Masurka), *polka* oder *kontredans* (ähnelt dem schottischen *Reel),* die dank der Seychellois etwas mehr Schwung erhielten. Eine *Kanmtole*-Band benötigt mindestens eine Geige und eine Triangel, doch auch Banjo, Akkordeon und Trommeln werden gerne eingesetzt. Das wichtigste Bandmitglied ist der *komandan,* der den Tänzern ähnlich wie beim amerikanischen *Square Dance* Anweisungen zuruft.

In den großen Hotelanlagen kommt meist die Sega zur Aufführung. *Kanmtole*-Abende finden eher in kleineren Hotels, Restaurants oder örtlichen Sozialzentren statt, in denen alle Gäste willkommen sind. ■

▲ In Hotels aufgeführte Sega-Tänze sind moderne Varianten des traditionellen Tanzes

Bummel durch die Galerien

Mit dem wachsenden Tourismus haben auch die einheimische Kunst und das Kunsthandwerk einen enormen Aufschwung genommen. Die Wurzeln reichen vielleicht nicht sehr tief, sind aber authentisch – an Inspirationen aus der farbenfrohen und unberührten Natur herrscht wahrlich kein Mangel. Bei einem Bummel durch die zahlreichen Ateliers kann man Bilder, Skulpturen, Batiken und Schmuck ohne Kaufzwang anschauen und vielleicht dem einen oder anderen Künstler begegnen.

Auf keinen Fall verpassen sollte man einen Besuch im **Village Artisanal – Domaine de Val des Pres,** das südlich der Hauptstadt an der Ostküste liegt. Die Maison Coco am Eingang des Kunsthandwerkerdorfes hat sich ganz der Kokospalme verschrieben – sogar das Haus ist aus Palmprodukten gebaut. Zu den angebotenen Waren gehören geflochtene Taschen und Körbe aus Palmblättern, während die Faser (»tami«), welche die Schößlinge umhüllt, zur Herstellung von ausgestopften Fischen oder Schachteln für Seife mit Vanilleduft dient. Aus der Nuss selbst entstehen Servietten- und Kerzenhalter, Tassen und Trinkgefäße. Das Kokosöl wird zur Parfümierung von Seifen und Badeöl verwendet. Nur ein paar Schritte entfernt zeigt The Natural Art Gallery Werke einheimischer Malerinnen und Maler, darunter Barbara Jenson, Elizabeth Ragauin, Elizabeth Rouillon (Aquarelle von Pflanzen), George Camille (Radierungen und Aquarelle) und Christine Harter (Drucke örtlicher Szenen). Nahebei trifft man auf das Studio von Colbert Nourrice, einem der innovativsten Künstler der Seychellen. Seine abstrakten Arbeiten, die an Comics erinnern, beinhalten Anekdoten bzw. Erfahrungen aus seinem eigenen Leben. Zu den Lieblingsmotiven von Nourrice gehört eine Figur aus dem Volkstum, der clevere und immer zu Schabernack aufgelegte Händler Soungoula.

Gérard Devoud besitzt zwei Kunstgalerien: an der Ostküste in Les Mamelles und an der Westküste gegenüber vom Plantation Club. Er arbeitet hauptsächlich mit Aquarellfarben und schafft mosaikartige Landschaften und Dorfszenen, die sich im Spiel der Farben und des Lichts verlieren.

An Mahés Westküste befinden sich die Studios von zwei der berühmtesten kreativen Genies der Seychellen: **Michael Adams** und der Bildhauer **Tom Bowers** (s. S. 297). Auch **Donald Adelaide** hat sein Studio an der Westküste. Seine bunten Aquarelle erzählen von der Insel und ihrem Leben; in seinem Studio in der Nähe des Harvey's Café (s. S. 296) verkauft er Originale und Drucke.

Gegenüber vom Harvey's Café führt eine Straße in Richtung Anse Gouvernement, hier liegen zwei Künstlerateliers, die einen Abstecher wert sind: **Antonio Phillippo** stellt seine bekannten Skulpturen aus und **Andrew Gee** verkauft Zeichnungen, Batiken, Fotografien und andere Werke.

Oberhalb von Victoria, an der Straße Sans Soucis, liegt das **Atelier Thoughts,** in der Glaskunst von höchster Qualität verkauft wird. Les und Sharon Masterson kreiieren Vasen, Lampen, Mobiles und vieles mehr aus buntem Glas – wunderschöne Kunstwerke und Mitbringsel, die auch nach Abschluss des Urlaubs an die bunte Tropenwelt der Seychellen erinnern.

Eine sehr gute Auswahl von Werken einheimischer Künstler präsentiert die Kunstgalerie im **Kenwyn House** in der Francis Rachel Street in Victoria (s. Top10 S. 363). ■

▲ Eine von George Camilles farbenfrohen Kreationen

Erhaltung der Natur

Inseln sind die Laboratorien der Evolution. Auf den Seychellen hatte die Natur für ihre Experimente mehr Zeit zur Verfügung als auf irgendeiner anderen ozeanischen Inselgruppe und so verwundert es nicht, dass sich gerade hier eine einzigartige Flora und Fauna entwickelt hat. Die Ursprünge mancher Arten lassen sich bis nach Afrika, Madagaskar, Asien und sogar Australasien zurückverfolgen und wurzeln in einer Zeit, als diese Landmassen noch im Superkontinent Gondwanaland verbunden waren.

Flughunde und Schildkröten

Lange bevor die Säugetiere auf unserem Planeten erschienen, lagen die Seychellen bereits isoliert mitten im Ozean. Nur die Fledermäuse haben fliegenderweise ihren Weg zu den Inseln gefunden. Der endemische Seychellen-Flughund gehört zu den wenigen Kreaturen, die von der Ankunft des Menschen – und dem damit verbundenen Nahrungsmittelnachschub in Form von Obstbäumen – profitiert haben. Weniger zuträglich für den Flughund sind die kulinarischen Vorlieben der Insulaner, die sich nach dem Studium der Speisekarte gerne für ein Flughund-Curry entscheiden. Trotzdem sieht man die Tiere häufig und ihr nächtliches lautes Zanken gehört zu den charakteristischen Geräuschen der Insel.

Ohne Säugetiere als Widersacher wurden die Seychellen zum letzten Königreich der Reptilien. Die im Brackwasser lebenden Krokodile gehörten zu den frühen Opfern der Siedler, doch Riesenlandschildkröten sind noch in großer Zahl erhalten: Mit 100 000 Exemplaren besitzt Aldabra die weltweit größte Population. Seit Jahrmillionen bewohnen die Kreaturen die Inseln des Indischen Ozeans. Da durch ihren Panzer kein Wasser eindringt, sie wochenlang ohne Nahrung überleben und die Weibchen Samen speichern können, waren sie ideale Kandidaten für lange Ozeanreisen. Die Glücklichen unter ihnen landeten irgendwann auf einer tropischen Insel. Hier entwickelten sich mitunter spezifische Arten, von denen die meisten inzwischen ausgerottet sind. Dasselbe Schicksal, so glaubte man, habe auch die Geschöpfe der Granitinseln ereilt – bis vor kurzem eine sehr ungewöhnliche Spezies entdeckt wurde. DNA-Tests führten zu dem verblüffenden Ergeb-

◀ Riesige Landschildkröte auf Aldabra
▶ Der schwarze Seychellen-paradiesschnäpper ist leicht an seinem langen schwarzen Bürzel zu erkennen

Unverdorbenes Paradies
Während die natürliche Schönheit anderer Eilande des Indischen Ozeans allmählich zu welken begann, blieben die Seychellen bis ins späte 18. Jh. unbewohnt und konnten ihre ursprüngliche Fauna und Flora weitgehend bewahren – nicht zuletzt dank einer Vielzahl von Schutzgebieten, die in den vergangenen Jahren eingerichtet wurden: der Morne Seychellois National Park auf Mahé, der Praslin National Park auf Praslin, das Veuve Reserve auf La Digue sowie Reservate auf den Inseln Curieuse, Cousin, Aride, Silhouette und Aldabra.

nis, dass nicht nur eine, sondern gleich zwei Arten überlebt haben: die Arnolds- und die Seychellen-Riesenschildkröte. Auf Silhouette wurde ein Naturschutzprojekt eingerichtet, um das Fortbestehen beider Arten zu sichern.

Ein anderes Projekt läuft auf Curieuse, wo man Aldabra-Riesenschildkröten züchtet. Eingeführte halbwilde Populationen sind auf Frégate und Cousin anzutreffen, doch viele Tiere leben in Gehegen von Hotels, Restaurants und im Botanischen Garten, so dass reichlich Gelegenheit besteht, das Maskottchen der Seychellen zu sehen. Einst war es Tradition, einem neugeborenen Mädchen ein Schildkrötenbaby zu schenken und dieses als Haustier zu halten, bis das Mädchen erwachsen war und heiratete. Zum Hochzeitsfest wurde das Tier dann geschlachtet. Dieser Brauch hat es glücklicherweise nicht in die Jetztzeit geschafft, doch als »Kuscheltiere« sind die schwerfälligen Giganten noch immer beliebt.

Auch die Zukunft der Meeresschildkröten hellt sich allmählich auf. Früher wurden sie wegen des Schildpatts gejagt, aus dem Schmuck und Plunder für den Verkauf an Touristen entstand. Inzwischen hat die Regierung erkannt, dass lebende Schildkröten von höherem Wert sind und den Verkauf von Schildkrötenprodukten jeglicher Art verboten. Die Schutzbestimmungen tragen nicht nur zur Reputation des Landes bei, sondern fördern auch den Öko-Tourismus.

Wilde Rufe

→ Der Ruf der männlichen Aldabra-Schildkröte soll das lauteste Geräusch im Reich der Reptilien sein. Es handelt sich um einen Balzruf – die Paarung ist eine ebenso lautstarke Angelegenheit.

Auf den Seychellen nisten zwei Arten: die Karettschildkröte und die Grüne Meeresschildkröte. Die Granitinseln sind der einzige Ort auf der Welt, an dem Karettschildkröten auch tagsüber zur Eiablage an Land kommen. Grüne Meeresschildkröten nisten nur gelegentlich auf den Granitinseln, sie bevorzugen Aldabra, wo sich im Jahr rund 4000 Weibchen zur Eiablage einfinden. In der Vergangenheit wurden sie wegen ihres Fleisches gejagt und noch heute stellt die Wilderei ein ernst zunehmendes Problem dar, doch im Gegensatz zu anderen Ecken der Welt sind sie hier ihrer Ausrottung entkommen. Aldabra gehört zu den wenigen Vorzeigeorten, wo die Zahl der Meeresschildkröten – die nach der *Convention on International Trade in Endangered Species* (CITES) zu den am meisten gefährdeten Arten gehören – dankenswerterweise zunimmt.

Einzigartige Reptilien

Hinsichtlich der Reptilienvielfalt kann sich keine Region dieser Erde mit den »Seevogel«-Inseln der Seychellen messen, das gilt besonders für Cousin, Cousine und Aride. Zum Teil ist es den Seevögeln zu verdanken, dass die Echsen in so großer Zahl überleben, ernähren sie sich doch hauptsächlich von Eiern und Küken. Die meisten Reptilien sind endemisch wie beispielsweise die Seychellen-Mabuye, die Wright-Mabuye sowie mehrere grüne Gecko-Arten.

Zu den charakteristischen Merkmalen von Ozeaninseln gehört das Fehlen von Amphibien – auch hier bilden die Seychellen eine Ausnahme. Es gibt auf den Inseln 13 verschiedene Arten, von denen 12 endemisch sind. Unter den verschiedenen Fröschen findet sich der winzige Pygmäen-Pfeiffrosch, der in höheren Lagen zumeist durch sein aufgeregtes Pfeifen auf sich aufmerksam macht. Der Seychellen-Frosch hat die ausgefallene Angewohnheit, seine Kaulquappen auf dem Rücken zu tragen; dies tun andere Frösche nur in Neuseeland und im tropischen Südamerika, also an genau entgegengesetzten Enden des früheren Superkontinents.

◀ Aufseherin auf Cousin beim Zählen der Schildkröteneier
▲ Pygmäen-Pfeiffrosch hat den Titel »Kleinster Frosch der Welt« verdient
▶ Der grüne Gecko entwickelt ungewöhnlicherweise schon bei Tageslicht Aktivitäten

Vögel über Vögel

Vogelbeobachter kommen nicht der Artenvielfalt wegen auf die Seychellen: In Ostafrika sieht man an einem einzigen Tag zuweilen mehr Arten als im ganzen Leben auf den Seychellen und auch die Farbenpracht der Inselvögel kann mit der Konkurrenz auf dem Festland nicht mithalten. Was ihnen jedoch an Vielfalt und Aussehen fehlt, machen sie durch ihren Seltenheitswert mehr als wett.

Dank erfolgreicher Schutzmaßnahmen konnten zwei der seltensten Vogelarten der Welt gerettet werden: die Seychellengrasmücke und die Seychellenschamadrossel. Weitere Projekte sind vorgesehen, um den Prozess des historischen Niedergangs anderer Arten zu studieren und umzukehren. Zu ihnen wird wohl auch der schönste endemische Vogel gehören, der Schwarze Seychellenparadiesschnäpper. Er ist das Symbol von La Digue, wo man eigens für ihn ein Naturreservat eingerichtet hat. Das Männchen besticht mit seinem schimmernden schwarzen Gefieder und den äußerst langen Schwanzfedern. Weniger auffällig, aber trotzdem schön anzusehen ist das Weibchen mit seinen kastanienbraunen Flügeln, der weißen Brust und dem schwarzen Kopf.

Die geheimnisvolle Seychelleneule kommt nur auf Mahé vor und beschränkt sich auf den Morne Seychellois National Park, während der Brillenvogel auf Mahé, der Nachbarinsel Conception und Frégate anzutreffen ist. Auch diese beiden gehören zu den äußerst seltenen Vögeln der Welt. Eine weitere besondere Art lebt auf Praslin; das durchdringende Pfeifen des Schwarzen Sittichs ist oft der einzige Laut im Vallée de Mai. Als kleinster Raubvogel der Welt – und zugleich der einzige auf den Granitinseln – gilt der Seychellenturmfalke, der überwiegend auf Mahé und auf Praslin siedelt. Oft verkündet er seine Anwesenheit durch ein lautes »ti-ti-ti-ti«, dem er seinen kreolischen Namen *katiti* verdankt. Der Seychellenweber *(tok-tok)* lebt noch auf fünf Inseln; am leichtesten entdeckt man ihn auf Cousin und Aride.

Weiter verbreitet, doch ebenfalls nur auf den Granitinseln beheimatet, sind die Warzenfruchttaube, die Seychellensalangane, der Seychellenbülbül und der Seychellennektarvogel. Sie alle sind leicht zu erspähen – vielleicht im Hotelgar-

Vor dem Aussterben bewahrt

Da wäre z. B. die Seychellengrasmücke: 1960 stand sie an der Schwelle ihrer endgültigen Vernichtung. Auf internationale Appelle hin wurde Cousin 1968 unter den Schutz der »Royal Society for Nature Conservation and BirdLife« gestellt. Der Bestand der Grasmücken erholte sich und in den 1980er Jahren zählte man schon wieder 350 Vögel. Da jedoch alle auf einer einzigen Insel lebten, hätten sie durch eine örtliche Katastrophe mit einem Schlag vernichtet werden können. So brachte man 1988 insgesamt 29 Vögel nach Aride und hoffte, dass sie dort zur gewohnten Zeit im Januar brüten würden. Die Vögel aber hatten andere Vorstellungen: Gut versorgt mit Raum und Nahrung brüteten sie das ganze Jahr hindurch und erreichten 1999 die stattliche Zahl 2000. Nachdem eine weitere Kolonie auf Cousine angesiedelt wurde, gehören die Grasmücken nun zu einer der wenigen Spezies, die von der Liste der gefährdeten Arten gestrichen werden konnte. Als auf Frégate nur noch weniger als 20 Seychellenschamadrosseln nisteten, startete BirdLife ein ähnliches Rettungsprogramm. Inzwischen haben sich auf Aride, Cousin und Cousine brütende Populationen angesiedelt.

ten, sicher aber am frühen Morgen und späten Nachmittag in Victorias Botanischem Garten.

Eine besonders reiche Vogelwelt besitzt das Aldabra-Atoll. Zu den einzigartigen Bewohnern dieser Stätte des Weltnaturerbes gehört der letzte flugunfähige Vogel des Indischen Ozeans, die Weißkehlralle. Aldabra ist außerdem berühmt für seine Seevogelkolonien, darunter die zweitgrößte Fregattvogelkolonie der Welt. Näher zu den Hauptinseln hin findet man weitere spektakuläre Seevogelkolonien, besonders auf Aride (zehn brütende Arten), Cousin (sieben brütende Arten) und Bird, das nach den Millionen Rußseeschwalben benannt wurde, welche jährlich zwischen April und Oktober hier brüten. Hauptattraktion ist dort die unüberschaubare Zahl der Vögel, die um jeden Zentimeter ringen.

Die Artenliste der Seychellen verzeichnet allerdings wesentlich mehr Zugvögel als nistende Arten; die meisten treffen zwischen Oktober und Dezember ein.

Die Pflanzenwelt

Auch die Seychellen hatten unter großflächiger Abholzung zu leiden, im Gegensatz zu anderen tropischen Inseln sind allerdings viele der Narben wieder verheilt. Obwohl der Urwald nun auf die höheren Lagen von Mahé und Silhouette sowie auf das Vallée de Mai (Praslin) begrenzt ist, gibt es weder größere Gebiete von Ödland noch riesige Plantagen – die Seychellen erscheinen wie ein einziger Botanischer Garten.

Auf den Granitinseln gedeihen heute über 1000 Pflanzenarten, davon 250 in der freien Natur und rund 75 endemisch. In nahezu jedem Garten blühen Symbole der Tropen wie Bougainvillea, Frangipani oder Hibiskus. Weit verbreitet sind der prächtige Flammenbaum sowie Brotfrucht- und Jackfruchtbaum. Kokospalmen, die früher nur die Strände säumten, wurden in großer Zahl auch im Inselinnern angepflanzt. Wie im Falle der Vögel verfügen die Koralleninseln über eine geringere Artenvielfalt – mit Ausnahme von Aldabra, die 40 endemische Pflanzen ihr Eigen nennt.

◀ Feenseeschwalben bei der Paarung auf Bird Island
▶ Die auf Aldabra vorkommende »Bwa zanget« gehört zu den vielen endemischen Pflanzen der Seychellen

Manche Pflanzen der Seychellen sind so selten, dass sie nur an wenigen Stellen aufzuspüren sind, wie die Hölzer *bwa-d-fer* und *bwa-d-nat,* die einst für den Schiffsbau begehrt waren. Der Quallenbaum ist immer selten gewesen, doch auf Mahés Höhen wachsen noch einige Exemplare. Bei der Insekten fressenden Kannenpflanze muss man wissen, wo man zu suchen hat. Zu den bekannten exotischen Pflanzen gehört die Wilde Vanille, deren blattlose Ranken ganze Büsche überziehen.

Besonders auffallend sind die majestätischen Palmen. Sechs Arten kommen nur auf den Graniteinseln vor, darunter die berühmte Seychellennuss-

palme *(Coco de Mer),* die auf Praslin und Curieuse beheimatet ist. Der weibliche Baum trägt die größten Samen der Welt, die in ihrer Form an ein weibliches Becken erinnern; nicht weniger beeindruckend ist der phallusähnliche Blütenstand der männlichen Bäume – auf jeden Fall lassen manche Toiletten mit entsprechenden Symbolen keinen Zweifel über die Wahl der Türe.

Zum Glück haben große Teile der Flora und Fauna bis in ein Zeitalter überlebt, in dem man ihren Wert erkannte. Dies mag einerseits auf die relativ späte Besiedlung der Seychellen zurückzuführen sein, andererseits hat die Regierung rechtzeitig gehandelt und über 40 % der Landfläche als Schutzgebiet ausgewiesen. ■

Magische Unterwasserwelt

Die Seychellen rühmen sich einiger der am besten geschützten Ozeangebiete der Welt. Schon vor 30 Jahren hat man damit begonnen, die Unterwasserwelt unter Naturschutz zu stellen und kann heute die Früchte seiner Maßnahmen ernten. An kaum einem anderen Ort tummelt sich eine solche Vielfalt und Menge maritimer Lebensformen. Harpunieren und andere schädliche Fangtechniken wurden schon vor langer Zeit verboten und Taucher zeigen sich überrascht, dass selbst scheue Fischarten überall leicht zu entdecken sind und sogar freundlich auf ihre Besucher zukommen.

Erkundung der Tiefe

Die meisten Hotels und Resorts verleihen Schnorchelausrüstung, wenngleich von unterschiedlicher Qualität, und vielerorts kann man sich Masken, Schnorchel und Flossen zu fairen Preisen kaufen. Halb- oder ganztägige Schnorchelexkursionen werden von diversen Agenturen angeboten, u. a. zu ausgesuchten Gebieten wie dem Ste- Anne Marine National Park, dem Bay Ternay Marine Reserve oder nach St-Pierre im Curieuse Marine Park. Im Preis inbegriffen ist meist ein Mittagessen in einem der bekannten kreolischen Restaurants auf einer der Inseln.

Unter Tauchern gelten die Seychellen längst als ein Weltklasseziel, sowohl in Bezug auf die Reviere als auch auf die professionelle Organisation vor Ort. Die meisten Tauchzentren gehören der *Association of Professional Divers, Seychelles* (APDS) an, welche die Normen für den Betrieb der Tauchbasen festlegt. Ihre Mitglieder unterstützen außerdem mehrere Umwelt- und Naturschutzprojekte, darunter die gezielte Beobachtung von Walhaien der *Marine Conservation Society of Seychelles* und des *Shark Research Institute, Seychelles.*

Für Anfänger sind die seichten Gewässer und bunten Korallenriffe der Seychellen ein idealer Spielplatz, der Sicherheit und Abwechslung mit einer exzellenten Ausbildung verbindet. Alle APDS-Zentren beginnen ihre Anfängerkurse mit einem theoretischen Teil, der die nötigen Infos über das Verhalten im Wasser und die Sicherheitsvorkehrungen liefert. Dann erst folgen die ersten Tauchversuche im Pool und später im Meer. In der Regel dauern solche Lehrgänge, die man mit dem *PADI Open Water Diver Certificate* abschließt, vier Tage. Für Fortgeschrittene bieten die Tauch-

◀ Der auffällige Kaiser-Engelfisch
▶ Filmen eines Walhais, des größten Fisches der Welt

Harmlose Giganten

Seines Zeichens der größte Fisch aller Ozeane ist der **Walhai**, den man auch in den Gewässern rund um die Seychellen antrifft. Bis vor kurzem wurde auf diese Kreaturen keine gezielte Jagd gemacht, was sich jedoch durch die steigende Nachfrage fernöstlicher Restaurants geändert hat.
Der gigantisch große, aber harmlose Planktonfresser kann bis zu 18 m lang werden und über 25 t wiegen. Ansonsten ist über diesen beeindruckenden Fisch nur wenig bekannt, außer dass er wie viele andere Haie extrem langsam wächst.

basen weiterführende Kurse bis hin zur Tauchlehrerausbildung an. Tauchzentren gibt es auf Mahé, Praslin, La Digue und den anderen Hotelinseln.

Die Tauchsaison geht das ganze Jahr über, doch am ruhigsten ist die See zwischen März und Mai sowie im Oktober/November. Wer die Begegnung mit einem Walhai sucht, sollte die Monate Juli und August bzw. November und Dezember für seinen Aufenthalt wählen. Im März/April oder Oktober/November findet darüber hinaus das jährliche Festival SUBIOS statt, bei dem einige der weltbesten Unterwasserfotografen, Filmemacher und Umweltschützer Filme und Vorträge halten.

Vielfältige Meereslandschaften

Ob nun Anfänger oder Fortgeschrittener – die Seychellen haben für jeden etwas zu bieten. Die einzigartigen Granitformationen der nördlichen Inselgruppe (»Innere Inseln«) bieten wesentlich vielfältigere submarine Bedingungen, als man erwarten würde, und sind deshalb Lebensraum einer erstaunlichen Bandbreite maritimer Lebewesen. Erweitert wird diese Vielfalt durch die Korallenatolle im Süden, darunter Aldabra, das größte über die Wasseroberfläche hinaus gewachsene Korallenatoll der Welt und designiertes Weltnaturerbe der UNESCO.

Schwimmende Putzkolonnen

Farbenprächtige Putzergarnelen leisten sowohl den von anderen Meeresbewohnern gefürchteten Muränen als auch vielen anderen Fischarten wichtige Dienste, indem sie Parasiten aus Haut, Schuppen und sogar Zähnen holen. Offenbar fungieren die auffälligen rot-weißen Querbinden und langen weißen Antennen der Putzergarnelen als Zeichen für ihren Reinigungsservice und garantieren, dass sie als Lohn für ihre hilfreiche Leistung nicht aufgefressen werden.
Reinigungsdienste für Riffbewohner leistet auch der kleine schwarz-blau gestreifte Putzerlippfisch. Er betreibt sein Geschäft an einem bestimmten Felsen oder einem bestimmten Abschnitt des Korallenriffs, wo er durch einen »Tanz« auf sich aufmerksam macht, um säuberungsbedürftige »Kunden« anzulocken. Bei seinem Service beschränkt sich der Putzerlippfisch nicht nur auf die Körperoberfläche, sondern macht sich auch tief im Maul oder in den Kiemen großer Riff-Fische zu schaffen.
Für Sauberkeit auf dem Meeresboden sorgen die in Küstennähe, auf sandigem Boden lebenden Seegurken. Sie ernähren sich nämlich von Plankton und Algen.

Die Wassertemperatur zwischen 26 °C und 30 °C fördert das rasche Wachstum von Schwämmen, Korallen und wirbellosen Tieren, die Granitwände in ein Kaleidoskop der Farben verwandeln. Das submarine Terrain der Inneren Inseln ist mit seinen spektakulären Granitformationen ein Spiegelbild der Landschaft oberhalb der Wasserlinie. Steine und Felsen bilden natürliche Schluchten und Spalten, die als Lebensraum zahlreicher Meeresbewohner dienen. Sehr häufig stößt man auf die Muräne, eine Spezies mit unverdient schlechtem Ruf. Ihre Reputation geht hauptsächlich auf die Gewohnheit zurück, Besucher in bedrohlich aussehender Weise zu begrüßen, indem sie ihren mit Zähnen bestückten Kiefer bleckt. Doch der Schein trügt. Die Tiere leben ein stilles Leben und schwimmen harmlos in ihren Spalten hin- und her. Da hier nur wenig Strömung herrscht, müssen sie ihr Maul ständig öffnen und schließen, um Wasser durch ihre Kiemen zu pumpen. Muränen jagen erfolgreich kleine Fische, Krabben und Schnecken, doch an größerer Beute haben sie kein Interesse.

Naturheilmittel

→ Wer das Pech hat, auf einen Seeigel zu treten, muss Papaya auf die Wunde reiben: Der Saft der Frucht enthält ein Enzym, mit dessen Hilfe sich die Stacheln leichter entfernen lassen.

Ein anderer Bewohner dieser Spalten, gelegentlich tagsüber zu sehen, ist der Krake. Dieses am höchsten entwickelte Weichtier ist ein äußerst aktiver Jäger, der sich vorwiegend nachts von anderen Weichtieren, Krabben und Kleinfischen ernährt, die er mit den muskulösen Saugnäpfen seiner acht Arme fängt. Kraken sind Meister der Tarnung: Ihre Haut besitzt spezielle Zellen, die es gestatten, je nach Umgebung sowohl Farbe als auch Textur zu ändern.

Grundkurs in Artenbestimmung

Die Besucher der Seychellen sind alleine schon von der Menge der Fische begeistert. Am auffälligsten präsentieren sich die farbenprächtigen Schmetterlings- und Engelfische, doch mit ein wenig Übung lernt man auch andere Arten an ihrer Körpergestalt erkennen. Die zylinderförmigen Trompeten- und Flötenfische sind ein erster Schritt, beide zu unterscheiden jedoch ist schwierig. Der Trompetenfisch hat eine fächerartige Schwanzflosse und lässt sich in verschiedenen Farben am Korallenriff sehen, während der Flötenfisch gewöhnlich unterhalb der Wasseroberfläche schwimmt und mit einer peitschenförmigen Flosse ausgestattet ist.

Andere leicht erkennbare Gruppen sind die Koffer- und Kugelfische. Erstere haben eckige

»kofferartige« Leiber mit scheinbar verkümmerten Flossen; die Kugelfische ähneln den auf dem Wasser treibenden geschrumpften Tropenfrüchten und blasen sich nur auf, wenn sie sich in die Enge getrieben fühlen. Beide haben scharfe Zähne, die es sogar mit Korallen aufnehmen können.

Auch Löwenfische und die ihnen verwandten Skorpionfische sind recht leicht zu identifizieren: Die Löwenfische an ihren spektakulär langen feder- oder peitschenförmigen Stacheln an Rücken und Seitenflossen, die Skorpionfische darüber hinaus an ihrer Gewohnheit, sich zu tarnen und am Boden aufzuhalten. Das Identifizierungsproblem bei Letzteren beginnt also bereits damit, sie überhaupt zu entdecken.

◀ Vorbereitungen zum Tauchen
▶ Die eindrucksvollen Zähne der Muräne halten unerwünschte Besucher fern

Nun kann man sich daran machen, die überwältigende Zahl »fischförmiger« Fische auseinander zu halten. Die Riffbewohner gehören überwiegend zu den Familien der Papagei- und Lippfische. Papageifische gibt es in zahlreichen Größen und Farben, doch alle haben ein schnabelartiges Gebiss. Die Familie der Lippfische kommt in vielen unterschiedlichen Formen und Größen daher – leidenschaftliche Taucher und Schnorchler seien an dieser Stelle auf die Fachliteratur verwiesen.

Geschlechtsumwandlung

→ Fahnenbarsche, Papagei- und Lippfische werden weiblich geboren, können sich jedoch bei akutem Männermangel in das andere Geschlecht verwandeln.

Unterwasserwelt der Äußeren Inseln

Wer sich bei den Äußeren Inseln auf Tauchgang begibt, wird einen auffälligen Unterschied zu den Inneren Inseln feststellen. Die abgelegenen Eilande bestehen entweder aus großen Sandbänken (Bird Island und African Banks) oder aber aus Korallenatollen (Aldabra), die an ihrem Rand oft senkrecht abfallen und in den einzelnen Stockwerken die unterschiedlichsten Meereslebewesen beheimaten.

Die tieferen Bereiche werden von dem komplizierten Geflecht der Hornkorallen (Gorgonacea) dominiert, die von einem elastischen Skelett getragen werden. Sie wachsen rechtwinklig zur Strömung, so dass sie Nahrungspartikel aus dem Wasser filtern können, das am Riffrand vorbeifließt. In ihren Fächern haben es sich verschiedene Untermieter bequem gemacht, wie etwa die kleinen Kaurimuscheln oder seespinnenartige Krabben. Der Langnasen-Korallenwächter nutzt die Korallen als Versteck, wo er auf seine Lieblingsspeise Krustentiere lauert.

Da relativ wenig Fischfang betrieben wird, steht das Ökosystem des Meeres rund um die Äußeren Inseln unter geringerem Druck als anderswo und die natürliche Nahrungskette ist weitgehend intakt. Zu den weiteren Hauptattraktionen der Eilande gehören die vielen großen Fische und Raubfische wie Hai, Barrakuda oder Thunfisch. Auf den Tauchgängen bekommt man zumeist den Hundezahn-Thunfisch zu Gesicht, der als wahrer Krieger der Tiefe gilt. Die mächtigen Tiere schwimmen mit leicht geöffnetem Maul, in dem sie stolz eine Reihe hundeartiger Zähne zur Schau stellen, und ihre großen schwarzen Augen scheinen jede Bewegung zu registrieren.

An vielen Riffen sind zahlreiche Mitglieder aus der Familie der Zackenbarsche zu Hause, wie etwa eine seltene gefleckter Art *(potato cod)*, der über 1 m lang wird und an den großen Flecken auf seinem grauen Leib kenntlich ist, die an Kartoffeln erinnern. Man sagt, er sei aggressiv – unabhängig davon sollte man jeden Fisch dieser Größenordnung mit dem nötigen Respekt behandeln.

Auch Meeresschildkröten tummeln sich in den Gewässern der Äußeren Inseln zuhauf. Während bei den Inneren Inseln die Karettschildkröte überwiegt, nimmt Richtung Süden die Häufigkeit der Grünen Meeresschildkröte zu. Diese ist im Allgemeinen größer als ihre Cousine, hat einen breiteren Kopf und einen weniger ausgeprägten Schnabel. Eine dritte Art, die *caretta caretta*, lässt sich nur selten sehen. Auf den ersten Blick scheint sie eine Kreuzung der beiden anderen zu sein, ist aber an ihrem großen Kopf, ihren großen Augen und ihrem immens dicken und starken Schnabel zu erkennen, der wesentlich leistungsfähiger als die seiner Artgenossen ist. ■

◀ Männlicher Ampel-Papageifisch

Highlights für Taucher

Auf den Seychellen findet man nicht nur ein, sondern gleich mehrere Tauchreviere von Weltklasse. Im Folgenden sind die besten Gebiete der Inneren Inseln gemäß der Einschätzung einheimischer Taucher genannt. Abgesehen von Ave Maria bei Praslin eignen sie sich nur für erfahrene Taucher, aber die Liste ist keinesfalls komplett. Die Tauchbasen von Mahé, Praslin und La Digue haben auch noch viele andere Ziele im Programm, die sowohl Anfänger als auch Fortgeschrittene begeistern werden. Mehr Informationen zum Thema Tauchen und die Tauchgebiete der Inneren Seychellen s. S. 400.

Shark Bank

Das Granitmassif mit einer Tiefe zwischen 20 und 35 m liegt zwischen Mahés Nordwestküste und Silhouette. Da heftige Strömungen keine Seltenheit sind, sollten sich nur erfahrene Taucher in dieses Revier aufmachen. Es ist besonders bekannt für große Fischschwärme und Raubfische.

L'Îlot

Klassische Granitinsel vor der Nordwestspitze von Mahé und eine der wenigen Stätten im Bereich der Inneren Inseln mit intakten Kolonien von Weichkorallen sowie großen Fischschwärmen. Trotz der geringen Maximaltiefe von 23 m wird das Revier nur erfahrenen Tauchern empfohlen, da bei widrigen Bedingungen starke Strömungen und schlechte Sicht herrschen können.

Brissare Rocks

Dieses Granitmassif 5 km vor der Nordostküste von Mahé zieht viele Fischschwärme an und ist Heimat einer Familie von **Schnappern** sowie von Napoleon-Lippfischen. Mit einer Tiefe von 20 m nicht für Anfänger geeignet.

Das Wrack der »Ennerdale«

Wegen seiner Entfernung zur Küste (8 km vor Mahés Nordostküste) und seiner exponierten Lage wird das Tankerwrack nur selten angesteuert und birgt gerade deswegen eine unberührte und äußerst vielfältige Unterwasserwelt. Das in 30 m Tiefe liegende Schiff ist mit Korallen und wirbellosen Tieren übersät und wird gerne von Haien und Rochen aufgesucht. Bei guten Bedingungen ist diese Stätte erfahrenen Tauchern sehr zu empfehlen.

Marianne Island

Die Südspitze von Marianne gilt noch als Geheimtipp. Im Gewirr des zerklüfteten Granitgesteins finden sich zahlreiche größere Fische und zu bestimmten Jahreszeiten auch Graue Riffhaie. Der Tauchgang für erfahrene Sportler geht bis in 27 m Tiefe.

Ave Maria

Die Granitgruppe hat sich dank ihrer immensen Artenvielfalt einen ausgezeichneten Ruf geschaffen – Sichtungen von Haien oder Stachelrochen gehören hier schon beinahe zur Tagesordnung. Unter normalen Bedingungen bietet die 26 m tiefe Stätte auch Anfängern ein fazinierendes Erlebnis.

Äußere Inseln

Den Äußeren Inseln würde ein eigenes Kapitel gebühren, weshalb sie an dieser Stelle nicht berücksichtigt wurden. Aber so viel sei gesagt, einer der weltweit berühmtesten Tauchplätze liegt vor Desroches (s. S. 345). ■

▲ **Abtauchen, staunen und genießen …**

Petri Heil!

Fischen (und der Jagd auf sie) gebührt ein fester Platz in der Seele eines jeden Seychellois – was nur die wenigsten überraschen dürfte, leben die Insulaner doch inmitten einiger der reichsten Fischgründe der Welt. Das Meeresgetier dient als Grundnahrungsmittel aller Seychellois und natürlich freuen sich auch die Touristen über das variantenreiche Angebot auf den Speisekarten. Aktive Zeitgenossen können sich ihr Abendessen selbst

fangen. Es stehen Boote bereit, die hervorragend ausgerüstet sind und Touristen zu den Spitzenplätzen geleiten. Relativ neu auf den Seychellen ist das Fliegenfischen. Erst in den letzten Jahren hat man einige Gebiete entdeckt, die nach Meinung von Experten zu den besten der Welt zählen. In der Tat halten die Seychellen Weltrekorde sowohl im Hochseefischen als auch im Fliegenfischen.

Jagd auf dicke Fische

Auf Mahé haben Hochseefischer die größte Auswahl an Booten und Agenturen, doch mit steigenden Touristenzahlen wächst das Angebot auch auf Praslin und La Digue. Zu weiteren guten Adressen gehören die Resorts von Silhouette, Frégate, Bird, Denis (v. a. für professionelle Hochseefischer), Desroches und Alphonse. Ein Großteil der Charterboote ist mit Schleppangeln ausgestattet, die am Erfolg versprechendsten sind, um Sportfische zu ködern. Wer auf der Basis *tag and release* (»fangen und freilassen«) angeln will, sollte dies vorab mit dem Veranstalter klären.

Das Anglerglück steht und fällt mit den Wetterverhältnissen. Davon einmal abgesehen befinden sich die besten Fischgründe am Abbruch des Seychellen-Plateaus, das von allen Granitinseln rund 30 km entfernt und leicht zu erreichen ist. Hier tummeln sich mit Vorliebe Großaugen-, Hundezahn- und Gelbflossen-Thunfische. Zwischen Mahé und Silhouette gibt es viele Segelfische und an den Sandbänken bestehen gute Chancen, den Dorado zu fangen. Nicht selten beißen an den künstlichen Ködern auch Barrakudas und sogar Haie an.

Manche Fische wie Thunfisch oder Bonito können das ganze Jahr über gefangen werden, andere nur zu bestimmten Jahreszeiten. Während des Südwestmonsuns ab Juni hat man häufig einen Segelfisch am Haken. Der Dorado ist zwar ganzjährig in den Gewässern unterwegs, beißt aber mit Vorliebe zwischen Januar und September an. Als optimale Zeit für den Königsfisch, auch Wahoo genannt, eignen sich die Monate zwischen Januar und März. Das ganze Jahr über bestehen Chancen auf große Blaue, Gestreifte und Schwarze Marline, die bis zu 150 kg auf die Waage bringen, aber wesentlich seltener als Segelfische sind.

In der Zeit des Südostmonsuns (Juni bis September) kann die See sehr rau sein. Zwar verfügen die größeren Boote über sehr stabile Plattformen, sind aber auch wesentlich teurer. Optimalerweise finden sich mehrere Gleichgesinnte zusammen und teilen sich die Kosten – oder man nimmt die ganze Familie mit, übernachtet auf dem Boot und kombiniert den Angeltrip mit einem Besuch anderer Eilande.

◀ **Gelbflossen-Thunfisch im vergeblichen Kampf**
▶ **Ein großer Fang**

Strikte Schutzmaßnahmen

Für Fliegenfischer sind die Seychellen ein kleines Paradies, insbesondere wenn man sich mit Knochenfischen und Makrelen anfreunden kann. Einen exzellenten Fangplatz gibt es vor Denis Island, doch am besten ist die nahezu unberührte Lagune von St-François, die man vom nahen Alphonse Island Resort (s. S. 347) erreicht. Um diese guten Bedingungen zu bewahren, bewilligt die Regierung pro Tag höchstens 12 Permits. Die Köder dürfen keine Widerhaken haben und alle gefangenen Fische werden wieder ausgesetzt. Zwei größere Schiffe steuern die Lagune an, wo die Angler dann auf flache Boote umsteigen, die auch für seichtes Gewässer geeignet sind.

Es ist nicht ungewöhnlich, wenn ein guter Fliegenfischer über 50 Fische am Tag fängt, selbst Anfänger können durchaus 20 Stück am Haken haben. Die Knochenfische wiegen im Schnitt 2 bis 3 kg und erreichen bis zu 7 kg. St-François ist stolz auf mehrere Weltrekorde, von denen vier innerhalb nür einer Woche aufgestellt wurden – drei für Makrelen und einer für Knochenfisch.

Zu den Fischen, die in dieser Region auf herkömmliche Weise gefangen werden, gehören kleine Hammerhaie, Großaugen-Thunfische und Barrakudas.

Auf die traditionelle Art

Fischen vor der Küste mag nicht so spannend sein wie Hochsee- oder Fliegenfischen, aber wenn es einem nur ums Abendessen geht, ist das Angeln mit Leine, Bleigewichten und Naturködern nicht die schlechteste Alternative. Auch viele einheimische Fischer gehen nach dieser traditionellen Methode vor. Sie benutzen zwei oder drei Haken und nehmen Krebse, Schalentiere, Tintenfische, Makrelen oder anderes frisches Meeresgetier als Köder. Zu den begehrtesten der über 200 verschiedenen Fische, die man hier fängt, gehören der Rote Schnapper und der Zackenbarsch. Beide sind sehr schmackhaft und fehlen auf keiner Speisekarte.

Außer vor Cousin und im Ste-Anne Marine National Park darf man beinahe überall fischen. Vor Ort kann man mit wenig Mühe ein kleines Boot leihen und Ausrüstung bekommt man in Victoria. Die einheimischen Fischer freuen sich in der Regel über ein kleines Zubrot und helfen gerne weiter. ■

Lukrative Gewässer?

Die kommerzielle Ausbeutung der an Thunfisch reichen Gewässer hat sich über Jahre hin als lukratives Geschäft erwiesen. Mittlerweile besitzt der Hafen von Victoria eine eigene Verarbeitungsanlage und vibriert von Geschäftigkeit. Da die Thunfischbestände jedoch weltweit stark überfischt sind, droht diesem Grundpfeiler der einheimischen Wirtschaft möglicherweise ein Eiinbruch.

Im November und Dezember erscheinen die Gewässer vor Beau Vallon auf Mahé wie ein künstlicher Fischteich. Jeden Tag fahren die Fischer hinaus und die Beute ist so reichlich, dass die Marktpreise für frischen Fisch in diesen Wochen rapide sinken.

Die Einheimischen bevorzugen traditionelle Fangmethoden und arbeiten mit Handleinen oder speziellen Korbfallen. Klassisches Fischerboot ist die kanuähnliche »pirogue«, die in seichtem Gewässer und über dem Riff leicht manövriert werden kann. Während sie zumeist schwarz-weiß angestrichen ist, leuchtet die etwas kleinere Version »katyolo« in kunterbunten Farben. Leider sind beide Boote immer seltener zu sehen, weil sie Schritt für Schritt durch eine moderne Flotte ersetzt werden.

Kreolische Küche

Mit Ausnahme von Schweinen, Hühnern und einigen Rindern kennen die Seychellen keine Viehzucht – freies Land ist nur begrenzt vorhanden und der Ozean liegt vor der Haustüre. So war das Meer schon immer der wichtigste Nahrungslieferant und Fleisch wurde nur zu speziellen Anlässen serviert. Daran hat sich bis heute kaum etwas geändert, im Gegenteil: Die Seychellen gehören weltweit zu den Ländern mit dem höchsten Fischverbrauch pro Person.

Fisch, Fisch und nochmals Fisch

Die Seychellois haben eine Schwäche für Fisch, aber nicht irgendeinen Fisch. Um ihre Inseln herum gibt es ein so reiches Meeresleben, dass sie es sich leisten können, wählerisch zu sein. Aus dem fleischigen Thunfisch – der hier den hübschen Namen Bonito trägt – lässt sich ein köstliches Currygericht zaubern, doch im Grunde betrachten sie ihn als minderwertig und verfüttern ihn an die Hunde. Dagegen lieben sie das feste weiße Fleisch des Roten Schnapper, der an beiden Seiten aufgeschlitzt und mit Ingwer, Knoblauch, Chili, Zwiebeln und anderen Zutaten gewürzt wird. Dann wickelt man den ganzen Fisch in ein Bananenblatt oder eine Folie ein und grillt ihn über Holzkohle. Viele Seychellois halten das Fleisch im Kopf des Roten Schnapper für den leckersten Teil und verwenden es für eine Fischsuppe. Auch Makrele wird eingewickelt über Holzkohle zubereitet. *Zob* (eine weitere Schnapperart) und *karang* (Makrelen) kommen in Steakform auf den Tisch.

Papageifische wandern in Eintöpfe oder enden als einheimische Variation von *Fish and Chips.* Zum Grillen eignen sich insbesondere Thunfisch-, Königsfisch- und Schwertfischsteaks, die man zuvor in einer Marinade einlegt. Das Fleisch des Haifischs wird mit Knoblauch, Ingwer, *bilimbi* (eine saure Frucht), Limone, Zwiebeln und Kurkuma gewürzt und anschließend gebraten, bis es die Farbe einer gelben trockenen Kokosnuss annimmt und als Hai-Chutney auf den Speisekarten landet.

Auch Schalentiere werden in der Küche gerne verwendet, darunter die beliebten *tektek* und *palourd.* Tekteks sind Muscheln, die an Sandstränden gesammelt werden und in die Suppe kommen. Selbst im touristischen Beau Vallon ist es kein ungewöhnlicher Anblick, eine einheimische Frau mit ihren Kindern entlang der Wasserlinie laufen zu sehen, die auf der Suche nach ihrem Abendessen sind. Sobald die Wellen zurückweichen, kommen die *tekteks* für einen kurzen Augenblick zum Vorschein, bevor sie sich – verfolgt von einer pfeilschnellen Hand – eingraben.

Palourds findet man eher an schlammigen Küsten, etwa in der Bucht nördlich von Victorias Inter-Island Quay. Sie ähneln Herzmuscheln und schmecken köstlich, wenn man sie mit frischen Kräutern und Knoblauchbutter zubereitet. Fast jedes Restaurant bietet auch Garnelen an, die eine relativ junge Ergänzung der Speisekarte darstellen. In den hiesigen Gewässern findet man sie sel-

◀ Das Essen in den besseren Hotels ist oft eine Zusammenstellung aus lokalem Fisch, heimischem Obst und Gemüse und importierten Zutaten

▶ »Macro boucanne« – ein traditionelles Fischgericht

ten, aber seit kurzem gibt es auf Coëtivy Island eine Farm, die Garnelen züchtet. Mit Knoblauchbutter gegrillt, als traditionelles Currygericht oder in süß-saurer Sauce schmecken die Garnelen ausgezeichnet.

Scharf und würzig

Im Vergleich zu den Maskarenen weist die einheimische Küche nur einen geringen indischen und chinesischen Einfluss auf. Die meisten Restaurants sind auf kreolische Küche und Meeresfrüchte spezialisiert. Ein indisches Gericht aber haben die Seychellois übernommen und zu ihrem eigenen gemacht: Curry. Es wird meist mit Fisch, manchmal mit Huhn und selten mit Schweine-, Ziegen- oder Rindfleisch zubereitet und ist immer scharf. Einzige Ausnahme bildet *kari koko zourit,* ein mildes Tintenfisch-Curry mit cremiger Kokosmilch. Viele machen ein Geheimnis daraus, wie es ihnen gelingt, den Tintenfisch so zart zu bekommen; andere tönen laut, dass man ihn bloß im Schnellkochtopf kochen müsse – wie auch immer: Wenn er richtig zubereitet wird, ist er zarter als ein Huhn und zergeht auf der Zunge.

Überkommene Traditionen

Seevogeleier waren einst ein wichtiges Mittel der Seychellois. Heute wird die Ausbeutung von Vogelnestern kontrolliert, um das Überleben der Rußseeschwalben sicherzustellen. Ein Seevogelomelette allerdings gilt noch immer als Delikatesse. Auch Land- und Meeresschildkröten gab es früher bei speziellen Anlässen. Traditionellerweise wurde bei der Geburt einer Tochter eine Landschildkröte gekauft, die man bis zur Hochzeit des Mädchens fütterte und für das Bankett schlachtete. Dieser Brauch ist heute verboten.

Eine lokale Spezialität sind geschmorte scharfe Würstchen mit Linsen. Auch Flughunde wandern trotz allgemeinen Fangverbots gelegentlich in den Kochtopf; man fängt sie mit Netzen in den Obstbäumen, von deren Früchten sich die Tiere ernähren.

Vor Beilagen sei generell gewarnt, denn sie fallen meist höllisch scharf aus. Am feurigsten sind die kleinen Chilis – ein einziges Samenkorn kann den durchschnittlichen westlichen Gaumen in Brand setzen. Die Seychellois hingegen verzehren die Schoten ganz.

Obst und Gemüse

Neben Fisch ist Reis das Grundnahrungsmittel der Seychellois. Gelegentlich wird die vielseitige Brotfrucht angeboten, die wie eine Kartoffel aussieht und in Form knuspriger Chips, gekocht oder als Püree gereicht wird. Schmort man sie in Kokosmilch und Zucker, so entsteht eine klebrige Süßspeise. Sehr gut schmeckt gebackene Brotfrucht. Man legt die ganze Frucht unter glühende Kohle, bis sie außen schwarz und innen weich ist. Dann wird sie aufgeschnitten und mit zerlassener Butter serviert. Der Volksmund behauptet: Wer Brotfrucht isst, wird wieder auf die Seychellen kommen.

Die Gemüseabteilungen einheimischer Läden haben nur wenig Abwechslung zu bieten, da die Landflächen begrenzt, die Böden nährstoffarm sind und die Seychellois Gemüse aus dem eigenen Garten verwenden. Zu den Ausnahmen gehören Auberginen, die meist gebraten auf den Tisch kommen, Avocados, Brunnenkresse und das ähnlich wie Spinat schmeckende *bred.* Typisch für die kreolische Küche sind die Chutneys: Fein geriebene Papaya oder Mango und *fisiter* (»Goldapfel«), die mit Zwiebeln, Limonensaft und Pfeffer verfeinert werden und eine erfrischende Ergänzung zu jedem scharfen Gericht darstellen.

Zu den Vorspeisen gehören Tintenfischsalat, roher Fisch in Limonensaft und *palmis*-Salat. Letzterer wird auch »Millionärssalat« genannt, weil der ganze Baum geopfert werden muss, um an die Triebe zu kommen. Inzwischen steht diese einzigartige Palme unter Schutz und alternativ besteht der Salat aus den frischen Trieben der Kokospalme, die über die gesamten Seychellen verbreitet ist.

Meistens ist das Dessert auf Speiseeis oder Fruchtsalat beschränkt. Mitunter kommt der Fruchtsalat mit Kokosnugat oder Kokosmilch auf den Tisch. Für Bananenliebhaber sind die Seychellen ein Paradies: Es gibt sage und schreibe 25 verschiedene Sorten, von der ellenlangen *sen zak*, aus der Knabbereien hergestellt werden, bis zur süßen *mil*, die als Obstsalat, flambiert oder gedünstet als *ladob* serviert wird.

Getränke

Im Angebot sind zahlreiche frisch gepresste Fruchtsäfte, Erfrischungsgetränke, einheimische Biere und (teure) Importweine. Zu Passionsfrucht- oder Limonensaft gehören je nach Geschmack eine Prise Salz oder Zucker. Sehr lecker ist auch *sitronel*, eine Art Tee aus Zitronengras.

Einheimische Spirituosen werden zu den Mahlzeiten üblicherweise nicht angeboten, gehören aber zur hiesigen Kultur. *Kalou* (»Palmwein«) entsteht aus dem Saft der Kokospalme, der schnell auf natürliche Weise fermentiert. *Baka* ist ein Getränk, das aus fermentiertem Zuckerrohrsaft gebraut wird und dem Rum ähnelt, ohne jedoch dessen Qualität zu erreichen. Das teuflischste lokale Feuerwasser heißt *lapire* und wird aus allem hergestellt, was mit Zucker fermentiert. ■

◄ Kokos wird geraspelt
▲ Ein junges Mädchen bringt Bananen von der Plantage direkt zum Markt

Wie öffne ich eine Kokosnuss?

Die meisten Touristen vergießen viel Schweiß, wenn sie eine am Wegrand gefundene Kokosnuss öffnen wollen. Es hilft weder, sie gegen einen Stein zu schleudern noch sie mit dem Taschenmesser zu traktieren. Zur Entfernung der dicken fasrigen Schale stecken die Seychellois einen gespitzten Pfahl in den Boden, auf den die Kokosnuss aufgespießt wird, um die Schale zu lockern.
Oft bekommt man »koko tann« angeboten, eine grüne Kokosnuss, deren Spitze aufgeschlagen wird, so dass man die erfrischende Milch trinken kann.

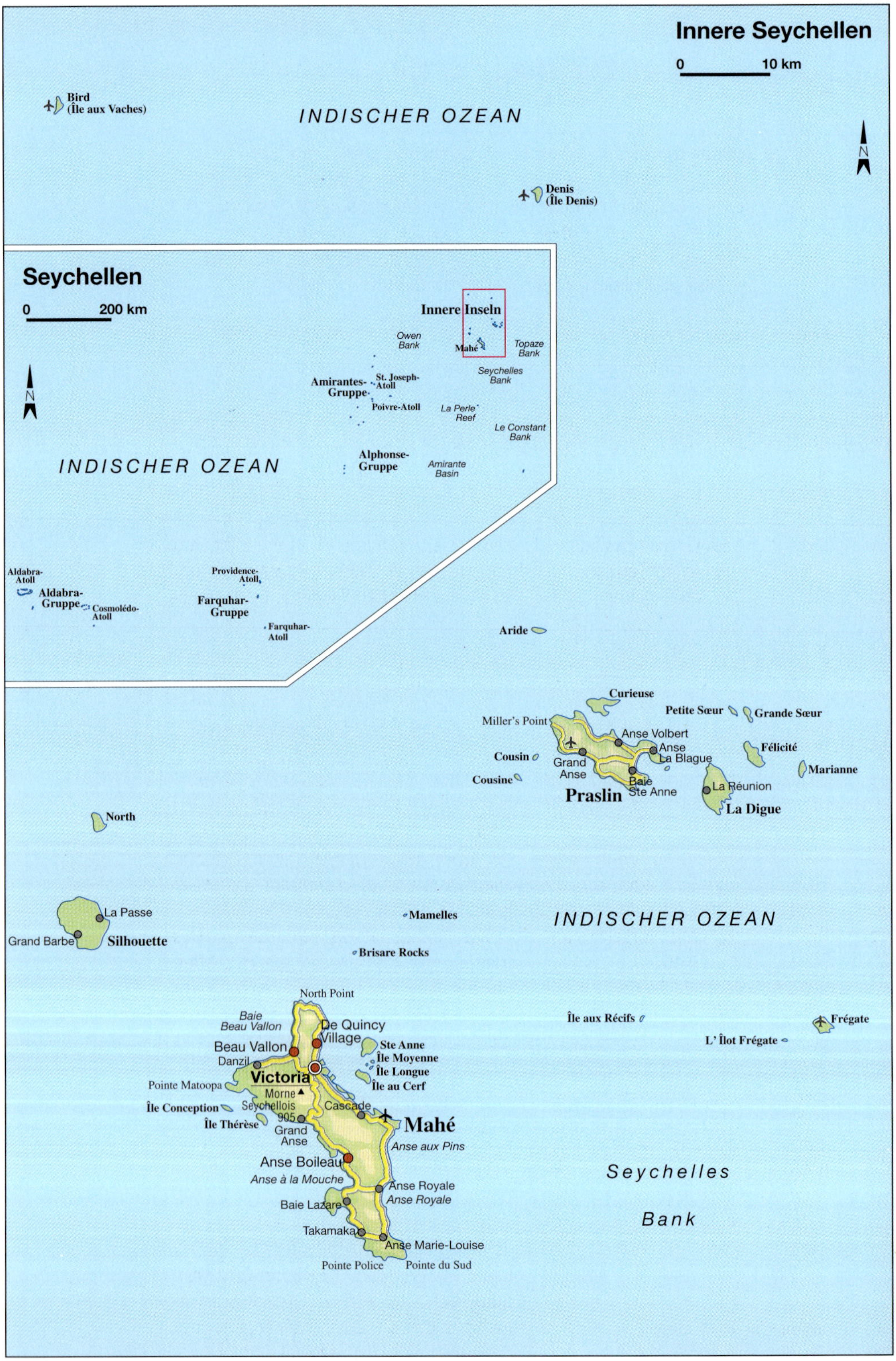
Innere Seychellen
0
10 km
Bird
(Île aux Vaches)
INDISCHER OZEAN
N
Denis
(Île Denis)
Seychellen
0
200 km
Innere Inseln
Owen
Bank
Mahé
Topaze
Bank
Seychelles
Bank
Amirantes-
Gruppe
St. Joseph-
Atoll
Poivre-Atoll
La Perle
Reef
Le Constant
Bank
N
INDISCHER OZEAN
Alphonse-
Gruppe
Amirante
Basin
Aldabra-
Atoll
Aldabra-
Gruppe
Cosmolédo-
Atoll
Providence-
Atoll
Farquhar-
Gruppe
Farquhar-
Atoll
Aride
Curieuse
Petite Sœur
Grande Sœur
Miller's Point
Anse Volbert
Anse
La Blague
Félicité
Cousin
Grand
Anse
Marianne
Cousine
Baie
Ste Anne
La Réunion
Praslin
La Digue
North
La Passe
Grand Barbe
Silhouette
Mamelles
INDISCHER OZEAN
Brisare Rocks
North Point
Baie
Beau Vallon
De Quincy
Village
Île aux Récifs
Frégate
L' Îlot Frégate
Beau Vallon
Ste Anne
Danzil
Île Moyenne
Île Longue
Victoria
Pointe Matoopa
Île au Cerf
Morne
Seychellois
905
Île Conception
Cascade
Île Thérèse
Mahé
Grand
Anse
Anse aux Pins
Seychelles
Anse Boileau
Anse à la Mouche
Anse Royale
Anse Royale
Bank
Baie Lazare
Takamaka
Anse Marie-Louise
Pointe Police
Pointe du Sud

Paradies auf Erden

Weiße Strände mit bizarr geformten Basaltfelsen, üppig tropische Vegetation, eine farbenprächtige Unterwasserwelt und nicht zuletzt riesige Vogelkolonien – das sind die Markenzeichen der Seychellen. Der Archipel im Indischen Ozean gilt nicht umsonst als Traumziel vieler Menschen – zugegebenermaßen ein teures, aber entgegen landläufiger Meinung nicht nur den oberen Zehntausend vorbehalten.

Für die meisten stellt ein Urlaub auf den Seychellen etwas ganz Besonderes dar und umso wichtiger ist es, die Details genau zu planen. Dabei gilt es vor allem auf drei Dinge zu achten: die Jahreszeit, d. h., in welchen Monaten sind welche Inseln und Strände vom Monsun beeinflusst; die Unterkunft und die Wahl der Insel, von denen jede ihr eigenes Gesicht besitzt.

Dreh- und Angelpunkt für Touristen ist Mahé, das von vielen unberechtigterweise links liegen gelassen und nur als Zwischenstation genutzt wird, um sofort zu einem anderen Eiland aufzubrechen. Die Hauptinsel ist zweifellos kommerzieller und besser erschlossen als die anderen Granitinseln, bietet aber abseits der kleinen Hauptstadt Victoria eine unglaubliche Landschaftsvielfalt, die sich zu erkunden lohnt. Neben wunderschönen Stränden findet man im Inselinnern unberührte Wälder, die zum Wandern einladen, sowie viele künstlerische und kulturelle Attraktionen. Auf kleineren vorgelagerten Inseln gibt es herrliche Hotels.

Wer zeitlich beschränkt ist und nur eine Insel besuchen kann, sollte sich für Praslin entscheiden. Seine paradiesischen Strände laden zum Faulenzen ein und das Vallée de Mai mit seinem mystischen Palmenwald versetzt einen in urtümliche Zeiten. Praslin dient außerdem als Basis für einen Abstecher zu anderen Inseln wie Cousin, Cousine, Curieuse, La Digue oder Aride, die in kürzester Zeit per Boot zu erreichen sind.

Die ruhige Insel La Digue kann im Rahmen eines Tagesausflugs besucht werden, um jedoch die spektakuläre Küstenlinie und die Pfade im Inselinnern ausgiebig zu erkunden, sollte man auf dem Eiland mindestens drei Tage verbringen.

Noch ruhiger als La Digue sind Silhouette Island und North Island, die unbekanntesten Inneren Inseln. Silhouette scheint in einer Zeitblase zu stecken und ist ein Paradies für Wanderer. Es gibt keine Straßen, jedoch viele Pfade entlang der Küste sowie durchs gebirgige Inselinnere. North Island, scheinbar lange vergessen, wurde für den Ökotourismus erschlossen und ein neues Luxusresort zieht umweltbewusste Touristen an.

Frégate, die abgelegenste und exklusivste Granitinsel, befindet sich in Privatbesitz. Angesichts des schwindelerregenden Übernachtungspreises wird sie für die allermeisten wohl ein Traum der schlaflosen Nächte bleiben.

Die Koralleninseln Bird, Denis, Desroches und Alphonse sind wie geschaffen, um der Welt den Rücken zu kehren. Auf allen Eilanden gibt es sorgfältig auf die Umwelt abgestimmte Luxusresorts, in denen jeder Wunsch von den Augen abgelesen wird. Diejenigen, die mehr wollen, als sich nur faul in der Sonne zu rekeln, können auf Vogelpirsch gehen oder in den türkisfarbenen Gewässern segeln, tauchen, schnorcheln und fischen.

Schnorchler und Taucher finden auf den Seychellen Bedingungen, wie sie kaum besser sein könnten. Bei der Erkundung der artenreichen Unterwasserwelt meint man manchmal, sich in einem gigantischen Aquarium zu befinden. ■

◄◄ **Traditionelles kreolisches Haus auf La Digue**

Mahé
0 1 km
N
Frégate
0 500 m
INDISCHER OZEAN
Anse Bambous
Frégate Island "Private" Hotel
Airstrip
Glacis Cafoule
Plaine Magnan
Settlement
Plantation House
Anse Parc
Pointe Sud
Bambous
Mont Signale
Au Salon
Anse Coup de Poing
Anse Felix
Signal Rock 125
Anse Victorin
Pointe Fouqué
Frégate Island 121
Grande Anse
Petite Grande Anse
Praslin, La Digue
Grande Anse
Albert Rock
Anse Manon
Île Seche
Anse Cimetère
Ste Anne 250
Anse Cabot
Ste-Anne Resort
Ste. Anne
Anse Mare Jupe
Ste. Anne Channel
Jolly Roger Bar and Restaurant
Île Moyenne
Île Ronde
Île Longue
Ste. Anne Marine National Park
Île au Cerf
Île Cachée
Cerf Island 108
Kapok Tree Restaurant
Grand Rocher
Cerf Passage
Île Anonyme
Île aux Rats
Roche Tortue
Île du Suète
Seychelles International Airport
Anse Déjeuner
Pointe Larue
Talbot
Mont Sebert
Cap Ma Georgine
Cascade
Petit Paris
Providence
Brillant
New Savy 587
Whernside
Le Rocher
Ma Joséphine 335
Solitude Mission
La Misère
Isle of Farquhar Wreck
Victoria Lighthouse
Chemin La Misère
Fairview
Rosebelle
Dans Letchis
Grand'Anse
Grand Anse
La Bolière
Seychelles Tea and Coffee Company
Mahé Beach Hotel
Port Glaud
Petite Île
L'Islette
Anse l'Islette
Thérèse 160
Île Thérèse
Île Conception
Le Passe Ternay
Pointe L'Escalier
Port Launay
Port Launay Marine National Park
La Plaine
Cap Matoopa
Baie Ternay Marine National Park
Pointe Matoopa
Baie Ternay
Cap Ternay
Du Riz
Anse Major (Anse Jasmin)
Anse Major Trail
Anse Jasmin Estate
Danzil
Poujalier 206
Bel Ombre Treasure Dig
Sixpenny Hill
Mte Jasmin 643
Mt Le Niol 681
Mare aux Cochons
Mont d'Or
L'Islette
Dugand
Morne Blanc 667
Morne Seychellois National Park
Congo Rouge
Morne Seychellois 905
Mission Historical Ruins
Grand Bois
Sans Souci 500
Audibert
Val Riche
Trois Frères 699
Trois Frères Trail
Mont Coton
Chemin Sans Souci
Pied du Morne
Sans Souci
Rochon Dam
Mont Fleuri
Bel Air Cemetery
Pascal Village
Dans Cedres
Le Niol
St-Louis Minor 232
Victoria
Union Vale
Mon Plaisir
Crève Coeur 388
Beau Vallon Bay Hotel
Beau Vallon
Fisherman's Cove Hotel
Bel Ombre
Coral Strand Hotel
Beau Vallon Hotel
Baie Beau Vallon
Mare Anglaise
Hangard 374
Mt Signal 417
Pointe Conan
Seypot Factory
La Bastille
De Quincy Village
F.E.B.A. Broadcasting Station
Anse Étoile
Pointe Cèdre
North East Point
Kreol Fleurage
Anse Nord d'Est
St-Antoine Estate
La Retraite
Maldive Village
La Gogue Village
La Gogue Reservoir
Mont du Nord
Mt Howard 458
Carana Beach
Machabée
North Point
Glacis
Mon Plaisir
Vista do Mar
L'Îlot
Sunset Beach Hotel
Northolme Hotel

Victoria
200 m
INDISCHER OZEAN
Barbarons
Barbarons Estate
Anse Polite
Anse Lisette
Dondée 119
Barbarons 216
L'Abondance
Grand Bois
Varigault
Capucins
Anse aux Pins
Reef Hotel and Golf Club
Anse aux Pins
Longue Mare
Maison St Joseph
St Joseph
St Roch Estate
Village Artisanal – Domaine de Val des Pres
Le Cap
La Plaine St-Andre
Anse aux Courbes
Pointe au Sel
Île Souris
Anse Royale
Jean Marie 232
Piton
Moripa
Chemin Montagne Posée
Roche Amour
Brulée Trail
Mte Brulée 501
Mont Plaisir
Cannelles 186
Monte Cristo
Chemin les Cannelles
Les Cannelles
Jardin du Roi
L'Enfoncement
Le Désert 330
Chemin Dame Le Roi
Mt Parnel 378
Anse Baleine
Anse Bougainville
Anse Parnel
Cap Lascars (Cap Maçons)
Anse Forbans
Anse Marie-Louise
Petite Marie-Louise
Pointe Capucins
Anse Capucins
Pointe Cocos
Giraffe
Pointe du Sud (Cap Malheureux)
Police Bay
Beau Séjour 301
Mont Cauvin
Pointe Police
Anse Petite Police
Anse Bazarca
Anse Corail
Anse Cachée
Pointe Golette
Quatre Bornes
Old House/ Chez Baptista
Banyan Tree Hotel
Anse Intendance
Takamaka
Anse Takamaka
Lazare Picault Monument
Val d'Endor Estate
Val d'Endor
Mte Maravi 221
Pointe Maravi
Plantation Club Hotel
Baie Lazare
Anse Gouvernement
Val Mer
Mte Toupie 200
Pointe Lazare
Petite Anse
Anse Soleil
Île Chauvre Souris
Roche Soleil 125
Anse aux Poules Bleues
Magic Carpet Arab Horse Riding Club
Anse à la Mouche
L'Esperance
La Salette
Dans Gravier
Rempart
Anse Louis
Louis 55
Anse Boileau
Boileau Bay
Bon Espoir
Île aux Vaches
De Quincy Village
La Promenade
Flamboyant Avenue
Laurier Avenue
Victoria Helistop
Inter-Island Ferry Terminal
Inter-Island Quay
Île Hodoul
Inner Harbour
Oceangate House
Monument to Seychellois
Independence House
5th June Avenue
Seychelles Marine Charter Association
Yacht Club
Le Chantier
Boating Lake
Latanier Road
International Conference Centre
Flamboyant Discotheque
Bois de Rose Avenue
Seychelles International Airport
Mont Fleuri Road
Ministry of Environment
Maison du Peuple
Jardins les Enfants
National Library
History Museum
Stade Populaire
Independence Monument
Roundabout
Indian High Commission
Liberation Road
National House
Botanical Gardens
Bel Air
Trois Frères
Kenwyn House
Cable and Wireless
Francis Rachel Street
Pierre Poivre Monument
Pirates Arms
Independence Avenue
Natural History Museum
Gordon Square
Court House
Codevar Craft Centre
St Paul's Cathedral
Albert Street
Clock Tower
Victoria House
Castor Road
Cathedral of the Immaculate Conception
Church St
Oliver Maradan Street
Convent
Capuchin House
St-Joseph St
Hangard St
Lodge St
Harrison St
Market Street
Sir Selwyn Clarke Market
Benezet Street
Quincy St
Hindu Temple
Revolution Avenue
Kaz Zanana
Bel Air Cemetery
State House Avenue
State House
Rue de la Poudrière
Palm Street
Unity House
Huteau Lane
Manglier Street
St Elizabeth's Orphanage
Maintry

Mahé – »Insel des Überflusses«

Seite 286 287

Die größte und höchste Insel der Seychellen bringt es gerade mal auf 158 Quadratkilometer und 905 Höhenmeter. Umso überraschender präsentiert sich ihre unglaubliche Vielfalt und die ihrer kleinen Nachbarinselchen, die den Beinamen »Insel des Überflusses« mehr als rechtfertigt.

Mahé ist die am dichtesten bevölkerte Insel der Seychellen, auf der fast 90 % der Seychellois leben. Viele Besucher, die auf dem Internationalen Flughafen landen, zieht es gleich weiter nach Praslin, La Digue oder auf noch abgelegenere Inseln, was zweifellos ein Fehler ist. Zwar leidet auch die hiesige Hauptstadt Victoria unter dem Lärm von Autos, Mopeds und Baustellen, ist aber gleichzeitig ein Ort, wo jeder jeden kennt und ein Dominospiel vor dem Haus zu den sozialen Höhepunkten gehört.

Die Insel ist insgesamt 27 km lang und kommt an ihrer breitesten Stelle nur auf 8 km, so dass man sie per Auto bequem an einem Tag umrunden kann. Ein Großteil der ca. 84 000 Seychellois lebt an der Nord- und Ostküste. Im Gebiet der Hauptstadt wurden vor einigen Jahren wertvolle Streifen Flachland dem Meer abgerungen und nach Süden eine gute Verbindungsstraße gebaut, welche die kurvenreiche Fahrt entlang der Küste erübrigt. Durch die Schaffung dieses »neuen« Landes bleibt die Entwicklung der Infrastruktur größtenteils auf das Hauptstadtgebiet beschränkt und hat kaum Auswirkungen auf die restliche Insel.

Mahés Schönheit strahlt eine gewisse Würde aus, die den anderen Inseln ein wenig fehlt. Ihre Küstenlandschaften reichen von steilen, wellenumtosten Granitwänden bis zu ruhigen Buchten, die malerisch von Palmen gesäumt werden. Wer von türkisfarbenen Lagunen und weißen Stränden genug hat, kann sich in die Berge zurückziehen und die Stille des Regenwalds genießen, wo nur das Rauschen der Blätter und das Quaken der Frösche zu hören ist. Die Atmosphäre von Mahé lässt kaum jemanden unberührt und ist auf zahlreichen anderen Tropeninseln schon lange verloren gegangen.

Victoria

Die kleine Hauptstadt **Victoria** ❶ liegt 8 km nördlich des Flughafens an der Ostküste und ist zur einen Seite von Bergen und zur anderen von Wasser umgeben. Ihr Zentrum erstreckt sich rund um einen natürlichen Hafen, der von den vorgelagerten Eilanden Ste-Anne, Moyenne, Ronde, Longue und Cerf beschützt wird. Victoria entstand aus einer Militärbasis der Franzosen, die man 1778 hier einrichtete.

◀ Tropenlandschaft der Malerin Marianne North (1830 bis 1890) ▶ Auf dem Heimweg vom Hühnerkauf auf dem Markt

▲ Der Clock Tower von Victoria
▼ Umweltfreundlicher Transport

In den frühen Tagen der Kolonisierung blieben die Inseln, die von den Kolonialmächten als zu abgelegen betrachtet wurden, dünn besiedelt, und so wuchs auch Victoria nur langsam. Bis 1841 hieß es schlicht und einfach *L'Établissement* (»Die Niederlassung«), dann gaben ihr die Engländer zu Ehren von Queen Victoria den heutigen Namen.

Der alte Teil von Victoria mit seinen schmalen Gassen liegt zu Füßen der Berge. Überall sieht man elegante, wenngleich oft baufällige französische Kolonialgebäude. Ein ganz anderes Bild präsentiert sich dagegen im »neuen« Victoria, dessen breit angelegte und flache Straßen durch neu gewonnenes Land führen und von attraktiven Gartenanlagen gesäumt werden.

Im Herzen der Stadt

Den Mittelpunkt des Zentrums bildet der **Clock Tower** Ⓐ, der im Jahr 1903 als Erinnerung an Queen Victoria und die Ernennung der Seychellen zur eigenständigen Kronkolonie erbaut wurde.

Das **Court House** Ⓑ (»Gerichtsgebäude«) auf der anderen Straßenseite ist ein gutes Beispiel für Kolonialarchitektur; sehenswert ist vor allem das kunstvolle Eisengeländer im oberen Stockwerk. Ganz in der Nähe steht ein Springbrunnen mit der Replik einer kleinen Büste von Queen Victoria, deren Original 1900 anlässlich des 60. Thronjahres der Königin enthüllt wurde und im History Museum (s. S. 292) zu sehen ist.

Teile der ältesten Kirche der Seychellen, der 1859 geweihten, anglikanischen **St. Paul's Cathedral,** bewahrt ein erst 2002 bis 2003 errichteter Kirchenneubau an gleicher Stelle.

Buntes Treiben

Die im französischen Kolonialstil errichtete römisch-katholische **Cathedral of the Immaculate Conception** Ⓒ (»Kirche der Unbefleckten Empfängnis«) wurde

Seite 286 287

1874 fertig gestellt und hat später zahlreiche Erweiterungen erfahren. Sonntagmorgens dringen die Klänge der Orgel und des Chors durch die geöffneten Tore nach draußen und die festlich gekleidete Gemeinde steht bis auf die Treppe hinaus. Die Messe ist weit mehr als nur ein religiöser Akt, sie ist fester Bestandteil des sozialen Lebens.

Nicht weit von der Kathedrale entfernt steht das eindrucksvollste Gebäude der Stadt, das **Capuchin House** ❶ (»Kapuzinerhaus«). Ein Mönch entwarf die Pläne dafür und 1933 wurde es mit Mitteln des Schweizer Kapuzinerordens errichtet. Heute dient es als Seminar für Priester, von denen einige in den Schulen der Stadt unterrichten.

Etwas weltlicher geht es auf dem **Sir Selwyn Clarke Market** ❸ zu, der möglichst am Samstagmorgen besucht werden sollte. Im Zentrum des Geschehens stehen die Fischstände: Barrakuda, Papageifisch, Cordonnier, Bonito, Königsfisch – das Angebot ist einfach schlichtweg überwältigend. An anderen Ständen türmen sich exotische Obst- und Gemüsesorten zu Pyramiden auf und überall liegt der Duft von Gewürzen in der Luft. Zum Anschauen schön, aber für westliche Gaumen eher gefährlich sind die kleinen roten und grünen Chilischoten, die in Einmachgläsern verkauft werden. Aus dem ersten Stock kann man das Geschehen aus der Vogelperspektive überblicken und dabei in den verschiedenen Läden nach Souvenirs stöbern.

Kunsthandwerk und andere Souvenirs

Einer der besten Orte in Victoria, um Souvenirs zu kaufen, ist das **Codevar Crafts Centre** in der Camion Hall (Albert Street). Hinter dem Namen Codevar verbirgt sich eine Künstlervereinigung, die zur Förderung des Kunsthandwerks einst von staatlicher Seite eingerichtet wurde.
Gleich beim Eingang bietet ein Geschäft Töpferwaren, Holzschnitzereien, Textilien sowie Objekte aus Kokosnüssen und Muscheln an. Interessanten Goldschmuck mit eingearbeiteten Muscheln, Schneckenhäusern oder Kokosschalen sowie Kunsthandwerk aus heimischen Edelhölzern bekommt man in der Arkade bei Kreolor.
In der Market Street findet man die **Sunstroke Gallery,** deren Sortiment Strandkleidung, Schmuck sowie handgedruckte Tischtücher und Bettlaken umfasst. **Antigone,** der beste Buchladen der Stadt in der Passage des Palmes, verkauft Bücher und hübsche Geschenkartikel. Im gleichen Gebäude wie das Lokal Pirates Arms (Independence Avenue) befindet sich **Antik Colony,** wo Qualitätssouvenirs mit Bezug zur Kolonialzeit angeboten werden.
Im neuen Einkaufszentrum im **Kenwyn House** (Francis Rachel Street) werden hochwertiger Schmuck und Kunst verkauft. An der Einfahrt zum Stadium Car Park bieten Verkaufsstände Strandmode, Gewürze und Souvenirs an.

▲ **Die Seychellois mögen höllisch scharfe Chillis**
▶ **Warten auf durstige Kundschaft**

Ein Seiteneingang des Marktgebäudes führt hinaus in die kleine Benezet Street. Vorbei an einer Bäckerei, in der man sehr gutes Brot kaufen kann, gelangt man auf die Revolution Avenue. Wer sich nach all dem hektischen Markttreiben nun eine Pause gönnen will, sollte sich rechts halten und das **Kaz Zanana** F (»Ananas-Haus«) ansteuern. Neben verschiedenen Galerien mit Werken einheimischer Künstler – darunter der bekannte George Camille – gibt es hier ein kleines Café.

Seite 363 TOP 50

Ausflug in die Geschichte

Die schattige **Fiennes Esplanade,** die an der Francis Rachel Street entlang verläuft, wurde von einem britischen Gouverneur namens Sir Eustace Edward Twisleton-Wykeham Fiennes (1918 bis 1921) gestaltet. An ihrem Beginn steht eine **Büste von Pierre Poivre,** einstiger Gouverneur von Mauritius, der die ersten Gewürze zur planmäßigen Kultivierung auf die Seychellen brachte (s. S. 249).

Seite 360 TOP 50

Nicht weit entfernt befinden sich die renovierten Kolonialbüros von **Cable and Wireless** und die elegante Residenz **Kenwyn House,** die in den 1860er Jahren gebaut und 2005 aufwändig restauriert wurde. Heute ist hier eine schöne Einkaufs- und Kunstgalerie zu finden (s. S. 291).

Das **History Museum** G (Mo–Fr 8.30 bis 16.30, Sa 9–13 Uhr, So geschlossen) befindet sich im Erdgeschoss der National Library am Ende der Francis Rachel Street. Das Museum beherbergt eine bunte Sammlung von Kunstgegenständen, die zum Verständnis der Landesgeschichte beitragen. Zu den Exponaten gehören traditionelle Trachten, Musikinstrumente, aus Schlammlawinen und Wracks geborgene Gegenstände sowie zahlreiche Objekte, die mit der lokalen Schwarzen Magie *gris gris* zu tun haben. Das bedeutendste Ausstellungsstück ist der originale Possession Stone (»Stein der Inbesitznahme«), den die Franzosen im Jahr 1756 aufstellten.

▼ **Ein etwas ruhiger Markttag**

Spaziergang zu den Kais

Östlich des Uhrturms gelangt man auf der Independence Avenue zunächst zum **Natural History Museum** ❽ (Mo–Fr 8.30–16.30, Sa 8.30–12 Uhr, So geschlossen), dessen Exponate u. a. die einheimische Tierwelt, das Leben im Riff und geologische Hintergründe näher bringen. Gezeigt werden außerdem Schädel von Brackwasser-Krokodilen, die einst in den Mangrovensümpfen an Mahés Küste lebten und eine Gefahr für die frühen Siedler darstellten.

Schräg gegenüber vom Museum befindet sich Victorias bekanntester Treffpunkt **Pirates Arms**, ein großes Café mit Bar, das von Einheimischen und Touristen gleichermaßen geschätzt wird. In der kleinen Arkade nebenan locken verschiedene Geschäfte mit Souvenirs. Ebenfalls in der Independence Avenue hält das Touristenbüro gute Informationen über Unterkünfte, Ausflüge, Wanderungen und Öffnungszeiten der Museen bereit.

Der Kreisverkehr Trwa Zwazo (»Drei Vögel«) wurde nach dem Monument in seiner Mitte benannt, das man 1978 zur 200-Jahrfeier der menschlichen Besiedlung auf den Seychellen enthüllte. Entlang der Flamboyant Avenue geht es nun zum **Inter Island Quay** ❾. Von dort legen die Fähren zu den anderen Inseln ab. Die Liegeplätze für Charterboote befinden sich am Ende des Hafendamms in der Nähe von **Victoria Helistop,** dem Landeplatz für Hubschrauber.

Südlich des Kreisverkehrs Trwa Zwazo erreicht man in der 5th June Avenue die **Marine Charter Association,** die Touren mit Glasbodenbooten anbietet und Jachten vermietet.

Gärten und Gräber

Der Spaziergang vom Uhrturm Richtung Süden zu den **Botanical Gardens** ❿ (tgl. 9–17 Uhr) am Fuße des Mont Fleuri dauert rund 20 Minuten. Den Grundstein für die Anlage legte 1901 der Franzose Rivaltz Dupont, der viele der Pflanzen von seinen Reisen mitgebracht hat. Er schaffte es, das nährstoffarme und steinige Gelände – das einzige, das in Stadtnähe zur Verfügung stand – in eine grüne Oase zu verwandeln. Die Felsen wurden kurzerhand in die Gestaltung einbezogen und die gurgelnden Wasserläufe zu beiden Seiten des Parks erzeugen eine erfrischend kühle und beruhigende Atmosphäre.

Nach oben öffnet sich der Garten zu einem ausgedehnten Rasen, der mit einzelnen Bäumen und Sträuchern bepflanzt ist. Zu den bemerkenswertesten Arten gehört der Elefantenapfel, dessen Früchte wie große Äpfel aussehen und nach Gummi riechen. Vorbei an hübschen Teichen mit Wasserlilien gelangt man zu einem mächtigen Banyanbaum. Nicht zu übersehen ist der auffällige Kanonenkugelbaum, der, zur Blütezeit seine Blätter abwirft und bizarre Blüten in der Farbe blassroter Korallen treibt. Im Schatten einer Seychellennusspalme befindet sich das Gehege von mehreren Aldabra-Riesenschildkröten. Verschiedenste Orchideenarten kan man im Orchideenhaus bewundern.

Seite 286 287

Inseltransfer
Normale Fähren, der schnelle Katamaran nach Praslin und die traditionellen Schoner, die zwischen Mahé und La Digue verkehren, legen am **Inter Island Quay** ab.

▲ Das Monument »Drei Vögel« an der Independence Avenue symbolisiert die afrikanischen, asiatischen und europäischen Elemente des historischen Erbes der Seychellen ▶ Thunfischschiffe

Am Eingang zum Garten hält ein Kiosk eine Broschüre bereit, die über das Wegenetz und die Pflanzen informiert. Da es innerhalb des Geländes keine Erfrischungen gibt, sollte man eine Flasche Wasser im Gepäck haben.

Etwas außerhalb von Victoria, am Beginn der Straße nach Sans Souci, lohnt der **Bel Air Cemetery** Ⓚ einen Besuch. Dieser älteste Friedhof der Seychellen besitzt weder System noch Beschilderung, strahlt aber eine ganz besondere Atmosphäre aus. Seit frühester Zeit wurden hier Siedler und ihre Sklaven beigesetzt – und der Legende zufolge auch ein von den Einheimischen getöteter Riese sowie der französische Korsar Hodoul.

Die Ostküste

Seite 363 TOP 50

Zwei Straßen führen von Victoria südwärts Richtung Flughafen. Die neue Bois de Rose Avenue ist schnell und bequem, während man auf der kurvenreichen Küstenstraße namens Mont Fleuri Road – die später zur East Coast Road wird – wesentlich mehr von Mahé zu sehen bekommt. Die Häuser zu ihren Seiten sind eine faszinierende Mischung aus modern – z. B. die Pentecostal Assembly an der Ecke Mont Fleuri Road und Liberation Road – und charmant verfallen. Hinter hohen Steinmauern ragen elegante alte Pflanzerhäuser hervor, die an ihren steil aufstrebenden Dächern, Fensterläden, großen Veranden und Fundamenten aus Stein zu erkennen sind.

Die beiden Küstenstraßen vereinen sich in Providence und führen von dort nach **Cascade,** das heute weniger von der Fischerei als vom nahen Flughafen geprägt ist, den man auf neu gewonnenem Land erbaute. Die Segnung der Fischerboote zu St-André (November) lockte früher Tausende von Besuchern aus ganz Mahé nach Cascade, inzwischen sind es nur noch rund ein halbes Dutzend Einbäume, die geschmückt mit Flaggen und bunten Blumen ihren jährlichen Segen erhalten.

▲ Kanonenkugelbaum in voller Blüte
◄ Die Kirche St-André in Cascade

Alte Plantagen

6 km weiter südlich erreicht man hinter Anse aux Pins das **Village Artisanale – Domaine de Val des Prés** ❷, wo man Kunsthandwerkern bei der Arbeit zuschauen und auch Souvenirs kaufen kann (s. S. 263 und 363). Das Künstlerdorf befindet sich auf dem Gelände einer ehemaligen Plantage und umfasst mehrere Häuser, darunter eines aus dem Jahre 1870, welches im Kolonialstil eingerichtet ist. Die kühlen dunklen Räume riechen nach Wachspolitur und Zimt und beschwören das Bild des vornehmen Lebens herauf, das die wenigen Privilegierten einst führten. Man kann sich leicht eine Versammlung bei Kerzenlicht vorstellen, bei der sich Damen in langen Gewändern Luft zufächeln und Herren im edlen Abendanzug teuer aus Frankreich importierte Weine probieren. Wer das Ambiente noch ein wenig länger genießen will, kann im **Vye Marmit Restaurant** lokale, kreolische

Spezialitäten wie z. B. Tintenfisch, Krebse oder Fisch verkosten (Tel. 37 61 00 oder 37 61 55, geöffnet Mo–Sa 11–23 Uhr).

Im Handwerkerdorf befindet sich auch die Modellbootwerkstatt **La Marine** (Mo bis Fr 7.30–17, Sa 8–15.30 Uhr), in der man Handwerkern bei ihrer Arbeit zuschauen kann. Viele Stunden vergehen bis zur Fertigstellung eines Modellschiffs, was sich natürlich auch im Preis niederschlägt.

Königliche Buchten und Gärten

Hinter der Landzunge Pointe au Sel beginnt der bedeutendste Strand der Ostküste, **Anse Royale ❸**. Die geschützte Bucht wird von großen Felsen in viele kleine Abschnitte unterteilt, die unter der Woche recht leer sind. Beste Bedingungen für Schnorchler bieten die Gewässer um die vorgelagerte **Île Souris ❹**. Die Strömungen zwischen Festland und Insel können heftig sein, doch verlaufen sie parallel zum Strand und sind von geübten Schwimmern durchaus zu meistern. Am Südende des Strandes lädt das legere Restaurant **Kaz Kreol** zu Erfrischungsgetränken und kleinen Happen ein.

Wenig südlich zweigt die Straße Les Cannelles ins Inland ab und kurz darauf ist die Sweet Escott Road erreicht. In dieser Gegend legte Antoine Gillot 1772 auf Anweisung der französischen Regierung einen Königlichen Gewürzgarten an (s. S. 248), der allerdings schon lange nicht mehr existiert. Zur Erinnerung wurde oberhalb der Sweet Escott Road der **Jardin du Roi ❺** (tgl. 10–17.30 Uhr) ins Leben gerufen. Die Anlage befindet sich auf dem Gelände des ehemaligen *L'Enfoncement Estate* und eröffnet die Möglichkeit, zahlreiche Gewürzpflanzen in ihrer natürlichen Umgebung kennen zu lernen, darunter Muskatnuss, Pfeffer, Zimt, Vanille und Nelke. In einem kleinen Museum werden interessante alte Drucke, Karten sowie Fotografien von den Seychellen ausgestellt und man erhält Informationen über Wachstum und Verwendung der Gewürzpflanzen. Jeden Sonntag bietet das gleichnamige angeschlossene Restaurant ein – sehr beliebtes – *Lunch Planteur* als festes Menü an.

Seite 286 287

Zur Westküste

Die Ostküstenstraße führt weiter nach Anse Marie-Louise, wo sie scharf ins Inselinnere abzweigt und die Südspitze der Insel quert. Von Quatre Bornes lohnt sich ein Abstecher zur wunderschönen Bucht **Anse Intendance ❻**, über der das luxuriöse Banyan Tree Hotel thront. Mächtige Wellen rollen auf den langen, unberührten Strand und brechen sich mit heftigem Getöse. Sie sind ein beliebter Spielplatz für Wellenreiter, die jedoch aufpassen müssen, dass sie sich nicht versehentlich auf den Felsen am Strand wiederfinden. Wie bei vielen anderen Stränden der Seychellen ändern sich die Bedingungen mit den Monsunzeiten. Während des Südostmonsuns (Mai bis Oktober) herrscht die

TOP 50 Seite 367

TOP 50 Seite 371

▶ **Typisches Kolonialhaus**

raueste See und dann sind vor allem die Unterströmungen gefährlich. Der Nordwestmonsun (Oktober bis April) bringt zwar immer noch hohe Wellen, aber das Wasser ist ruhig genug zum Schwimmen. Da die Bucht ein beliebter Picknickplatz der Einheimischen ist, herrscht am Wochenende in manchen Bereichen viel Betrieb.

Baka
→ **einheimischer Schnaps, der aus Zuckerrohr hergestellt wird.**

Das Harvey's Café oberhalb der Baie Lazare zieht die Besucher in Scharen an (Tel. 36 15 99). Es wird von einem Seychellois und seiner amerikanischen Frau – einer Schwester des Hollywood-Stars Tom Hanks – betrieben, deren Fish & Chips als »die besten der Seychellen« und Fishburger gar als »die besten der Welt« gelten.

Seite 361 TOP 50

Via Ouatre Bornes erreicht man mit **Anse Takamaka ❼** den ersten Strand der Westküste, der seinen Namen den gleichnamigen Bäumen verdankt. Der goldene Sand zieht viele Touristen und Surfer an, doch die Strömungen sind heftig und machen das Schwimmen schwierig.

Die Straße windet sich gen Norden und eröffnet an der Pointe Maravi schöne Ausblicke auf die Felsenküste, bevor sie in die **Baie Lazare ❽** hinabführt. In Ufernähe erinnert ein Anker auf einem Steinsockel an den 250. Jahrestag der ersten französischen Landung auf Mahé durch Lazare Picault im Jahre 1742 – obwohl diese eigentlich in der Anse Boileau stattfand. Die Bucht besitzt einen langen Strand, doch während des Südostmonsuns ist das Schwimmen hier nicht empfehlenswert. Als Basis empfiehlt sich das **Plantation Club Hotel,** der Hotelswimmingpool und die angeschlossene Bar sind ebenfalls für Nicht-Gäste zugänglich. Hinter der Hotelanlage erstreckt sich ein für die Seychellen untypisches Sumpfgebiet.

Das Dorf Baie Lazare, auf einem Hügel oberhalb des Strandes gelegen, ist typisch für die Seychellen. Mittelpunkt bildet die neogotische Kirche St. Francis of Assisi, um die herum sich der Ort ausbreitet. Eine hübsche Ausflugsfahrt führt von hier über den **Chemin Dame Le Roi** ins Landesinnere. Vorbei am gemütlichen **Harvey's Café** und vereinzelten Häusern windet sich die Straße in mehreren Kurven nach oben. Man passiert dichte Wälder und Plantagen, auf denen insbesondere Ananas, Maniok und Zuckerrohr angebaut werden, und kann ein klein wenig in das »alte« Mahé hineinschnuppern. Hühner picken an der zum Trocknen ausgelegten Wäsche und die ganze Atmosphäre scheint einem anderen Zeitalter zu entstammen.

◀ **Ausflug mit Hund**

Berühmter Geheimtipp

Nördlich des Harvey's Café führt eine Straße auf eine Landzunge, mit drei herrlichen Buchten. Die zauberhafte **Anse Soleil ❾** wurde dank ihrer wunderbaren Lage und ihren guten Bademöglichkeiten vom deutschen Magazin »Reise & Preise« zu dem am zweitbesten »versteckten Geheimnis« der Welt gekürt (s. S. 33). Lange wird der Sonnenstrand jedoch kein Geheimnis mehr sein, ein neues Luxushotel eröffnet 2007 an der südlicher gelegenen Anse Gouvernement. Bis dahin herrschte

Seite 286 287

nur sonntags v. a. in den einfachen, aber guten Restaurants Hochbetrieb.

In unmittelbarer Nachbarschaft liegen die attraktive **Petite Anse** mit einem kleinen Gästehaus und die schöne **Anse Gouvernement.** An der Straße lohnt ein Besuch in **Andrew Gees Studio.** Der britische Künstler und Fotograf lebt und wirkt bereits seit Jahrzehnten auf den Seychellen.

Wieder zurück auf der Hauptstraße, ist nach kurzer Zeit die **Anse aux Poules Bleues** ⑩ erreicht, wo **Michael Adam** ein Atelier unterhält (Mo–Fr 9–16, Sa 9 bis 12 Uhr). Der bekannteste Künstler der Seychellen malt Dschungellandschaften, die eine Orgie aus Blättern, Zweigen und Stämmen in allen Farbschattierungen sind; auch auf das Dorfleben wirft er verzerrte Blicke. Ausgezeichnete Drucke seiner Arbeiten stehen im Studio zum Verkauf, doch sie sind teuer.

Hinter der Bucht öffnet sich der Blick auf die **Anse à la Mouche.** Der weiße schattige Sandstrand wirkt nahezu unberührt und die seichten Gewässer sind im gesamten Jahresablauf ruhig. Es ist ein idealer Ort für Kinder und am Wochenende kommt man vielleicht in den Genuss einer spontanen Strandparty. Das **Anchor Café** bietet Getränke und Imbisse zu angemessenen Preisen an.

Hinter Anse à la Mouche führt die Straße Les Cannelles nach Santa Maria, wo sich das Studio von **Tom Bowers** befindet. Wie viele andere vor ihm reiste der in London geborene Künstler auf die Seychellen, verlor sein Herz an die Inseln und blieb. Als Material für seine Skulpturen einheimischer Menschen verwendet er Harz; die fertigen Kunstwerke sind aus Bronze.

Küstenpanoramen

Die nächste Abzweigung an der Westküste ist der Chemin Montagne Posée, der allerdings nur dann einen Abstecher lohnt,

▲ **Skulpturen von Tom Bower werden nur in begrenzten Auflagen verkauft**
▼ **Am Strand von Takamaka**

wenn man auch eine Wanderung zum Gipfel der Montagne Brulée unternehmen will. Wiederum die nächste Abzweigung folgt hinter den unübersehbaren Riesenmasten der *BBC World Service Relay Station.*

Der Chemin La Misère trifft in Mont Fleuri bei Victoria auf die Ostküste. Auf der Westseite des Passes stehen nur wenige Häuser, die alle eine herrliche Aussicht aufs Meer genießen. Der höchste Punkt wird von den Satellitenschüsseln einer stillgelegten amerikanischen Bodenstation für die Raumfahrt markiert. Von dort fällt die Straße steil ab und gewährt wunderschöne Ausblicke auf die Ostküste und die Inneren Inseln. 2 km hinter dem Gipfel befindet sich etwas abseits der Straße ein **Aussichtspunkt,** von dem man das Panorama genießen kann.

Die Westküstenstraße führt durch **Grand Anse Agricultural Station** zur **Grand Anse ⓫**. Der von Bäumen gesäumte und mit Granitfelsen durchsetzte weiße Sandstrand wirkt sehr friedlich, doch trügerische Strömungen lassen das Schwimmen nicht zu – 1962 ertrank hier ein Gouverneur der Seychellen. Hinter dem nächsten Hügel taucht das in den 1970er Jahren errichtete **Mahé Beach Resort** auf.

Die letzten 5 km der Westküstenstraße sind schmal und enden als Sackgasse in der **Baie Ternay.** Die spektakuläre Fahrt führt über einen Damm und durch einen Mangrovensumpf; von den Anhöhen eröffnen sich wunderschöne Ausblicke über den **Port Launay Marine National**

▲ **Souvenirs aus Kokospalmen**
◄ **Teepflückerin**

Missionsruinen

Das in der Kolonialzeit als Venn's Town bekannte Gebiet wird heute Mission genannt. Die ruinenhaften Gebäude aus dem Jahr 1875 dienten früher als Schule, die anglikanische Missionare für die Kinder befreiter Sklaven errichteten. Nach Abschaffung der Sklaverei gingen die Briten im Indischen Ozean vehement gegen die Sklavenhaltung vor. Insbesondere fingen sie arabische Schiffe ab, auf denen afrikanische Gefangene in den Nahen Osten transportiert wurden. Da man befürchtete, dass die Befreiten in Afrika erneut aufgegriffen würden, brachte man sie als freie Bürger auf die Seychellen. Ihre Kinder erhielten von den Missionaren vor der Lehre und dem Eintritt ins Arbeitsleben eine elementare Ausbildung.
Marianne North, eine botanische Künstlerin, kam 1883 auf einem Maultier nach Venn's Town und berichtete: »Die Lage gehört zu den großartigsten der Welt und die Stille der Wälder ringsum wird nur von glücklichen Kinderstimmen durchbrochen.« Heute hört man lediglich das Rauschen der Baumwipfel – und aus dem Wald vielleicht das Echo der Vergangenheit, denn in den Ruinen soll es spuken. Eine kurze Stichstraße, die von Drachenblutbäumen gesäumt wird und 1972 für den Besuch von Queen Elizabeth gebaut wurde, führt zu einer Aussichtsplattform.

Park ⓬, der 1979 zum Schutz des Riffs eingerichtet wurde.

Schnorchler sollten sich zu einem der abgelegenen Strände in der **Port Launay Bay** aufmachen – was jedoch nur zu Fuß möglich ist – und das ruhige Gwässer rund um das Riff erkunden. Vielleicht ist dies bald nicht mehr möglich, denn der Bau eines weiteren Luxushotels hat bereits begonnen.

Mahés Norden

Wenn man auf Mahé nur einen Tag zur Verfügung hat, bietet sich als Ziel der **Chemin Sans Souci** an, der größtenteils durch den Morne Seychellois National Park verläuft. Auf der etwa einstündigen Fahrt von Küste zu Küste bekommt man selbst vom Auto aus einen guten Eindruck von der Bergwelt – die Stille wird nur durchbrochen vom entfernten Quaken der Frösche und dem Blätterrascheln der mächtigen Bäume. Die Vegetation besteht überwiegend aus Mischwald, in der Höhe wurden auch Mahagonibäume und Teesträucher angepflanzt. Bei guter Sicht bieten sich hinter beinahe jeder Kurve neue atemberaubende Aussichten, aber selbst an klaren Tagen können unvermittelt Wolken aufziehen und die Landschaft mystisch umhüllen.

Der **Morne Seychellois National Park** ⓭ wurde in den 70er Jahren des 20. Jhs. eingerichtet. Wanderer finden mehrere gut markierte Naturpfade, die in ihrer Länge und Schwierigkeit variieren (s. S. 300). Das Touristenbüro in Victoria hält entsprechende Broschüren und Pläne bereit.

Zwei Orte sind einen Abstecher wert: Zu einer Pause lädt die **Seychelles Tea & Coffee Company** ⓮ (Mo–Fr 8.30 bis 12 Uhr, geführte Touren) ein, die heimisch produzierten Tee und importierten Kaffee (nicht die beste Qualität) serviert; relativ nah beim Gipfel Morne Blanc bietet sich vom **Mission Historical Ruins and View-**

Seite 286 287

▼ **Baka – Zuckerrohrschnaps, der es in sich hat**

Auf Schusters Rappen

Als beste Zeit zum Wandern eignen sich die kühleren Monate zwischen Juni und September. Im Dezember und Januar dagegen können die Pfade sehr verschlammt und rutschig sein. Die angenehmsten Temperaturen herrschen am frühen Vormittag bzw. späten Nachmittag (bis etwa 18.30 Uhr ist es hell). Die folgenden Strecken (außer Danzil – Anse Major) können nach Regenfällen schwer begehbar werden; für alle Touren benötigt man gutes Schuhwerk und etwas Verpflegung.

Danzil – Anse Major

Leichte Wanderung, für die man etwa 3 Std. (hin und zurück) benötigt und die größtenteils durch den Morne Seychellois National Park verläuft. Startpunkt ist am Scala Restaurant in Danzil bei Bel Ombre; von hier führt der Pfad entlang der Küste – an der es in diesem Inselteil keine Straße gibt – zu einem kleinen einsamen Strand. Die Strecke ist ab dem Straßenende gut ausgeschildert und bietet schöne Ausblicke auf Beau Vallon und spektakuläre Granitlandschaften.

◄ **Schattiger Pfad unter Drachenblutbäumen**

La Réserve und Brulée

Im schönsten Palmenwald der Insel sind fünf der sechs endemischen Arten anzutreffen – nur die Seychellennusspalme fehlt. Der Pfad beginnt an der Passhöhe des Chemin Montagne Posée mit einem steilen Anstieg unter Mahagonibäumen. Da man trotz Ausschilderung an einigen Stellen vom rechten Weg abkommen kann, sollte man die entsprechende Broschüre des Touristenbüros im Gepäck haben. Für die Strecke benötigt man etwa 4 Std.

Teefabrik – Morne Blanc

Kurze (ca. 2 Std.) und steile Wanderung zum Gipfel des Morne Blanc (667 m) im Morne Seychellois National Park, der atemberaubende Ausblicke gewährt. Der Startpunkt befindet sich oberhalb der Teefabrik am Chemin Sans Soucis, von wo gelbe Markierungen den Weg weisen. Unterwegs sieht man viele endemische Pflanzen, jedoch wenige Vögel. Vorsicht am Gipfel: Die Felswand fällt nahezu senkrecht ab und es ist ein weiter Weg nach unten!

Congo Rouge Trail

Dieser um den Gipfel des Morne Seychellois (905 m) verlaufende Wanderweg führt durch den schönsten Nebelwald der Insel. Die schwierige Tour dauert zwischen drei und sechs Stunden und sollte nicht ohne Führer unternommen werden (Auskünfte im Touristenbüro), da man sich leicht verlaufen kann. Ein kundiger Führer, so wie Basil Beaudouin, kann viele interessante Hinweise geben. Er kennt nicht nur alle Wege, sondern auch die meisten der 250 verschiedenen Pflanzenarten. Montags um 18 Uhr steht er im Coral Strand Hotel in Beau Vallon für Fragen und Buchungen bereit. ■

point ⓯ eines der schönsten Panoramen der gesamten Seychellen (vgl. Wanderung Teefabrik – Mont Blanc, linke Seite).

Beau Vallon und Umgebung

Die Bucht von **Beau Vallon** ⓰ ist Mahés Touristenzentrum und trotzdem würde niemand den herrlichen weißen Strand überfüllt nennen. Es gibt hier lediglich drei Hotels: Fisherman's Cove, Coral Strand und Beau Vallon Bay, wobei die Bistros der beiden Letzteren für jeden vom Strand aus zugänglich sind. Zu den angebotenen Aktivitäten gehören u. a. Windsurfen, Tauchen, Segeln, Wasserskifahren und sogar Parasailing hinter einem Boot.

Beau Vallon ist der einzige Strand auf Mahé, an dem auch abends Betrieb herrscht. Besonders lebhaft geht es in der Fußgängerzone zwischen dem Coral Strand Hotel und der Baobab Pizzeria zu, eine der Adressen im Ort, wo man außerhalb der Hotels essen gehen kann. Am Wochenende ist es hier stets rappelvoll mit einheimischen Familien, die das günstige und dennoch gute Essen zu schätzen wissen. In den Straßen und Siedlungen hinter dem Strand liegen kleinere Gästehäuser und Selbstversorgerappartements.

Frischer Fisch kommt jeden Abend um 19.30 Uhr im **Boat House** auf den Tisch. Das Restaurant organisiert Ausflüge nach Silhouette Island und zum Hochseefischen, der Fang wird am selben Tag gegrillt. Das kreolische Buffet ist so beliebt, dass man ohne Reservierung kaum eine Chance auf einen Tisch hat.

Abseits der beleuchteten Straßen um die Hotels und Restaurants von Beau Vallon hat es in den vergangenen Jahren einige unschöne Zwischenfälle gegeben, weshalb man diese Bereiche bei Nacht besser meiden sollte.

An der Nordwestküste führt zwar keine Straße entlang, dafür aber ein schöner

Seite 286 287

▲ Strandwache von Beau Vallon
▼ Auf geht's!

Spazierweg von Danzil zum charmanten kleinen Strand in der **Anse Major ⑰**, der sich gut zum Baden eignet (s. S. 300).

Seite 366 TOP 50

Der Nordosten

Nördlich von Beau Vallon liegt Victorias »Pendlerbereich«. Die Straße bietet schöne Ausblicke auf die Inseln Silhouette und North. Zum Mittagessen oder Nachmittagstee lädt **Northolme** ein, das älteste Hotel der Seychellen, das 2005 komplett renoviert wurde. Sein koloniales Ambiente zog schon Schriftsteller wie Noel Coward, Somerset Maugham und Ian Fleming an.

Kurz darauf erreicht man das wunderschön gelegene Dorf **Glacis ⑱**, in dem verschiedene Hotels und Gästehäuser Unterkunft gewähren. Eine exklusive Adresse ist das auf einer Landzunge gelegene **Sunset Beach Hotel** mit seinem herrlichen Strand, der auch Nicht-Gästen offen steht.

Verlockende Düfte
Kurz vor der Pointe Cèdre liegt direkt an der Straße die Parfümerie **Kreol Fleurage** (tgl. 9 bis 17 Uhr). Sie wurde von einem deutschen Mikrobiologen gegründet, der aus 102 heimischen Pflanzenarten natürliche Duftwässer herstellt.

◀ **Schatzsucher**

Auf dem weiteren Weg um die Nord spitze der Insel kann man an den Strän den **Machabée** oder **Carana Beach** einer schönen Badestopp einlegen. Zwischer dem **North East Point** und der **Pointe Cèdre** verläuft die Straße nahe am Mee entlang, leider hat die Küste durch häss liche Aufschüttungen zur Landgewinnung an Schönheit verloren.

Von der Anse Étoile lohnt ein Abste cher zu Fuß (2 Std.) oder per Auto au dem Chemin la Gogue Richtung Nort holme. Etwa auf halber Strecke liegt das

Schatzsuche in Bel Ombre
Als sich der Gardegrenadier Reginald Cruise-Wilkins 1949 auf Mahé von einem Malariaanfall erholte, fielen ihm Dokumente in die Hände, die er dem berüchtigten Piraten Olivier Le Vasseur (s. S. 246) zuschrieb. Cruise-Wilkins war davon überzeugt, dass der Korsar für potenzielle Schatzsucher eine Spur aus Rätseln gelegt habe, die auf Astrologie, Astronomie und Mythologie beruhten. Fortan widmete er sein ganzes Leben der Suche nach dem fantastischen Schatz – Goldmünzen, Silberbarren, Diamanten, Seidenstoffe sowie die mit Juwelen besetzten Insignien des Erzbischofs von Goa, zu denen ein großes Kreuz mit Rubinen, Smaragden und Diamanten gehörte –, der 1721 auf dem portugiesischen Kaufmannsschiff »Virgen de Cabo« erbeutet wurde. Cruise-Wilkins nahm an, dass der Schlüssel zur Lösung des Rätsels in den 12 Arbeiten des Herkules verborgen lag. Angesporнt von einigen seiner Funde – wie der Kieferknochen eines Schweins, Porzellanscherben und das Horn eines Stiers – suchte er immer weiter.
Ein ungelöstes Rätsel führte ihn nach Bel Ombre, wo er die Kostbarkeiten in einer unter Wasser stehenden Höhle vermutete. Bei seinem Tod 1977 war der Schatz noch immer unentdeckt. Inzwischen haben sich seine Kinder der Sache angenommen, aber das Versteck bleibt ein Mysterium.

La Gogue Reservoir, ein schöner See und Picknickplatz.

Bereits hinter der Pointe Cèdre nimmt die Bebauung zu und kündet von der Nähe zur Hauptstadt. Das bemerkenswerteste Haus, **La Bastille,** steht unmittelbar hinter der Pointe Conan. Es wurde in den 1930er Jahren als Wohnhaus errichtet und beherbergte später das Nationalarchiv der Seychellen, welches heute in der Nationalbibliothek von Victoria untergebracht ist. Besucher können einen Spaziergang durch die Gärten machen (Mo bis Fr 9–16 Uhr) und dabei eine Sammlung traditioneller Heilpflanzen, eine Zuckerrohrpresse sowie das altersschwache Modell eines traditionellen kreolischen Hauses begutachten.

Von Insel zu Insel

Von den Portugiesen wurden die Seychellen einst »Sieben Schwestern« genannt, weil Mahé wie eine ältere Schwester von jüngeren Geschwistern umringt ist. Sechs davon liegen dicht vor der Ostküste und gehören zu dem 1973 eingerichteten **Ste-Anne Marine National Park.** Infolge der Landgewinnungsmaßnahmen um Victoria sowie der Auswirkungen von El Niño und der globalen Erwärmung sind die Korallenbänke nur noch ein Schatten ihrer selbst, aber Fische gibt es in rauen Mengen und der Ausflug in den Nationalpark lohnt sich auf jeden Fall. Verschiedene Agenturen bieten Tagestouren mit Glasbodenbooten oder einer Art U-Boot an, die am Marine Charter in Victoria beginnen (s. S. 293). Die Fahrt dauert nur 15 Minuten; anschließend hat man viel Zeit zum Schwimmen oder Schnorcheln. In einem der netten Restaurants auf den Inseln kann man zu einem Mittagessen einkehren.

Ste-Anne ⓳ ist das größte und zugleich am wenigsten erschlossene Eiland. Die ersten Siedler der Seychellen ließen sich vermutlich hier nieder, weil die Mangrovensümpfe an Mahés Küste damals von Krokodilen verseucht waren. Als Mahé kolonisiert wurde, blieb Ste-Anne mehr oder weniger sich selbst überlassen und diente nur als Plantage für Kokospalmen. 1832 ging dann eine Walfangstation in Betrieb und im Zweiten Weltkrieg bunkerten die Briten hier Treibstoff. Im Jahr 2002 wurde auf Ste-Anne ein Luxushotel mit Villen im kreolischen Stil, zwei Restaurants und einem Spa, das **Sainte Anne Resort & Spa,** eröffnet, das auch den Besuch auf die Insel regelt.

Kokospalmen und Buschwerk bedecken die flache **Île au Cerf ⓴**. Man kann das Eiland im Rahmen einer organisierten Tour besuchen oder in einem der zwei Hotels absteigen. Die Touristenboote legen an der geschützten Nordküste in der Nähe des **Kapok Tree Restaurant** an, wo man vorzüglich zu Mittag isst. Danach bleibt Zeit für einen Spaziergang über die Insel. Rund 80 Einwohner – darunter früher auch der berühmte südafrikanische Schriftsteller Wilbur Smith – leben auf der Île au Cerf und viele pendeln per Schnellboot zur Arbeit nach Victoria.

Seite 286 287

TOP 50 Seite 357
TOP 50 Seite 371

▲ **Blick in die Unterwasserwelt, ohne nass zu werden**
▶ **Verstecktes Paradies an der Nordküste**

Seite 286 287

Seite 357 TOP 50

Legendären Ruf genießt das gegrillte Thunfischsteak im **Restaurant Chez Gaby** auf Ile Ronde (Tel. 32 21 11), das in einem Gebäude der ehemaligen Frauen-Leprastation untergebracht ist. Nach dem Essen kann man sich im Schatten der Flammenbäume entspannen.

Beim Aufenthalt auf Cerf kann man das ruhige Leben einer einsamen Insel ohne Straßen und Geschäfte genießen – verknüpft mit dem Bewusstsein, dass die Bequemlichkeiten des modernen Lebens nur zehn Bootsminuten entfernt liegen. Unterkünfte bieten an der Westküste das Gästehaus **L'Habitation de Cerf** und die luxuriöse, inmitten von Buschwerk gelegene **Cerf Island Private Lodge** an der Südküste, deren geschützter Strand sich gut zum Schwimmen und Schnorcheln eignet.

Im Südosten liegt die winzige **Île Cachée,** die bei Ebbe sogar zu Fuß von Cerf erreichbar ist. Die Unterkünfte bieten nicht-motorisierte Wassersportarten an, die Cerf Island Private Lodge hat einen wunderschönen Spa.

Die **Île Moyenne** ㉑ gehört seit 1962 dem früheren britischen Zeitungsverleger Brendon Grimshaw und kann im Rahmen der Touren von Agenturen in Victoria besucht werden. Der Besitzer wird von den Touristen mit immer den gleichen Fragen gelöchert: Was hat es mit dem kostbaren Piratenschatz auf sich, der irgendwo auf der Insel begraben sein soll? Ist es wahr, dass auf der Insel der Geist der exzentrischen Miss Best umgeht, die hier bis zu ihrem Tode 1919 in Gesellschaft von streunenden Hunden lebte?

Die Insel Moyenne ist nur 9 ha groß und leicht zu erkunden. In weniger als einer Stunde spaziert man auf einem ausgeschilderten Weg einmal um die Insel herum und passiert dabei das Haus, das Miss Bell für ihre Hunde baute, die Coral Cove mit ihrem schönen Strand, einen Friedhof, eine Kapelle und ein kleines Museum. Ausgangs- und Endpunkt ist jeweils **Jolly Roger Bar and Restaurant** bei der Anlegestelle.

Für Schnorchler eignen sich die Nordwestküste und die Gewässer zwischen den Inseln Moyenne und Ste-Anne; gute Bademöglichkeiten bestehen ganz in der Nähe der Anlegestelle.

Etwa zehn Minuten benötigt man für den Rundgang um die **Île Ronde** ㉒. Im Nordwesten der Insel gibt es einige kleine Strände, die sich jedoch nicht zum Schwimmen oder Schnorcheln eignen, da sie mit Seegras bewachsen sind und das Meer sehr seicht ist. Im Informationszentrum des Nationalparks wird eine interessante Ausstellung über die Fauna und Flora der Inseln gezeigt.

Die **Île Longue** diente bis vor kurzem als Gefängnisinsel, jetzt wird hier eine neue Fünf-Sterne-Hotelanlage gebaut. Früher benutzte man die Insel als Quarantänestation, um die Pocken von Mahé fern zu halten. Die Anlage, die 2009 auf der nur 9 ha großen Insel eröffnet werden soll, entsteht u. a. in Kooperation mit der großen asiatischen Hotelgruppe Shangri-La Hotels and Resorts.

An der Westküste lädt die **Île Thérèse** ㉓ zu einem schönen Tagesausflug ein, jedoch gibt es keinen regelmäßigen Bootstransfer dorthin. An einem geschützten Strand mit Blick auf Mahé kann man hervorragend schwimmen oder schnorcheln. ■

◀ **Kostenloser Ausritt**
▶ **Die meisten Hotels verleihen Surfboards und Katamarane**

Frégate

Was einst ein Schlupfwinkel für Piraten war, dient heute den oberen Zehntausend als exklusives Versteck. Die Privatinsel Frégate lockt mit einem Resort der absoluten Luxusklasse und sieben Traumstränden, die die Welt für eine Weile vergessen lassen.

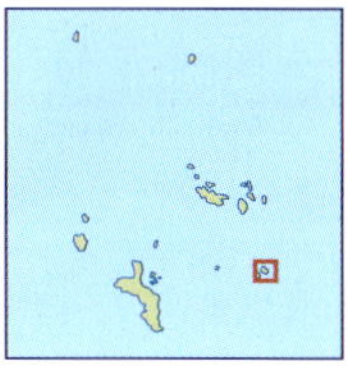

Frégate ist die abgelegenste der Granitinseln und liegt 55 km östlich von Mahé. Korallenriffe umgeben das 3 km² große Eiland, das für die meisten ein unerfüllbarer Traum bleibt – allein der 15-minütige Hubschrauberflug kostet schon über 1000 Euro. Im einzigen Resort der Insel mit seinen 16 Luxusvillen halten sich niemals mehr als 40 Gäste gleichzeitig auf und alle wollen nur das eine: Ruhe und Abgeschiedenheit auf höchstem Niveau.

Piratenversteck oder Handelsposten

Die Insel Frégate erhielt ihren Namen 1744 von dem französischen Entdecker Lazare Picault, der vermutlich von den einst hier lebenden Fregattvögeln dazu inspiriert wurde. Zu den Überresten jener Zeit gehören mysteriöse Ruinen einer größeren Anlage, früher wohl eine Piratensiedlung, sowie eine Wasserleitung und drei mit Korallen eingefasste Gräber. Frühe Siedler stießen bei einer steinernen Plattform an der Anse Lesange auf einen Teakmast und 1812 wurden ein Gürtel und ein Schultergurt aus Gold gefunden. 1838 berichtete ein Besucher aus Mauritius von spanischen Goldmünzen, die am Strand verstreut lagen, und von einem vor der Küste liegenden Wrack. Es gibt keine Beweise, dass diese Dinge von Piraten stammen, genauso gut könnte sich dort ein arabischer Handelsposten befunden haben. Auf jeden Fall aber machen diese Funde Frégate zu einer der wenigen Stätten der Seychellen, die archäologisch von Interesse sind.

1802 benutzte man Frégate als Abschiebeort für Exilierte. Die französische Regierung hatte ein Schiff mit jakobinischen »Terroristen« auf die Seychellen geschickt, welche angeklagt waren, ein Attentat auf Napoleon verübt zu haben. Der damalige Kommandant der Inseln, de Quinssy, befürchtete, die Deportierten könnten sich mit den Sklaven zusammentun und diese zu einer Rebellion aufhetzen. So ließ er den Rädelsführer Louis Sepholet gemeinsam mit drei Sklaven nach Frégate bringen. Sie gehörten zu den frühesten Bewohnern der Insel, blieben aber nicht lange. Noch im selben Jahr wurde Sepholet zusammen mit 35 anderen Häftlingen nach Anjouan auf den Komoren gebracht, wo alle starben – angeblich wurden sie auf Geheiß des dortigen Sultans vergiftet.

◄ Siesta im Schatten
► Whirlpool mit Aussicht

Das Paradies auf Erden

Die einzig mögliche Unterkunft auf Frégate ist das 1998 eröffnete Hotel **Frégate Island »Private«** ㉔ (www.fregate.com). Zu der Anlage gehören 16 geräumige Villen im Stil der Architektur Balis und Thailands, die pro Nacht auch über 2000 Euro kosten. Alle Einheiten haben ein Wohnzimmer, ein großes Schlafzimmer, zwei Badezimmer mit Außen- und Innenduschen, eine große private Sonnenterrasse, einen kleinen Garten sowie einen versteckt liegenden Whirlpool mit herrlicher Aussicht aufs Meer. Das Resort liegt am herrlichen Strand der Anse Bambous und erstreckt sich rund um das Frégate House, in dem sich der Speisesaal, ein Fitnessraum, eine Bibliothek und, wenig davon entfernt, ein Pool befinden. Es steht Ausrüstung für alle Wassersportarten zur Verfügung, und der deutsche Besitzer (ein Multimillionär) bietet an der privaten Anlegestelle Jachten zur Vermietung an. In den Granithügeln versteckt liegt ein exklusiver Wellnessbereich.

Infolge intensiver Landwirtschaft ist Frégate heute zumeist mit nicht-heimischer Vegetation bedeckt, aber dennoch ein Paradies für Naturliebhaber. Auf den kleinen Hügeln wachsen Drachenblutbäume, zwischen denen Kaffeesträucher und Bäume wie Brotfrucht, Banyan, Cashew oder Ylang-Ylang gedeihen. Die Plantagen im Flachland werden wieder bewirtschaftet, um das Resort mit Frischprodukten zu versorgen, darunter Papayas, Bananen, Kohl, Salat und Süßkartoffeln. Auch Rinder, Schweine und Hühner werden für die Inselküche gezüchtet. Das originale **Plantation House** ㉕ in der Nähe der Landebahn hat man restauriert und ein kreolisches Restaurant eingerichtet.

Inselerkundung

Mit Ausnahme von Cousin, Cousine und Aride hat die schwarz-weiße Schamadros-

▲ Der Bestand der Elsterdrossel ist auf Fégate nun gesichert
▼ Frische Drinks

sel nur auf Frégate überlebt. Dank einer eine Initiative von *BirdLife International* konnten die bedrohten Bestände gerettet werden und inzwischen vermehrt sich die Zahl der Tiere zunehmend, so dass man sie auch auf anderen Inseln wieder ansiedelt. Zu weiteren Vögeln, die Hotelgäste beobachten können, gehören der Seychellenweber (eine spatzenähnliche endemische Art) und die Warzenfruchttaube, die durch ihr rot-weiß-blaues Gefieder auffällt. Im Resort wohnt ein Ornithologe, der für geführte Spaziergänge zur Verfügung steht.

Frégate ist außerdem die einzige Heimat eines großen Hartflügelkäfers. Als europäische Insektenkundler die seltsame Kreatur zum ersten Mal sahen, hielten sie das Tier für eine aberwitzige Mischung verschiedener Insekten. Der große flugunfähige Käfer verbringt die meiste Zeit an der Rinde des Drachenblutbaums. Auch der grüne Gardiners Gecko ist nur auf Frégate anzutreffen.

Jedem Gast steht ein elektrischer Golfwagen zur Verfügung, doch am besten lässt sich die Vielfalt der Flora und Fauna bei einem Spaziergang über die Inselpfade erkunden. Vom Plantagenhaus gelangt man in nur 10 Minuten zur **Anse Parc** im Südwesten, die beste Bedingungen zum Schnorcheln bietet. Nahe des Strandes weist ein Schild den Weg zur **Pirate's Wall** (»Piratenwand«), wo vermutlich der erwähnte Schultergurt gefunden wurde.

Ein halbstündiger Spaziergang führt vom Plantagenhaus am Flughafen vorbei und über den Bambous River quer durch die Insel zur **Anse Victorin** ㉖. Der Strand in dieser Bucht gilt als einer der schönsten der Welt. Ebenfalls gut markiert ist der Pfad zum wunderbaren Strand der **Grand Anse** im Westen. Die Anhöhe links von der Bucht, auf der viele Drachenblutbäume stehen, heißt Au Salon. Rechts markiert der **Signal Rock** mit 125 m den höchsten Punkt der Insel. Dieser Spaziergang dauert etwa 20 Minuten. ■

Seite 286

▼ **Szene aus Roman Polanskis Film »Pirates«, der zum Teil auf Frégate gedreht wurde**

Silhouette und North

Seite 312

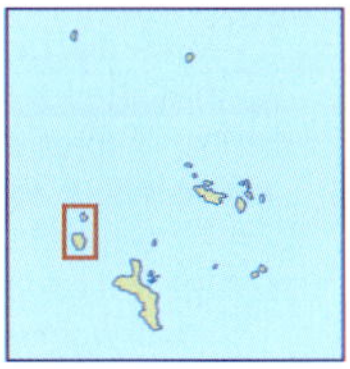

Obwohl die beiden Inseln Silhouette und North nicht weit von Mahé entfernt liegen, unterscheiden sie sich deutlich von der Hauptinsel: Ihre Atmosphäre lässt eher an die weltfremden Äußeren Inseln denken und auch ihre geologische Erscheinung bietet ein anderes Bild.

Silhouette, die drittgrößte Insel der Granitgruppe und die fünftgrößte der Seychellen, liegt 20 km nordwestlich von Mahé. Dank ihrer Topografie und ihrer vergleichsweise mäßigen Erschließung konnte sich hier eine ungeheuer vielfältige Pflanzen- und Tierwelt erhalten.

Der höchste von drei Gipfeln auf Silhouette, der Mont Dauban, erreicht stolze 740 m und ist damit der zweithöchste Berg der Seychellen. Da es auf der Insel keine Straßen gibt, blieb der dichte Nebelwald größtenteils unberührt. Die Strände der Ostküste werden von einem Korallenriff geschützt und eignen sich perfekt zum Schwimmen oder Schnorcheln. Das noch relativ unbekannte Silhouette ist nur per Hubschrauber zu erreichen.

North Island ähnelt Silhouette, besitzt jedoch weniger ausgeprägte Berge und hat stärker unter Holzeinschlag gelitten. Die derzeitigen Besitzer bemühen sich, die endemische Flora und Fauna wieder anzusiedeln.

Schöner Familienbesitz

Die erste vermerkte Sichtung von Silhouette erfolgte 1609 durch die Mannschaft der *Ascension,* eines Schiffes der Englischen Ostindienkompanie. Erst im frühen 19. Jh. aber ließen sich Europäer auf der Insel nieder, die nach dem französischen Finanzminister von 1759, Etienne de Silhouette, benannt wurde. Der Name passt wunderbar, denn bei Sonnenuntergang erscheint die Insel von Beau Vallon auf Mahé aus gesehen als ein mysteriöser Schatten am Horizont.

Mitte des 19. Jhs. kaufte der französische Marineoffizier Auguste Dauban die Insel – die über 100 Jahre in Familienbesitz blieb – nach und nach auf. Die Familie baute ein Plantagenhaus, legte mehrere Wege an und führte Vanille, Gewürznelken und andere Pflanzen ein. Selbst an schwer zugänglichen Stellen wurden Kokospalmen gepflanzt, denn Land hatte nach damaliger Auffassung erst dann einen Wert, wenn es Kokosnüsse hervorbrachte. Die meisten Wege sind heute verwildert und vielerorts hat sich der Urwald sein Recht zurückerkämpft. In den 1970er Jahren ging die Dauban-Ära zu Ende, als die Insel an eine französische Hotelgruppe verkauft wurde, die sie 1983 an die Regierung der Seychellen übertrug.

◀ Sonnenuntergang auf Silhouette
▶ Haus am Strand

Insel der Schildkröten

Geisterstadt
Eine anstrengende, aber wundervolle Wanderung führt in 4 Std. von La Passe nach **Grande Barbe,** wo man sich nach vorheriger Absprache mit dem Boot abholen lassen kann. Das heute fast gänzlich unbewohnte Dorf liegt am Rande eines Sumpfes, der das größte zusammenhängende Feuchtgebiet der Seychellen darstellt.

Die Mehrheit der etwa 200 Inselbewohner lebt in der Siedlung **La Passe ❶**. In der Nähe der Anlegestelle steht das Plantagenhaus **La Grande Case,** die frühere Residenz der Familie Dauban. Sie besteht aus vier Holzgebäuden – Haupthaus, Bad und Toiletten, Küche und Speisesaal – und ist ein typisches Beispiel für die Herrenhäuser der damaligen Zeit. Die Küche stand wegen der Brandgefahr abseits des Haupthauses und natürlich musste der Speisesaal in der Nähe sein, damit die Gerichte heiß aufgetragen werden konnten.

Silhouette ist Sitz der Umweltschutzorganisation *Nature Protection Trust of Seychelles* (NPTS), die sich auf Schildkröten spezialisiert hat. Zu ihren wichtigsten Projekten gehören Brutprogramme, um die letzten Riesenschildkröten auf den Granitinseln sowie die Arnolds-Landschildkröte und die Seychellen-Landschildkröte vor dem Aussterben zu bewahren. Letztere hatte man schon seit 150 Jahren für verloren geglaubt, als sie vor einigen Jahren erstaunlicherweise wieder entdeckt wurde. 1999 legte erstmals legte eine Arnolds-Schildkröte in Gefangenschaft Eier, 2002 schlüpften dann tatsächlich Junge. Ein nur auf Silhouette lebender Frosch wurde ebenfalls in jüngster Zeit entdeckt.

Nur wenig südlich von La Grande Case erreicht man ein abgesperrtes Gelände mit einer kleinen Population Aldabra-Landschildkröten. Dahinter beginnt ein Sumpfgebiet, in dem sich Graureiher und Schwarzhauben-Nachtreiher (ein relativ junger Siedler) sehen lassen. Große Palmen markieren den alten Friedhof an der **Pointe Ramasse Tout** mit dem **Dauban Mausoleum ❷**. Der große unförmige Bau ist der klassizistischen Kirche La Madeleine in Paris nachempfunden.

Vom Mausoleum führt ein Weg hinüber zur Bucht **Anse Lascars ❸**. Der Überlieferung zufolge sollen hier lange vor den Europäern arabische Kaufleute gelebt ha-

▼ Überall auf den Seychellen stellten frühe Missionare Kreuze auf

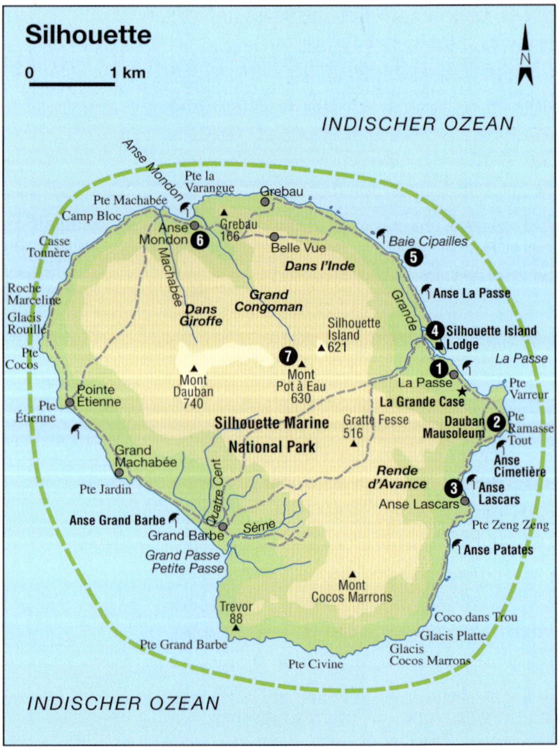

ben und man schrieb die Gräber am Strand den Arabern zu, die bereits im 9. Jh. im Indischen Ozean Handel getrieben hatten. Jüngste Karbontests datieren die Knochen jedoch auf die Zeit um 1800, so dass sie wahrscheinlich von Sklaven stammen, die im späten 18. Jh. von Mahé fliehen konnten.

Am Ende der Bucht steigt der Pfad zum Aussichtspunkt an der **Pointe Zeng Zeng** an. Von hier sieht man das nächste Ziel, die einsame **Anse Patates.** Sie ist umgeben von dichten Mangrovensümpfen und ihr Strand wird von herbeigewehten Hibiskusblüten geschmückt. Ein gemütlicher Spaziergang von La Passe zur Pointe Zeng Zeng dauert etwa 20 Minuten.

Inselspaziergänge

Das einzige Hotel der Insel, die **Silhouette Island Lodge ❹**, liegt nördlich der Anlegestelle von La Passe in der **Anse La Passe.** Vor der Türe erstreckt sich ein schöner Sandstrand, der im Nordwesten in den von Palmen gesäumten einsamen Strand der **Baie Cipailles ❺** übergeht.

Auch hier verläuft entlang der Küste ein Pfad, der sich größtenteils durch eine verlassene Kokosplantage schlängelt und die einzelnen Buchten miteinander verbindet. Am Nordende der Baie Cipailles muss man sich zwischen zwei Wegen zur **Anse Mondon ❻** entscheiden. Während der Küstenpfad sehr überwuchert und schwierig zu begehen ist, führt der landschaftlich reizvolle obere Weg via Belle Vue zunächst durch dichten Wald. Kurz vor dem Abstieg zur Küste eröffnen sich spektakuläre Ausblicke auf die Anse Mondon, wo die besten Schnorchelbedingungen vor Silhouette herrschen. Als Alternative kann man per Boot hierher kommen und zu Fuß zurückgehen. In jede Richtung benötigt man rund zwei Stunden für die Wanderung.

Die Trekkingtour von La Passe zum Gipfel des stolzen **Mont Pot à Eau ❼** (630 m) nimmt einen Tag in Anspruch. Der Weg wird nur selten begangen, ist oft matschig und aus Sicherheitsgründen sollte die Wanderung nur mit Führer unternommen werden (über die Lodge). Wer sich auf die Herausforderung einlässt, erlebt faszinierenden Nebelwald mit einer reichen exotischen Flora, darunter auch die Insekten fressende Kannenpflanze.

North Island

North Island liegt 7 km nördlich von Silhouette und ist wesentlich kleiner als ihre Schwesterinsel. Derzeit läuft hier ein groß angelegtes Aufforstungsprogramm, um die abgeholzten Flächen mit endemischen Arten neu zu begrünen. Die umliegenden Gewässer wurden 1987 zum Meeresnationalpark erklärt. Auf beiden Seiten der Insel findet man schöne Strände, die durch ein Plateau getrennt sind und in felsige Landzungen übergehen. 2002 eröffnete hier ein »Fünf-Sterne-Luxuscamp«, bestehend aus zwölf Villen mit einem professionellen Wellnessbereich. Tagesgäste sind auf der Insel nicht zugelassen. ■

Seite 312

▲ **Insekten fressende Kannenpflanze**
▶ **Mont Pot à Eau**

Praslin

Ein gemächlicher Lebensrhythmus, wunderbare Strände und das Vallée de Mai – eine designierte Stätte des Weltnaturerbes – sind drei gute Gründe, nach Praslin zu kommen. Die zweitgrößte Insel der Seychellen bietet genügend Abwechslung und lässt jeden auf seine Kosten kommen.

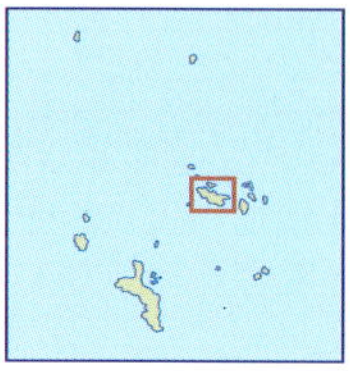

Praslin liegt 45 km nordöstlich von Mahé und beheimatet auf ihren 28 km² rund 7600 Menschen. Die Berge mit einer maximalen Höhe von 367 m wirken im Vergleich zu Mahés grünem Inselinnern karg, doch in geschützten Tälern verbergen sich ursprüngliche Palmenwälder. Entlang der Küste reiht sich ein Traumstrand an den anderen und auch an exzellenten Hotels herrscht kein Mangel.

Auf Praslin gibt es keine Städte, nur wenig Verkehr und es geht hier alles recht gemütlich zu. Taxis warten am Flughafen und an der Jetty (Schiffsanlegestelle von Baie Ste-Anne); die Busse sind preiswert – doch die Wartezeiten lang und Fahrpläne kennt man nicht. Am einfachsten lässt sich die Insel per Mietauto erkunden; Radfahren ist eine gute, teils anstrengende Alternative; Wanderfreunden stehen zahlreiche Wege zur Verfügung.

Die Anreise nach Praslin kann von Mahé aus per Flugzeug oder Boot erfolgen. Der Flug dauert 15 Minuten, Air Seychelles unterhält gute Verbindungen. Der schnelle Katamaran *Cat Cocos* fährt vom Inter-Island Quay in Victoria in einer Stunde bis Baie Ste-Anne. Die Fähre wird von vielen Einheimischen genutzt, Reservierungen sind am Wochenende unverzichtbar und unter der Woche ratsam. Auch für die regelmäßigen Segelbootfähren nach La Digne empfiehlt sich eine Reservierung im Voraus (s. S. 398).

Hauptstadt im Kleinformat

Wer mit dem Boot reist, trifft in **Baie Ste-Anne ❶** ein. Sie ist eine von zwei »Hauptstädten« der Insel (neben Grand Anse), die miteinander wetteifern. Das Dorf besitzt einige Geschäfte, ein Krankenhaus, eine Kirche und eine Bank, doch abgesehen von Unterkünften für Selbstversorger, einer Hand voll Takeaways sowie einem Boots- und Autoverleih ist die touristische Infrastruktur minimal. Die einst herrliche Bucht wurde durch Landgewinnung verschandelt. Wer mit dem Flugzeug kommt, landet am anderen Ende der Insel bei Grand Anse und kann sein Mietfahrzeug ohne Aufpreis an den Flughafen bestellen.

Die vom Pier nach Norden führende Küstenstraße gabelt sich am Nordende der Bucht von Baie Ste-Anne. Rechts gelangt man nach **Anse La Blague ❷** an der Ost-

◀ Der alte Toto mit seiner Fischreuse ▶ In den Mangroven

Praslin
0
1 km
N
INDISCHER OZEAN
Baie Curieuse
Curieuse
Curieuse Marine National Park
Au Parc
Fond Blanc
Baie Laraie
Doctors' House
Turtle Conservation Project
Anse Badamier
Anse St José
Anse Papaie
Grand Anse
Rouge Point
Figaro
Mandarin
Roche Canon
Pointe Caimant
Pointe Chevalier
Baie Chevalier
Roche Grand Maman
St. Pierre Islet
Chauve Souris Island
Pointe Zanguilles
Anse Petite Cour
Anse Possession
Anse Takamaka
Anse Boudin
Anse Lazio
Savoy State Land
Newcome
Chenard 190
Miller 100
Anse Georgette
Miller's Point
Lemuria Resort
Petite Anse Kerlan
Pointe Ste-Marie
Anse Kerlan
Cap Jean Marie
Les Parisiennes
Bois Verse
Jalousie
Airstrip
Amitié
Fond du Riz
Maison des Palmes Hotel
Praslin Ocean Farm Aquarium
Hotel Marechiaro
Grand Anse
Grand Fond 340
Plaine Hollandaise
Pasquière
Pasquière Track
Salazie 280
Salazie Track
Salazie
Takamaka 319
Providence
Paradise Sun Hotel
Praslin Beach Hotel
Anse Volbert
Côte d'Or
Midlands
Vallée de Mai
Nouvelle Découverte
Praslin National Park
Mont Cabris 260
Praslin Island 367
Fond Azore
St Sauveur
Fond Dalbaretz
Pélissier
Baie Ste Anne
Anse L'Amour
Fond Ferdinand
Consolation
Coco de Mer Hotel
Château de Feuilles
Anse Marie-Louise
Petite Anse
Pointe Cabris
Roche Boquet
Pointe Aspère Moi
Pointe Consolation
Anse Consolation
Pointe Cocos
Anse Cimetière
Anse Bois de Rose
Anse Takamaka
Anse St-Sauveur
Grosse Roche
Anse Bateau
Anse Citron
Roche Caret
Fond de l'Anse
Anse Matelot
Anse Gouvernment
Au Cap
Fond Diable 213
Pointe Joséphine
Grande Anse
Anse La Blague
Petite Anse
Île Malice
Pointe La Farine
Au Morne
Anse La Farine
Anse Bonnet Carré
Anse Badamier
Anse Madge
Cap Samy
Baie Ste Anne
Île Ronde
Île Ronde 75
Victoria, La Digue
Cousin
Cousin Island Special Reserve

küste, wo ausgezeichnete Bedingungen zum Schnorcheln herrschen. Am Strand gibt es eine Snackbar und auch das gute **Vanille Restaurant,** von dessen Terrasse man aufs Meer blickt. Das Wassersportzentrum **Bleu Marine** neben dem kleinen Hotel bietet Tauchen, Wind- und Jetsurfen an. Ein hübscher Spaziergang führt an der Küste entlang zur Petite Anse und weiter an den Strand in der Anse La Farine.

An der Goldküste

Die nach links führende Hauptstraße durchs Inselinnere verbindet Baie Ste-Anne mit **Anse Volbert ❸**, dem Touristenzentrum Praslins, das auch als Côte d'Or (Goldküste) bekannt ist. Sein langer Strand wird von der Île Curieuse geschützt, so dass das ganze Jahr über sichere Bedingungen zum Schwimmen herrschen. Allerdings muss man sehr weit hinauswaten, um in tieferes Wasser zu gelangen – die Kinder freuen sich darüber. Schnorchler finden an den Felsen am Nordende des Strandes sowie Richtung **Chauve Souris Island** beste Reviere.

Am Strand von Anse Volbert befinden sich mehrere Hotels, Gästehäuser, Restaurants und Souvenirläden, an der Küstenstraße gibt es weitere Restaurants, Bootsverleihe und Wassersportzentren. Etliche Unternehmen bieten Schnorchelausflüge zur winzigen Insel St-Pierre oder Fahrten zu den weiter entfernten Inseln Curieuse, Cousin und Aride an.

Die Ostküstenstraße führt weiter zur schönen Bucht **Anse Possession ❹** mit Blick auf die Insel Curieuse. Irgendwo hier stellten die Franzosen 1768 eine Gedenktafel auf, mit der sie Anspruch auf die Inseln erhoben. Ein Steinhaufen und ein Fahnenmast markierten die Stelle, die von den Engländern wenig später absichtlich zerstört worden sein soll.

Die Curieuse zugewandte Nordküste ist malerisch, ruhig und gut zum Schwimmen geeignet. Gesäumt von Kasuarinen und Takamaka-Bäumen schlängelt sich die Straße entlang der Küste bis zu den schönen Buchten **Anse Takamaka** und **Anse Boudin.** Ein lohnender Abstecher führt auf den Grand Fond (340 m), von dem sich ein schöner Blick über Praslin und die umliegenden Inseln bietet.

Seite 316

Schönster Strand der Welt

Hinter dem Ort Anse Boudin führt die Straße durchs Inselinnere zur **Anse Lazio ❺**, deren Strand übereinstimmend als schönster der Welt bezeichnet wird: Eine tiefblaue Lagune, Palmen im Hintergrund und Sand, der so fein und weich wie Puderzucker ist. Es lässt sich hier herrlich schwimmen und schnorcheln, die Verhältnisse werden nur im Januar und Februar durch die starken Nordwestwinde beeinträchtigt. Um das einmalige Ambiente in vollen Zügen genießen zu können, sollte man sich frühmorgens zum Strand begeben. Adäquate Einkehrmöglichkeiten bieten die Restaurants **Bonbon Plume** und **Le Chevalier,** wo man im

TOP 50 Seite 361
TOP 50 Seite 363

▲ **Die meisten Hotels, Restaurants und Souvenirgeschäfte von Praslin liegen an der Côte d'Or**

▶ **Abkühlung nach dem Ausritt**

Traumstrand Nr. 2 Der wilde und abgelegene Strand in der **Anse Georgette,** die sich nur wenig nördöstlich des Golfplatzes vom Lemuria Resort befindet und nur vom Meer her (auf Touren) öffentlich zugänglich ist, wurde in einer Umfrage gar als zweitschönster Strand der Welt klassifiziert (s. S. 33).

Seite 357 TOP 50

Seite 371 TOP 50

Freien unter Strohschirmen sitzt. Die Meeresfrüchte beider Restaurants sind ein Gedicht, was sich im Preis und in den Besucherzahlen zeigt.

Erkundung der Westküste

Wer mit dem Flugzeug ankommt, landet im Westen der Insel etwa 3 km von Grand Anse entfernt. Nördlich der Flugpiste führt die Küstenstraße ab Amitié durch Kokosplantagen und Ackerland zu den schönen, mit Granitfelsen durchsetzten Stränden von **Anse Kerlan ❻** und **Petite Anse Kerlan.** Bei schlechtem Wetter kann die See rau sein, doch an ruhigen Tagen eignet sich das Gebiet zum Schwimmen und Schnorcheln, obwohl man immer auf starke Strömungen achten muss.

In der Petite Anse Kerlan befindet sich die Luxusherberge **Lemuria Resort,** die den einzigen 18-Loch-Golfplatz auf den Seychellen besitzt. Obwohl die Anlage der Insel viele Arbeitsplätze bescherte, gab es mehr als nur eine Umweltdebatte über das Hotel, das einen der beliebtesten Strände der Insel, die **Anse Georgette,** für sich in Anspruch nimmt.

Gegenüber der Flugpiste in Amitié befindet sich die **Praslin Giant Clam Farm and Aquarium Touch Pool** (So–Fr 8 bis 18 Uhr), die sich überwiegend durch die Perlenzucht und die Aufzucht von Venusmuscheln finanziert. Sozusagen als Zugabe für die Besucher hat man einige Aquarien aufgestellt, in denen sich Korallen, Riff-Fische und wirbellose Tiere befinden. Die geführten Touren sind sehr informativ und zum Abschluss kann man in der angeschlossenen Schmuckboutique einkaufen gehen.

Umgebung von Grand Anse

Eher verschlafen wirkt das größte Dorf auf Praslin, **Grand Anse ❼**. Es gibt einige

▼ **Pagode des Hotels »Coco de Mer«**

Seite 316

kleine Hotels, Geschäfte, Banken, Restaurants, Niederlassungen der wichtigsten Reiseagenturen sowie einen schönen Strand, der allerdings zwischen Mai und Oktober mit Seegras bedeckt ist.

Die Farbe Rosa

→ **Praslin ist für seinen rosanen Granit berühmt, dessen Farbe auf den Feldspat im Felsen zurückgeht. Das Gestein kann wie Marmor poliert werden.**

Von Grand Anse verläuft die Küstenstraße südlich an malerischen Buchten vorbei, in denen sich diverse Hotels und Restaurants niedergelassen haben. Hier befinden sich die einsamsten Strände der Insel. Nach der ersten Bucht **Anse Citron** gelangt man zur **Anse Bateau,** wo das Les Rochers Restaurant als eine der besten Adressen von Praslin zur Einkehr einlädt. *Sirene Boat Excursions* bieten Ausflüge zu den umliegenden Inseln an.

Gute Adressen in der **Anse Bois de Rose** sind das Black Parrot Restaurant und das **Coco de Mer Hotel.** Nach Umrundung der Landzunge Pointe Cocos gelangt man zur Anse Consolation, die sich wegen der Steine nicht sonderlich gut zum Schwimmen eignet, doch in unmittelbarer Nachbarschaft befindet sich die **Anse Marie-Louise ❽**, die den besten aller hier aufgeführten Strände hat. Von dieser Bucht aus führt die Straße zum exklusiven Hotel **Château des Feuilles & Sister Islands Private** hinauf, bevor sie schließlich **Baie Ste-Anne** erreicht.

Reise in die Vergangenheit

Zu Praslins größten Naturschätzen gehört der Urwald im **Vallée de Mai ❾** (tgl. 8 bis 17.30 Uhr), den General Gordon einst mit dem Garten Eden verglich – nicht von ungefähr ist dieses Tal im Herzen der Insel zum UNESCO-Weltnaturerbe erklärt wor-

▲ **Bunte Erlebnisse beim Schnorcheln**
▼ **Wer ist der schnellste?**

Coco de Mer

Im Jahre 1881 besuchte der britische General Charles Gordon das Vallée de Mai und war von der Schönheit der Natur so beeindruckt, dass er wahrhaftig glaubte, den Garten Eden entdeckt zu haben – die Seychellennusspalme identifizierte er sogleich als Baum der Erkenntnis und ihre Frucht als die verbotene Frucht. »Das Herz soll der Heiligen Schrift zufolge der Sitz des Verlangens sein . . . und die Frucht [der Seychellennusspalme] gleicht in ihrem Umriss einem Herzen und ihr Samen erinnert an ein weibliches Becken . . ., das ich als den wahren Sitz der fleischlichen Gelüste betrachte.« Während man hinsichtlich Gordons biblischer Auslegung geteilter Meinung sein kann, lässt sich nicht bestreiten, dass die Seychellennuss, die der weibliche Baum hervorbringt, Schenkeln und Schambereich einer Frau gleicht – inklusive Behaarung. Nicht weniger beeindruckend präsentiert sich der phallusähnliche Blütenstand des männlichen Baums.

Im Durchschnitt werden der männliche Baum 15 m und der weibliche Baum 9 m hoch. Dieser Unterschied ist darauf zurückzuführen, dass die männlichen Bäume älter werden. Der weibliche Baum kann mit mehr als einem Dutzend Nüsse beladen sein, die zwischen 18 und 22 kg wiegen und damit als schwerste Samen der Welt gelten.

Ein Mysterium bleibt die Art der Befruchtung. Wahrscheinlich agiert der Wind als Bestäuber, doch auch die großen weißen Schnecken, die man oft an männlichen Blüten sieht, und die zahlreichen grünen Geckos könnten als Pollenträger in Frage kommen. Der Legende zufolge sollen sich die männlichen Bäume in stürmischen Nächten selbst entwurzeln und leidenschaftlich über die weiblichen Bäume herfallen – Zeugen einer solchen Liebesorgie sind dem Tod geweiht.

Man geht davon aus, dass die Bäume 200 bis 400 Jahre alt werden. Heute kommt die Palme nur noch auf Praslin und Curieuse vor, dürfte aber einst weltweit verbreitet gewesen sein. Bei Ausschachtungsarbeiten für den Flughafen von Brüssel wurden in den 1980er Jahren Skelette von Riesenschildkröten und fossilierte Nüsse gefunden, die etwa 50 Millionen Jahre alt waren und der Seychellennuss ähnelten.

In früheren Jahrhunderten hatten die »Liebesnüsse« in Europa beinahe den gleichen Wert wie Gold. Heute gibt es sie in größerer Zahl und sie stehen unter strengem Schutz. Die gesammelten Früchte werden vom Umweltministerium kontrolliert, erhalten eine Nummer und dürfen nur mit Genehmigung verkauft werden. Bis zu 2000 Rupien kostet eine ausgehöhlte Nuss, die man in polierter Form als Souvenir erstehen kann. Wer eine Nuss ohne Lizenzbrief angeboten bekommt, kann sicher sein, dass sie illegal erworben wurde und beim Abflug konfisziert wird. ■

◀ Der sinnlich wirkenden Seychellennuss wurden aphrodisierende Kräfte zugeschrieben

den und untersteht der staatlichen Seychelles Islands Foundation. Das 19,5 ha große Gebiet ist Teil des Praslin National Parks und liegt zwischen 15 und 310 m über Meereshöhe.

Eine am Kiosk erhältliche Broschüre erläutert den Verlauf der gut markierten Naturpfade und gibt Informationen über Pflanzen und Tiere, die man vielleicht unterwegs erspäht. Es besteht die Wahl zwischen einem kurzen Spaziergang (etwa 1 Std.) zu den botanisch interessanten Stätten und einem längeren Rundweg (etwa 2–3 Std.), der zu einem schönen Aussichtspunkt führt . Besonders schön und ruhig ist es im Park (geöffnet tgl. 8 bis 17.30 Uhr), wenn man den Besuch auf den frühen Morgen oder in die späten Nachmittagsstunden legt.

Der Besuch des Vallée de Mai gleicht einer Reise in eine ferne Vergangenheit. Kaum jemanden würde es wundern, plötzlich einem Dinosaurier zu begegnen. Eine These besagt, dass die Seychellennusspalme die längsten Blattstängel der Welt entwickelt hat, um ihre Blätter außer Reichweite dieser monströsen Kreaturen zu bringen. Die riesigen Blätter der Seychellennusspalme spannen sich wie ein grünes Gewölbe über den Köpfen auf und das vertrocknende Laub, das den Waldboden wie ein dicker und flauschiger Teppich bedeckt, raschelt unter den flinken Bewegungen der Geckos – eine Atmosphäre, die jeden Besucher fasziniert.

Ungefähr ein Viertel der Bäume des Vallée de Mai sind Seychellennusspalmen (s. Coco de Mer links), der restliche Baumbestand setzt sich etwa zur Hälfte aus endemischen Palmen zusammen. Zu diesen gehören die *Latanier feuille* mit ihren breiten ungeteilten Blättern; die *Latanier mille-pattes,* deren geteilte Blätter an die Beine eines Tausendfüßlers erinnern; die hohe Palmiste-Palme *(Palmis)* – früher Zutat für den Millionärssalat (s. S. 281) waren, sowie schließlich die relativ kurze und schlanke *Latanier hauban.*

Seite 316

Seychelles Islands Foundation, SIF, zuständig für Aldabra und Vallée de Mai: P O Box 853, Victoria, Mahe, Tel. 32 17 35, Fax 32 48 84, www.sif.sc

▼ **Das Vallée de Mai ist Heimat des Schwarzen Papagei (Vasapapagei)**

Seite 316

Zu den gefiederten endemischen Bewohnern des Valée gehören z. B. Dickschnabel-Fluchtvogel, Warzenfruchttaube sowie Seychellen-Höhlensalangane. Die meisten Vögel verbergen sich in den Baumwipfeln des dichten Walds – nur der durchdringende Pfiff des Rabenpapageis (auch Großer Vasa) erinnert einen daran, dass auch das oberste Stockwerk bewohnt ist. Der dunkelfarbige und scheue Papagei nistet nur auf Praslin, am liebsten in den Hohlräumen morscher Seychellennuss- oder Schraubenpalmen. Zu seinem Schutz hat man ihm auch einige künstliche Nistkästen aufgestellt. Wer nicht das Glück hat, das seltene Tier im Tal selbst zu erspähen, sollte sich frühmorgens oder spätnachmittags am Parkplatz zum Eingang des Vallée de Mai auf die Lauer legen. Auch in fruchtenden Bäumen am Meer halten sich die Vögel häufig auf, heiße Tipps sind die Gärten der Villa Flamboyant, des Restaurants Britannia und des Hotels Coco de Mer.

▲ Ausgehöhltes Strandgestein auf der Insel Curieuse
◀ Fahrt durch Palmenwald auf Curieuse
▶ Die »Fähre« zwischen Praslin und La Digue

Im Informationszentrum des Parks werden neben hilfreichen Broschüren auch Souvenirs, Snacks und Getränke verkauft. Es empfiehlt sich, für unterwegs ein wenig Proviant mitzunehmen. Die obersten Gebote für Besucher lauten: keine Spuren sprich Müll hinterlassen, auf den gekennzeichneten Wegen bleiben, die Pflanzen nicht berühren und nicht rauchen. Ein 10-minütiger Spaziergang führt vom Parkeingang Richtung Grand Anse zu einem schönen **Wasserfall.**

Die rote Insel

Vor Praslins Nordküste liegt mitten in einem Marinenationalpark **Curieuse Island** ❿. Ihr früherer Name Île Rouge lässt sich auch heute noch leicht nachvollziehen, erscheint die Insel doch von der Ferne wie ein einziger rötlicher Felsen. Der karge Bewuchs und der rote Boden sind auf viele Brände zurückzuführen, welche die Insel einst heimsuchten. Das erste registrierte Feuer tobte 1771 – damals unterstellten die Franzosen den Briten Brandstiftung. Weit wahrscheinlicher ist jedoch, dass Feuer einen wichtigen Anteil im natürlichen Zyklus des Palmenwalds hat und neuen kräftigen Pflanzen hilft, sich gegen die alte absterbende Vegetation durchzusetzen.

1833 wurde in der **Anse St-José** an der Südküste eine Leprakolonie eingerichtet. Das alte kreolische **Doctor's House,** in dem sich ein Besucherzentrum mit einem Museum befindet (tgl. 9–17 Uhr), ist im Gegensatz zu den meisten anderen Gebäuden noch gut erhalten. Ein Fußweg führt von hier hinab zur **Baie Laraie.** Früher gab es hier eine Einzäunung, in der Schildkröten für den Verzehr und Export gehalten wurden. Hinter dem Schildkrötenteich steigt der Weg durch bizarre Granitfelsen zum Quartier des *Turtoise Conservation Project* hinauf, wo Riesenschildkröten gezüchtet werden. Die Jungtiere leben in Gehegen, während ältere Tiere frei umherwandern. Sie alle stammen aus Aldabra, der größten Schildkrötenkolonie dieser Art auf der Welt. ■

Cousin, Cousine und Aride

Seite 326

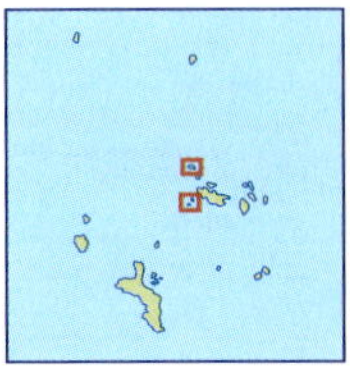

Wo auf anderen Eilanden die Menschen herrschen, haben auf Cousin, Cousine und Aride die Vögel das Sagen. Die Inseln dienen als Nistplätze und Rückzugsgebiete für insgesamt mehr als eine Million der gefiederten Tiere, darunter einige der seltensten Arten der Welt.

Cousin

Mitte der 1960er Jahre wurde **Cousin Island ❶** zum Verkauf angeboten. Als einzige Einnahmequelle existierte dort eine unbedeutende Kokosplantage und so schien sich die Investition zunächst nicht unbedingt zu lohnen. Dann aber stellte sich heraus, dass die Insel die letzte Heimat des Seychellenbuschsängers war, dessen Bestand nur noch wenige Dutzend Paare betrug. Angestachelt durch internationale Appelle von Naturkundlern wuchs das Interesse an der Insel und mit ihm der Verkaufspreis. Den Zuschlag erhielt die britische Organisation *Royal Society for Nature Conservation*, die 25 000 Euro für ihr neues Besitztum auf den Tisch blätterte – angesichts der Rettung eines der seltensten Vögel der Welt ein geringer Preis. Vor Ort kümmert sich *Nature Seychelles* um die Inselbelange.

Heute ist Cousin ein herrliches Naturreservat, in dem eine Vielzahl von Tierarten zu Hause ist. Man erreicht das Eiland bequem von dem nur 2 km entfernten Praslin. Als beste Zeit für einen Besuch eignen sich die Monate von Mai bis Oktober, wenn Praslins Höhenzüge die heftigen Passatwinde abhalten und die meisten nistenden Seevögel anzutreffen sind.

Touren werden sowohl von Hotels als auch von unabhängigen Bootsbesitzern angeboten. Oft verbringt man den Vormittag auf Cousin und fährt nachmittags nach Curieuse oder St-Pierre weiter. Auf Cousin, das nicht auf eigene Faust erkundet werden darf, leiten Mitarbeiter von Nature Seychelles informative 90-minütige Führungen (auf Französisch, Englisch und Créole); auf Cousin gibt es keine Übernachtungsmöglichkeit.

Simples Überlebensrezept

Um Cousin frei von Ratten und anderen gefährlichen Plagen zu halten, dürfen keine Boote anlegen. Alle Besucher müssen auf dem Wasser in das Inselboot umsteigen und werden am Strand abgesetzt. Sobald das Motorengeräusch verklingt, taucht man in die enorme Geräuschkulisse der Seevögel ein. Insgesamt leben hier sieben Arten: vier Seeschwalben (Schlankschnabelnoddi, Braune Noddiseeschwalbe, Zügelseeschwalbe und Feenseeschwalbe), zwei Sturmtaucher (Audubon-

Da die Landung auf Cousin nass ist, sind Strandkleidung oder leichte Baumwollsachen zu empfehlen. Kameras sollten wasserdicht verpackt sein.

◀ Die Gewässer um Aride sind oft aufgewühlt, und das Anlanden ist nicht so einfach wie es aussieht
▶ Feenseeschwalbe

▲ **Aufgrund der dichten Population an Seevögeln gibt es auf Cousin auch zahlreiche Skinks**

und Keilschwanzsturmtaucher) sowie der Weißschwanztropikvogel.

Es sind jedoch die Landvögel, die Cousin zu Berühmtheit verhalfen, ganz besonders der Seychellenbuschsänger. Nachdem man die Plantagenwirtschaft eingestellt hatte und die einheimische Vegetation wieder zu wachsen begann, erholten sich seine Bestände so gut, dass sie bis 1980 von weniger als 30 Exemplaren auf über 350 angestiegen waren. Die Zukunft des winzigen Vogels, der an einen Zaunkönig erinnert, scheint gesichert und inzwischen konnte er sogar von der Liste der gefährdeten Arten gestrichen werden. Das hat der Seychellenbuschsänger nicht zuletzt einer simplen Überlebensstrategie zu verdanken, bei das Geschlecht der Brut durch die zur Verfügung stehende Nahrungsmenge bedingt wird: Gibt es genügend Futter, sind 80 % der Jungvögel männlich, die, sobald sie flügge sind, eigene Territorien suchen; ist die Nahrung hingegen knapp, kommen zu 90 % weibliche Vögel auf die Welt und tragen alsbald zum Fortbestand der Art bei.

Der zweite bedeutende Vogel auf Cousin ist die markante schwarz-weiße Seychellenschamadrossel, die einst auf den meisten Granitinseln verbreitet war. Vogeljagd und importierte Raubtiere machten dem Tier das Leben schwer und schon in den 1930er Jahren war es nur noch auf Frégate anzutreffen. 1994 begann man auf Cousin und 1995 auf Cousine mit seiner planmäßigen Ansiedlung, die in beiden Fällen von Erfolg gekrönt war. Heute hüpft der zutrauliche Vogel, eine der seltensten Arten der Welt, den Touristen um die Füße.

Ein dritter seltener Vogel ist der Seychellenweber, der neben Cousin nur auf Cousine, Frégate, Aride und D'Arros brütet.

Andere Bewohner

Unter den elf Reptilienarten der Insel sind die Skinks am häufigsten vertreten, die

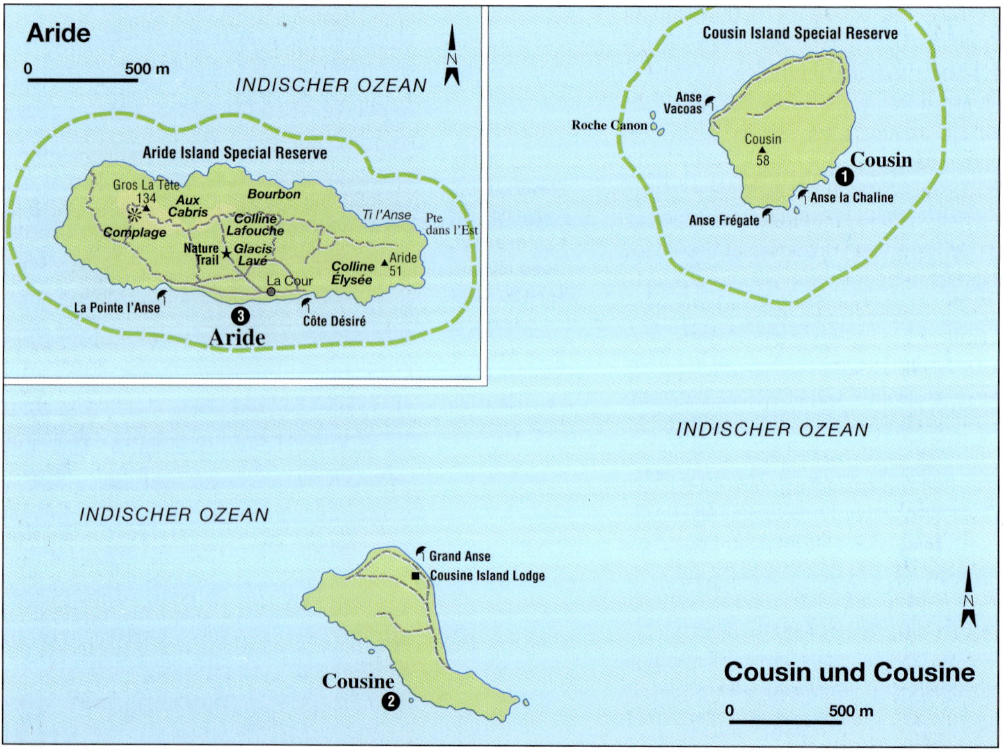

sich mit Vorliebe von toten Jungvögeln und Eiern ernähren. Hier und da lassen sich Einsiedlerkrebse und Riesenschildkröten beobachten, und es besteht durchaus die Chance, eine Karettschildkröte zu sehen – die Seychellen sind auf der ganzen Welt der einzige Ort, wo diese Tiere tagsüber an Land kommen (siehe Exkurs unten).

Die Vegetation wird von heimischen Arten bestimmt. Zu ihnen gehört der *bwa torti* (»Schildkrötenbaum«), so genannt, weil seine Früchte dem Panzer einer Schildkröte ähneln. Ihr unangenehmer Geruch hindert die Schildkröten jedoch nicht daran, sie genüsslich zu verspeisen. Am weitesten verbreitet ist die *Pisonia,* die zur Brutzeit der Schlankschnabelnoddis blüht. Ihre weichen, formbaren Blätter sowie ihre Zweige eignen sich sehr gut zum Nestbau, aber ihre klebrigen Samen bleiben gerne am Gefieder der Vögel hängen und können sogar zu deren Flugunfähigkeit führen.

Cousine

Cousins Schwesterinsel ist ein exklusiveres Ziel. Auf der Privatinsel gibt es vier Chalets im Kolonialstil, die maximal zehn Gästen Platz bieten. Hier hat man die sehr seltene Gelegenheit, in Gesellschaft von unzähligen Tieren auf einem einsamen Eiland zu leben.

Zu den exotischen Gästen von **Cousine** ❷ gehören Karettschildkröten, die vorwiegend zwischen September und Januar am Sandstrand der Ostküste ihre Eier ablegen; die Seychellenschamadrossel, die bis vor kurzem noch vom Aussterben bedroht war; die Seychellengrasmücke; und neben Tausenden anderer Seevögel auch die größte Population von Keilschwanzsturmtauchern der gesamten Seychellen.

Tagesausflügler werden auf Cousine gewöhnlich nicht empfangen, aber vom Gipfel der Insel Cousin hat man einen guten Ausblick auf die Nachbarin.

Karettschildkröten

Cousin gehört zu den wichtigsten Brutstätten der Karettschildkröten und ist seit 35 Jahren Objekt eines Beobachtungsprogramms. In allen anderen Regionen hat die Zahl der Karettschildkröten immer mehr abgenommen. Da Karettschildkröten erst im Alter von 25 bis 40 Jahren mit der Eiablage beginnen, dauert es Jahrzehnte, bis sich die Bestände erholen können.

Als einzigem Ort in der Welt nisten die Meeresschildkröten auf den Seychellen auch tagsüber. Zwischen August und April kommen die Weibchen bis zu sechsmal in Intervallen von 14 Tagen zur Eiablage an den Strand, wobei ein Nest bis zu 180 Eier enthalten kann. Ältere Schildkröten legen noch häufiger und noch mehr Eier ab. Die Jungtiere schlüpfen nach etwa 60 Tagen und streben sofort dem Meer entgegen, allerdings schlagen sich nur wenige durch und erreichen das Erwachsenenalter.

▲ Diese Insel gehört den Vögeln ▶ Frisch geschlüpfte Schildkröte – eine der wenigen Glücklichen, die es bis zum Meer schaffen

Aride

Die rund 10 km nördlich von Praslin gelegene Insel **Aride ❸** ist die nördlichste Granitinsel und die vielleicht unberührteste Insel im Indischen Ozean. Ihr Name erschien erstmalig nach Entdeckungsfahrten in den Jahren 1770 und 1771 auf französischen Karten, aber das Eiland blieb bis 1861 unbewohnt. Danach legte man eine Plantage an, die mit der Ernennung von Aride zum Naturreservat 1979 aufgegeben wurde. Eine Person darf in diesem Zusammenhang nicht unerwähnt bleiben: der Schokoladenfabrikant Christopher Cadbury (1908–1995), einer der Vorreiter für die Naturreservate auf Cousin, La Digue und Aride. Sein größtes Verdienst war der Kauf von Aride, das er in die Hände der *Royal Society for Nature Conservation* gab. An der Pointe l'Anse erinnert eine Gedenktafel an den Gönner.

Aride

→ **bedeutet auf Deutsch so viel wie »ausgedörrt« oder »unfruchtbar« – ein passender Name für die gleichnamige Insel, auf der es keine einzige Süßwasserquelle gibt.**

Das Naturreservat auf Aride ist an drei Tagen pro Woche zugänglich (So, Mo und Mi 10–15 Uhr), was sich aber je nach Wetterlage ändern kann. Auskünfte erteilen die meisten größeren Hotels auf Praslin, bei denen man direkt einen Tagesausflug buchen kann. Im Preis inbegriffen ist die 45-minütige Überfahrt, ein Mittagessen sowie die Eintrittsgebühr.

Aride besitzt eine reiche Flora und Fauna, die man am besten bei einer Wanderung unter die Lupe nimmt. In **La Cour** beginnt ein Naturpfad, der zunächst das flache Küstenplateau durchquert und sich dann zu einem **Aussichtspunkt** auf dem Gipfel des Gros La Tête (134 m) hinaufschlängelt. Gewöhnlich sieht man von hier viele Fregattvögel, die über das Meer segeln. An klaren Tagen sind die Umrisse der Koralleninsel Denis in der Ferne zu erkennen. Und am Fuß des Steilabhangs befinden sich die letzten Granitfelsen vor Indien und Sri Lanka.

Einzige Inselbewohner sind die Aufseher, die 2-stündige Führungen anbieten. Vor allem am Aussichtspunkt sollte man den Weg nicht verlassen, da überall verstreut die fragilen Nester von Sturmtauchern liegen.

◀ **Unterwegs vor der Insel Cousin**

Auf engstem Raum

Wie Cousin und Cousine ist auch Aride frei von Ratten und somit ein Paradies für Seevögel. Zehn Arten brüten hier, das sind mehr als auf allen anderen Granitinseln zusammen. Mit rund 300 000 Exemplaren am häufigsten vertreten ist die Rußseeschwalbe. Darüber hinaus besitzt Aride mit 200 000 Tieren weltweit die größten Kolonien von Schlankschnabelnoddi- und Braunen Noddiseeschwalben sowie die größte Kolonie der Rosenseeschwalben im Indischen Ozean. Die Brutzeiten der Vögel fallen mit dem Südostmonsun von März bis Oktober zusammen, dann finden sich über eine Million Vögel ein.

Das ganze Jahr über trifft man auf die elegante Feenseeschwalbe und den Weißschwanztropikvogel, der als einer der schönsten Seevögel gilt. Um den Rotschwanztropikvogel zu entdecken, der

Seite 326

außerhalb der Aldabra-Gruppe nur hier nistet, muss man den Gros La Tête besteigen. Zu den anderen Seevögeln gehören der Keilschwanzsturmtaucher und der Audubons-Sturmtaucher. Da sie ihre Nester vor der Dunkelheit verlassen und erst in der Nacht zurückkehren, erspäht man sie eher auf ihrem Flug von oder nach Aride.

Mit der Renaturierung der Insel kehrten zwei Landvögel von selbst zurück, die längst verschwunden schienen: der Seychellennektarvogel und die Warzenfruchttaube. Etwas mehr Unterstützung benötigte die Seychellengrasmücke. 1988 importierte man 29 Vögel aus Cousin, deren Bestand sich auf 2000 Exemplare ausgeweitet hat – weltweit leben mehr als 80 % dieser Art auf Aride.

Zu den schönsten endemischen Pflanzen der Seychellen gehört die Wright-Gardenie, die nur auf Aride in freier Natur wächst. Ihre großen weißen, mit Magenta besprenkelten Blüten verströmen einen intensiven Duft und beginnen genau zehn Tage nach heftigen Regenfällen zu blühen.

Durch die Vielzahl der Seevögel gibt es auch eine große Menge an Echsen. Die dominierenden endemischen Arten sind die Seychellen-Mabuye und die größere Wright-Mabuye. Durchschnittlich findet man pro 3 m^2 ein Tier, was mehr ist als irgendwo sonst auf der Welt. Im Hügelland begegnet man großen Tausendfüßlern, die bei Berührung eine übel riechende Substanz verspritzen.

Das reiche Tierleben setzt sich auch unter Wasser fort. 1986 listete der Naturforscher Peter Scott in weniger als anderthalb Stunden 88 verschiedene Arten von Riff-Fischen auf; heute weiß man schon von über 450 Arten – ein Rekord für die Seychellen. ■

Giganten des Himmels

Vom Aussichtspunkt auf dem Gros La Tête kann man die großen Fregattvögel beobachten, wie sie stolz ihre akrobatischen Flugkünste zur Schau stellen. Gehen sie auf Fischfang, so fungiert ihr langes Schwanzgefieder als Ruder. Zielgenau streben die Fregattvögel auf ihre Beute zu, die sie im Flug aufgreifen. Fregattvögel haben nämlich weder Schwimmhäute, weswegen sie nicht auf der Wasseroberfläche landen können, noch ein Wasser abweisendes Gefieder. Auch an Land machen sie eine eher unbeholfene Figur. Kein Wunder, dass die Seevögel den größten Teil ihres Lebens in der Luft verbringen und oft viele Tausend Kilometer über den offenen Ozean hin und herpendeln. Ohne erkennbaren Flügelschlag können sie – getragen vom Wind und ihrer enormen Spannweite bis zu 2 m – dahinsegeln. Ihre Knochen sind unglaublich leicht und machen nur etwa 5 % des Körpergewichts aus, das durchschnittlich bei 1 kg liegt, was etwa dem eines kleinen Huhns entspricht. Damit stellen sie einen Rekord auf: Unter allen Vögeln dieser Welt besitzen die Fregattvögel die niedrigste Flügellast.

▶ **Ein männlicher Fregattvogel bläst seinen Kehlsack auf**

La Digue

La Digue ist nicht mehr das verschlafene Nest, das es einmal war. Aber trotz zunehmender Touristenzahlen geht das Leben einen gemächlichen Gang, und die Menschen haben sich ihre Freundlichkeit bewahrt. Wer in entspannter Atmosphäre großartige Küstenlandschaften genießen möchte, der liegt hier genau richtig.

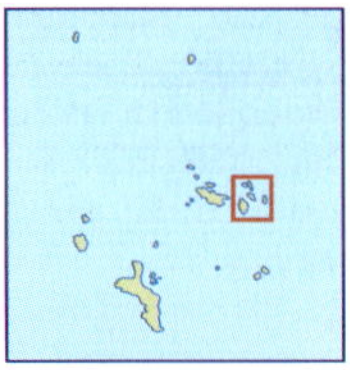

In den frühen Tagen des Tourismus auf den Seychellen galt La Digue als vergessene Insel, auf der sich das Leben nur geringfügig schneller als im Tempo eines Ochsenkarrens abspielte. Waren sie damals noch das einzige Verkehrsmittel, sind sie heute eher ein Zugeständnis an die Touristen. Auch auf La Digue haben, wenngleich verspätet, ein paar Pick-ups, Autos und eine Menge Fahrräder Einzug gehalten, die sich die palmengesäumten Fahrspuren teilen. Das traditionelle Leben wurde nicht wie auf einigen anderen Eilanden vom Tourismus verdrängt, wohl aber der Lebensstandard erhöht.

Die viertgrößte Granitinsel gilt als eine der schönsten der Seychellen. Ihre spektakuläre Küste mit perfekten Stränden und bizarren Felsen diente bereits für unzählige Filme und Modeaufnahmen als Kulisse. La Digue ist weniger als halb so groß wie Praslin und liegt nur 4 km von der Nachbarinsel entfernt. Die rund 2200 Einwohner leben überwiegend an der Westküste wo sich auch der Tourismus konzentriert.

Einfache Transportmittel

Auf La Digue gibt es keine Flugpiste, aber die Fähre von Praslin benötigt nur 30 Minuten für die Überfahrt. Um die Insel zu erkunden, sollte man mindestens zwei Nächte bleiben. Die Boote legen im kleinen Hafen von **La Passe ❶** an, in dem Jachten und Schoner an der von Palmen gesäumten Uferlinie einträchtig nebeneinander schaukeln. Eine Attraktion des Orts stellen die großen Plantagenhäuser dar, die in Würde altern und insgesamt gut erhalten sind. Der Fischmarkt an der Anlegestelle wird nur lebendig, wenn die Fischer ihren Fang einbringen. Ganz in der Nähe befindet sich neben dem Touristenbüro ein kleines Café.

Man sieht nur wenige Autos auf La Digue – eine Hand voll Taxis und einige *camions* decken alle Bedürfnisse dieses 10 km² kleinen Eilands ab. Das flache Küstenplateau und die Strände bis L'Union Estate (s. S. 333) sind leicht zu Fuß zu erreichen. Schneller geht es natürlich per Fahrrad, mit dem man bis zur Grand Anse oder um die Nordspitze der Insel zur Anse Fourmis gelangt. An der Anlegestelle stehen viele Räder zur Verfügung.

TOP 50 Seite 370

◀ **Anse Source d'Argent**
▶ **Ochsenkarren-Taxi**

In der Nähe des Château St-Cloud führt eine Straße bergauf nach Belle Vue, das einen **herrlichen Blick über die Küstenebene** offeriert. Am bequemsten ist die Anfahrt per Taxi; zu Fuß sollte man sich nur in den kühleren Morgen- oder Nachmittagsstunden an den Aufstieg machen.

Gefiedertes Inselsymbol

Ob nun zu Fuß oder mit dem Fahrrad, die von La Passe in Richtung Süden führende Straße eignet sich hervorragend als Einstieg für die Erkundung der Insel. Beim Verlassen des Orts sieht man im Meer **La Digue Cross,** ein Denkmal auf einem kleinen Granitfelsen, das zu Ehren all derjenigen errichtet wurde, die einst beim Versuch der Landung auf La Digue ertranken.

> ***Camions***
> → **heißen die Lastwagen mit ihren luftigen Sitzen auf der Ladefläche, die auf La Digue als Busse dienen.**

Die Straße macht einen Schlenker ins Inselinnere, umrundet die Chalets der luxuriösen **La Digue Island Lodge** und verläuft weiter parallel zur Küste bis in die zweite größere Siedlung Réunion. An der einzigen Kreuzung geht es in östlicher Richtung zum **Veuve Reserve ❷**, das nach dem Seychellenparadiesschnapper – das Symbol von La Digue – benannt ist. Durch die wachsende Inselbevölkerung und die Schiffsbauindustrie ist der Lebensraum des Vogels

Seite 332

bedroht und das Reservat dient dem Erhalt der letzten Takamaka- und Indischen Mandelbäume *(badanmyen),* in denen die Paradiesschnäpper nisten und von denen sie sich ernähren. *Veuve* (Créole *vev)* bedeutet »Witwe« und bezieht sich auf die langen schwarzen Schwanzfedern des männlichen Vogels, die an einen Witwenschleier erinnern. Im Gegensatz dazu schmückt sich das braun-weiße Weibchen lediglich mit einer schwarzen Kapuze. Der einst auf den Granitinseln weit verbreitete Paradiesschnäpper nistet nur noch auf La Digue. Frühmorgens kann man die Vögel in der Küstenebene entdecken, und am frühen Morgen sowie späten Nachmittag sind Sichtungen im Reservat nahezu garantiert. Hilfreiche Informationen hält das Besucherzentrum am Eingang des Reservats bereit.

Weiter im Inselinneren zweigt eine Straße nach Norden zum **Château St-Cloud ❸** ab. Das bezaubernde Gebäude, das zur Zeit der Napoleonischen Kriege als Plantagenhaus einer Vanillefarm gebaut wurde, beherbergt heute ein kleines Hotel (Tel. 23 43 46). In der Anlage sind noch Überreste der Sklavenquartiere und der Vanillefabrik zu sehen. Als im frühen 19. Jh. das synthetische Vanillin entdeckt wurde, kam der Industriezweig zum Erliegen und bescherte den Insulanern dadurch schwere Zeiten.

Wieder zurück an der Westküste, führt die Straße in südlicher Richtung vorbei an zwei Kunstgalerien zur schönen katholischen Kirche **Notre Dame de l'Assomption.** Kurz danach erreicht man die Kokosplantage **L'Union Estate ❹** (tgl. 8 bis 18.30 Uhr), wo man an einer Führung teilnehmen kann. Zu sehen sind u. a. ein funktionstüchtiger *kalorifer,* mit dessen Hilfe man Kopra (Nährgewebe der Kokosnuss) erhitzt und trocknet, sowie eine Kokosölpresse, die einst von Sklaven angetrieben wurde. Weitere Attraktionen des Geländes umfassen den großen Granitfelsen **La Digue Rock,** der wie eine Skulptur wirkt, Riesenschildkröten, Reitausflüge auf dem Plantagengelände und das malerische Herrenhaus. Ganz in der Nähe liegt ein Friedhof aus der Kolonialzeit, wo die frühen Siedler beigesetzt sind.

Nur ein paar Schritte von der Plantage entfernt befindet sich einer der schönsten Strände der Seychellen, **Anse Source d'Argent ❺**. Sein jungfräuliches Dasein blieb bislang von jeglichen touristischen Einrichtungen verschont und so kommt seine Schönheit zur vollen Entfaltung. Der Strand wird von riesigen Granitfelsen und perfekt positionierten Palmen geschmückt, was ihn zum ultimativen Exotikziel und populären Ort für Mode- und Werbeaufnahmen macht. Ein leicht begehbarer Pfad führt an der Küste entlang zu den verschiedenen Buchten.

Wilder Süden

Nahe des Eingangs zur Kokosplantage L'Union Estate zweigt die Straße ins Inselinnere ab, passiert das Sumpfgebiet **La Mare Soupape** und steigt dann steil an – zu Fuß oder per Rad bedarf es einiger Kon-

▲ Sortieren und Reinigen der Vanillestangen
▶ Restaurant der »La Digue Island Lodge«

dition. Auf dem Gebirgskamm wird man zunächst mit schönen Ausblicken und dann mit einer rasanten Abfahrt durch dichte Vegetation zur **Grand Anse ❻** belohnt. Der größte Strand der Insel liegt an einer türkisfarbenen Lagune und eignet sich perfekt zum Entspannen und Picknicken. Zwischen Juni und September sollte man wegen der starken Unterströmungen beim Baden sehr vorsichtig sein.

Nordöstlich von Grand Anse führt ein Pfad zu zwei weiteren herrlichen Buchten, die ebenfalls durch ihre spektakulären Felsformationen bestechen. Die weißen Sandstrände in der **Petite Anse ❼** und der **Anse Cocos ❽** liegen meist einsam und verlassen da, vielleicht weil auch hier das Schwimmen nicht ganz ungefährlich ist. Der Spaziergang über Anse Cocos hinaus, vorbei an der Anse Caiman bis zum Beginn der Straße in der Anse Fourmis, hat nur noch wenig zu bieten und ist kaum zu finden. Einen Abstecher lohnt nur die **Pointe Ma Flore** mit einer schönen Aussicht auf die Nordostküste.

Soupap
→ **nennt man auf Créole die Sumpfschildkröten, die das gleichnamige Gebiet im Südosten von La Digue bewohnen.**

Noch mehr Strände

Am leichtesten erreicht man die Anse Fourmis per Rad von La Passe. Die 4 km lange Strecke entlang der Nordküste kann auch zu Fuß bewältigt werden, doch die Straße bietet nur wenig Schutz vor der heißen Sonne. Hauptattraktion ist die wilde, unverdorbene Landschaft, in der sich ein Strand an den nächsten reiht. Hinter der Landzunge Pointe Cap Barbi gelangt man zunächst zur **Anse Sévère ❾** und kurz darauf zur etwas steinigeren **Anse Patates ❿**. Beide Strände

▲ **Bestes Transportmittel: das Fahrrad**
▼ **Anse Source d'Argent**

eignen sich gut zum Schwimmen und Schnorcheln, insbesondere bei Flut. Wenngleich die Korallen sich nicht in ihrer schönsten Pracht zeigen, so gibt es eine Unmenge von Fischen zu entdecken: Schmetterlingsfische, Engelfische, Papageifische, Eichhörnchenfische und Fledermausfische.

Weiter südlich gelangt man zu mehreren kleinen felsigen Buchten, gegen die die See rau ankämpft: **Anse Gaulettes, Anse Grosse Roche** und **Anse Banane.** Die Straße endet kurz vor der **Anse Fourmis,** wo bei gutem Wetter an den Felsen gute Bedingungen zum Schnorcheln herrschen.

Kleine Nachbarn

Die Gewässer um die Nachbarinseln Félicité, Marianne, Petite Sœur, Grande Sœur, Île Cocos, Île La Fouche sowie Île Zavé besitzen sowohl an Land als auch im Wasser ein reiches Tierleben. Alle sind von La Digue – und mit Ausnahme von Félicité auch von Praslin – bequem erreichbar und locken mit abwechslungsreichen Aktivitäten: Man kann schwimmen, tauchen, schnorcheln, auf Vogelpirsch gehen, angeln oder einfach nur ein Sonnenbad nehmen und picknicken. Ausflüge zu den größtenteils unbewohnten Inseln werden von vielen Hotels, dem Touristenbüro sowie unabhängigen Agenturen organisiert und vielerorts lässt sich der Tagesablauf individuell zusammenstellen. Im Preis inbegriffen sind üblicherweise ein Mittagessen und Softdrinks. Die meisten Anbieter starten allerdings erst bei einer Teilnehmerzahl ab vier Personen.

Bester Platz zum Schnorcheln ist die kleine **Île Cocos ⑪**. In den 1980er Jahren mussten die Gewässer dieses Meeresnationalparks eine Zeit lang gesperrt werden, um die Korallen vor weiterer Schädigung durch Taucher und Schnorchler zu bewahren – inzwischen hat man wieder Entwarnung gegeben. Die Hauptattrakti-

Seite 332

Grand Anse
Am größten Strand der Insel serviert das **Restaurant Loutier Coco** (tgl. 9 bis 17.30 Uhr) kreolische Gerichte, Sandwiches und Omelettes zu angemessenen Preisen.

▼ **Pause an der Bar, Grand Anse**

Seite 332

on auf der felsigen **Île La Fouche** ⓬ vor der Nordküste von Île Cocos sind die Seevögel. Dasselbe gilt für die **Île Zavé** südlich von Île La Fouche. Sie besteht nur aus einigen Felsen, auf denen fünf Seevogelarten brüten: Keilschwanztaucher, Zügelseeschwalbe, Schlankschnabelnoddi- und Braune Noddiseeschwalbe sowie die Feenseeschwalbe. Bei normalen Wetterbedingungen ist die Insel ein gutes Schnorchelrevier und Sichtungen von Papageifischen, Süßlippen und Grouper – sowie in den Novemberwochen auch Walhaien – sind an der Tagesordnung.

Die nördlich von Cocos gelegene Insel **Marianne** ⓭ könnte einst Robinson Crusoes Heimat gewesen sein. Auf dem unbewohnten Eiland steht ein Wald aus Kokospalmen und nur in einer Bucht an der Westküste gibt es einen kleinen Strand, an dem die Boote anlanden. Unbewohnt sind auch **Petite Sœur** und **Grande Sœur.** Letztere hat zu beiden Seiten Strände und bietet zu jeder Jahreszeit zumindest eine geschützte Badestelle. Die Landung auf Petite Sœur gestaltet sich recht schwierig und ist nicht am Wochenende möglich, da die Insel dann für Gäste des Hotels Château des Feuilles auf Praslin reserviert ist.

Tagesausflüge zur 3 km nordöstlich von La Digue gelegenen **Félicité Island** werden nur für Gäste der La Digue Island Lodge (www.ladigue.sc) angeboten, die die Insel managt und als Ganzes vermietet. Gäste des exklusiven Zufluchtsorts wohnen in einem von zwei Plantagenhäusern und haben den Strand ganz für sich. Geboten werden Hochseeangeln, Segeln, Windsurfen, Schnorcheln und Tennis. ■

◀ **Sortieren eines guten Fangs**
▶ **L'Union Estate, La Digue**

Abschiebung ins Paradies

1798 schwelte in der französischen Kolonie Réunion eine Rebellion. Unter Führung des ehemaligen Feldwebels Etienne Belleville und des Priesters Jean Lafosse marschierten Aufständische zur Hauptstadt St-Denis, um gegen die hohe Besteuerung und die befürchtete Übernahme der Insel durch die Briten zu protestieren. Die Revolte wurde im Keim erstickt und man beschloss, die rund zwölf Rädelsführer nach Indien zu verbannen. Doch die »Laurette«, kam niemals an ihrem Bestimmungsort an. Kapitän Loiseau argumentierte später, schlechtes Wetter habe ihn auf Mahé Schutz suchen lassen und während dieser Zeit sei eine Meuterei unter den Deportierten ausgebrochen. Sie hätten die Mannschaft mit vorgehaltenen Messern gezwungen La Digue anzusteuern, wo sie an Land gingen und die »Laurette« weitersegeln ließen. Diese Geschichte ist wahrscheinlich erfunden. Von den Deportierten war zu hören, dass sie La Digue als ebenso guten Exilort wie Indien betrachtet hätten und Loiseau dem nichts entgegensetzte. Über die Hälfte ließ sich friedlich auf La Digue nieder und die Familien nachkommen. Zu denen die blieben gehörte Célestin Payet, dessen Nachfahren heute eine der einflussreichsten Familien auf La Digue sind.

Bird und Denis

Einsam am Rand der Seychellenbank liegen zwei winzige Koralleninseln, auf denen gemütliche Insellodges den Besuchern Unterschlupf bieten. Während Bird als Paradies für Vogelliebhaber gilt, zieht Denis insbesondere Hochseefischer oder Taucher an – und beide werden von Menschen aufgesucht, die der Welt eine Weile entfliehen möchten.

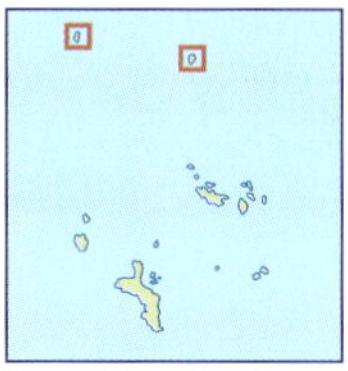

Obwohl die Eilande auf den ersten Blick recht ähnlich wirken, haben sie sich sehr unterschiedlich entwickelt. Beide waren ehemals Plantagen und sind seit langem in privater Hand. Auf Denis werden Luxus und Wassersport hochgehalten und Bird, das einst die wichtigste Quelle von Seevogeleiern für die einheimische Küche war, hat sich dem Ökotourismus verschrieben. Für welche der Trauminseln man sich auch immer entscheidet, jede liegt nur 30 Flugminuten von Mahé entfernt.

Bird Island

Das 96 km von Mahé entfernte Eiland wird nur einmal täglich mit dem Flugzeug angesteuert. Gäste müssen mindestens für zwei Nächte buchen, aber viele Besucher verlängern ihren Aufenthalt und werden schlichtweg süchtig: 35 % sind Wiederholungstäter. Das Geheimnis der Insel liegt in ihrer Schlichtheit. Im Inselresort vertritt man die Meinung, dass ein Gleichgewicht zwischen Mensch und Natur möglich ist. Entsprechend diesem Ideal dürfen sich die Gäste überall frei bewegen, natürlich immer unter der Voraussetzung, sie verhalten sich gegenüber der Tier- und Pflanzenwelt rücksichtsvoll und stören sie nicht. Serge, der Manager, bietet nachmittags eine kostenlose Naturwanderung an und erklärt die Vögel und Bäume der Insel. Außerdem kann man hier schwimmen, schnorcheln, angeln sowie Tischtennis und Billard spielen.

Unternehmungslustige machen sich vielleicht auf die Suche nach dem über 100-jährigen Haustier der Lodge, der berühmten Riesenschildkröte Esmeralda (der Name täuscht, sie ist männlich), die einst den Weltrekord als schwerste Landschildkröte der Welt innehatte.

Meeresschildkröten und Seeschwalben

Die Gäste sind herzlich eingeladen, sich am Schildkröten-Naturschutzprojekt zu beteiligen. Karettschildkröten kommen zwischen Oktober und Februar zur Eiablage an den Strand (s. S. 327) und die Grünen Meeresschildkröten zwischen April und Oktober. Die Tiere müssen gekennzeichnet und überwacht werden und mit

◄ **Kolonie von Rußseeschwalben**
► **Zu Fuß auf Bird Island**

Seite 367 TOP 50

▲ Zu den Vögeln bitte hier entlang
▼ Chalets der »Bird Island Lodge«

etwas Glück kann man dabei sogar erleben, wie frisch geschlüpfte Schildkröten zielsicher dem Meer entgegen laufen.

Hauptattraktion der Insel aber sind die Seevögel, die am besten in der Brutzeit zwischen April und Oktober zu beobachten sind. Vor allem die enorme **Rußseeschwalben-Kolonie ❶** hat es zu gewisser Berühmtheit gebracht und beansprucht mehr als ein Sechstel der Insel für sich. Die Eier der Schwalben gelten bei den Seychellois als Delikatesse, weswegen die Nester früher ausgeraubt wurden. Heute genießen die Vögel mehr Aufmerksamkeit wegen ihrer spektakulären Erscheinung als wegen ihres kulinarischen Werts.

Auch außerhalb der Brutzeit ist Bird Island für Vogelfreunde interessant. Da die Insel am Rand der Seychellenbank liegt, ist sie oft erster Anlaufpunkt für Zugvögel. Es lassen sich viele seltene Arten sehen – z. B. Racken, Bienenfresser, – und einige sind so zahm, dass sie zwischen den Füßen der Besucher herumhüpfen.

Entspannung in der Lodge

Die einzige Unterkunft auf Bird Island ist die **Bird Island Lodge ❷** mit ihren insgesamt 24 gemütlichen Chalets, die an einem idyllischen Strand im Westen der Insel liegen. Von hier kann man die Vögel beobachten, die sich zu Tausenden über der Kolonie in den Himmel schrauben. Im Hauptgebäude befindet sich eine gemütliche Bar und das kreolisch geprägte Restaurant genießt einen ausgezeichneten Ruf.

Die meisten Gerichte werden mit örtlichen Produkten zubereitet. Zu den Delikatessen gehören Hühnersuppe mit Kokosmilch, Zitronengras und Ingwer sowie unter freiem Himmel gegrillte frische Segelfischsteaks. Der Küchenchef geht auf die speziellen Wünsche der Gäste ein und Vegetarier preisen die Küche der Lodge für die beste der gesamten Seychellen (www.birdseychelles.com).

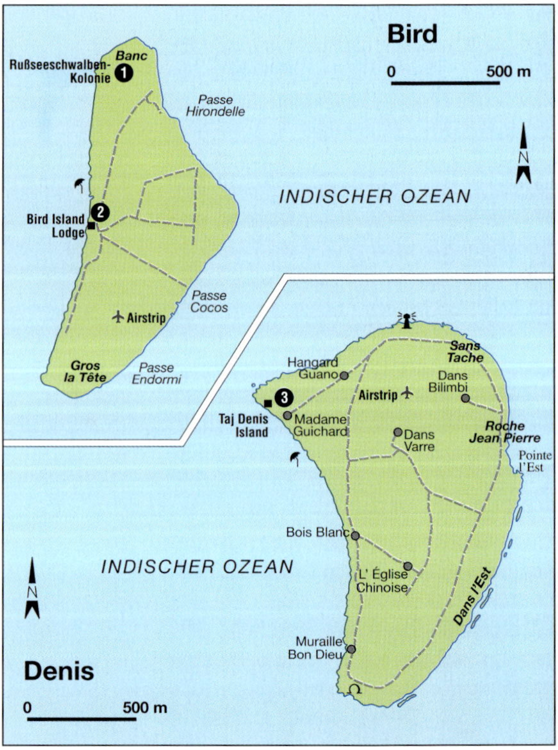

Denis Island

80 km nördlich von Mahé liegt Birds Schwesterinsel Denis. Auch dort steht nur ein Hotel zur Verfügung, das mindestens für drei Nächte gebucht werden muss. **Taj Denis Island** ❸ gehört zu den besten Unterkünften auf den Seychellen. Die Chalets stehen direkt am Strand und die ausgezeichnete Küche basiert vorwiegend auf selbst angebauten Produkten und Meeresfrüchten. Nach nur wenigen Stunden an diesem ruhigen und schönen Zufluchtsort scheint die Außenwelt alle Bedeutung zu verlieren.

Wenn Seefahrer in früheren Zeiten Anspruch auf eine Insel erhoben, stellten sie zumeist einen so genannten »Stein der Inbesitznahme« auf – natürlich nur, sofern einer zur Hand war. Alternativ dazu verfassten sie eine Besitzurkunde, steckten sie in eine Flasche und verbuddelten diese. Ein solches Gefäß mag noch irgendwo auf Denis vergraben sein. Im Jahr 1773 beanspruchte Denis de Trobriand die Insel für Frankreich und gab ihr seinen Namen. Heute betreibt die indische Luxushotelkette Taj (www.tajhotels.com) das einzige Resort. Ein Leuchtturm von 1910 ist noch in Betrieb und kann besichtigt werden; von oben genießt man einen herrlichen Ausblick aufs Meer.

Denis ist stärker bewaldet als Bird, das für die brütenden Rußseeschwalben, die kahlen Untergrund bevorzugen, in weiten Bereichen gerodet wurde. In dem dichten Wald dominieren Palmen und hin und wieder sieht man Takamaka-Bäume oder Kasuarinen.

Die am Rand der 2000 m tief abfallenden Seychellenbank gelegene Insel Denis ist ein populäres Ziel für Hochseefischer, die in den Gewässern bereits mehrere Weltrekorde für Hundezahn-Thunfische und Bonitos aufgestellt haben. Häufig beißen auch Barrakudas und Segelfische an. Und Taucher sind bei den Lehrern im Tauchzentrum in den besten Händen. ■

Seite 340

▲ **Bird und Denis Island sind populäre Ziele für Hochseefischer**
▼ **Prächtige Marline**

Die Äußeren Inseln

Seite 344/8 350

Die abgelegenen und selten besuchten Äußeren Inseln bestechen mit vollkommener Schönheit – mit jungfräulichen Stränden, tiefblauen Lagunen und einer Unterwasserwelt, die auf der Welt ihresgleichen suchen. Die Ruhe wird nur vom Rauschen der Palmblätter und der Wellen durchbrochen und man begegnet Lebensformen, die überall sonst verschwunden scheinen.

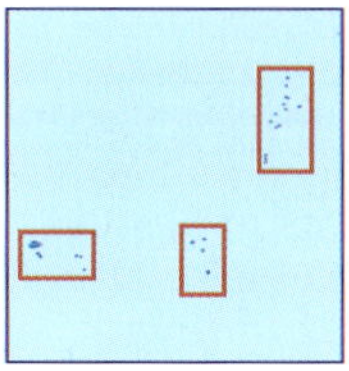

Die Äußeren Inseln bestehen aus vier Gruppen: Von Osten nach Westen sind dies Amiranten, Alphonse, Farquhar und Aldabra. Im frühen 20. Jh. waren diese fernen Außenposten für die Wirtschaft der Inneren Inseln von großer Bedeutung. Schoner pendelten zwischen den Eilanden hin und her und luden exotische Produkte für den einheimischen und den Exportmarkt. Von den ehemaligen Handelsposten sind einige verfallene Gebäude und verstreut liegende Ruinen übrig geblieben, die einen Hauch vom früheren Leben vermitteln. In den wenigen kleinen Siedlungen von heute leben robuste *îlois* (»Inselarbeiter«), die in erster Linie Fischer sind.

Obwohl der Tourismus eine immer wichtigere Rolle spielt, sind die Äußeren Inseln weitgehend unerschlossen. Es gibt weder Geschäfte noch ein Nachtleben und die Natur präsentiert sich in einer Ursprünglichkeit, die einem fast den Atem nimmt. Gute Tauchgebiete gibt es vor Desroches, Alphonse und Assumption. Hochseefischer zieht es in die Gewässer um Poivre und Fliegenfischer in die Lagune von St-François. Das Aldabra-Atoll ist für seine Riesenschildkröten berühmt und überall lässt sich eine bunte Vogelwelt beobachten.

Es gibt zwei Möglichkeiten, die Äußeren Inseln zu besuchen: Entweder auf einem Charterboot oder mit Basis auf einer der Inseln. Gegenwärtig besitzen nur Desroches und Alphonse eine Hotelunterkunft, aber weitere Häuser sind in Planung. Eine Übernachtungsmöglichkeit bietet auch die Forschungsstation auf Aldabra. Alle Eilande liegen dicht beieinander und können innerhalb weniger Tage besucht werden. Törns sind relativ teuer, aber nicht unbezahlbar (s. Infoteil), wobei die Schiffe den Vorteil haben, dass sie alle Inseln ansteuern können, mit Ausnahme von D'Arros und Rémire, die in Privatbesitz sind. Sowohl den Landurlaub als auch das Charterboot sollte man möglichst vor Ankunft auf den Seychellen buchen.

Die Amiranten

Die Mahé am nächsten liegende Inselgruppe erstreckt sich von African Banks im Norden (235 km von Mahé) bis nach

◀ Vor Anker in ruhigen Gewässern
▶ Zubereitung des Fangs für das Abendessen

▲ Inselpunsch auf Desroches

Desnœufs Island im Süden (325 km von Mahé). Vasco da Gama entdeckte die Inseln auf seiner zweiten großen Reise im Jahre 1502, bei der er im Range eines Admirals stand, und so erhielten sie den Namen *Ilhas do Amirante* (»Admiralsinseln«). Die größtenteils unbewohnten Eilande dienten einst als Zulieferer von Kopra, Schildpatt, Schildkrötenfleisch, Seevogeleiern und Guano. Als die Nachfrage nach diesen Produkten zu sinken begann, wurden die Inseln verlassen und nach und nach von der Natur zurückerobert.

Desroches

Die größte Insel der Amiranten besitzt eine wunderbar geschützte Lagune und einen kilometerlangen Sandstrand, die sie zu einem perfekten Ort machen, um der Welt zu entfliehen. Nach dem 40-minütigen Flug von Mahé landet man auf einer Graspiste im Westen der Insel am **Desroches Island Resort ❶**, dem einzigen Hotel der Amiranten. Es kann kaum einen schärferen Kontrast geben als den zwischen dem harten Leben eines *îlois* im 19. Jh. und dem Urlaub in dieser Luxusherberge. Ihre Chalets, die maximal 40 Gästen Unterkunft bieten, liegen verborgen unter den Palmen einer alten Kokosplantage direkt am Strand.

Ein Großteil der 50 Einwohner von Desroches sind Kontraktarbeiter aus Mahé, die Landwirtschaft betreiben. Sie leben im so genannten **Settlement** 2 km nördlich des Resorts und ihr Leben scheint sich seit der Kolonialzeit kaum verändert zu haben. Zu den Sehenswürdigkeiten in der Siedlung gehören ein alter Kopratrockner, eine Ölpresse sowie ein heute verschlossenes Gefängnis, wo man früher diejenigen zur Räson brachte, die mit der Inseldisziplin brachen – dabei wird es kaum jemanden überraschen, dass das häufigste Delikt Trunkenheit war. Das alte Krankenhaus (wenn man es so nennen möchte) bestand aus einem Zim-

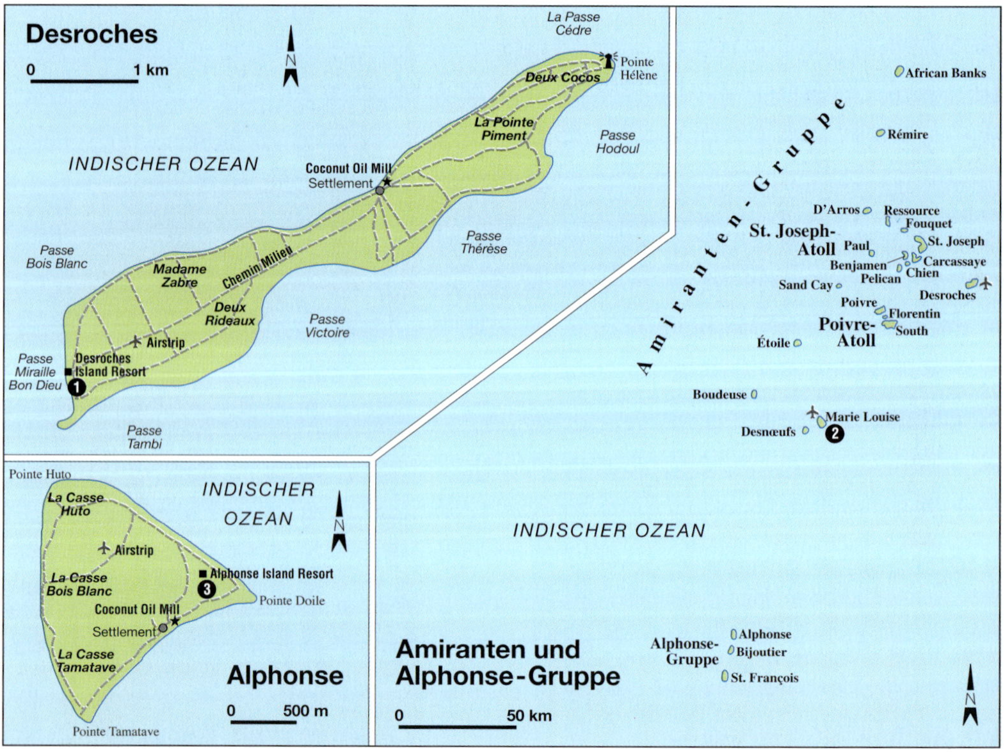

Seite 344

mer mit einem Bett und wenigen elementaren Medikamenten. Früher wurden vorwiegend heimische Heilpflanzen wie Rizinus oder Datura zur Heilung eingesetzt.

Vor allem zwischen November und April herrschen vor Desroches ausgezeichnete Bedingungen zum Tauchen. In Insiderkreisen kennt man die Insel wegen des Steilabbruchs eines Korallenplateaus, der die Insel im Süden abschließt. Der **Desroches Drop** ist mit Rinnen und tiefen Höhlen durchsetzt und darf nur unter Aufsicht eines qualifizierten Tauchlehrers besucht werden. Die Tauchbasis des Resorts hat Kurse für Anfänger und Fortgeschrittene im Programm und stellt Ausrüstung fürs Kanufahren, Windsurfen, Segeln oder Schnorcheln. Zum Hochseefischen – u. a. nach Thunfisch, Bonito, Königsfisch und Segelfisch – oder einer Stippvisite auf den Nachbarinseln kann ein Boot gechartert werden. Darüber hinaus besitzt das Hotel einen Tennisplatz mit Flutlicht und verleiht Fahrräder. Die flache Insel eignet sich ausgezeichnet für einen Ausflug auf dem Stahlross, mit dem man wahlweise die Küste oder das Inselinnere erkunden kann.

Südliche Inseln und Atolle

Das per Segelboot von Desroches einen Tag entfernte **Poivre-Atoll** ist das größte Atoll der Amiranten und besteht aus den drei Inseln Poivre, South Island (die bei Ebbe durch einen künstlichen Damm verbunden sind) und Florentin, alle mit erstklassigen Stränden. Früher wurde auf den Eilanden des Atolls Baumwolle angebaut und später diente es als Kokosplantage. Momentan gibt es nur eine kleine Siedlung auf Poivre, aber Pläne für ein Inselresort liegen bereits in der Schublade. Poivre sonnt sich in dem Ruf, eine der schönsten Amiranten-Inseln zu sein. Benannt wurde sie nach dem ehemaligen Gouverneur von Mauritius, Pierre Poivre (1763–1772), der die Gewürze auf den Seychellen einführte (s. S. 247). Das Ge-

Nur mit Erlaubnis
Die Besitzer von Poivre nehmen regelmäßig eine begrenzte Zahl von Besuchern auf. Hierfür ist ein Erlaubnisschein erforderlich, der von der »Islands Development Company« (Tel. 22 46 40) in Victoria, Mahé, ausgestellt wird.

▼ **Enchanté, Madame**

biet eignet sich hervorragend zum Hochseefischen und Tauchen.

Étoile und **Boudeuse** sind kleine unbewohnte Inseln, auf denen Rußsee- und Rosenseeschwalben nisten und auch eine große Kolonie Maskentölpel anzutreffen ist. Wie African Banks (s. u.) strahlen sie durch ihre reale Isolation eine unwirkliche Schönheit aus. Die Eilande sind nur per Charterboot erreichbar und die Landung ist nur bei ruhiger See möglich.

Als schönste Amiranten-Insel gilt **Marie Louise ❷**, eine Korallenversion der Granitinseln Aride und Cousin, auf der eine große Population Seevögel beheimatet ist. Außer einer kleinen Siedlung gibt es eine Flugpiste, allerdings weder regelmäßige Verbindungen noch Einrichtungen für Besucher. Die Insel eignet sich daher lediglich für einen kurzen Aufenthalt im Rahmen einer Kreuzfahrt.

Im Süden schließen die Amiranten mit **Desnœufs** ab, das für seine große Population von Rußseeschwalben berühmt ist.

▲ **Mit einer gecharterten Jacht lassen sich die Äußeren Inseln am besten erkunden**
◄ **Rußseeschwalben auf African Banks**

Die Eier der Vögel sind als Delikatesse begehrt, dürfen aber nur zwischen Mai und Juli nach einem festgelegten Quotensystem gesammelt werden, um den Fortbestand der Art nicht zu gefährden. In den restlichen Monaten des Jahres ist die Insel verlassen. Auch hier kann man nur mit dem Schiff anreisen und die Landung bleibt erfahrenen Bootsmännern und guten Schwimmern vorbehalten.

Nördliche Inseln und Atolle

Auf der winzigen Insel **African Banks** gibt es bloß einen Leuchtturm. Die Landschaft aus welligem weißem Sand schwebt wie eine Fata Morgana über Gewässern, die ultramarin wie nirgends sonst leuchten. Einzige Bewohner sind Seevögel sowie ein paar Schildkröten, deren Spuren im Sand auf nächtliche Wettrennen hinzudeuten scheinen.

Rémire hieß ursprünglich Eagle Island. Dieser Name bezog sich auf ein Schiff, das die Briten im Jahr 1771 aus Bombay zu den Seychellen schickten, um zu erkunden, was die Franzosen so trieben. Heute dient die Insel als Rückzugsort des Präsidenten und hoher Regierungsmitglieder. Besucher, die per Schiff oder Flugzeug kommen wollen, benötigen eine Sondererlaubnis. Es ist eine schöne Insel mit schattigen Pfaden durch Waldbestand und höchst attraktiven Stränden.

Glücklich kann sich der Besitzer schätzen, dem **D'Arros** sowie das benachbarte **St-Joseph-Atoll** gehören. Anfang des 20. Jhs. waren die Eilande wichtige Lieferanten von Kokosnüssen, von denen pro Monat oft 40 000 Stück gesammelt wurden. D'Arros ist ein ovales Plattformriff mit Flugpiste und einem Gästehaus, das als exklusiver Urlaubsort für Staatsoberhäupter, reiche Araber und Filmstars dient. Ein tiefer Graben trennt die Insel vom St-Joseph-Atoll, das aus 13 Inselchen – die zusammen weniger als 1 km² groß sind – besteht. Alle sind verlassen, doch es gibt Ruinen aus der Kolonialzeit, die zu interessanten Spekulationen verleiten. Das Gebiet eignet sich ausgezeichnet zum Tauchen.

Unmittelbar südlich des St-Joseph-Atolls befindet sich ein winziges Stück Land namens **Sand Cay**. Vegetation sucht man hier vegeblich und oft wird das Eiland von Flutwellen überschwemmt – was die Seeschwalben nicht davon abhält, hier zu nisten.

Die Alphonse-Gruppe

Die Alphonse-Gruppe besteht aus den beiden benachbarten Atollen **St-François** und **Alphonse.** Letzteres erinnert an die Form einer Pfeilspitze, wobei zwei seiner drei Eckpunkte den Namen von Schiffen tragen: Die Pointe Doille wurde nach einem Guanoschiff benannt, das hier einst landete, und die Pointe Tamatave erinnert an einen britischen Dampfer, der 1903 an dieser Stelle auf Grund lief.

Alphonse-Atoll

Früher befand sich auf Alphonse eine produktive Plantage, die in ihrer Blütezeit Anfang des 19. Jhs. bis zu 100 000 Kokosnüsse pro Monat lieferte. Vor einigen Jahren wurde die Plantage dann aufgegeben und die gesamte Insel an das **Alphonse Island Resort** ❸ verpachtet. Die Gäste fliegen von Mahé ein und sind in einem der 25 Chalets untergebracht, die eine stille Lagune säumen. Wer mit dem Charterboot kommt, benötigt eine Sondererlaubnis der *Island Development Company* auf Mahé.

Die Tauchlehrer des Hotels bieten Ausflüge zum Steilabbruch von Alphonse an, wo man wunderschöne Fächerkorallen, Haie, Rochen, große Schwärme von Raubfischen und zahlreiche bunte Riff-Fische beobachten kann. Schnorchler kommen an einem Einschnitt des Korallenriffs auf ihre Kosten, der allerdings relativ weit draußen liegt und lediglich mit dem Boot erreichbar ist.

Auch einen Spaziergang auf den gut markierten Pfaden sollte man sich nicht entgehen lassen. Darüber hinaus werden

Seite 344

▼ Das Gästehaus auf D'Arros

vom Alphonse-Ressort interessante Tagesausflüge zu den unbewohnten Inseln des St-François-Atolls, Bijoutier und nach St-François organisiert.

St-François-Atoll

Um die anderen Inseln der Alphonse-Gruppe zu erreichen, muss man den **Canal la Mort** überqueren – den »Todeskanal«. Das Gewässer ist tief, kalt und von kräftigen Strömungen durchzogen.

Aber spätestens wenn das nahezu perfekte **Bijoutier** (»Juwel«) ins Blickfeld kommt, hat sich die 5 km weite Reise gelohnt. Das nahezu runde Eiland ist mit dichter Vegetation bewachsen, wird von einem weißen Korallenstrand gesäumt und liegt inmitten purpurner Riffe und türkisfarbenem Meer – näher gelangt keine Insel an das Idealbild des Paradieses heran.

St-François ist von einem Respekt einflößenden Riff eingeschlossen, das mehrere Schiffe auf dem Gewissen hat – mindestens sechs Wracks kann man mit bloßem Auge entdecken. Der sicherste Weg in die große Lagune führt durch **La Passe Traversé.** Sobald man das stille Gewässer erreicht hat, erinnert nichts mehr an die tückischen Strömungen hinter dem Riff. Die weite Sandfläche, die bei Ebbe trocknet, dient als Futterplatz Hunderter Watvögel. Abgesehen von der schönen Natur und der Vogelwelt lockt St-François mit exzellenten Bedingungen für Fliegenfischer.

Die Farquhar-Gruppe

Die Farquhar-Gruppe, die aus der Insel St-Pierre sowie dem Farquhar- und dem Providence-Atoll besteht, liegt rund 700 km von Mahé entfernt. Alle Eilande sind nur vom Meer aus zugänglich, doch die ständig wachsende Flotte bewohnbarer Boote macht den Besuch immer einfacher. Auf Farquhar soll sogar ein Hotel entstehen.

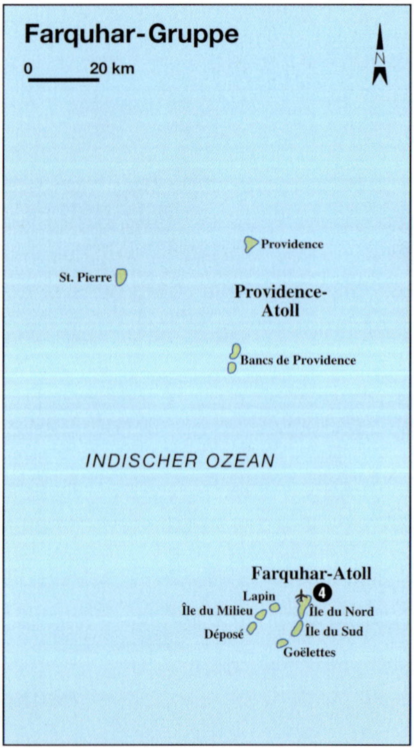

▼ **Bijoutier, ein Juwel der Seychellen**

Providence-Atoll

Dieses schmale Atoll erstreckt sich über rund 40 km. Im Norden wird es von der Hauptinsel **Providence** begrenzt und im Süden von **Bancs de Providence.** Sein Riff liegt knapp unter der Wasseroberfläche verborgen, weswegen in diesem Gebiet schon viele Schiffe gesunken sind. In der großen Lagune leben Scharen von Graureihern – es ist der einzige Ort auf den Seychellen, wo man mehr Reiher als andere Vögel sieht. Die wenigen Bewohner von Providence sind Angestellte der IDC *(Islands Development Company)* und mit der Kopraproduktion beschäftigt; Bancs de Providence dagegen ist den Vögeln und Schildkröten vorbehalten.

St-Pierre

Westlich von Providence liegt die ungewöhnliche Koralleninsel **St-Pierre,** die sich 10 m über den Meeresspiegel erhebt. Bei Flut ist der Strand gänzlich verschwunden und eine Landung ist nur möglich, wenn die Ebbe eine winzige sandige Ecke im Nordosten der Insel freigibt. Einst wurde auf der Insel Guano abgebaut, wovon noch die verfaulten Mauern der Lagerräume und das verbogene Metall eines ehemaligen Kais zeugen.

Farquhar-Atoll

Südlich von Providence liegen die zehn Inseln des **Farquhar-Atolls ❹**, dessen Lagune ein beliebter Ankerplatz für Jachten ist. Auf der Hauptinsel Île du Nord gibt es eine kleine Flugpiste und eine ebenso kleine Siedlung, deren Bewohner geringe Mengen Kopra produzieren. Viele Bäume der benachbarten Île du Sud haben sich durch den Kot der Rotfußtölpel weiß verfärbt. Die Südspitze des Atolls, Goëlettes, ist zugleich die südlichste Insel der Seychellen. Sie ist starken Südostwinden ausgesetzt und besitzt nur eine spärliche Vegetation, was allerdings mehr als 260 000 Rußsee- und Schwarznacken-Seeschwalben zu schätzen wissen.

Seite 334 348

Verletzungsgefahr
Bei Ebbe benötigt man gute Plastikschuhe oder anderes festes Schuhwerk, um sich beim Waten durchs flache Riff nicht an den scharfen Korallen oder giftigen Muschelschalen zu verletzen.

▼ **Verbrennen von Kokosschalen auf Farquhar**

Die Aldabra-Gruppe

Aldabra ist die abgelegenste und interessanteste Gruppe der Äußeren Inseln. Geografisch gehört sie zu den Seychellen, liegt aber näher an Madagaskar als an der 1000 km entfernten Hauptstadt Mahé. Der Archipel westlich der Farquhar-Gruppe besteht aus dem **Astove-** und **Cosmolédo-Atoll, Assumption** und dem **Aldabra-Atoll.** Es gibt keine Hotels und die wenigen Besucher beschränken sich auf Wissenschaftler und unternehmungslustige Kreuzfahrtgäste – meist stammen die einzigen Fußabdrücke im Sand von Vögeln.

Aldabra-Atoll

Aldabra ❺ ist das am höchsten gewachsene Korallenatoll der Welt. Die ausgesetzte Korallenhaube eines unter dem Meeresspiegel liegenden Vulkans ragt 4 km über den Meeresboden auf. Geologisch gehört das Atoll zu einer Kette, die bis zu den Komoren reicht. Von Osten nach Westen erstrecken sich über 32 km die vier Hauptinseln Picard, Polymnie, Malabar und Grande Terre sowie mehrere kleinere Eilande. Der Ring aus Koralleninseln umschließt eine große Lagune, die bei Flut von mehreren Kanälen gespeist und mit neuem Leben versorgt wird.

Das von der modernen Welt kaum beeinflusste Aldabra-Atoll gehört zum Weltnaturerbe der UNESCO. Es entspricht keinenfalls dem Bild des archetypischen Tropenideals, strahlt aber mit seiner ungezähmten Wildnis eine Atmosphäre aus, die Besucher um Jahrhunderte zurückversetzt.

Auf dem Atoll leben nahezu 95 % aller in der Welt existierenden Riesenschildkröten – das sind rund 100 000 Tiere. Außerdem kommen jedes Jahr etwa 2500 Grüne Meeresschildkröten und eine geringere Anzahl von Karettschildkröten zur Eiablage an Land. Dazu gesellt sich die Weißkehlralle, der letzte überlebende

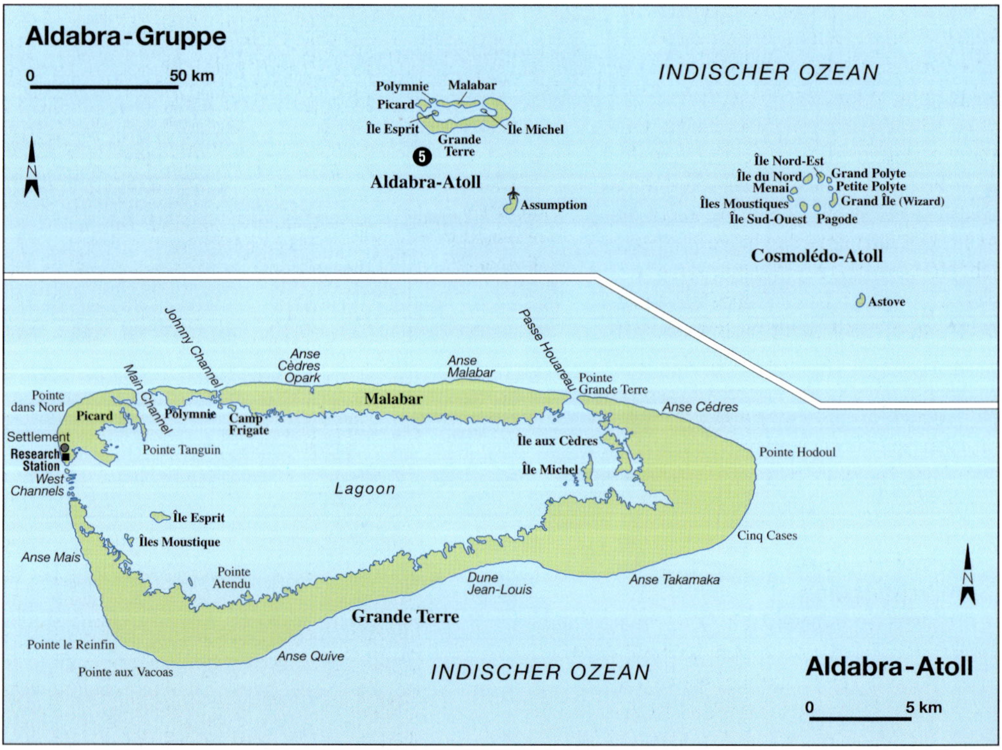

Seite 350

flugunfähige Vogel des Indischen Ozeans. Aber auch die meisten anderen Landvögel sind einzigartig: Mit über 10 000 brütenden Paaren ist hier die weltweit zweitgrößte Kolonie Fregattvögel beheimatet sowie die weltweit einzige ozeanische Kolonie Kaspischer Seeschwalben.

Zu den rund 40 endemischen Pflanzenarten gehört die schöne Aldabra-Lilie; die restliche Vegetation wird von salzbeständigem Buschwerk dominiert, das unter kargen Bedingungen überleben kann und ein dichtes stacheliges Netz über die Landflächen legt. Den inneren Rand der Lagune säumen dichte Mangrovenbestände.

Aldabra

→ **Mit »al-khadra« bezeichneten die frühen Seefahrer ein Phänomen, bei dem das seichte Gewässer der Lagune die Umrisse des Atolls auf den Wolken reflektierte.**

Die Unterwasserwelt lässt sich am besten im Bereich der Kanäle entdecken: Mit 10 km pro Stunde brechen hier die Gezeiten herein und tragen Schnorchler und Taucher wie auf einer Achterbahn an Haien, Rochen, Grouper und anderen exotischen Fischen vorbei. Dies ist jedoch nichts für Unerfahrene und sollte niemals ohne Begleitboot unternommen werden.

Auf Picard gibt es eine kleine **Forschungsstation** (Research Station), in der rund zehn Mitarbeiter der SIF *(Seychelles Islands Foundation)* tätig sind. Sofern die sechs Doppelzimmer nicht von Wissenschaftlern belegt sind (was nur selten der Fall ist), werden auch Touristen aufgenommen, die sich zuvor im Büro der SIF in Mahé anmelden müssen. Ansonsten ist das Atoll, das ein Drittel der Landmasse der Seychellen stellt, unbewohnt. Abgesehen von Picard, Polymnie, West Malabar und Camp Frigate dürfen selbst Einheimische nicht an Land gehen.

Cosmolédo, Astove und Assumption

Auf dem Cosmolédo-Atoll findet man die größten Populationen von Rotfußtölpeln, Maskentölpeln und Rußseeschwalben auf den Seychellen. Das Atoll ist zugleich die letzte Brutstätte des Braunen Tölpels, der auf allen anderen Inseln ausgerottet ist. Die bunte Unterwasserwelt um Cosmolédo und Astove machen das Tauchen zu einem grandiosen Erlebnis.

Westlich von Cosmolédo liegt die kahle Insel **Assumption,** wo der Guanoabbau die meisten Vögel vertrieben hat. Die wenigen Einwohner sind auf dem Luftweg mit Mahé verbunden, doch Flüge sind selten und unregelmäßig. Hin und wieder kommen Beamte, um bei einem Kreuzfahrtschiff die Zollformalitäten zu erledigen, oder Taucher, die ein zwischen November und April hier stationiertes Boot besteigen. Das Riff ist intakt und bietet ausgezeichnete Bedingungen zum Tauchen, wofür man sich zuvor bei der IDC *(Islands Development Company)* in Mahé einen Erlaubnisschein besorgen muss. ■

▲ Die Abflughalle der Flugpiste von Assumption
▶ Cosmolédo

In diesem Urlaub verstehe ich nicht nur Bahnhof.
Fabian, 27, Globetrotter
Neubearbeitung
Englisch
Langenscheidt
Universal-Wörterbuch Englisch
Englisch – Deutsch
Deutsch – Englisch
Langenscheidt
...weil Sprachen verbinden
Verständigung leicht gemacht:
Diese Wörterbücher gibt
es für über 30 Sprachen.

TOP 50 – unsere besten Tipps

Schon seit 30 Jahren sind die Polyglott Apa Guides berühmt für ihre Autoren, Experten, die das Land von innen heraus kennen und wirklich vor Ort zuhause sind. In den Top 50 teilen sie Geheimnisse mit Ihnen: die besten Adressen, ob Sie sich nun etwas Luxus leisten möchten oder ob Sie außerhalb der ausgetretenen Pfade unterwegs sind. Entdecken Sie die angenehmsten Hotels, die typischsten Restaurants, die originellsten Läden, die interessantesten Urlaubsaktivitäten und schönsten Familienziele.

Zusätzlich bieten wir Ihnen noch einen besonderen Service: Wenn Sie ein Hotel in einer anderen Gegend des Landes suchen, wenden Sie sich per Mail an uns. Unter der Adresse **apaservice@polyglott.de** beantworten wir Ihre Mail und geben Ihnen weitere aktuelle Adressen.

Infoteil Mauritius

TOP 10 Hotels

Le Saint Géran

Poste de Flacq, **Mauritius,** Tel. 00230-401 1688, Fax 401 1668, www.oneandonlyresorts.com. ○○○○

Das edel eingerichtete und 1999 komplett umgestaltete Luxushotel gehört zu den renommiertesten und meistprämierten Häusern im Indischen Ozean und ist alljährlich Ziel von Gästen aus Wirtschaft, Politik, Sport, Film und Jet-Set. Auch in den Beurteilungen internationaler Reisemagazine oder touristischer Fachorganisationen erhielt das Mitglied der »Leading Hotels of the World« stets einen Platz in der absoluten Spitzengruppe. Die Nobelherberge liegt an einem traumhaften Strand auf einer Landzunge zwischen der Lagune von Belle Mare und dem Ozean. Sie besitzt 162 Suiten mit allen Annehmlichkeiten sowie eine Villa für sechs Personen, mehrere Restaurants, ein Casino, eine herrliche Pool-Landschaft, Golf- und Tennisplätze sowie ein breites Sportangebot.

Domaine du Chasseur

Anse Jonchée, Vieux Grand Port, **Mauritius,** Tel. 00230-634 5097, Fax 634 5261, www.domainedu chasseur.mu. ○○

Wer Mauritius jenseits von Sand und Strand kennenlernen möchte, wird von dem vielfältigen Angebot der Domaine du Chasseur angetan sein. Der Komplex liegt wunderbar am Berghang im Südosten der Insel inmitten eines üppig-grünen Naturparks. Übernachtet wird in strohgedeckten Bungalows, für das leibliche Wohl sorgen zwei Restaurants mit kreolisch-europäischer Küche (Wildspezialitäten).

Le Prince Maurice

Choisy Road, Poste de Flacq, **Mauritius,** Tel. 00230-413 9100, Fax 413 9129, www.princemaurice.com. ○○○○

Die 1999 eröffnete Fünf-Sterne-Herberge an der Ostküste ist ein gutes Beispiel für die neue Generation jener mauritischen Hotels, mit denen die Tradition der legendären Häuser Saint Géran, Royal Palm oder Touessrok fortgeführt werden soll. Absolut überzeugend stellt sich hier die Innen- und Außenarchitektur dar, die von natürlichen Baumaterialien geprägt ist und den Eindruck eines kleinen Südsee-Dorfes vermittelt. Die 89 Suiten sind in eine herrliche 60-ha-Gartenanlage mit riesigem Pool eingebettet, ihre Terrassen stehen z. T. auf Stelzen in der Lagune, ebenso wie das Open-Air-Restaurant. Besonderen Wert wird auf Sport und Wellness gelegt – Tennis, Segeln, Wasserski und Windsurfen gehören zu den kostenlosen Angeboten, Golfen kann man gegen Gebühr auf den benachbarten Plätzen des Hotels Belle Mare Plage.

Les Pavillons

Le Morne, **Mauritius,** Tel. 00230-401 4000, Fax 450 5248, E-Mail: pavillons@naiade.com, www.naiade.com. ○○○

Mauritius ist weithin bekannt für die Qualität und den Service, die in den Luxusunterkünften geboten werden. Man muss jedoch kein Krösus sein, um sich eine Urlaubsadresse auf der Insel leisten zu können. Dafür sorgen charmante, familienfreundliche Hotelanlagen der mittleren Klasse wie das beliebte Hotel »Les Pavillons«, das an einem der schönsten Strandabschnitte im Südwesten zwischen Luxushotels liegt. Vor der spektakulären Kulisse der steilen Felswände des Berges Le Morne gruppieren sich schöne Bungalows mit 149 geschmackvoll eingerichteten Zimmern verschiedener Kategorien. Zur Anlage gehören ein großer Pool, ein Miniclub und drei Restaurants, die hervorragende Küche bieten.

Le Baril

Route Nationale 2, 97442 St-Philippe, **Réunion**
Tel. 00262-2 62 37 01 04, Fax 2 62 37 07 62, www.anthurium.com. ○

Das rund 3 km westlich von St-Philippe gelegene Haus ist eher einfach, und die zwölf Zimmer sind etwas eng! Jedoch mehr als entschädigt wird der Gast durch die grandiose Lage: Unmittelbar hinter dem Hotel brechen sich die Wogen des Indischen Ozeans an den scharfkantigen Lavaklippen und der Steilküste. Auch als Ausgangspunkt für Exkursionen entlang der wilden Küste und zum Vulkan ist Le Baril bestens geeignet. Zum Hotel gehören ein Pool, ein Restaurant mit chinesischer und kreolischer Küche, u. a. Langusten, Fisch und Palmherzensalat, sowie eine Bar mit gutem Punsch. Auch Mountainbikes können ausgeliehen werden.

Le Saint-Alexis

44, route de Boucan-Canot,
97434 St-Gilles-les-Bains, **Réunion**
Tel. 00262-2 62 24 42 04
Fax 2 62 24 00 13
www.hotelsaintalexis.com
○○○

Unter den vielen guten Häusern auf Réunion ist das 2004 wiedereröffnete Saint-Alexis eines der besten, aber auch eines der teuersten Hotels. Dabei bleibt es mit seinen 60 Zimmern überschaubar und macht es den Gästen leicht, sich in angenehmer, lässig-eleganter Atmosphäre zu erholen. Selbst die Standardzimmer fallen großzügig und und fast schon nobel aus. Wem der öffentliche Sandstrand vor dem Hotel nicht zusagt, der hat im großzügigen Swimmingpool der Anlage eine Alternative, ebenso beachtlich ist der Wellness-Bereich mit riesigem Whirlpool und türkischem Bad. Das First-Class-Hotel verfügt zudem über ein Restaurant und bietet zweimal in der Woche abendliche Unterhaltung.

Les Chenets

40 E, chemin des Trois Mares, 97413 Cilaos, **Réunion**
Tel. 00262-2 62 31 85 85, Fax 2 62 31 87 17,
E-Mail: resa@leschenets.fr, www.leschenets.fr. ❍❍❍

Strandleben und -hotels sind nur eine Seite des Urlaubs auf Réunion, eine andere der aktive Urlaub inmitten der herrlichen Gebirgsnatur. Wer Letzteres bevorzugt, liegt mit dieser charmanten Unterkunft im Inselinneren richtig. Das im Talkessel Cilaos gelegene kreolische Haus bietet 47 Zimmer mit allem Komfort in sehr schöner Umgebung. Hier kann man sich herrlich erholen, die Höhenluft und Frische genießen, zu Wanderungen starten oder im Thermalzentrum eine Kuranwendung buchen. Die Anlage ist stilvoll um den beheizten Pool angelegt und verfügt neben dem Wellness-Bereich über ein ausgezeichnetes Restaurant.

Unterkunft

Mauritius
Mauritius gilt im Allgemeinen als teures Luxusreiseziel, doch man kann einen Aufenthalt auch kostengünstig gestalten. Die Palette des Unterkunftangebotes reicht von weltberühmten Nobelhotels bis zu einfachen Bungalows mit Selbstversorgung, entsprechend unterschiedlich sind die Preise und der Service. Am oberen Ende der Leiter locken architektonisch sehr ansprechende Anlagen mit vollklimatisierten Zimmern und Suiten, Swimmingpools, Wellnessanlagen, Golf- und Tennisplätzen, umfangreichen Sportangeboten u. ä., weniger Anspruchsvolle fühlen sich auch in den kleineren Pensionen wie auch in den Bungalows und Apartments wohl, die an vielen Orten vermietet werden.
Zahlreiche Reiseveranstalter haben die Insel Mauritius im Programm und generell gilt, dass bei Pauschalreisen die Preise niedriger sind als bei individueller Buchung (als Anhaltspunkt s. Preiskategorien für die hier empfohlenen Unterkünfte). Auf alle Leistungen in Hotels, Restaurants etc. wird eine Mehrwertsteuer in Höhe von 15 % erhoben. Aktuelle Hotelverzeichnisse sind beim Mauritius Informationsbüro (s. S. 375) erhältlich.

Réunion
Auf der kleinen Insel Réunion liegen die meisten der rund 60 Hotels an der Westküste; es überwiegen diejenigen der Mittelklasse. Sie sind in der Regel sauber und gemütlich, die Preise jedoch relativ hoch (s. Preiskategorien). Vor allem an Weihnachten sowie im Juli und August sollte man rechtzeitig alle Unterkünfte vorbuchen. Ein Hotelverzeichnis verschickt das Fremdenverkehrsamt (s. S. 387). Im Hinterland gibt es zahlreiche preiswerte gîtes ruraux (Ferienhäuser) wie auch chambres d'hôtes (Gästezimmer), die wie die Berghütten über die Maison de la Montagne (s. S. 365, 390) reserviert werden können.

Seychellen
Die Hotels auf den Seychellen sind zumeist recht klein und exklusiv, was sich natürlich im Preis niederschlägt. Auch hier gilt: Bei Pauschalreisen erhält man die günstigeren Konditionen. Ein Großteil der Anlagen liegt direkt am Strand und umfasst einzelne Bungalows, die sich gut in die Umgebung einfügen. In den Hotels der internationalen Gesellschaften bekommt man den weltweit üblichen Komfort geboten wie Klimaanlage, Pool, Tennisplätze, Fernsehapparat oder Abendunterhaltung. Auf den kleinen Inseln sind die Anlagen mehr dem Inselstil angepasst und bieten Ruhe und individuellen Service.
Am günstigsten übernachtet man in Gästehäusern oder Pensionen, die zugleich einen Einblick in den Alltag der Einheimischen gewähren. Auf Mahé, Praslin und La Digue werden auch Apartments und Bungalows für Selbstversorger angeboten – hier ist meist ein Mietwagen empfehlenswert. Zu berücksichtigen ist, dass Besucher ihre Hotelrechung nur in ausländischer Währung bezahlen können (bar, Kreditkarte, Travellerschecks).

Preiskategorien
Hotels (DZ inkl. Frühstück):
Mauritius
- ❍ unter 70 Euro
- ❍❍ 70–120 Euro
- ❍❍❍ 120–240 Euro
- ❍❍❍❍ ab 240 Euro

Réunion
- ❍ unter 100 Euro
- ❍❍ 100–200 Euro
- ❍❍❍ 200–400 Euro
- ❍❍❍❍ ab 400 Euro

Seychellen
- ❍ bis 150 Euro
- ❍❍ 150–250 Euro
- ❍❍❍ 250–400 Euro
- ❍❍❍❍ ab 400 Euro

L'Habitation de Cerf

Cerf Island, Ste-Anne Marine Park, **Seychellen,** Tel. 00248-323 111, Fax 321 308, E-Mail: habicerf@seychelles.net, www.anthurium.com. ○○

Das kleine, im Kolonialstil gehaltene Gästehaus liegt an der Westküste der Insel Cerf im Ste-Anne Marine Park. Das Haupthaus verfügt über zwölf freundliche und gut ausgestattete Zimmer mit Meerblick (TV, Telefon, Minibar, Fön), einen kleinen Pool sowie Kayaks für Ausflüge zu den umliegenden Inseln. Es werden auch geführte Wanderungen angeboten. In informeller Atmosphäre genießen die Besucher den persönlichen Service und die gute Küche. Obwohl nur 15 Minuten per Boot von der Hauptstadt Victoria auf Mahé entfernt, bietet die Insel Abgeschiedenheit und Ruhe wie auch vielfältige Ausflugsmöglichkeiten.

Sainte Anne Resort & Spa

Ste-Anne Island, **Seychellen**
Tel. 00248-202 000, Fax 292 002,
E-Mail: sainteanne-resort.com,
www.sainteanne-resort.com. ○○○

2002 eröffnete diese sehr professionell geführte Hotelanlage auf der Insel Ste. Anne inmitten eines Unterwassergebietes. Nur einen Katzensprung von der Hauptstadt entfernt, genießen die Gäste hier wunderschöne Strände, unberührte Wälder und die in eine schöne Gartenanlage eingebettete Hotelanlage. Die sehr geschmackvoll eingerichteten Zimmer und Suiten bieten allen Komfort. Zu manchen gehören kleine private Swimmingpools. In zwei Restaurants werden kreolische und internationale Spezialitäten serviert, der riesige Pool ist besonders bei Kindern beliebt, die im Miniclub betreut werden können. Im Spa, einem stilvoll gestalteten Wellness-Zentrum mit modernster Ausstattung, führt eine Vielzahl von Behandlungen dazu, dass Schönheit und Seele perfekt gepflegt werden – sollte das romantische Umfeld allein nicht schon für ausreichende Entspannung und Erholung sorgen.

Lemuria Resort

Anse Kerlan, Praslin, **Seychellen**
Tel. 00248-281 281,
Fax 281 001,
E-Mail: resa@lemuriaresort.com,
www.lemuriaresort.com.
○○○○

Das beliebte Luxushotel hat sich an einer wunderschönen Bucht mit zwei Badesträden im Nordwesten der Insel Praslin niedergelassen. Es bietet 88 Zimmer und 16 Suiten, teilweise mit eigenem Privatpool, eine riesige Villa, drei Restaurants und eine Poolanlage. Dahinter erstreckt sich der wunderschön gelegene 18-Loch-Golfplatz, der selbst Profis begeistert. Ein umfangreiches Kurs- und Serviceprogramm wurde speziell für Golfer – ob Anfänger oder Profis – eingerichtet. Ein weiterer Höhepunkt ist die nahe gelegene Anse Georgette, zweifelsohne einer der schönsten Strände der Seychellen. Zahlreiche Sportmöglichkeiten, Schönheits- und Massagezentrum sowie ein Miniclub mit kostenlosem Betreuungsprogramm für Kinder runden das Angebot ab.

TOP 10 Restaurants

Le Pescatore

Coastal Road, Trou aux Biches, **Mauritius,** Tel. 00230-265 6337. ○○○

Im Nordwesten von Mauritius, nahe Grand Baie, liegt dieses seit vielen Jahren populäre Restaurant. Sein vornehmes Ambiente lebt sowohl von mauritischen als auch von mediterranen Elementen, doch vor allem die wunderschöne Lage direkt am Meer mit Blick bis zur Pointe aux Canonniers macht den besonderen Reiz des Lokals aus. Viele Stammgäste schwören auf die Fisch- und Meeresfrüchte-Spezialitäten und halten den »Pescatore« nicht nur für den bekanntesten und teuersten »Italiener« auf der Insel, sondern auch für den besten. Mit den hervorragenden Speisen korrespondiert eine erlesene Weinkarte (tgl. 12–14.30, 19–21.30 Uhr).

Cannelle Rouge

Domaine Les Pailles, **Mauritius,** Tel. 00230-286 4225, www.domainelespailles.net. ○○○

Die südlich der Inselhauptstadt Port Louis gelegene Domaine Les Pailles vereinigt auf ihrem Gelände nicht weniger als fünf Restaurants, die ausnahmslos zu empfehlen sind. Während das Indra als wohl bestes indisches Restaurant der Insel gerühmt wird, bietet das stilvolle Clos Saint Louis Gourmetküche auf höchstem Niveau. Schon der Rahmen, ein herrliches Holzgebäude im kreolischen Stil, ist außergewöhnlich, auch die vornehme Innenarchitektur stimmt einen auf die kommenden Gaumenfreuden ein. Die hohe Qualität der kreolischen und französischen Gerichte findet ihre Entsprechung im aufmerksamen Service ebenso wie bei den Preisen. Das Restaurant ist Mo–Sa mittags, Fr–Sa auch abends geöffnet, eine Reservierung ist dringend anzuraten.

Nirvana

Coast Road, Péreybère, **Mauritius**
Tel. 00230-262 6711 oder 262 6068, So geschl. ○○○

Weit im Norden, in Péreybère, sind einige kleine Gaststätten konzentriert, die vor allem bei Einheimischen einen guten Ruf haben. Dazu gehört auch das Nirvana, das freitags und samstags brechend voll sein kann – zumindest an diesen Tagen sollte man einen Tisch reservieren. Die Küche bietet ausgesprochen leckere indische Speisen, die auch so manchen Hauptstädter zum Dinner hierher locken. Alles was die indische Kochkunst berühmt gemacht hat, gibt es hier in großer Auswahl.

Paul & Virginie

Île au Cerf, **Mauritius,** Tel. 00230-402 7400, www.oneandonlyresorts.com. ○○

Das Hotel Le Touessrok, eine der aufregendsten Unterkünfte auf Mauritius, lockt auf dem Festland ebenso mit vorzüglicher Gastronomie wie auf den vorgelagerten, z. T. privaten Inseln. So sind die beiden Hotelrestaurants Barlen's (japanische Küche) und Safran (indische Küche) uneingeschränkt zu empfehlen. Noch schöner ist das täglich bis 17 Uhr geöffnete Freiluft-Lokal Paul & Virginie auf dem paradiesischen Badeeiland Île au Cerf. Anstelle opulenter Mahlzeiten werden hier im Schatten eines Strohdachs leichte exotische Leckereien, fangfrische Fische und Meeresfrüchte, Salate oder Pizzen geboten. Lassen Sie sich die landestypischen Gerichte schmecken. Das berühmteste Liebespaar von Mauritius fand ein trauriges Ende – die Desserts im gleichnamigen Restaurant hingegen bilden die Krönung des Dinners.

Le Marla

1, rue de la Mare à Joncs
Cilaos, **Réunion**
Tel. 00262-2 62 31 72 33. ○○○

Wer sich als Naturliebhaber in die Talkessel der Insel aufmacht, sucht das Ursprüngliche – und das kann wohl auch für kulinarische Entdeckungen gelten. Der Cirque de Cilaos ist für seine Linsengerichte bekannt, und die bekommt man in vorzüglicher Qualität in diesem Restaurant des Hôtel des Neiges (www.hotel-des-neiges.com). Der lokale Bananenkuchen (gâteau banane) zählt ebenfalls zu den typischen kreolischen Gerichten, wie auch die leckeren Carris. Als Getränk empfiehlt sich der hiesige Wein und – besonders gut – der rhum arrangé (tgl. 18–21.30 Uhr).

Gastronomie im Indischen Ozean

Auswärts essen ist auf **Mauritius** ein Vergnügen und bietet zudem die Möglichkeit, die mauritischen Speisen in ihrer ganzen Vielfalt zu probieren. In einigen Restaurants kann man auf einer schattigen Terrasse sitzen, normal wird drinnen gegessen. Gewöhnlich schließen sie um 23 Uhr, z. T. früher.

An kleinen Ständen bekommt man für wenige Rupien frisches Obst, das in mundgerechte Stücke geschnitten wird. Außerdem kann man dort köstliche mine frittes (chinesische Nudeln), samoosas (frittierte Teigtaschen) oder roti (gefülltes Fladenbrot) kosten. Fast-Food-Ketten sind unaufhaltsam auf dem Vormarsch, einige haben bereits mehrere Filialen eröffnet.

Einige der besten Restautants auf **Réunion** gehören zur Gruppe Saveurs et Senteurs de la Réunion. Diese sind oft an Hotels angegliedert und spezialisiert auf französische wie auch kreolische Gerichte. Die meisten Restaurants bieten ein Tagesmenü zum Festpreis an, montags haben viele geschlossen. In Landgasthöfen oder Table d'hôtes können auch Wanderer für wenig Geld meist traditionelle Gerichte bekommen, gegessen wird in der Regel mit den Gastgebern.

Um auf den **Seychellen** die besten Beispiele regionaler Küche zu probieren, sollte man unbedingt einmal das Hotel verlassen. Die Speisekarte der Restaurants wird von Fischgerichten dominiert, aber auch Fleisch, vor allem Huhn und Rind, wird fast überall angeboten. Echte Curries sind sehr scharf, doch meistens wird die Chilipaste auf einem separaten Teller gereicht, damit die Gäste die Menge selbst bestimmen können. In vielen Restaurants ist es ratsam, für den Abend einen Tisch zu reservieren. Preiskategorien der hier empfohlenen Restaurants s. S. 360.

Le Roland Garros

2, place du 20 Décembre,
St-Denis, **Réunion**
Tel. 00262-2 62 41 44 37. ○○

An der Uferpromenade Le Barachois in St-Denis lässt es sich vortrefflich unter Palmen spazieren, hierhin kommt man, um zu sehen und gesehen zu werden. Zu den vielen Cafés und Restaurants zählt auch das Roland-Garros, benannt nach dem berühmten Flugpionier und Sohn der Stadt. Die Speisekarte des Restaurants mit dem Flair eines echt französischen Bistros verzeichnet klassisch-französische und kreolische Gerichte; leichtere kleine Mahlzeiten bekommt man in der Brasserie. Es gibt auch eine Bar samt Eiscafé (tgl. 9–24 Uhr).

Restaurants (Menü)

Mauritius
- ○ unter 400 Rs
- ○○ 400–600 Rs
- ○○○ 600–1000 Rs
- ○○○○ ab 1000 Rs

Réunion
- ○ unter 15 Euro
- ○○ 15–25 Euro
- ○○○ 25–35 Euro
- ○○○○ ab 35 Euro

Seychellen
- ○ bis 20 Euro
- ○○ 20–35 Euro
- ○○○ 35–50 Euro
- ○○○○ ab 50 Euro

Le Manta

18, boulevard Leconte de Lisle, St-Gilles-les-Bains, **Réunion**
Tel. 00262-2 62 33 82 44. ○○

Neben der Hauptstadt St-Denis besitzt St-Gilles-les-Bains die höchste Restaurantdichte auf Réunion. Nahe zum Strand von L'Hermitage-les-Bains, aber trotzdem ruhig gelegen, empfiehlt sich das Manta mit seinem Palmengarten und schönen Werken afrikanischer Kunst. Angenehm sind der freundliche und aufmerksame Service ebenso wie das gepflegte Ambiente. Serviert werden vor allem Fischspezialitäten vom Holzkohlengrill, die Preise können noch als moderat gelten (tgl. 12–14, 19–22 Uhr).

Le Rendezvous

Ecke Francis Rachel Street/State House Avenue, Victoria, **Seychellen**
Tel. 00248-323 556. ○○

Das Restaurant im Zentrum von Victoria eröffnete Anfang 2006 und ist längst beliebt. Das stilvolle Haus aus Kolonialzeiten wurde aufwendig renoviert und ansprechend dekoriert, besonders schön sitzt man auf dem Balkon vis-à-vis dem Gerichtsgebäude. In afrikanisch anmutendem Ambiente serviert ein dynamisches Team kreolische und internationale Gerichte von gehobener Qualität (Mo–Sa 9–24 Uhr).

Café Anse Soleil

Anse Soleil, Baie Lazare, Mahé, **Seychellen**
Tel. 00248-361 700 oder 511 212. ❍

Das kleine, typisch kreolische Restaurant liegt direkt am wunderschönen Strand von Anse Soleil. Rund um die Uhr werden köstliche und recht preiswerte Fisch- und Meeresfrüchtegerichte serviert – die Portionen sind nicht nur eine Augenweide, sondern auch sehr großzügig bemessen. Vor allem mittags ist an den einfachen Tischen auf der Terrasse viel los, ein Platz im Schatten rar und die Bedienung pausenlos im Einsatz. Entspannt vergraben die Gäste die Füße im Sand und genießen den herrlichen Blick auf die feinsandige Bucht sowie die hervorragenden Speisen.

Tante Mimi Restaurant

Anse Volbert, Côte d'Or,
Praslin, **Seychellen**
Tel. 00248-232 500. ❍❍❍

Bereits seit vielen Jahren absolut empfehlenswert ist dieser Gourmettempel im kreolischen Kolonialdekor mit innovativer einheimischer und internationaler Küche. Das exklusivste Restaurant Praslins liegt direkt neben dem Kasino im Nordosten der Insel und zeichnet sich durch eine eher formelle Atmosphäre aus. In dem überaus stilvollen Rahmen genießen die Gäste die stets ausgezeichnete und variantenreiche Küche, die erlesenen Weine sowie den professionellen Service des Restaurants. Das Lokal an der Anse Volbert ist allabendlich geöffnet – häufig wird hier zur Stärkung vor einem ausgiebigen Glücksspielabend gespeist. Eine Vorreservierung ist vor allem am Wochenende sehr zu empfehlen.

TOP 10 Shopping

Central Market

Port Louis, **Mauritius**

Auch wenn man kein Meister in der Kunst des Handelns ist, gehört ein Besuch des Zentralmarktes zum touristischen Pflichtprogramm von Mauritius. Außer Obst und anderen Lebensmitteln werden hier auch viele Waren angeboten, die als Souvenir geeignet sind, z. B. Körbe und Matten, indische Textilien, Farbpigmente, Schmuck, Gewürze oder Kräutertees. Mo–Sa 6–18 Uhr, So 6–12 Uhr geöffnet.

Caudan Waterfront

Port Louis, **Mauritius**

Das Shopping Centre im Herzen der Hauptstadt ist der klimatisierte, moderne Gegenentwurf zum Zentralmarkt. Es vereint Casino, First-Class-Hotel, Gastronomie, rund 60 Geschäfte (von Bekleidung über Bücher, Kunsthandwerk bis Musik) und eine hübsche Promenade direkt am Hafen. Die meisten Geschäfte sind Mo–Sa 9.30–17.30 und So bis 12.30 Uhr geöffnet, zusätzlich außerdem Fr bis 21 Uhr.

Karl Kaiser

Caudan Waterfront, Port Louis, **Mauritius,** Tel. 211 7262

Der in Europa unter »Hugo Boss« bekannte Hersteller von lässiger Freizeit- bis zu eleganter Abendkleidung für Damen und vor allem Herren ist in Mauritius mit mehreren Filialen vertreten, u. a. auch in der Caudan Waterfront in Port Louis. Dort kann man sich einen Anzug nach Maß in weniger als 48 Stunden schneidern lassen, in bester Qualität und zu durchaus interessanten Preisen.

Poncini

2 Jules Koenig Street, Port Louis, **Mauritius,** Tel. 212 0818

Die zentral gelegene und alteingesessene Duty-Free-Boutique hat einen weithin bekannten Namen für exklusiven Goldschmuck, Edelsteine und Perlen. Neben dem Stammhaus in Port Louis gibt es mehrere Poncini-Filialen in besseren Hotels sowie in den Städten Curepipe und Grand Baie.

Historic Marine Factory

Z.I. de St. Antoine, Goodlands, **Mauritius,** Tel. 283 9304, www.historic-marine.com

In der bekannten Manufaktur werden in mühevoller Geduldsarbeit Modelle historischer Schiffe wie auch Auftragsarbeiten nach Plänen gefertigt. Bei einem Besuch kann man den geschickten Handwerkern über die Schulter schauen und alle Modelle aus dem Katalog in Augenschein nehmen. Die kostbaren und bis zu 3500 Euro teuren Souvenirs werden auch zur Heimatadresse verschickt. Geöffnet Mo–Fr 8.30 bis 17 Uhr, Sa/So und Fei 9–12 Uhr.

Coopérative Agricole des Producteurs de Vanille

Route Nationale 2, Bras-Panon, **Réunion,** Tel. 02 62 51 70 12

Die unterschiedlichsten Souvenirs, die aus der legendenumwobenen Gewürzstange Vanille hergestellt werden, gibt es an vielen Stellen auf Réunion zu kaufen. Wer echte Vanille schätzen gelernt hat, wird an chemischen Ersatzprodukten keinen Gefallen mehr finden. Eine gute Adresse ist die Kooperative in Bras-Panon mit dem sehenswerten Vanille-Museum. Geöffnet Mo–Sa und Fei 8.30–12, 14–17 Uhr.

Association Lacaze

5 bis, rue Rontaunay, St-Denis, **Réunion,** Tel. 02 62 21 55 47

Die an zentraler Stelle in der Hauptstadt gelegene Galerie verkauft lokales Kunsthandwerk aus allen Teilen der Insel, u. a. gedrechselte Holzstühle, Puppen mit landestypischer Kleidung, Korbwaren und die berühmten Stickereien aus Cilaos. Hier wird man sicher fündig. Geöffnet Mo–Fr 9 bis 18, Sa 10–12.30 und 14–18 Uhr.

Kenwyn House

Kenwyn House, Francis Rachel Street, Victoria, **Seychellen**
Tel. 00248-224 440,
www.kenwynhouse.com

In diesem alten kreolischen Haus aus dem Jahre 1858, das sich in der Nähe des National Cultural Centre in Victoria befindet, lockt eine wunderschöne Einkaufsgalerie mit einem großen Sortiment und einer tollen Auswahl an hochwertigen Souvenirs, Kunsthandwerk, Schmuck, Diamanten aus Südafrika und vielem mehr. In der Kunstgalerie stellen einheimische Künstler regelmäßig ihre Werke aus, die auch käuflich erworben werden können. Schon allein die tolle Architektur des im Jahre 2005 sorgfältig renovierten Gebäudes ist einen Besuch in diesem Kleinod wert (geöffnet Mo–Sa 8 bis16 Uhr).

Café des Arts

Cote d'Or, Anse Volbert,
Praslin, **Seychellen**
Tel. 232 170, Fax 232 155,
E-Mail: cafe@seychelles.net,
www.cafe.sc

Wer sich einen Überblick über die Werke zeitgenössischer einheimischer Künstler verschaffen möchte, ist in dieser Galerie genau richtig. In der umfangreichen Ausstellung finden sich Gemälde von Barbara Jenson, George Camille und Michael Adams, Skulpturen von Tom Bowers, Schmuck von Kreolor und Glasartikel von Thoughts. Paul Turcotte, ein auf Praslin ansässiger Künstler, zeigt in der Galerie u. a. seine professionellen Fotografien und betreibt nebenbei das gleichnamige, gemütliche Café.

Village Artisanale – Domaine de Val des Prés

Anse aux Pins, Mahé, **Seychellen**

In dem Kunsthandwerkerdorf an der Ostküste von Mahé haben sich etliche kleine Geschäfte versammelt, in denen einheimische Künstler ihre Waren sowie gängige Mitbringsel verkaufen. Hier erhält man nicht nur Einblicke in die Vielfalt der Produktion und kann einigen Künstlern bei der Arbeit über die Schulter schauen, sondern man findet auch hübsche Souvenirs wie Schmuck, Textilien, Bilder, bunte Holzfische in allen Formen und Größen sowie Taschen und Körbe. In einem alten Kolonialhaus laden ein Heimatmuseum sowie das Restaurant Vye Marmit mit einer großen Auswahl an landestypischen Gerichten zu einem Besuch ein.

TOP 10 Aktiv

Tauchen

Blue Water Diving Centre, Le Corsaire, Trou aux Biches, **Mauritius**
Tel. 265 7186

Traumhaft ist es, im glasklaren Indischen Ozean zu tauchen oder auch zu schnorcheln und Wracks, Korallen oder Tropenfische zu beobachten. Rund 30 Tauchzentren haben sich – meist in Zusammenarbeit mit den größeren Hotels – etabliert und bieten Anfängern wie Fortgeschrittenen CMAS- oder PADI-Kurse an, stellen Unterwasser-Equipment und Flaschenfüllungen und organisieren Bootsausflüge mit Tauchgängen in den spannendsten Revieren. Dazu gehören im Norden von Mauritius die unterseeischen Canyons des »Whale Rock«, im Osten der mehr als 30 m tiefe »Lobster Canyon« mit vielen Klein- und Großfischen, im Westen die fantastische, 40–60 m tiefe Korallenwand des »Sharks Point« und im Süden die 30 m tiefe »Grotte aux Murènes«.

Golf

Hotel Le Paradis, Morne Brabant, **Mauritius,** Tel. 401 5050,
www.beachcomber-hotels.com
Hotel Belle Mare Plage, Belle Mare, **Mauritius,** Tel. 402 2600,
www.bellemareplagehotel.com

Inzwischen hat sich in Golferkreisen herumgesprochen, dass Mauritius im Indischen Ozean die wohl exklusivste Destination für Golfer darstellt. Unter den vielen abwechslungsreichen und landschaftlich herrlichen Plätzen stechen die von südafrikanischen Profis entworfene 18-Loch-Anlage des Hotels Le Paradis am Morne Brabant und vor allem die beiden 18-Loch-Championship-Plätze des Hotels Belle Mare Plage hervor. Diese Anlagen bilden einen einzigartigen 36-Loch-Course, der im Dezember alljährlich Schauplatz des renommierten Turniers Mauritius Golf Open ist. Inzwischen bieten Veranstalter Reisen nach Mauritius für passionierte Golfspieler an.

Unterwasserspaziergang

Captain Nemo's Undersea Walk Ltd., Grand Baie, **Mauritius**
Tel. 263 7819 oder 263 3077,
E-Mail: undersea@intnet.mu

Wer keine Lust auf Tauchkurse und -gänge hat und auch kein Freund des Schnorchelns ist, dennoch aber auf das Erlebnis Unterwasserwelt nicht verzichten möchte, kann in der Grand Baie an Unterwasserspaziergängen auf dem ca. 4 m tiefen Meeresgrund teilnehmen. Dazu trägt man einen speziellen Tauchhelm mit großem Fenster, unter dem man frei atmen und auch eine Brille tragen kann. Bleigürtel halten einen auf dem Meeresgrund, so dass auch Nichtschwimmer den Spaziergang mitmachen und beispielsweise Fische füttern können.

Abseiling

MTTB/Mautourco, Forest Side, **Mauritius**, Tel. 670 4301, Fax 675 6425, www.mautourco.com;
in Zusammenarbeit mit Aqualonde Ltd., Tel. 696 3001, Fax 696 3012

Die wahren landschaftlichen Schönheiten von Mauritius kann man z. B. bei einer ganztägigen Tour unter sachkundiger Führung erleben. In einer Kleingruppe klettert man verschiedene Wasserfälle hinab, durchschwimmt Flüsse und wandert im Nationalpark Gorges de la Rivière Noire. Die Teilnehmer werden mit Helmen, Neoprenanzügen und Kletterseilen ausgestattet. Auch ein stärkendes Picknick gehört zu der Exkursion. Interessenten sollten schwimmen können, eine gute körperliche Verfassung haben und mindestens 15 Jahre alt sein.

Bergsteigen

Maison de la Montagne , 5 bis, rue Rontaunay, St-Denis, **Réunion**
Tel. 02 62 90 78 78, Fax 02 62 41 84 29,
E-Mail: resa@reunion-nature.com, www.reunion-nature.com

Réunion ist mit seinen riesigen Cirques (Gebirgskesseln), den markanten Berggipfeln und den verschiedensten Vegetationszonen ein beliebtes Ziel für Wanderer. Allerdings stellen das Gebirgsprofil, das tropische Klima und die intensive Sonneneinstrahlung besondere Anforderungen an die sportlich aktiven Inselbesucher. Absolut empfehlenswert ist die Kontaktaufnahme mit der Maison de la Montagne, die bei der Routenplanung, Tourenvorbereitung und Buchung von Unterkünften hilft. Eine besonders eindrucksvolle und nicht allzu schwierige Wanderung ist der ca. 10 km lange Weg auf den 2510 m hohen, immer noch tätigen Vulkan Piton de la Fournaise (ca. 5 Std.). Die mondartige Landschaft mit ihren teilweise dampfenden und rauchenden Kratern und erstarrten Lavaströmen zieht jeden in ihren Bann.

Abenteuersport

Parapente Réunion, St-Leu, Réunion, Tel. 02 62 24 87 84, www.parapente-reunion.fr
Réunion Sensations, St-Gilles-les-Bains und Cilaos, Réunion
Tel. 02 62 24 57 00 oder 02 62 33 17 58, www.reunionsensations.com

Schon seit langem hat sich die Insel Réunion einen Namen bei Extrem- und Abenteuersportlern gemacht und eine Vielzahl von Veranstaltern bietet alle möglichen Aktivitäten zu Wasser, auf dem Land und in der Luft an. Wegen der hohen, aber nicht zu steilen Hänge und einer guten Thermik sind Gleitschirmflüge besonders gut möglich und dementsprechend populär. Wer diesen Sport erlernen oder zunächst nur an Tandemflügen teilnehmen möchte, findet auf Réunion entsprechende Schulen.
Bevorzugt man das nasse Element, dann hat man vor der Küste und in den wasserreichen Schluchten des Inselinneren ein einzigartiges Kanurevier. Abseiling, Canyoning, Klettern und Extremwanderungen sind nur einige weitere Beispiele aus dem breit gefächerten Programm der verschiedenen Veranstalter.

Windsurfen und Wellenreiten

École de Body Board et de Surf, Roches Noires, St-Gilles-les-Bains, **Réunion,** Tel. 02 62 24 63 28 oder 06 92 86 00 59

Für erfahrene Windsurfer und Wellenreiter ist Réunion einer der besten Spots im Indischen Ozean, da der stetige Passatwind vor allem an der Westküste der Insel für ideale Wellenschübe mit einer lang gezogenen und gleichmäßigen Brechung sorgt. Die Wellenreiter haben ihr inoffizielles Hauptquartier in St-Leu, wo Strandbars, Shops und Szene-Treffs unübersehbar im Zeichen des Bodysurfing stehen. Die Wellen, vergleichbar mit denen vor Hawai oder an den Küsten Australiens, erfordern jedoch einige Erfahrung. Die Hochburgen der Windsurfer sind St-Pierre und La Saline. Und der Strand Roches Noires in St-Gilles-les-Bains gilt bei Anhängern beider Sportarten als beste Infobörse und Kontaktstelle.

Die schönsten Strände

Mauritius
Rund 160 km Strand, sei es in kleinen Buchten oder an langen Küstenstreifen, warten auf Badenixen und Sonnenanbeter. Da Mauritius fast vollständig von einer Korallenbarriere umgeben ist, lässt es sich im ruhigen Wasser der Lagune an den meisten Stellen gefahrlos schwimmen. Lediglich an der wilden Südküste sind einige Strände nicht zum Baden geeignet.
Im Nordwesten von Mauritius liegen die sehr beliebten Strände von Mont Choisy, Trou aux Biches und Grand Baie, weiter südlich bei Flic en Flac und Wolmar erstrecken sich die längsten. Diese wie auch der Strand bei Belle Mare im Osten fallen flach ins Wasser ab und sind deshalb bestens für Kinder geeignet. Wahre Badeparadiese sind die kleine Île au Cerf und die Île de l'Est bei Trou d'Eaux Douce an der Ostküste, weiter südlich macht die Blue Bay ihrem Namen alle Ehre.

Réunion
Auch wenn auf Réunion eindeutig die Berge im Vordergrund stehen, sollte man den Ozean mit seinen Korallenriffen und Meerestieren keinesfalls außer Acht lassen. Zum Baden eignet sich vor allem die windgeschützte Westküste. Boucan-Canot ist der erste der beliebten Strände, die sich auf etwa 27 km Richtung Süden aneinander reihen. St-Gilles-les-Bains ist der bekannteste Badeort der Insel, während St-Leu als Mekka der Wellenreiter gilt – an windstillen Tagen kann man sich aber ganz gefahrlos ins Wasser stürzen.
Auf Mauritius und Réunion sollte man zum Schutz vor Seeigeln oder scharfkantigen Korallen beim Schwimmen besser Badeschuhe mit dicken Sohlen tragen.

Seychellen
Je nach Richtung der Monsunwinde und der Nähe des die Inseln umgebenden Korallenriffs sind manche Strände nur zu bestimmten Zeiten zum Baden geeignet – Wellengang und Strömungen sollte man keinesfalls unterschätzen. Von Mai bis September kommen die Winde aus Südosten, von Dezember bis März aus Nordwesten. Dies sollte man bei der Wahl der Badestellen berücksichtigen und die jeweils dem Wind abgewandten Buchten aussuchen. Zu den schönsten Stränden auf Mahé zählt die mehrere Kilometer lange Beau Vallon Bay im Nordwesten, auf Praslin die Anse Lazio im Norden und auf La Digue die Anse Source d'Argent im Westen.

Wandern

Seychelles Tourism Board, Independence House, Victoria, Mahé, **Seychellen,** Tel. 620 000, 618 000, 671 300, Fax 620 620, E-Mail: info@seychelles.com www.seychelles.travel

Die einzigartige Natur der Seychelleninseln lässt sich auch gut zu Fuß erkunden, wurden doch einige gut markierte Wege angelegt und interessante Beschreibungen für die gängigsten Touren vom Tourist Board herausgegeben. Eine reizvolle und einfache Wanderung führt entlang der felsigen Nordwestküste Mahés von Bel Ombre am Ende der Beau Vallon Bay zum pittoresken, einsamen Strand von Anse Major. Teile der Strecke liegen innerhalb des Morne Seychellois National Park und ermöglichen interessante Einblicke in die Vegetation trockener Klimazonen, so kann man endemische Vanilleblüten entdecken. Es gibt zwar relativ wenig Schatten, aber dafür wird man mit wunderschönen Blicken auf die Küstenlinie und die Inseln Silhouette und North belohnt. Auf dem leichten Pfad, der auch mit Kindern zu bewältigen ist und kaum Steigung aufweist, erreicht man in 1,5 Std. die kleine Bucht Anse Major. Nach einem erfrischen Bad geht es auf dem gleichen Weg zurück.

Segeltörns mit Tauchgängen

Sea Shell, Sea Pearl und Sea Star, Silhouette Cruises, Arpent Vert, Victoria, Mahé, **Seychellen,** Tel. 324 026 oder 514 051, Fax 324 365, E-Mail: cruises@seychelles.net, www.seychelles.net/cruises

Die drei stilvollen, hölzernen Segelboote mit erfahrener Crew und Tauchbasis kreuzen regelmäßig zwischen den Trauminseln. An Bord der Anfang des 20. Jhs. in Holland gebauten Schiffe ist Piratenatmosphäre garantiert, ohne auf die Annehmlichkeiten einer modernen Cruise verzichten zu müssen wie beste Vollverpflegung und gemütliche Unterkunft in jeweils acht kleinen Kabinen. Kanu-, Schnorchel- und Angelausrüstung sind kostenlos an Bord erhältlich. Die 3–7-tägigen Rundfahrten beinhalten Landausflüge auf mehrere Inseln und den Besuch einer Vielzahl von ausgezeichneten Tauchplätzen.

Tierbeobachtung

Bird Island, Bird Island Ltd.,
P.O. Box 1419, **Seychelles**
Tel. 224 925 oder 323 322,
Fax 225 074,
E-Mail: reservations@birdislandseychelles.com,
www.birdseychelles.com

Die Koralleninsel mit einer komfortablen Hotelanlage liegt nördlich von Mahé (30 Min. Flug). Rund um die Insel gibt es herrliche Strände mit guten Schorchelgründen. Besonders spektakulär ist jedoch die Vogelwelt: 1,3 Mio. Rußseeschwalben nisten hier von April bis Oktober und lassen sich aus der Nähe beobachten. Ebenso interessant sind das Meeresschildkröten-Schutzprogramm (die Tiere kommen häufig zur Eiablage zwischen September und Februar an die Strände), die geführten Naturkundetouren sowie die hier lebenden Landschildkröten, darunter die angeblich über 150 Jahre alte Esmeralda. Ein freundlicher, persönlicher Service und die gute Küche mit einheimischen Produkten begeistern die Besucher. Günstige Last-Minute-Angebote sind vor Ort buchbar.

TOP 10 Family

Le Waterpark

Belle Mare, **Mauritius,** Tel. 415 2626, www.maurinet.com/waterpark.html

Zwar dürfte für Kinder an den mauritischen Sandstränden und im warmen Wasser des Indischen Ozeans kaum Langeweile aufkommen, ebenso wenig an den z. T. grandios angelegten Pools der größeren Hotels mit ihren Kiddie-Clubs. Trotzdem lohnt ein Ausflug zur Ostküste, wo bei Belle Mare ein moderner Wasserpark (Le Waterpark) eingerichtet wurde. Außer einem Wellenbad und Pools verschiedenster Größe und Formen bietet er alles, was solche Anlagen nicht nur bei Kindern attraktiv macht – kurvenreiche Wasserrutschbahnen und Tunnel ebenso wie Imbisse und Kioske (geöffnet tgl. April–Sept. 10–17.30, sonst 10–18 Uhr).

Blue Safari Submarine

Grand Baie, **Mauritius**
Tel. 263 3333, Fax 263 3334, www.maurinet.com/bsafari.html

Welches Kind ist schon einmal in einem echten U-Boot mitgefahren? Ein solch spannendes Erlebnis ist auf Mauritius tatsächlich möglich, und zwar in einem speziell für Touristen konzipierten und klimatisierten Unterwasserfahrzeug, das mit insgesamt sechs Personen bis in 35 m Tiefe abtauchen kann. Durch die Panorama-Bullaugen betrachtet man bei solchen Touren die von starken Scheinwerfern angestrahlte unterseeische Wunderwelt und kann Tropenfische, Korallen oder andere Meeresbewohner ganz ohne jegliche Tauch- oder Schnorchelkenntnisse in ihrem natürlichen Lebensraum erleben. Die Tauchgänge führen auch zum Wrack des Fischerboots »Star Hope« und dauern ungefähr 45 Minuten. Fragen Sie im entsprechenden Falle nach speziellen »Flitterwochen-Tauchfahrten« ...

Casela Nature and Leisure Park

Tamarin, **Mauritius,** Tel. 452 0693

An der Westküste, nahe zu den Strandhotels von Flic en Flac und Wolmar, warten unzählige kleine und große Vögel auf staunende Besucher. Etwa 2500 gefiederte Tiere aus allen Tropengebieten der Erde sind hier in einem schön gestalteten und weitläufigen Park versammelt, u. a. Papageien, Kakadus, Zebrafinken, afrikanische Eulen, Seeadler und Kardinale, aber auch Raritäten wie der Kestrel, die Rosa Taube und der Mauritius-Sittich. Nicht zuletzt die Affen, Fliegenden Hunde, Leoparden, Lemuren und die Riesenschildkröten begeistern vor allem die kleinen Besucher. Man kann sich auch im Minigolfen üben oder sein Glück beim Angeln, etwa eines Karpfens, suchen (tgl. 9–18 Uhr, April–Sept. 9 bis 17 Uhr geöffnet).

Domaine Les Pailles

Pailles, **Mauritius,** Tel. 212 4225, www.domainelespailles.net

Wenige Kilometer südlich von Port Louis liegt die rekonstruierte Zuckerplantage, die Kindern viel von der Historie der Insel nahe bringt – mit einer Zuckermühle, einer Rumdestille, einer kleinen Eisenbahn, Werkstätten und einer Kutschenfahrt. Noch spannender ist vielleicht eine Tour mit dem Jeep in die Mokaberge, wo Affen und Hirsche beobachtet werden können. Und was Kinder ebenfalls zu schätzen wissen, ist der Swimmingpool vor dem italienischen Restaurant der Domaine (tgl. 9 bis 17 Uhr geöffnet).

Maison du volcan

Bourg-Murat, **Réunion,** Tel. 02 62 59 00 26

Nicht nur Kinder sind von Naturphänomenen wie Erdbeben und Vulkanausbrüchen fasziniert und werden bestimmt nicht eine Fahrt zum Piton de la Fournaise versäumen wollen. Unterwegs bietet sich ein Besuch im 1995 eröffneten Vulkan-Haus an, dessen Exponate, Schaubilder und Dias viel zu diesem spannenden Thema erläutern. Filme, die man auf Computerbildschirmen abrufen kann, zeigen die spektakulärsten Ausbrüche des Piton de la Fournaise bis hin zum Jahre 2006 und setzen sie in Beziehung zu Eruptionen anderer bekannter Vulkane auf der Erde (Di–So 9.30–17.30 Uhr geöffnet).

Tipps für Familien

Kinder sind überall auf den Maskarenen willkommen. In den Luxushotels auf Mauritius werden spezielle Kinderprogramme angeboten, manchmal sogar ein Kindertauchkurs, Spiele, Kindermahlzeiten, Betreuung sowie Familienzimmer. Auch für Jugendliche ab zwölf Jahren organisieren manche Hotels eigene Animationsprogramme; man erkundige sich beim Veranstalter. Wer mit kleinen Kindern reist, sollte die heißen Monate Dezember und Januar meiden.

In den Supermärkten auf Réunion und Mauritius bekommt man Babynahrung europäischer Hersteller und Windeln, nur wer spezielle Produkte bevorzugt, sollte diese von daheim mitbringen. Für die Seychellen empfiehlt es sich, genug eigene Vorräte einzupacken.

Am meisten schätzen Familien die herrlichen Sandstrände der Inseln im Indischen Ozean, die überwiegend sanft ins Wasser abfallen und daher hervorragend zum Planschen geeignet sind. Mit dem weichen Korallensand lässt es sich zudem bestens bauen. An den stark frequentierten Stränden werden alle möglichen Aktivitäten angeboten, so z. B. Fahrten mit Glasbodenbooten, die besonders für kleine Kinder spannend sind. Ältere werden sicher viel Spaß beim Schnorcheln haben, wofür man am besten Schwimmflossen, Schnorchel und Maske selbst mitbringt – das Angebot vor Ort ist oft nicht so groß und die Preise sind hoch.

Ins Urlaubsgepäck gehören vor allem eine Sonnenbrille, eine Kopfbedeckung, feste Badeschuhe zum Schutz vor Seeigelstacheln und Korallen sowie eine wasserfeste Sonnencreme mit hohem Lichtschutzfaktor – die Sonneneinstrahlung ist in Äquatornähe ungleich intensiver wie in Mitteleuropa. Bei Bootsausflügen wie beim Schnorcheln bewahrt ein eng anliegendes T-Shirt vor Sonnenbrand auf Schultern und Rücken. Gegen Mückenstiche helfen Insektenschutzmittel wie auch eine Hose und eine langärmelige Bluse.

Le Grand Bleu

Port de Plaisance,
St-Gilles-les-Bains, **Réunion**
Tel. 02 62 33 28 32,
www.reunioncroisieres.com

Es ist nicht so einfach, jüngeren Kindern etwas von der farbenprächtigen Unterwasserwelt der Tropen zu vermitteln, wenn sie noch nicht gut schwimmen oder schnorcheln können. In einem solchen Fall empfiehlt sich eine Fahrt mit einem Glasbodenboot, das zumindest ansatzweise einen interessanten Einblick in die Tiefen des Indischen Ozeans mit seinen bunten Fischen, Korallen und Felsformationen ermöglicht. Eine besonders lohnende Tour ist die an der Westküste Réunions von St-Gilles-les-Bains in nördlicher Richtung bis nach St-Paul oder in südlicher Richtung bis nach St-Leu (Dauer ca. 1,5 Std.). Delphine begleiten hierbei häufig das Boot.

La Digue

Die verträumte, kleine Seychelleninsel La Digue lässt sich bequem mit dem Fahrrad oder per Pedes erforschen und bietet neben ihren Traumstränden mit meterhohen Granitfelsen und puderweichem Sand noch viele spannende Attraktionen: z. B. die Fahrt mit dem Ochsenwagen zum Union Estate, wo eine alte, ochsenbetriebene Ölmühle, eine Kopra-(Kokosnuss-)Fabrik und eine Bootswerft besichtigt werden können. Auf dem Gelände leben etliche Aldabra-Landschildkröten, die sich streicheln und füttern lassen. Gleich daneben lockt das kristallklare, flache Wasser der Anse Source d'Argent. An den flachen, strömungsfreien Sandstränden ist Planschvergnügen angesagt, und im Schatten der Kokospalmen entstehen gewaltige, fantasievolle Sandburgen.

Praslin Ocean Farm

Amitie, Grand Anse Praslin,
Seychellen, Tel. 233 150, 233 987,
www.seychelles.net/prof

Die Besichtigung der Zuchtperlenfabrikation und des angrenzenden Aquariums ist für Große und Kleine sicher gleichermaßen interessant. Man erfährt hier einiges über die Zucht von Muscheln, Krebsen und Austern und kann bei der Herstellung schöner Schmuckstücke aus Perlen, Perlmutt und anderen Materialien zuschauen. Gleich daneben lockt das Aquarium mit einer Vielzahl bunter Fische aus den heimischen und anderen Gewässern. Hier sieht man einen Ausschnitt von dem, was die tropische Unterwasserwelt zu bieten hat. Die Farm liegt direkt gegenüber dem Flughafen von Praslin und ist bequem mit dem Bus oder Auto zu erreichen (geöffnet Mo–Fr 10–16, Sa bis 12 Uhr).

Ste-Anne Marine National Park

Mare Sports Ltd., Mahé, **Seychellen**
Tel. 511 010, Fax 376 814, www.maresportsltd.com

Die faszinierende bunte Unterwasserwelt des Ste-Anne-Marinenationalparks vor den Toren von Mahé begeistert jeden Besucher. Wer das Nass scheut, kann durch den Glasboden eines Bootes die zahlreichen Riff-Fische beobachten, viel näher kommt man ihnen allerdings beim Schnorcheln – in einem Aquarium abzutauchen könnte kaum spannender sein. Zum Tagesausflug, der bei jedem örtlichen Reiseveranstalter oder auch im Hotel gebucht werden kann, gehört das Erforschen einer kleinen Insel im Nationalpark. Dabei kann man Muscheln sammeln, im flachen Nass planschen und sich beim Mittagessen in einem kreolischen Restaurant oder bei einem Barbecue mit frischen Meeresfrüchten unter schattigen Bäumen stärken.

Jardin du Roi

Anse Royale, Mahé, **Seychellen**
Tel. 371 313, Fax 371 366, E-Mail: brymich@seychelles.net

Unter dem Garten des Königs verbirgt sich ein weitläufiger Gewürz-, Obst- und Gemüsegarten, der hier bereits im 18. Jh. von dem damaligen französischen Intendanten Pierre Poivre angelegt und nun von den jetzigen Besitzern wieder der Öffentlichkeit zugänglich gemacht wurde. Es fasziniert die Vielfalt der tropischen Pflanzen, Gewürze und Früchte, die so anders schmecken, riechen und aussehen – bei einer geführten Tour wird vieles angefasst und probiert. In Käfigen und Gehegen dösen Fliegende Hunde, ziehen Schildkröten gemächlich ihre Bahn und flattern bunte Vögel umher. Selbst vor den Reptilien braucht man keine Angst zu haben. Nach einem schönen Spaziergang (allein oder mit Führer) lohnt die Einkehr in das gute Restaurant mit heimischen Produkten (Restaurant nur mittags geöffnet, Garten tgl. 10–17.30 Uhr).

Landeskunde

Geografie

Die Maskareneninseln Mauritius und Rodrigues liegen im westlichen Indischen Ozean zwischen dem 19. und 22. Grad südlicher Breite (am Rand des Wendekreises des Steinbocks) und dem 55. und 64. Grad östlicher Länge. Nächstes Nachbarland ist Madagaskar 805 km westlich. Zu Mauritius gehören die Eilande Agalega und St. Brandon, und zusammen mit Réunion erhebt es Anspruch auf die 560 km nördlich gelegene Insel Tromelin, wo Schildkröten gezüchtet werden. Das 1931 km entfernte Diego Garcia im Chagos-Archipel, welches einst unter der Oberhoheit von Mauritius stand, ist heute Teil des British Indian Ocean Territory (BIOT) und wichtigste Militärbasis der Amerikaner im Indischen Ozean (kein Zutritt!).
Mauritius (Hauptstadt: Port Louis) umfasst ein Gebiet von 1865 km^2 und ist damit kleiner als das Saarland. 563 km nordöstlich liegt die Schwesterinsel Rodrigues (110 km^2, Hauptstadt: Port Mathurin).

Bevölkerung

Mit seinen ca. 1,2 Mio. Einwohnern zählt Mauritius zu den am dichtesten bevölkerten Inseln der Welt. Die Indo-Mauritier stellen mit 68 % die Mehrheit, gefolgt von Kreolen (mit gemischtem europäischem und afrikanischem Ursprung) mit 27 %, Sino-Mauritier mit 3 % und Franko-Mauritier mit 2 %. Auf Rodrigues leben nur 37 000 Menschen, die größtenteils Kreolen afrikanischer, madagassischer oder französischer Abstammung sind.

Religion

Hinduismus (52 %), Christentum (28 %, v. a. römisch-katholisch) und Islam (16,5 %) sind die bestimmenden Religionen auf Mauritius. Da die Mehrheit der Sino-Mauritier dem römisch-katholischen Glauben anhängt, ist die Zahl der Buddhisten im Rückgang begriffen, aber bestimmte chinesische Feste werden nach wie vor gefeiert. Viele religiöse Feste der unterschiedlichen Glaubensgemeinschaften besitzen den Status offizieller Feiertage, was auf das Feingefühl der Regierung zurückzuführen ist, die den unterschiedlichen Ethnien Raum zur Entfaltung und Bewahrung ihrer eigenen Kultur geben möchte. Dicht beieinander stehende Moscheen, Tempel und Kirchen reflektieren die religiöse Toleranz der multikulturellen Gesellschaft auf den Maskarenen. Wer eine Moschee oder einen Tempel besuchen möchte, muss vor Betreten seine Schuhe ablegen.
Die Einwohner von Rodrigues sind überwiegend römisch-katholisch. Port Mathurin besitzt mehrere Kirchen, daneben gibt es einen Hindutempel und eine Moschee.

Wirtschaft

1971 schuf die mauritische Regierung eine Export Processing Zone (EPZ), d. h. eine auf den Export orientierte Wirtschaftssonderzone, um die vom Zucker dominierte Wirtschaft zu diversifizieren. Lange waren die Textil- und die Verarbeitende Industrie die treibenden Kräfte der prosperierenden Wirtschaft, viele Unternehmen verlegten jedoch die Produktion von Schmuck, Textilien und Elektrogeräten nach China. Seit die Zahl der von der Zucker- und Textilindustrie benötigten Arbeitskräfte stetig sinkt, ist die Arbeitslosenrate auf Mauritius auf 10 % angestiegen. Die Tourismusbranche ist heutzutage eine der Hauptsäulen der mauritischen Wirtschaft, und vor allem seit dem Ende von Abnahmezusagen (Quoten) der Zuckermenge seitens der EU wird ehemals zum Anbau von Zuckerrohr verwendetes Land nun für touristische Zwecke genutzt. Es entstehen neue Hotelanlage, Vergnügungsparks oder Regionen, die für sog. Öko-Tourismus-Projekte genutzt werden. Zum ersten Mal können nun auch Ausländer Land und Immobilien auf Mauritius erwerben.
Zu den jüngeren Wirtschaftszweigen zählen die Informations- und Kommunikationstechnologie sowie der Finanzsektor. Hier entstehen neue Arbeitsplätze, zum Beispiel in Call Centern und Servicebüros.

Steckbrief Geografie & Bevölkerung
- **Fläche:** 2045 km^2
- **Hauptstadt:** Port Louis
- **Höchster Berg:** Piton de la Petite Rivière Noire 828 m
- **Bevölkerung:** ca. 1,2 Mio.
- **Bevölkerungsdichte:** ca. 590 Einw./km^2
- **Bevölkerungswachstum:** 1,1 % im Jahr
- **Sprachen:** Englisch, Französisch, Kreolisch
- **Arbeitslosenquote:** 10 %

Politik

Die Regierung der Republik Mauritius basiert auf der britischen parlamentarischen Demokratie, unterhält jedoch traditionelle Verbindungen zu Ländern in Afrika und Europa sowie zu Indien. In der Verfassung ist die Ernennung eines Präsidenten – ausgestattet mit Exekutivgewalt – und eines Premierministers vorgesehen. Wahlen finden alle fünf Jahre statt. Rodrigues bildet zusammen mit Mauritius eine politische Einheit.

Reiseplanung

Klima & Reisezeit

Mauritius und Rodrigues haben ein Tropenklima mit zwei Jahreszeiten. Die heißen und feuchten Sommermonate November bis April bringen anhaltenden Sonnenschein mit Temperaturen bis zu 35 °C, der an den Küsten durch kurze, heftige Regenschauer unterbrochen wird. Auch nachts herrschen hohe Feuchtigkeitswerte.

Von Mai bis Oktober erreichen die Tagestemperaturen durchschnittlich 25 °C. Es regnet weniger, und die Nächte sind kühler und weniger schwül. Die südöstlichen Passatwinde wehen ganzjährig und bescheren der Süd- und Ostküste im Sommer frische Brisen, doch in den restlichen Monaten kann es unangenehm windig sein.

Für Besucher, die sich gerne in der Natur aufhalten, eignen sich die trockensten Monate Oktober und November. Durch unterschiedliche Höhenlagen, Topografie und Windrichtungen entstehen verschiedene Mikroklimata: Die Städte in der Hochebene können in Wolken gehüllt und kühl sein, während es an der Küste klar und sonnig ist. Wer mit sehr kleinen Kindern reist, der sollte die heißen Monate Dezember und Januar besser meiden.

Zyklone treten gelegentlich zwischen November und April auf. Sie entstehen Hunderte Kilometer nordöstlich von Mauritius und bewegen sich langsam westwärts. Mehrere Wetterstationen verfolgen ihren Weg und geben schon Tage im Voraus Warnungen über Rundfunk aus. Die meisten Zyklone erweisen sich als harmlos und bringen lediglich viel Regen und Wind, welche die Luft angenehm reinigen. Mitunter aber haben sie verheerende Auswirkungen und stellen eine gefährliche Bedrohung für Land und Leute dar. Es empfiehlt sich daher unbedingt, die Zyklonwarnungen und ausgegebene Empfehlungen zu beachten (s. S. 383).

Klima und Reisezeit

Port Louis (Mauritius)

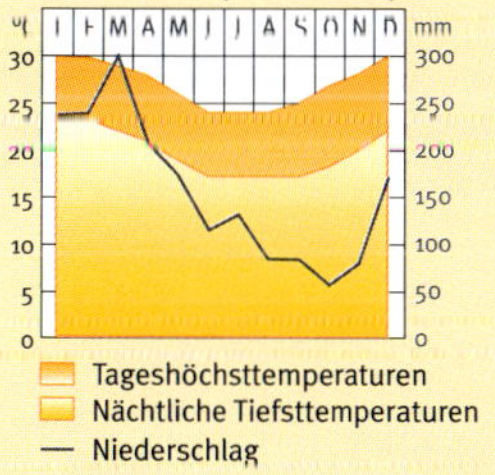

Indischer Ozean (Port Louis)

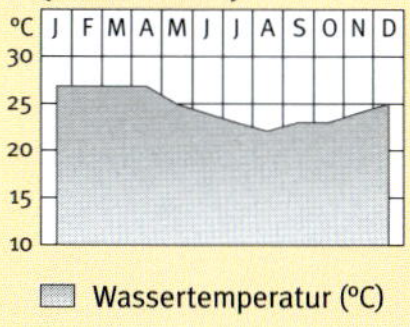

Diplomatische Vertretungen

Deutschland

■ **Botschaft der Republik Mauritius,** Kurfürstenstr. 84, 10787 Berlin, Tel. (030) 263 93 60, Fax 26 55 83 23, E-Mail: berlin@mauritius-embassy.de www.mauritius-embassy.de

Reisedokumente

Staatsangehörige aus EU-Ländern sowie der Schweiz benötigen bei einem Aufenthalt bis sechs Monate einen bei der Einreise noch sechs Monate gültigen Reisepass. Bei der Einreise wird nach dem Rück- oder Weiterflugticket, dem Nachweis einer Reisekrankenversicherung und nach einer Unterkunftsangabe in Mauritius gefragt.

Längere Aufenthalte können beim Passport and Immigration Department beantragt werden. Dazu sind zwei Passfotos, ein gültiges Rückflugticket, ausreichende Geldmittel für die Bestreitung des Aufenthalts und ein Empfehlungsschreiben des Gastgebers, das Aufschluss über die Verlängerung gibt, vorzulegen. Anträge können Mo–Fr 9–12 und 13 bis 16 Uhr sowie Sa 9–12 Uhr gestellt werden. Die Visumverlängerung ist gebührenfrei und wird in etwa fünf Arbeitstagen bearbeitet.

■ **Passport and Immigration Department,** Sterling House, Rue Gislet Geoffrey, Port Louis, Tel. 210 93 12, Fax 210 93 22, E-Mail: piomain@intnet.mu

Impfungen

Die Malaria konnte auf den Maskarenen erfolgreich bekämpft werden, das Risiko ist sehr gering. Impfungen sind nur erforderlich, wenn man aus einem Infektionsgebiet einreist. Empfohlen sind Impfungen gegen Tetanus, Polio und Hepatitis A. Gegen das Chikungunya-Virus (Übertragung durch Stechmücken) gibt es keinen Impfschutz, zu Vorsichtsmaßnahmen s. S. 384.

Krankenversicherung

Private ärztliche Behandlungskosten fallen auf Mauritius deutlich geringer als in Europa aus. Für die Dauer des Aufenthaltes muss man eine Auslandskrankenversicherung abschließen (Nachweis kann bei der Einreise verlangt werden), die möglichst auch einen medizinisch notwendigen Rücktransport miteinschließt. Im Fall medizinischer Leistungen sollten Sie alle Quittungen und Dokumente aufbewahren.

Sollte die Ausübung von Extremsportarten, wozu auch Tauchen zählt, geplant sein, ist es wichtig sicherzustellen, dass mögliche Krankheiten und Unfälle, die bei der Ausübung der gewählten Sportart entstehen können, von der Auslandskrankenversicherung im Leistungspaket nicht ausgeschlossen sind. Es kann auch hilfreich sein, sich vor der Abreise ein ärztliches Attest geben zu lassen, welches bescheinigt, dass man in der körperlichen Verfassung ist, den gewünschten Sport auszuüben.

Heiraten im Indischen Ozean

Immer mehr Paare heiraten im Ausland, wobei Mauritius und die Seychellen zu den beliebtesten Zielen gehören, um den Bund fürs Leben zu schließen und die Flitterwochen zu verbringen (s. S. 35 ff.).

Planung der Hochzeit

Es gibt mehrere Agenturen (s. u.), die sich auf die Durchführung von Hochzeiten spezialisiert haben. Da die Nachfrage groß ist und es einige Formalitäten zu erledigen gibt, sollte man sich mindestens sechs Monate vor dem gewünschten Termin darum kümmern. Beim Vergleich der Angebote gilt es auf besondere Leistungen und Angebote zu achten. Häufig fallen zusätzliche Kosten für Champagner bei der Ankunft oder ein Zimmer der gehobenen Kategorie an, da vorausgesetzt wird, dass die Gäste für diesen besonderen Anlass gerne ein wenig tiefer in die Tasche greifen.

Fotokopien und beglaubigte Übersetzungen ins Englische der folgenden Dokumente müssen rund zehn Wochen vor dem »großen Tag« bei der Agentur vorliegen, und die Originale müssen mitgebracht werden: Geburtsurkunden, Pässe, evtl. vorhandene Scheidungsurkunden, evtl. vorhandene Sterbeurkunden früherer Ehepartner und Nachweise über frühere Heiraten, beglaubigte Nachweise über eventuelle Namensänderungen (gestempelt und von einem Bevollmächtigten im Heimatland unterschrieben) sowie evtl. Adoptionsnachweise.

Bei kirchlichen Trauungen kann es durchaus vorkommen, dass nach Taufnachweisen und »moralischen Führungszeugnissen« von Pfarrern im Heimatland gefragt wird. Je nach Nationalität müssen kirchliche Trauungen durch standesamtliche Trauungen ergänzt werden. Die Paare müssen 24 Stunden vor einer standesamtlichen und 15 Tage vor einer kirchlichen Trauung auf Mauritius eintreffen.

Nach der Ankunft findet im Hotel ein Treffen mit der beauftragten Agentur statt, um letzte Details, wie etwa Blumenarrangements oder Sonderwünsche, abzuklären. Danach folgt ein Besuch beim Civil Status Office, das die Vollständigkeit der Dokumente überprüft. Die vor Ort erforderlichen Unterlagen stellt der Supreme Court aus.

Auf Mauritius steht anschließend noch ein Besuch beim Civil Office an, das für den Distrikt zuständig ist, in dem sich das Hotel befindet.

Hochzeitsreiseveranstalter

Mehrere Veranstalter bieten auch Arrangements für eine Hochzeit auf Mauritius an, z. B.

- **Hotelplan,** Sägereistr. 20, 8152 Glattbrugg, Schweiz, Tel. (043) 211 81 11, Fax 211 81 81, www.hotelplan.ch
- **Kuoni Reisen,** Neue Hard 7, 8010 Zürich, Schweiz, Tel. (044) 277 44 44, Fax 271 52 82, www.kuoni.ch
- **Infinity,** Theresienhöhe 1, 80339 München, Tel. (089) 538 96 28, Fax 538 96 45 oder
- **Infinity,** Dorfstr. 78, 8706 Meilen/Zürich, Schweiz, Tel. (044) 925 11 85, Fax 925 11 80, www.world-wide-weddings.de
- **Blue Ocean Travel,** Schlossplatz 1, 95186 Höchstädt i. F., Tel. (092 35) 96 88 44, Fax 96 88 45, www.blueoceantravel.com

Wer die Hochzeit vor Ort unabhängig organisieren möchte, kann sich an folgende Institutionen wenden:

- **Mauritius: Registrar of Civil Status,** 7. Stock, Emmanuel Anquetil Building, Sir S. Ramgoolam St., Port Louis, Mauritius, Tel. 201 1727, civstat@mail.gov.mu

Rund ums Geld

Währung

Die Mauritische Rupie (R) ist in 100 Cents (c) unterteilt. Es gibt folgende Münzwerte: 1 R, 5 Rs und 10 Rs, 5 c, 10 c, 20 c und 50 c. Banknoten: 10 Rs, 25 Rs, 50 Rs, 100 Rs, 200 Rs, 500 Rs, 1000 Rs, 2000 Rs. 100 Rs entsprechen ca. 2,30 Euro bzw. 3,80 CHF (Stand: Frühjahr 2007).

Geldwechsel & Banken

Banken, Wechselstuben (Bureaux de Change), die meisten Hotels und etliche Läden akzeptieren die gängigen Währungen sowie die bekannten Kreditkarten und Reiseschecks. Ausländische Devisen können unbeschränkt eingeführt werden. Generell bieten Banken bessere Wechselkurse als Hotels. Wer bei der Abreise noch Rupien übrig hat, kann diese (maximal Rs 350) gegen Vorlage von Quittungen zurücktauschen.

Öffnungszeiten der Banken: Mo–Do 9.30–15.30 Uhr, Fr 9–16 Uhr, in Touristengebieten zusätzlich Sa 9.15–11.15 Uhr. Öffnungszeiten der Wechselstuben: Mo–Fr 9.30–12 und 15.15–17 Uhr, Sa 9–17 Uhr, So und Feiertage 9–12 Uhr. Mit der Geheimnummer seiner Kreditkarte kann man an Geldautomaten jederzeit Bargeld erhalten.

Mehrwertsteuer

Auf Waren und Dienstleistungen wird eine Mehrwertsteuer in Höhe von 15 % erhoben – ausgenommen Lebensmittel und Bücher. Zollfreie Waren sind überall erhältlich, allerdings kann man diese nicht sofort mitnehmen, sondern bekommt sie erst beim Abflug am Flughafen ausgehändigt.

Reisegepäck

Kleidung

Angesagt ist saloppe Freizeitkleidung, wie Baumwollhosen, Hemden, T-Shirts und legere Abendkleidung. Badeschuhe schützen vor Schnitt- und Stichwunden im Wasser. Badekleidung ist in der Stadt sowie in den Speisesälen der Hotels nicht gerne gesehen. Männer benötigen nur dann ein Jackett, wenn sie

zu formellen Anlässen eingeladen sind oder in besseren Hotels und Restaurants verkehren.
Die meisten Hotels geben eine Kleiderordnung zum Abendessen vor, die saloppe Freizeitkleidung, jedoch keine kurzen Hosen oder T-Shirts gestattet. Abends kann ein leichter Baumwollpullover von Nutzen sein.

Nützliches
Zum Schutz gegen Mückenstiche sollten Anti-Mückensprays ins Gepäck, gegen die intensive Sonneneinstrahlung benötigt man eine Kopfbedeckung, eine Sonnenbrille und Sonnenschutzmittel. Für gelegentlichen Regen sollte man einen Regenschirm mitnehmen. Im Falle eines Stromausfalls erweist eine Taschenlampe nützliche Dienste.

Zoll

Reisende über zwölf Jahren dürfen folgende zollfreie Waren einführen: 250 g Tabak oder 50 Zigarren oder 250 Zigaretten; 1 l Spirituosen, 2 l Wein und 0,1 l Parfüm. Der Import von Drogen wird mit hohen Strafen geahndet, verboten ist auch die Einfuhr von Rohzucker, Waffen und Munition.
Zu den Regelungen für die Wiedereinreise ins Heimatland s. S. 405.

Infoadressen

Deutschland

■ **Mauritius Tourism Promotion Authority,**
c/o AVIAREPS MANGUM,
Sonnenstr. 9, 80331 München,
Tel. (089) 236 62 18 34,
www.my-mauritius.de,
www.tourism-mauritius.mu/de.php,
E-Mail: mauritius@aviareps mangum.com

Österreich und Schweiz

■ **Mauritius Tourism Information Service,** Kirchenweg 5, 8032 Zürich, Tel. (044) 388 41 18, Fax 388 41 03, www.tourism-mauritius.mu, E-Mail: info@prw.ch

Mauritius

■ **Mauritius Tourism Promotion Authority** (MTPA), Air Mauritius Centre, 11. Stock, President John Kennedy Street, Port Louis,
Tel. 210 1545, Fax 212 5142,
Mo–Fr 9–16, Sa 9–12 Uhr,
www.mauritius.net,
E-Mail: info@mtpa.mauritius.net

Zweigstellen des Touristenbüros befinden sich im Hafenbereich von Port Louis (Tel. 208 6397) sowie in Flic en Flac am Sir Seewoosagur Ramgoolam Airport (Tel. 637 3635, nur bei eintreffenden Flügen geöffnet). Auf Rodrigues gibt es kein Touristenbüro, Informationen erhält man beim Rodrigues Administration Office, Port Mathurin, Tel. 831 1515.

Mauritius im Internet

■ **www.mauritius.net** (Fremdenverkehrsamt)
■ **www.mauritius-guide.de** (Reiseberichte, praktische Tipps etc.)
■ **www.mauritius-ferien.de** (Informationen, Touren, prakt. Tipps)
■ **www.mauritius-island.com** (Tipps und Infos zu Unterkünften, Golf etc.)

Anreise

Mit dem Flugzeug

Die nationale Fluggesellschaft Air Mauritius (MK) bedient auch viele Destinationen in Europa, darunter Frankfurt, München, Wien, Genf oder Zürich. Neben Condor/Thomas Cook bieten auch British Airways und Air France Direktflüge von Europa aus an (ca. 11 Std.). Die Insel Rodrigues kann nur mit Zwischenstopp in Mauritius oder auf Réunion erreicht werden.
Air Austral mit Sitz in Frankreich (Tel. 00 33/1 41 92 01 30, Fax 1 41 92 01 37, E-Mail: paris@air-austral.com, www.air-austral.com), bietet einen interessanten **Indian Ocean Air Pass** an, den man auf allen Strecken zwischen Mayotte, Rodrigues, den Komoren, Madagaskar, den Seychellen, Réunion und Mauritius einsetzen kann.
Charterflüge werden von Frankreich aus angeboten und können über ein französisches Reisebüro, beispielsweise Nouvelles Frontières (www.nouvelles-frontieres.fr), gebucht werden. Im Normalfall ist damit nur wenig gespart, da die Maschinen Réunion anfliegen, von wo man einen zumeist teuren Weiterflug nach Mauritius benötigt (s. S. 388). Weiterführende Flüge bieten Air Mauritius und Air Austral mehrmals täglich an. Bei der Ankunft in Mauritius muss man eine feste Adresse und ein Rückflugticket nachweisen können, sonst wird die Einreise verweigert.
Im Preis der Tickets ist die Flughafensteuer üblicherweise inbegriffen.

Air Mauritius Vertretungen in Deutschland
■ Poststraße 2–4, 60329 Frankfurt/M., Tel. (069) 24 00 19 99, Fax 24 00 19 19.

in Österreich
■ Am Heumarkt 1/R/8, 1010 Wien, Tel. (01) 587 15 86, Fax 587 14 89.

in der Schweiz
■ Löwenstr. 29, 8001 Zürich, Tel. (01) 215 10 30, Fax 215 10 31.
■ 1–3, Rue de Chantepoulet, 1201 Genf, Tel. (022) 732 05 60, Fax 713 16 90.

Büros von Fluggesellschaften auf Mauritius

■ **Air Mauritius:** Air Mauritius Centre, President John Kennedy St., Port Luis, Tel. 2 07 7070, Buchungen Tel. 207 7575, Fax 208 8331.
■ **Air Mauritius (Rodrigues):** Port Mathurin, Tel. 832 77 01, Fax 831 1321.
■ **British Airways:** Port Louis, Tel. 202 8000, Fax 202 8080.
■ **Air Austral:** Tel. 202 6677.
■ **Air France:** Tel. 202 6747.
■ **Austrian Airlines:** Tel. 202 6703.
■ **Catoair:** Tel. 603 2300 (neue Fluggesellschaft zwischen Mauritius und Rodrigues).
■ **Emirates:** Tel. 213 9100.
■ **South African:** Tel. 213 0700.

Transport vom Flughafen

Der **Sir Seewoosagur Ramgoolam International Airport** (SSR) liegt in Plaisance ca. 45 km südöstlich von Port Louis und wird meist »Plaisance« genannt; Tel. 637 3420 und 603 3030, Fax 637 3266.
Zwischen 6.30 und 18.30 Uhr verkehren stündlich Busse zwischen dem Flughafen und Port Louis sowie Mahébourg. Für Reisende mit wenig Gepäck ist dies die einzige Alternative zum Taxi.
Vor dem Flughafengebäude stehen viele Taxis bereit, die offiziell mit einem Taxameter ausgestattet sein müssen – sollte dies nicht der Fall sein, gilt es, den Fahrpreis vor Abfahrt auszuhandeln; in manchen Fällen kann das sogar billiger sein.
Der kleine **Plaine Corail Airport** auf Rodrigues (Tel. 832 7888 oder 832 7701, Fax 832 7078) liegt abgelegen im Süden der Insel, Besucher lassen sich am besten von einem vorbestellten Wagen abholen. Individualreisende können den Supercopter Bus nach Port Mathurin nehmen (Preis ca. 75 Rs).

Mit dem Schiff

Mauritius wird hin und wieder von Kreuzfahrtschiffen angelaufen, die sich entweder auf Weltreise befinden oder einen Abstecher von Südafrika machen.
Regelmäßig verkehrende Fähren sind die Frachter **MS Mauritius Pride** und **Mauritius Trochettia**, die ein paar Kabinen für Personen besitzen und sechsmal im Monat zwischen Mauritius und Réunion hin und her pendeln. Die Reise dauert ungefähr 12 Stunden. Die Schiffe steuern zwei- oder dreimal im Monat auch die Nachbarinsel Rodrigues an (s. u.).
Bei allen Schiffsreisen sollte man darauf achten, nicht in der Zyklonsaison zwischen November und April unterwegs zu sein.

Unterwegs auf Mauritius

Mit dem Schiff

Viele Agenturen auf Mauritius bieten Ausflüge nach Rodrigues und Réunion an. Eine Fahrt mit der MS Mauritius Pride oder der MS Mauritius Trochettia (nicht regelmäßig) sollte unmittelbar nach der Ankunft oder besser noch vor der Abreise über ein Reisebüro gebucht werden, da die Erste-Klasse-Kabinen und bequemen Sitze in der Normalklasse immer rasch ausverkauft sind.
Die Schiffe verkehren zwei- bis dreimal im Monat zwischen Mauritius und Rodrigues und fahren sechsmal im Monat nach Réunion.
■ **The Mauritius Shipping Co. Ltd.,** Batiment Nova, 1 Military Road, Port Louis, Tel. 217 2285, Fax 242 52 45, E-Mail: msc@coraline.intnet.mu; Port Mathurin, Tel. 831 0640.

Hotels oder Agenturen auf Rodrigues organisieren Schiffsexkursionen von Rodrigues zur Île aux Cocos und zur Île aux Chats. Buchungen müssen allerdings frühzeitig getroffen werden, da auf den Inseln nur eine begrenzte Anzahl von Besuchern zugelassen ist.

■ **Rod Tours,** Port Mathurin, Tel. 831 2249, Fax 831 2267, E-Mail: rodtours@intnet.mu

Mit dem Hubschrauber

Air Mauritius bietet Transfer- und Rundflüge mit Hubschraubern an, deren Preise von Flugzeit und Strecke abhängen. Die gegenwärtigen Tarife beginnen bei 18 000 Rs pro Hubschrauber für vier Passagiere (15 Min. Flug). Transferflüge vom Flughafen in die Hotels kosten ca. 8700 Rs pro Person. Reservierungen über Reiseagenturen oder:
■ **Air Mauritius,** Helicopter Section, Tel. 603 3754, Fax 637 4104, E-Mail helicopter@airmauritius.com

Organisierte Ausflüge

Zahlreiche Agenturen auf Mauritius bieten organisierte Touren an. Die folgenden Anbieter verfügen über eine breite Auswahl und haben Zweigstellen in den großen Hotels:
■ **Mauritours,** 5 Venkatasenanda Street, Rose Hill, Tel. 467 9700, Fax 465 5228, E-Mail: resa@mauritours.net
■ **MTTB Mautourco,** Gustave Collin Street, Forest Side, Tel. 670 4301, Fax 675 64 25, www.mttb.com, E-Mail: mtco@mautourco.com
■ **White Sand Tours,** DML Building, P.O. Box 738, M1 Motorway, Port Louis, Tel. 212 3712, Fax 208 8524, www.whitesandtours.com, E-Mail: wst@whitesandtours.com
■ **Grand Baie Travel and Tours (GBTT),** Coastal Road, Grand Baie, Tel. 263 8771, Fax 263 8274.

Mit dem Bus

Mauritius besitzt ein gut ausgebautes Busnetz. Die Tickets sind preiswert, und auf den Fahrplan ist generell Verlass, dabei gilt: Je später der Abend, desto seltener die Verbindungen. Überland verkehren die Busse bis 18.30 Uhr, in den Städten bis 20 Uhr, zwischen Port Louis und Curepipe bis 23 Uhr. In Port Louis gibt es zwei Busbahnhöfe: Die meisten Überlandbusse starten am Immigration Square nahe dem Markt, einige Stadtbusse und regionale Verbindungen in Richtung Süden am Victoria Square. Die Fahrpreise liegen zwischen 10 und 50 Rs, bei Expresslinien um 60 Rs.

Wer es eilig hat, sollte die Expressbusse benutzen. Die Fahrkarten werden im Bus gekauft, wofür man ausreichend Kleingeld dabei haben sollte. Den Haltewunsch signalisiert man über Knöpfe an den Sitzen. Wochentags zwischen 8 und 9 und 16 bis 17 Uhr sind die Busse meist überfüllt. Am Tag gibt es zahlreiche Verbindungen, das Touristenbüro in Port Louis hält Fahrpläne bereit.

Auf Rodrigues verkehren nach 16 Uhr keine Busse mehr.

Mit dem Taxi

Taxis sind üblicherweise mit Taxameter ausgestattet, sind diese nicht vorhanden oder nicht eingeschaltet, sollte man unbedingt vor Fahrtantritt einen Preis vereinbaren. Offizielle Tarife sind im Fahrzeug ausgeschildert, Wartezeiten werden im Viertelstundentakt berechnet. Die Taxifahrer erwarten kein Trinkgeld.

In der Praxis halten sich die Fahrer nur selten an die offiziellen Tarife. Beschwerden kann man bei der Mauritius Tourist Promotion Authority oder bei der National Transport Authority unter Angabe von Nummernschild, Fahrernamen und Fahrtdetails vorbringen.

Es kann bei längeren Unternehmungen günstiger sein, ein Taxi zum Festpreis für den ganzen Tag zu chartern. Erweist sich ein Taxifahrer als kenntnisreicher Führer, bietet es sich an, seine Adresse für weitere Ausflüge zu erfragen.

In manchen Orten verkehren lizenzierte »taxi trains« oder Sammeltaxis, die bestimmte Routen befahren, den Fahrpreis auf die Zahl der Passagiere umlegen und in der Nähe der Busbahnhöfe warten. Diese Fahrzeuge sind oft alt und überfüllt, doch die Fahrten sind preiswert, zügig und unterhaltsam.

Offizielle Taxis haben schwarze Nummern auf weißen Schildern und stehen an gekennzeichneten Taxiständen. Taxis ohne Lizenz sind an ihren weißen Nummern auf schwarzen Schildern zu erkennen; sie warten meist in der Nähe von Taxiständen, Busbahnhöfen oder Flughafen. Ihre Preise sind zwar niedriger, allerdings sind die Insassen nicht versichert. Manche Hotels treffen Vereinbarungen mit bestimmten Taxifahrern, die sich dazu verpflichten, faire Preise zu verlangen. Wer sich von ihnen übervorteilt fühlt, sollte damit drohen, das Hotel zu informieren.

Auf Rodrigues stehen nur einige wenige Taxis zur Verfügung.

Mit dem Auto

Verkehrsregeln

Das britische Vermächtnis an Mauritius wird vor allem auf den Straßen ersichtlich: Es herrscht Linksverkehr, und wie in Großbritannien hat im Kreisverkehr derjenige, der von rechts kommt, die Vorfahrt. Da sich offenbar nicht alle Verkehrsteilnehmer dieser Regel bewusst sind, fährt in der Praxis derjenige zuerst, der am wenigsten zögert.

Auf den Straßen ist Vorsicht vor Federvieh, Ziegen, Hunden und Radfahrern mit überladenen Drahteseln geboten. Auch Familien auf Motorrollern sollte man genügend Abstand einräumen. Öffentliche Busse fahren beängstigend schnell über die schmalen Straßen und beanspruchen in scharfen Kurven viel Platz auf der Gegenspur. Vor allem bei Dunkelheit ist neben Zuckerrohrfeldern Vorsicht vor tiefen Rinnen und Gräben geboten. Mauritier hupen gerne, wenn sie überholen wollen oder sich einer Kreuzung nähern – dies sollte nur als freundliche Warnung verstanden werden.

Die Höchstgeschwindigkeit auf Autobahnen beträgt 80 km/h, auf allen anderen Straßen 50 km/h, innerhalb geschlossener Ortschaften 40 km/h. Sicherheitsgurte müssen vorne und hinten angelegt werden, doch es gibt keine Altersbegrenzung für Passagiere auf dem Beifahrersitz. Der Führerschein muss immer mitgeführt werden.

Bei Unfällen jeglicher Art sollte man zur Sicherheit immer die Polizei rufen und die Leihwagenfirma benachrichtigen sowie das bereitgestellte Unfallberichtsblatt ausfüllen.

Vor allem auf der Strecke zwischen Mahébourg und Grand Baie zeigt die Verkehrspolizei eine starke Präsenz, da hier viele Raser unterwegs sind. Dieser Straßenabschnitt wird hochtrabend Motorway genannt, wohinter sich jedoch nichts anderes als eine teilweise zweispurige Hauptstraße verbirgt. Das 1600 km lange Straßennetz ist überwiegend asphaltiert, doch an vielen Stellen lauern Schlaglöcher. Zu den besten Strecken gehören der Motorway sowie die neue Straße durch den Black River Gorges National Park. Etwas schlechter sind die Straßenverhältnisse an der touristisch weniger erschlossenen Südküste sowie in Dörfern und Städten.

Ortsschilder verstecken sich mit Vorliebe hinter Palmen oder Zuckerrohr und sind auf Französisch und/oder Englisch beschriftet. Entlang der Hauptstraßen sind die Orte meist gut ausgeschildert; zur besseren Orientierung sollte man sich aber unbedingt eine Straßenkarte besorgen. Entfernungen und Geschwindigkeitsbegrenzungen werden überwiegend in Kilometern und selten in Meilen angegeben.

Als Anhaltspunkt für Erkundungen auf eigene Faust dienen folgende Fahrtzeiten: Flughafen – Belle Mare 1,5 Std.; Belle Mare – Pamplemousses 55 Min.; Belle Mare – Trou d'Eau Douce 30 Min.; Belle Mare – Grand Baie (via Küstenstraße) 1 Std.; Port Louis – Curepipe (ohne

Stau) 40 Min.; Le Morne – Ostküste (durchs Inselinnere) 2 Std.
In den Städten gibt es gebührenpflichtige Parkplätze, Parkscheine erhält man an allen größeren Tankstellen.

Mietwagen

Um einen Wagen zu leihen, muss man mindestens 23 Jahre alt sein und einen gültigen internationalen Führerschein besitzen. Selbst kleinere Unternehmen akzeptieren inzwischen die gängigen Kreditkarten, wodurch sich die Hinterlegung einer teuren Kaution erübrigt. Im Mietpreis sind gewöhnlich Vollkasko- und Unfallversicherung enthalten, was jedoch überprüft werden sollte. Wer nur einen Tagesausflug machen möchte, ist unter Umständen besser bedient, ein Auto samt Fahrer zu mieten, der die schönsten Ecken der Insel kennt.
Gute Mietwagen bekommt man u. a. bei folgenden Agenturen:

- **Avis,** Al-Madina Street, Port Louis, Tel. 208 1624 und 208 6031, Fax 211 1420, www.avismauritius.com, E-Mail: avis@avismauritius.com
- **Budget Rent a Car,** S. Venkatesenanda Street, BP 125 Rose Hill, Tel. 467 9700 und 467 9709, Fax 454 1682, E-Mail: budget@mauritours.net
- **Europcar,** Pailles, Tel. 286 0140, Fax 286 4705, E-Mail: europcar@intnet.mu
- **Hertz Mautourco,** Gustave Collin Street, Forest Side, Tel. 670 4301, Fax 675 6425, E-Mail: hertz@mautourco.com
- **Société J.H.A. Arnulfy & Co,** Labourdonnais Street, Mahébourg, Tel. 631 9806, Fax 631 9991.

Mit dem Fahrrad

Viele Besucher erkunden die Insel auch per Fahrrad. Insbesondere von Grand Baie lassen sich wunderbare Ausflüge in die kleineren Dörfer der näheren Umgebung unternehmen. Die meisten Hotels und Agenturen (**White Sand Tours,** Tel. 212 3712, und **Mauritours,** Tel. 467 9700, u. a.) organisieren Leihräder.

Wassersport

Mauritius ist ideal für alle Arten von Wassersportaktivitäten. Die Unterwasserwelt der Korallenriffe ist faszinierend, viele Einrichtungen ermöglichen Schnorchel- oder Tauchausflüge. Unterwasser-Spaziergänge, U-Boot-Ausflüge und Touren mit Glasbodenbooten bieten eine gute Alternative auch für Kinder oder ältere Gäste.
Einige Küstenabschnitte, vor allem an der Ostküste und Südwestküste, bieten ideale Voraussetzungen zum Windsurfen und Segeln, die weiten Lagunen und geschützten Buchten sind perfekt geeignet für Wasserski, Tretboot- und Kajakfahren wie auch Parasailen. Hochseefischen ist im Indischen Ozean sehr beliebt.
Man kann natürlich auch einfach die herrlich weißen Sandstrände genießen, sei es beim Sonnenbaden oder spazieren gehen und sich bei einem Bad im glasklaren Wasser des Ozeans vergnügen.

Tauchen

Rund 30 Tauchzentren, die an die Hotels angeschlossen sind, bieten Ausflüge zu Schiffswracks und anderen Sehenswürdigkeiten unter Wasser an. Die meisten betreuen Unterwasserfreunde von Anfängern bis hin zu erfahrenen Tauchern, manche bieten auch Tauchausflüge in der Nacht an. Nähere Infos über

- **Mauritian Scuba Diving Association,** Tel. 454 0011, www.msda.cmas.org, E-Mail: msda@intnet. mu.

Kleine Auswahl der Tauchzentren:

- **Blue Water Diving Centre,** s. Top 10 Aktiv, S. 364.
- **La Pirogue Diving Centre,** Wolmar, Tel. 453 8441. Gute Anfängerkurse.
- **Paradise Diving Centre,** Coastal Road, Grand Baie, Tel. 265 6070.
- **Villas Caroline Diving Centre,** Flic en Flac, Tel. 453 8450.

Trou aux Biches besitzt mehrere gute Tauchbasen. Hughes Vitry, der am Blue Water Diving Centre neben dem beliebten Fischrestaurant Le Pescatore (s. S. 358) sein Büro hat, ist ein bekannter Tiefseefotograf und nimmt Sie – mit etwas Glück und Überredungskunst – auf einen seiner Tauchgänge mit.

Tauchzentren auf Rodrigues

- **Cotton Dive Centre,** Cotton Bay Hotel, Tel. 831 6000, Fax 831 6003, E-Mail: cottonb@intnet.mu
- **Bouba Dive Centre,** Mourouk Ebony Hotel, Pate Reynieux, Tel. 832 3063, Fax 832 3355, E-Mail: boubadiving@intnet.mu
- **Rodrigues Dive Centre,** Pointe Venus Hotel, Tel. 832 0104, Fax 832 0112.

Segeln

Hobbie Cats (kleine Katamarane) können an den Stränden oder in Hotels gemietet werden.
Folgende Charterunternehmen bieten Halb- oder Ganztagsausflüge in großen Segelbooten an. Reservierungen erfolgen entweder über die Hotels oder direkt bei:

- **Centre Sport Nautique Ltd.,** Sunset Boulevard, Royal Road, Grand Baie, Tel. 263 8017, Tel./Fax 263 7479. Organisiert auch Kajaktrips, Radtouren und andere Ausflüge.
- **Croisières Australes,** c/o Maurtourco, Gustave Collin Street, Forest Side, Curepipe, Tel. 255 1843 oder 670 4301.
- **Croisières Turquoises Ltd.,** Barachois, Mahébourg, Tel. 631 8347, Fax 631 1544, E-Mail: croistur@intnet.mu. Ganztägige Törns mit einem Katamaran.

■ **Croisières Océane,** Trou d'Eau Douce, Tel. 631 8347 oder 480 2767, Fax 631 1544. Trip entlang der Südostküste, Schnorchelmöglichkeiten und Besuch der wunderschönen Île aux Cerfs.
■ **Terres Océanes,** Cap Malheureux, Tel. 262 7188, Fax 262 7198, E-Mail: terreoceanes@intnet.mu, Luxusyachttouren mit Übernachtungsmöglichkeit zu den nördlichen Inseln.
■ **Yacht Charters,** Royal Road, Grand Baie, Tel. 263 8395, Fax 263 7814, www.islamauritia.com. Tagesausflug auf dem 150 Jahre alten Segelschiff »Isla Mauritia« mit Barbecue am Strand.

Windsurfen

Am besten kann man an der Westküste bei Tamarin und Le Morne surfen. Die meisten Strandhotels stellen Surfbretter bereit. Man kann sie aber auch ausleihen beim
■ **Centre Sport Nautique,** Grand Baie, Tel. 263 8017, Tel./Fax 263 7479.

Schnorcheln

Viele Hotels oder Tauchzentren stellen die Ausrüstung fürs Schnorcheln bereit, aber wenn Sie vorhaben, ausgiebige Unterwasser-Erkundungstouren zu unternehmen, sollten Sie besser ihre eigene Ausrüstung mitbringen. Schnorchel und Tauchermaske sind überall erhältlich, aber vor dem Kauf sollten Sie genau prüfen, ob das Mundstück des Schnorchels weich und angenehm ist und die Maske richtig sitzt. Dies erkennen Sie, indem Sie die Maske auf das Gesicht halten und durch die Nase einatmen, ohne dabei die Schlaufe über den Kopf zu ziehen. Wenn die Maske durch den Sog auf Ihrem Gesicht bleibt, passt sie, wenn Luft entweicht, sollten Sie eine andere ausprobieren.
Eine Menge unterschiedlicher Tropenfische bewohnt die Korallenriffe. Es gibt einige exzellente Bücher, die beim Erkennen der einheimischen Arten helfen können. Für Schnorchler ist eine »fish watchers slate« sehr hilfreich – eine Plastikkarte, auf der die 40 bekanntesten Fischarten farbig abgebildet sind. Denken Sie daran, sich ausgiebig mit wasserfester Sonnencreme einzureiben, die außerdem einen hohen Lichtschutzfaktor enthalten sollte. Ebenfalls sinnvoll ist es, beim Schnorcheln ein T-Shirt zu tragen, um einen Sonnenbrand auf dem Rücken zu vermeiden. Wenn in der Nähe Jet Ski oder andere motorisierte Wasserfahrzeuge unterwegs sind, ist es ratsam, Ihre Position durch ein leuchtendes Band zu markieren, das Sie sich um die Hüfte oder den Fuß binden können.

Ausflüge unter Wasser

Selbst Nichtschwimmer können die Schönheit des Korallenriffs bei einem Unterwasserspaziergang bewundern. Ein speziell entwickelter Helm versorgt Sie mit Sauerstoff von der Oberfläche aus und erlaubt Ihnen sogar, Ihre Brille oder Kontaktlinsen zu tragen. Der Ausflug ist auch für Kinder ab sieben Jahren möglich.
■ **Captain Nemo's Undersea Walk,** s. Top 10 Aktiv, S. 364. Unterwasserexkursionen von Captain Nemo können Sie auch über das Hotel oder Reiseveranstalter buchen (s. S. 364).
■ **Aquaventure,** Trou d'Eau Douce, Tel. 480 2641, Fax 415 1993.
■ **Undersea Walk,** Grand Baie, Tel. 263 7819, Fax 263-5454. Wer lieber trockenen Fußes von einem Boot aus die interessante Unterwasserwelt kennen lernen möchte, kann zwischen einer Tour mit einem Unterwasser-Panoramaboot oder einem U-Boot wählen.
■ **Blue Safari Submarine,** s. Top 10 Family, S. 368. Tour unter Wasser in einem U-Boot mit Air Condition. Tgl. 9–21 Uhr.
■ **Le Nessee,** Croisières Australes, 84 Gustave Collin Street, Forest Side, Tel. 674 3695 oder 263 8017, Fax 674 3720, E-Mail: mtco@mautourco.com. Einstündige Fahrt in einem »halben« U-Boot. Verkehrt viermal am Tag ab 9.30 Uhr und einmal abends um 19 Uhr.

Infos von A–Z

Banken

Die **Bank of Mauritius** hat überall kleine Zweigstellen, und in Grand Baie sowie anderen Touristengebieten gibt es Vertretungen von **Barclays** und **HSBC.** Einzige Bank in Le Morne ist die **MCB** (Mauritius Commercial Bank). Am Flughafen richten sich die Öffnungszeiten der Schalter nach dem Flugverkehr.
Öffnungszeiten: Mo–Do 9.15 bis 15.15, Fr 9–15.30 Uhr, in Touristengebieten zusätzlich Sa 9.15 bis 11.15 Uhr. Mit gängigen Kreditkarten und PIN-Nummer erhält man Bargeld an allen Bankautomaten.

Behinderte

Einige Luxushotels besitzen gute Einrichtungen für Körperbehinderte. Abseits der Touristenzentren sind die Verhältnisse schwierig, aber man kann sich der Hilfsbereitschaft der Bevölkerung gewiss sein.

Bücher, Landkarten, Stadtpläne

In den meisten Buchläden von Port Louis kann man handliche Karten kaufen, auch Hotels haben an der Rezeption zumeist Touristenkarten, in denen die wichtigsten Sehenswürdigkeiten verzeichnet sind, ausliegen. Besonders empfehlenswert ist die detaillierte IGN-Karte im Maßstab 1:100 000.
Bücher in englischer und französischer Sprache sind überall in den

Buchläden der Insel erhältlich. Eine Auswahl der Buchhandlungen:

- **Bookcourt Ltd.,** Caudan Waterfront, Port Louis, Tel. 211 9262.
- **Le Cygne,** 340 Royal Road, Rose Hill, Tel. 464 2444.
- **ipbd,** Cité Malherbes, Curepipe, Tel. 674 4098 oder 674 4099.
- **Libraire Allot,** Currimjee Arcade, Royal Road, Curepipe, Tel. 676 1253.
- **Libraire Allot,** Sir William Newton Street, Port Louis, Tel. 212 7132.
- **Papyrus,** Richmond Hill Complex, Grand Baie, Tel. 263 7070.
- **Trèfles,** Currimjee Arcade, Royal Road, Curepipe, Tel. 676 3025.

Elektrizität

Auf allen Maskareneninseln beträgt die Stromspannung 220 Volt. Auf Mauritius und Rodrigues werden rechteckige, dreipolige Stecker wie in Großbritannien verwendet.

Feiertage

Alle Behörden sind an offiziellen Feiertagen geschlossen, das Gleiche gilt für einige größere Geschäfte. Die meisten Feste haben einen religiösen Hintergrund und werden von einer der vielen ethnischen Gruppen auf Mauritius besonders gefeiert. Auf Rodrigues schließen alle chinesischen Geschäfte während des chinesischen Frühlingsfestivals im Februar März für eine Woche.
1./2. Januar: Neujahr; Januar (beweglich): Id El Fitr; 1. Februar: Tag der Sklavenbefreiung; Februar (beweglich): Kavadee; Februar (beweglich): chinesisches Frühlingsfest; Februar/März (beweglich): Maha Shivaratree; 12. März: Tag der Republik; März/April (beweglich): Ougadi; 1. Mai: Tag der Arbeit; 15. August: Mariä Himmelfahrt; September (beweglich): Ganesh Chaturthi; Oktober/November (beweglich): Divali; 25. Dezember: Weihnachten.

Fotografieren

Weißer Sand, türkisfarbenes Wasser und blauer Himmel – die Kontraste auf Mauritius könnten herrlicher nicht sein. Es wird empfohlen, seine Filme (v. a. Diafilme) von zu Hause mitzubringen, da die Preise vor Ort sehr hoch sind. Bei Bedarf erhält man jedoch alle Filmsorten und auch das wichtigste Zubehör. Wegen der hohen Temperaturen und hohen Luftfeuchtigkeit sollte man die Ausrüstung mit Silikonkristallen schützen und in einer gut isolierten Tasche aufbewahren. Schon wenige Minuten der prallen Mittagssonne können die Filmqualität nachhaltig beeinträchtigen. Auf Mauritius kann man unbedenklich Filme entwickeln lassen, wobei die Auswahl der Formate begrenzt ist. Zum Aufladen der Akkus von Digitalkameras erhält man Adapter an der Hotelrezeption bzw. im Fachhandel.

Frauen unterwegs

Allein reisende Frauen sind auf den Inseln die Ausnahme, die meisten Besucher sind Paare oder Familien. Vielleicht wird man auf Befremden stoßen, doch Belästigungen sind in der Regel nicht zu fürchten, mit Ausnahme vielleicht einiger zwielichtiger Nachtklubs in der Gegend von Grand Baie. Insbesondere hier sollte man bei Dunkelheit nicht alleine unterwegs sein bzw. unbeleuchtete Ecken meiden – dies gilt sowohl für weibliche als auch für männliche Besucher. In den vergangenen Jahren kam es wiederholt zu gewalttätigen Überfällen auf Touristen. Auch von noch so freundlich wirkenden Autofahrern sollte man sich nicht mitnehmen lassen.
Wer in eine unangenehme Situation gerät, sollte gelassen und selbstsicher reagieren, sich nicht auf albernes Geplapper einlassen und Blickkontakte vermeiden. Es hilft meist, höflich und bestimmt aufzutreten. Keinesfalls sollte man versuchen, sich mit einigen hingeworfenen Brocken Créole zu wehren, da dies eher als Ansporn aufgefasst wird.
Auf Mauritius und Rodrigues ist baden »oben ohne« nicht angesagt, weder an öffenlichen Stränden noch im Hotelpool.

Geschäftsreisende

Geschäftsleute in Port Louis kleiden sich recht formell. Für Frauen empfiehlt sich dezente Kleidung, Männer sollten einen leichten Anzug, zumindest jedoch Hemd und Krawatte tragen. Es gilt als gute Umgangsform, ein erstes Treffen mit Handschlag und Überreichen der Visitenkarte zu beginnen. Die Geschäftssprache ist Englisch, und bei Verabredungen wird Pünktlichkeit erwartet. Sehr nützlich ist das jährlich erscheinende »International Mauritius Directory«, das in den Buchhandlungen erhältlich ist.

Internetcafés

Internetcafés finden sich in Grand Baie (Super U Centre Commercial), Pereybère, Curepipe, Triolet und an der Port Louis Waterfront.

Kinder

Kinder sind überall auf den Maskarenen willkommen. In den Luxushotels werden spezielle Kinderprogramme angeboten, wie gemeinsame Spiele, kindgerechte Mahlzeiten, Kinderbetreuung und Familienzimmer. Die Supermärkte verkaufen Babynahrung und Windeln, spezielle Produkte sollte man von daheim mitbringen.

Maßeinheiten

Auf Mauritius gilt das metrische System, doch mitunter sieht man noch Straßenschilder mit Meilenangaben, und manche kleine Läden wiegen noch in britischen Pfund.

- 1 Kilometer = 0,62 Meilen
- 1 mile = 1,609 Kilometer
- 1 pound (16 ounces) = 453 Gramm

Öffnungszeiten

- **Nicht-staatliche Büros:** Mo–Fr 8–16.30, Sa 9–12 Uhr.
- **Staatliche Büros:** Mo–Fr 9–16, Sa 9–12 Uhr.
- **Geschäfte in Port Louis:** Mo–Fr 9.30–17, Sa 9–12 Uhr.
- **Geschäfte in den Städten des Hochlands:** tgl. 10–18, Do und So 10–12 Uhr.
- **Städtische Märkte:** Mo–Sa 6–18, So 6–12 Uhr.

Post

Die Postämter in Städten und Dörfern haben Mo–Fr von 8.15–11.15 und 12–16 Uhr sowie Sa von 8.15 bis 11.45 Uhr geöffnet. Die Hauptpost von Port Louis befindet sich an der Port Louis Waterfront (Tel. 208 2851, Fax 212 9640). Eine Postkarte nach Europa kostet je nach Größe 10 oder 15 Rs, ein Luftpostbrief 20 Rs.

Rundfunk und Fernsehen

Die Mauritius Broadcasting Corporation (MBC) bringt täglich um 7, 17.40 und 21 Uhr Fernsehnachrichten sowie um 8, 15 und 21 Uhr Radionachrichten in englischer Sprache. Französisches Fernsehen wird von Réunion aus übertragen. Auf verschiedenen Frequenzen empfängt man vorwiegend morgens und am späten Abend den BBC World Service. Viele Hotels haben Satellitenempfang, man empfängt Deutsche Welle TV, CNN etc.

Souvenirs

Mauritius' neue Shoppingcenter locken mit ihrem reichen Angebot: Lokale Produkte und Handarbeiten finden sich dabei neben luxuriösen Importgütern. Es darf auf alle Fälle gehandelt werden. Die Geschäfte haben in der Regel Fixpreise, doch geben auch sie kleine Ermäßigungen, die abhängig vom Preis oder der Menge der gekauften Waren sind.

Empfehlenswerte Einkäufe sind Modellschiffe und Holzschnitzereien. Kopien kreolischer Holzhäuser, von Hand geschnitzte Salatschüsseln, kleine Tropenfrüchte aus Holz sowie der Dodo in den verschiedensten Ausführungen können auf der ganzen Insel gekauft werden.

Kleider und Stoffe sind von sehr guter Qualität – kaufen können Sie Strickwaren (woollens), T-Shirts, Saris, Oberteile aus Seide oder Baumwolle und Freizeitbekleidung. Auf den Märkten finden Sie Stoffe, bestickte Tischdecken und Servietten, gesteppte Wandbehänge und Töpferwaren, auf denen alltägliche Szenen aus dem mauritischen Leben abgebildet sind.

Außerdem werden Körbe angeboten, die aus »vacoas«, »pandanus« und Kokosnussblättern oder aus Raffia-, Aloe-, Bambus- und Bananenfasern hergestellt bzw. geflochten sind. Wegen ihrer Widerstands- und Strapazierfähigkeit eignen sie sich sehr gut als Einkaufskörbe.

Andreanum- und Anthuriumblumen mit verschieden großen Blüten halten sich lange und sind reisebeständig. Sie können am Flughafen gekauft und fertig verpackt bequem mitgenommen werden. Man kann auch die Plantagen besuchen und von dort aus die Blumen bestellen.

In der Glasgalerie in Phoenix, neben der Mauritiusbrauerei, kann man zusehen, wie Altglas wiederverwertet wird (Mo–Fr 9–11, 13–15 Uhr), die Glaswaren werden in einem Laden verkauft (Mo–Fr 8–16.30, Sa bis 13 Uhr, Tel. 696 3360).

Chinesische Souvenirs, wie Kimonos, Seide und Gegenstände aus Bronze, Jade und Porzellan, werden vor allem in Curepipe in speziellen Geschäften angeboten.

Mauritische Spezialitäten wie Gewürze, Zucker, Tee und geräucherter Marlin sind nicht teuer und eignen sich gut als Geschenke.

Über die ganze Insel verteilt gibt es Kunstgalerien, in denen Bilder und andere Arbeiten lokaler Künstler erstanden werden können.

Stoffe & Kleider

Im Einkaufszentrum Floréal Square werden qualitativ hochwertige Kleidung aus Kaschmir, Baumwolle and Seide angeboten (Floréal Square, Floréal, Tel. 698 8016, Mo–Fr 9.30 bis 17.30, Sa 9.30–16 Uhr).

Die Auswahl an importierten und lokalen Stoffen zur Anfertigung von erstklassigen Hosen und Oberteilen für Herren ist enorm. Ein dreiteiliger Anzug aus Kammgarn kann für weniger als 300 Euro nach Maß geschneidert werden. Das »House of Caustat« (Rue Chateauneuf, Curepipe, Tel. 676 1195, Fax 686 5441) besitzt den Ruf, bester Herrenausstatter auf ganz Mauritius zu sein.

Preiswerte Designerkleidung

In Mauritius werden Kleidungsstücke vieler europäischer Designer genäht. Deshalb gibt es manchmal Restposten von Marken wie Bonair, Floreal Knitwear, Shibani und Tara bis zu einem Drittel ihres Normalpreises.

Modellschiffe

Das Anfertigen von komplizierten Modellbooten und -schiffen – inklusive Kopien von bekannten Galeeren – ist eine große Kunst in Mauritius. Sie können in zahlreichen Werkstätten auf der ganzen Insel gekauft werden – in verschiedenen Qualitäten, die sich entsprechend unterscheiden.

Eine gute Adresse ist die Historic Marine Factory (s. Top 10 Shopping, S. 362). Weitere Betriebe sind: Comajora Factory (La Brasserie Road, Forest Side, Curepipe) und First Fleet Reproductions in Phoenix.

Souvenirs von Rodrigues
Auf dem jeden Samstag (6–10 Uhr) stattfindenden Markt in Port Mathurin auf Rodrigues findet man alles Erdenkliche, angefangen bei Souvenirs bis hin zu selbst gemachten Chutneys und frischen Produkten aus Eigenanbau. Im Women's Handicraft Centre in Mont Lubin, in Careco in Port Mathurin und am Flughafen kann man außerdem schön gearbeitete Körbe aus Vacoas-Blättern erstehen.

Telefon, Handy, E-Mail

Auf Mauritius ist die Informationstechnologie weit entwickelt: Nahezu überall kann man Faxe und E-Mails absenden. Überseegespräche sind aus öffentlichen Telefonzellen in Touristengebieten wesentlich günstiger als von Hotels.
Telefonkarten erhält man in Geschäften und Supermärkten zu unterschiedlichen Werten. Alternativ kann man die Dienste der **Mauritius Telecom Offices,** Rogers House, John Ken-nedy Street in Port Louis (Tel. 208 1036), oder von **Mauritius Telecom Tower,** Edith Cavell Street (Tel. 203 7000), in Port Louis, in Anspruch nehmen. Beide haben Mo–Fr 8.30–17 Uhr, Sa 8.30–14 Uhr geöffnet. Rund um die Uhr geöffnet ist das Büro von Mauritius Telecom in Cassis (Tel. 208 0221).
E-Mails können aus vielen großen Hotels verschickt werden, an deren Telefonnetz man auch den eigenen Laptop anschließen kann. Cellplus in Port Louis (Tel. 203 7500) und Emtel in Rose Hill (Tel. 465 2000) verleihen **Mobiltelefone.** Dank eines Abkommens zwischen Mobilfunkgesellschaften in Übersee kann man auf Mauritius auch mit dem eigenen Handy telefonieren – erkundigen Sie sich sicherheitshalber vor der Abreise bei ihrem Provider.

Internationale Vorwahlen
- für **Mauritius** und **Rodrigues:** 002 30. Innerhalb des Landes gibt es keine Vorwahlnummern.
- nach **Deutschland:** 00 49
- nach **Österreich:** 00 43
- in die **Schweiz:** 00 41

Trinkgeld

Trinkgelder werden auf den Maskarenen zwar nicht erwartet, aber auch nicht ausgeschlagen. Von dieser Gepflogenheit ausgenommen sind die Träger am Flughafen, die für rund 20 Rs das Gepäck zum Taxi bringen. Im Hotel sind 10 Rs ausreichend. Taxifahrer erwarten zwar kein Trinkgeld, ein kleiner Obolus ist dennoch gern gesehen. Im Restaurant ist bei gutem Service ein Trinkgeld (ca. 5 %) angebracht.

Umgangsformen

Mauritische Umgangsformen haben ihren Ursprung im französischen »savoir-faire«, dem britischen »aplomb« und der asiatischen Höflichkeit. Überall auf den Maskarenen kann man die Wörter »bonjour«, »thank you« und »salam« (asiatischer Gruß) hören. Beim einem ersten Zusammentreffen wird ein Händedruck erwartet, später gibt man sich üblicherweise einen Begrüßungskuss auf beide Wangen. Über politische und wirtschaftliche Angelegenheiten kann man frei reden, und auch die Presse berichtet offen über Skandale. Wer sich auf politische Diskussionen einlässt, erntet eher Gelächter als aggressive Reaktionen. Generell sollte man mit gesundem Menschenverstand entscheiden, mit wem man sich über Themen wie Kolonialismus und Rassismus unterhält. Auf Mauritius gilt es als äußerst unhöflich, Angehörige der indischen Gemeinschaft als Malabar zu titulieren.
Grundsätzlich akzeptieren die Menschen die ihnen fremden westlichen Gepflogenheiten und posieren gerne für Fotos, zeigen bereitwillig den Weg und helfen bei Schwierigkeiten. Doch übertreiben sie auch gerne und sind nicht unbedingt pünktlich. Wer Toleranz, Respekt und Humor mitbringt, wird Erinnerungen an ein warmherziges und freundliches Volk mit nach Hause nehmen.

Zeit

Die Uhren müssen für Mauritius um drei Stunden vorgestellt werden (MEZ + 3 Std.), während der europäischen Sommerzeit um zwei Stunden. Zwischen November und April ist es von 5.30–19 Uhr hell, zwischen Mai und Oktober von 6.45–17.45 Uhr.

Zeitungen

Auf Mauritius erscheinen etwa zehn Tageszeitungen in englischer und französischer Sprache; internationale Zeitungen (auch deutsche) werden in größeren Hotels verkauft.
Importierte Magazine wie **Newsweek** sind meistens teuer und nicht aktuell. In Hotels und Geschäften im Gebiet von Grand Baie liegen die Zeitschriften **Côte Nord** und **Rivage** kostenlos aus, das Hausmagazin **Evasion** der Beachcomber-Gruppe bringt interessante Beiträge in englischer und französischer Sprache. Die genannten Magazine enthalten in erster Linie Nachrichten, Analysen und Infos für Touristen.
Populärste einheimische Zeitungen sind am Morgen **L'Express** und am Abend **Le Mauricien.** Beide Zeitungen erscheinen auf Französisch, bringen jedoch auch einige Nachrichten und Anzeigen in englischer Sprache.
Die 1984 gegründete **Mauritian Wildlife Foundation (MWF),** Tel. 697 6117, www.mauritian-wildlife.org, deren Ziel die Erhaltung der seltenen Flora und Fauna der Inseln ist, gibt ein jährliches Rundschreiben heraus, in dem über aktuelle Projekte berichtet wird.

Notfälle

Sicherheit & Kriminalität

Man sollte wie daheim auch auf Mauritius elementare Vorsichtsmaßnahmen beachten: Weder Schmuck noch Geld öffentlich zur Schau stellen, keine Papiere oder Wertsachen wie Fotoapparate oder Kameras offen im Auto liegen lassen, bei Abwesenheit in der Unterkunft Fenster und Türen schließen, bei Dunkelheit keine Fremden mitnehmen und nicht alleine unterwegs sein.

Auf allen Polizeistationen wird Englisch gesprochen, wobei es in jüngster Zeit zu Beschwerden über die mangelnde Hilfsbereitschaft kam. Wer Opfer eines Verbrechens geworden ist, sollte sich die Namen und Adressen von Zeugen geben lassen und den Vorfall der Polizei melden.

Auch Diebstähle müssen angezeigt werden, um die für die Reiseversicherung notwendigen Unterlagen zu bekommen.

Besondere Vorsicht ist an abgelegenen Orten wie den Rochester Falls oder in der Black River Gorges geboten, wo tagsüber häufig vermeintlich freundliche Menschen auftauchen, die einem dann aber rasch Geld oder Wertsachen entwenden können.

Zyklonwarnungen

Im Südwesten des Indischen Ozeans werden folgende Begriffe verwendet, um die Intensität von zyklonischen Störungen zu verdeutlichen:

- **Tropical depression** (tropisches Tiefdruckgebiet): Böen unter 90 km/h.
- **Moderate tropical depression** (moderates tropisches Tiefdruckgebiet): Böen zwischen 90 km/h und 134 km/h.
- **Strong tropical depression** (starkes tropisches Tiefdruckgebiet): Böen zwischen 135 km/h und 179 km/h.
- **Tropical cyclone** (tropischer Zyklon): Böen zwischen 180 km/h und 250 km/h.
- **Tropical cyclone of strong intensity** (starker tropischer Zyklon): Böen zwischen 251 km/h und 335 km/h.
- **Tropical cyclone of very strong intensity** (sehr starker tropischer Zyklon): Böen mit über 335 km/h.

Sobald sich ein Zyklon der Insel nähert, strahlt das Wetteramt in regelmäßigen Abständen Warnungen über Rundfunk aus, und auf öffentlichen Gebäuden werden rote Flaggen gehisst.

- **Eine rote Flagge:** Warnstufe 1 – geringes Risiko durch Böen bis zu 120 km/h.
- **Zwei rote Flaggen:** Warnstufe 2 – erhöhtes Risiko durch Böen bis zu 120 km/h.
- **Drei rote Flaggen:** Warnstufe 3 – beträchtliche Gefahr durch Böen bis zu 120 km/h.
- **Vier rote Flaggen:** Warnstufe 4 – große Gefahr durch Böen über 120 km/h.

Wetterinformationen können unter der Telefonnummer 302 6071 abgefragt werden. Zykloninformationen erhält man unter Tel. 96.

Diplomatische Vertretungen auf Mauritius

- **Deutsches Honorargeneralkonsulat,** Royal Road, St-Antoine, Goodlands, Tel./Fax 283 7500, E-Mail: germanconsul@intnet.mu.
- **Österreichisches Honorarkonsulat,** c/o Rogers & Co. Ltd., 5 President John Kennedy St., Port Louis, Tel. 202 6800-1, Fax 208 5045, E-Mail: rene.sanson@msc.mu.
- **Schweizer Generalkonsulat,** 2 Jules Koenig Street, Port Louis, Tel. 208 8763, Fax 208 8850, E-Mail: swiss.consul@intnet.mu.

Notrufnummern

Bei Unfällen, Überfällen oder sonstigen Notfällen

- **Polizei:** Tel. 999
- **Feuerwehr:** Tel. 995
- **Rettungswagen:** Tel. 114

Medizinische Versorgung

Die Notfallaufnahme in Krankenhäusern ist kostenfrei. Da die öffentlichen Krankenhäuser oft überfüllt sind, bevorzugen viele Patienten Privatkliniken (s. u.). Bei Erkrankungen vermitteln die Hotels einen Arzt oder besorgen Medikamente. Westliche Medikamente bzw. entsprechende andere Fabrikate sind in den Apotheken erhältlich. Die meisten Ärzte sprechen Englisch.

Auf Rodrigues sind die medizinischen Einrichtungen im Allgemeinen sehr einfach. Im Falle einer ernsthaften Erkrankung sollte man daher so rasch wie möglich nach Mauritius zurückkehren.

Die zahnärztliche Versorgung ist gut. Auch Kontaktlinsen und Brillen sind von recht guter Qualität und werden innerhalb kürzester Zeit angefertigt.

Privatkliniken

- **Clinique Mauricienne,** Le Réduit, Tel. 454 3061, Fax 464 8813.
- **Clinique du Nord,** Coastal Road, Tombeau Bay, Tel. 247 2532, Fax 247 1254.
- **Clinique Darné,** G. Guibert Street, Floréal, Tel. 601 2300, Fax 696 3612.
- **Centre Médical du Nord,** Pointe aux Canonniers, Tel. 263 1010, Fax 263 1963.
- **Private Ambulance,** Tel. 426 8888, Fax 426 5050.

Gesundheitsrisiken

Keinesfalls sollte man ohne schützendes Schuhwerk durch schlammiges Gewässer waten, denn dort lebt der Steinfisch, dessen Stacheln äußerst giftig sind. Auf jeden Fall sollte man in diesem Fall sofort einen Arzt aufsuchen, da eine nicht behandelte Wunde u. U. tödliche Folgen haben kann.

Sehr unangenehm und schmerzhaft ist ein Tritt in die Stacheln eines Seeigels, die in großen Mengen an Korallenstöcken und auf dem Sandboden der Lagune vorkommen. Es empfiehlt sich, beim Baden und Schnorcheln Badeschuhe mit festen Sohlen zu tragen, die man – besonders für Kinder – am besten von daheim mitbringt.

Auf Rodrigues sollte man auf die großen Hundertfüßler achten, die sich in dunklen Ecken alter Gebäude aufhalten und schmerzhaft zustechen.

Seit 2005 tritt das **Chikungunya-Virus** (Übertragung durch Stechmücken) vermehrt auf, der zu starken Gelenkschmerzen, Fieber, Müdigkeit und Übelkeit führt. Da es noch keinen Impfschutz gibt, wird empfohlen, sich vor allem nachts und zu Zeiten der Dämmerung intensiv vor Mückenstichen zu schützen (Anti-Mücken-Lotion, Moskitonetz, langärmlige, helle Kleidung, Anti-Mücken-Spiralen, geschlossene Fenster, Einschalten der Klimaanlage etc.). Die Hotels sprühen zwar regelmäßig ihr Gelände gegen die Mücke vom Typ Aedes aegypti, die den Virus überträgt, dies ersetzt jedoch nicht den eigenen Schutz vor Stichen. Die Inkubationszeit beträgt 1–12 Tage, sollten Krankheitssymptome auftauchen, ist sofort ein Arzt bzw. ein Tropeninstitut aufzusuchen. Man sollte weiterhin auf ausreichende Flüssigkeitszufuhr achten, Schmerztabletten bringen ein wenig Erleichterung.

Sprache

Créole ist die Lingua franca der Maskarenen, auf Mauritius aber ist Englisch die offizielle Sprache. Daneben werden Französisch und zahlreiche indische und chinesische Dialekte wie Bhojpuri (eine Art kreolisches Hindi), Tamil, Urdu, Telegu, Marathi, Gujarati, Mandarin und Kantonesisch gesprochen.

Durch die Vielzahl an ethnischen Gruppen sind auf Mauritius mehr als ein Dutzend verschiedener Sprachen gebräuchlich. Die Mehrheit der Inselbewohner spricht jedoch Créole (siehe das Kapitel über die Lingua franca auf S. 23). Diese Sprache, die sich aus dem Französischen entwickelte, besitzt eine eigene Grammatik und ein Vokabular, das von vielen anderen Sprachen bereichert wurde. Créole ist so beliebt, dass es andere gebräuchliche Dialekte verdrängt.

Obwohl Mauritius bis 1968 eine britische Kolonie war, dominiert Französisch über das Englische. Zeitungen, Straßennamen und Schilder an de Geschäften sind zum größten Teil in Französisch geschrieben. Sogar englische Filme sind französisch synchronisiert. Leute, die in der Tourismusbranche oder in der Wirtschaft tätig sind, sprechen der Vorschrift halber englisch.

Im Gegensatz zu den Seychellen, wo Créole den Status der offiziellen Landessprache erlangt hat und in Schulen und den Medien benutzt wird, bleibt Créole auf Mauritius lediglich ein Mittel der Verständigung untereinander. Da Créole nicht in Schulen unterrichtet wird und es keinen offiziell akzeptierten Schriftstandard besitzt, nehmen viele Maskarenen an, dass Créole keine Regeln besitzt. In Wirklichkeit ist Créole jedoch eine hoch entwickelte Sprache mit eigenen Zeiten und grammatikalischen Formen sowie einer vereinfachten Aussprache französischer Begriffe, Créole bietet z. B. die einzigartige Möglichkeit, durch die Aussprache mehrdeutige Begriffspaare zu bilden. Diese Technik wird in den Liedertexten des Sega und im Inselhumor bis ins Letzte ausgekostet.

Aussprache, Betonung

Versuchen Sie nicht, den französischen Tonfall zu imitieren. Am besten ist es, überhaupt keinen anderen Tonfall anzunehmen. Sorgen Sie sich nicht um die Feinheiten der französischen Sprache, wie zum Beispiel Zeiten oder deklinierte Verben und Geschlechtsbestimmungen bei Objekten, die es in Créole nicht gibt. Wenn Sie in Schwierigkeiten kommen, scheuen Sie sich nicht, vor allem Substantive auf Englisch zu sagen, da diese oft verstanden werden.

Ein verbreitetes Merkmal des Créole des Indischen Ozeans ist, das Wort »ban« als Pluralzeichen zu benutzen: »ban zenfants« bedeutet somit Kinder und »ban zil« Inseln. Das Wort »zot« bedeutet »sie« in der zweiten Person Plural.

Literaturtipps

- Baissac, Charles: **Märchen aus Mauritius. Ti-Zistwar Pei Moris**. Edition Tintenfaß, Neckarsteinach, 2006.
- Collen, Lindsey: **Sita und die Gewalt.** Rowohlt, Reinbek 1997.
- Collen, Lindsey: **Die Wellen von Mauritius.** Rowohlt, Reinbek 1998.
- Dormann, Geneviève: **Der Zaubervogel.** Ullstein, Frankfurt 1996.
- Le Clézio, Jean-Marie: **Der Goldsucher**. Goldmann, München 1995.
- Le Clézio, Jean-Marie: **Ein Ort fernab der Welt.** Kiepenheuer & Witsch, Köln 2000.
- Kallio, Harri: **Der Dodo auf Mauritius.** Eine ausgestorbene Tierart wird zum Leben erweckt. Edition Braus im Wachter Verlag, Heidelberg 2004.
- O'Brian, Patrick: **Geheimauftrag Mauritius.** Roman. Ullstein TB, Berlin 2001.
- Slupetzky, Stefan: **Der Segatanz unter dem Flammenbaum. Erhebungen in Mauritius.** Eine lustvolle Lesereise durch Mauritius. Picus Verlag, Wien 2005.

Infoteil Réunion

Landeskunde

Geografie

Réunion liegt 164 km südwestlich von Mauritius und ist mit seinen 2522 km² die größte der drei Maskareneninseln. Ihre Landschaft wird geprägt von spektakulären Vulkanlandschaften mit einem der aktivsten Vulkane unseres Planeten, dem 2631 m hohen Piton de la Fournaise, sowie drei erodierten Talkesseln (Cirques), die sich um den erloschenen Vulkan Piton des Neiges (3069 m) reihen.

Zwischen diesen beiden Gebirgsmassiven erstrecken sich die Hochebenen Plaine-des-Cafres und Plaine-des-Palmistes. Die großartige Berglandschaft mit ihren Nebelwäldern, Wasserfällen, Seen und Schluchten ist ein ideales Gelände für zahlreiche Outdoor-Aktivitäten. Réunions Hauptstadt St-Denis befindet sich im Norden der Insel an der Küste.

Bevölkerung

Die rund 770 000 überwiegend sehr jungen Réunionais sind ein ähnliches Völkergemisch wie auf Mauritius und Rodrigues, nur die Proportionen der einzelnen Bevölkerungsanteile unterscheiden sich. Kreolen und französische Europäer stellen die Mehrheit, gefolgt von Indern (Malabar) und Chinesen.

Steckbrief Geografie & Bevölkerung

- **Staatsform:** Französisches Überseedepartement
- **Fläche:** 2522 km²
- **Hauptstadt:** Saint-Denis
- **Bevölkerung:** 770 000 Einw.
- **Bevölkerungsdichte:** 285 Einw./km²
- **Bevölkerungszuwachs:** 1,7 %/Jahr
- **Sprache:** Französisch, Kreol

Religion

Réunion ist zu 95 % römisch-katholisch. Die Gottesdienste und Zeremonien in Moscheen und Tempeln werden auf Französisch gehalten. Ein Großteil der tamilischen Inder sind Hindus; es gibt eine geringe Anzahl Muslime und Buddhisten.

Wirtschaft

Wie Mauritius besitzt auch Réunion keinen garantierten Absatzmarkt für Zucker mehr. Viele Waren werden aus Frankreich importiert, was zu Inflation und hohen Preisen führt. Größte Einkommensquelle war bis 2005 der wachsende Tourismus, der jedoch wegen Annullierungen von Reisen aufgrund der 2005 aufgetretenen Chikungunya-Krankheit stark einbrach. Trotz starker Bemühungen des Tourismusverbandes hat sich die Branche bisher nicht erholt, vor allem Franzosen, die bisher den größten Teil der Besucher stellten, reisen jetzt viel seltener auf die Insel. Die Wirtschaft litt im Allgemeinen stark unter den Folgen der Viruskrankheit, die Arbeitslosenzahl lag 2006 bei 37 %. Einige Hotels mussten schließen, Fluggesellschaften reduzierten die Zahl ihrer Flüge und der Einzelhandel litt stark.

Politik

Réunion ist ein französisches Überseedepartement (Département d'Outre Mer – DOM). Die Angelegenheiten der Insel unterliegen der Verantwortung des französischen Ministeriums für DOM-TOM. In der Pariser Nationalversammlung ist Réunion mit fünf Abgeordneten und im französischen Senat mit drei Ratsmitgliedern vertreten.

Reiseplanung

Klima & Reisezeit

Réunion hat zwei Jahreszeiten: Dezember bis April sind heiß und feucht, Mai bis November kühl und trocken. An der Küste liegen die Temperaturen bei ca. 21 °C im Winter und 28 °C im Sommer, auf den Hochebenen und in den Bergen schwanken die Werte zwischen 4 °C und 25 °C. In Höhen über 2000 m können die Temperaturen nachts unter die Frostgrenze fallen.

Die heftigsten Zyklone im Indischen Ozean treten üblicherweise zwischen Dezember und April auf. Man zählt ca. zehn Zyklone jährlich, die viele Flüsse über die Ufer treten und alles, was sich ihnen in den Weg stellt, mit sich reißen.

Diplomatische Vertretungen

Deutschland

- **Botschaft der Republik Frankreich,** Pariser Platz 5, 10117 Berlin, Tel. (030) 590 03 90 00, Fax 590 03 91 10, www.botschaft-frankreich.de

Österreich

- **Botschaft der Republik Frankreich,** Technikerstraße 2, 1040 Wien, Tel. (01) 50 27 50, Fax 50 27 51 68, www.ambafrance-at.org

Klima und Reisezeit

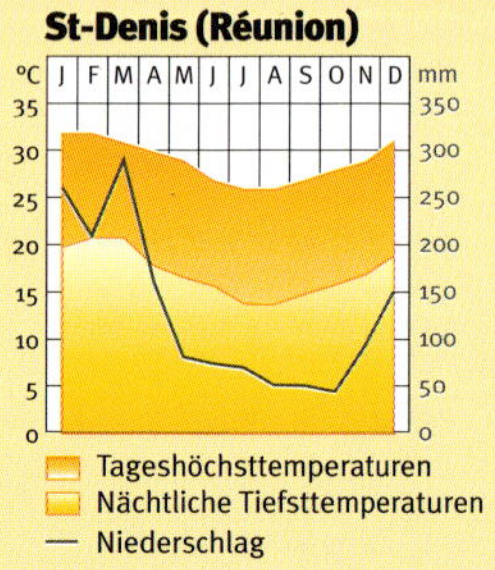

Schweiz

■ **Botschaft der Republik Frankreich,** Schosshaldenstraße 46, 3006 Bern, Tel. (031) 359 21 11, Fax 359 21 91, www.ambafrance-ch.org

Reisedokumente

EU-Bürger und Schweizer Staatsbürger benötigen für einen Aufenthalt bis zu drei Monaten lediglich einen gültigen Personalausweis bzw. eine Identitätskarte, Kinderpässe werden anerkannt.

Impfungen

Sofern man nicht aus einem Infektionsgebiet einreist, benötigt man keine besonderen Impfungen; die Malaria ist seit 1948 ausgemerzt. Gegen die seit 2005 auftretende, von Mücken übertragende Chikungunya-Krankheit gibt es bisher keinen Impfstoff. Weitere Informationen s. unter Mauritius, S. 384.

Krankenversicherung

Die Europäische Krankenversicherungskarte (EHIC) gilt auch für Frankreich. Im Falle der Beanspruchung medizinischer Hilfe müssen alle Quittungen und Nachweise aufbewahrt werden, um zu Hause die Kosten erstattet zu bekommen. Touristen wird eine Auslandsreisekrankenversicherung empfohlen, die auch einene medizinisch notwendigen Rücktransport abdeckt..

Rund ums Geld

Währung

Der Euro ist Landeswährung. 1 Euro entspricht etwa 1,62 CHF (Stand: Frühjahr 2007).

Kreditkarten

Die meisten Hotels, Geschäfte und Restaurants akzeptieren die gängigen Kreditkarten, doch man sollte dennoch stets etwas Geld dabei haben. Dies gilt vor allem in den Talkesseln, wo es keine Banken gibt.
Mit Kreditkarten bzw. Bankkarte und Geheimnummer kann man an Bankautomaten Bargeld abheben (Auslandsaufschlag). Kostenfrei ist die Abhebung vom Sparkonto bei der Postbank in den Postfilialen auf Réunion oder an Bankautomaten mit VISA PLUS-Symbol.
Einige Banken wechseln Devisen, allerdings oft zu hohen Gebühren.

Mehrwertsteuer

Auf Waren und Dienstleistungen, jedoch nicht auf Lebensmittel und Bücher, wird eine Mehrwertsteuer von 8,5 % erhoben. Zollfreie Waren sind nur am Flughafen bei Ausreise in ein Nicht-EU-Land erhältlich. Eine Hotel- oder Restaurantsteuer ist in jeder Rechnung enthalten, ebenso schließt der Ticketpreis die Flughafensteuer bereits mit ein.

Reisegepäck

Da im gebirgigen Inselinneren ein kühleres Klima herrscht als im Tiefland, gehört warme Kleidung ins Gepäck. Abends kann es auch an der Küste frisch sein, sodass man eine leichte Jacke benötigt. Helle, langarmelige Kleidung schützt vor Moskitostichen. In der Stadt und am Abend sind Baumwollhosen, legere Hemden oder T Shirts akzeptabel, nicht jedoch Strandkleidung. Bei offizielleren Anlässen ist eine Krawatte angesagt. An den Stränden darf man »oben ohne« sonnenbaden. Wegen der hohen Sonneneinstrahlung sind Kopfbedeckung sowie ein Sonnenschutzmittel mit hohem Lichtschutzfaktor wichtig.
Sandalen und Plastikschuhe schützen im Wasser vor Seeigelstacheln und scharfe Korallen. Für Wandertouren in den Bergen benötigt man gute Wanderschuhe (s. S. 186 f.) und Regenschutzkleidung, für Spaziergänge festes Schuhwerk.

Zoll

Für das französische Réunion gelten die Zollbestimmungen der EU. Hier bestehen bei der Ein- und Ausfuhr von Gütern, sofern sie für den privaten Bedarf sind, keine Beschränkungen. Als Richtwerte gelten: 800 Zigaretten/1 kg Tabak, 10 l Spirituosen, 90 l Wein pro Person über 15/17 Jahre. Der Import illegaler Drogen wird streng geahndet.
Bei der Wiedereinreise in die Schweiz sind pro Person über 15 Jahre folgende Waren zollfrei: 250 g Tabak (oder 50 Zigarren oder 200 Zigaretten); 1 l Spirituosen; 2 l Wein oder Bier; 50 g Parfüm sowie Geschenke bis 300 CHF.

Infoadressen

Deutschland

■ **Fremdenverkehrsbüro Réunion,** c/o Maison de la France, Zeppelinallee 37, 60325 Frankfurt/M., Tel. (069) 97 58 01 12 oder 0900 157 00 25, Fax 0900 159 90 61 (jeweils 0,49 Euro/Min.), E-Mail: insel-la-reunion@franceguide.com, www.lareunionvousattend.com, http://de.franceguide.com

Österreich

■ **Maison de la France,** Lugeck 1–2, Stiege 1, Top 7, 1010 Wien, Tel. 0900 25 00 15, Fax (01) 503 28 72, E-Mail: info.at@franceguide.com, www.franceguide.com

Schweiz

■ **Maison de la France,** Rennweg 42, Postfach 7226, 8023 Zürich, Tel. (04 4) 2 17 46 00, Fax 217 46 17, E-Mail: info.ch@franceguide.com, http://ch.franceguide.com

Réunion

■ **Comité du Tourisme de la Réunion,** Place du 20 Décembre 1848, 97472 St-Denis Cédex, Tel.0 26 21 00 41, Fax 0 26 21 00 21, ctr@la-reunion-tourisme.com
■ **Office de Tourisme de St-Denis,** Ancienne Gare Routière, 2, place Etienne Régnault, 97400 St-Denis, Tel. 0 26 41 83 00, Fax 0 26 21 37 76.

Nahezu jede Stadt auf Réunion besitzt ein kleines Touristenbüro. Praktisch ist die »cartapoche«, eine Landkarte, die sich auf die Größe einer Kreditkarte falten lässt. In fast allen Zweigstellen erhält man die kostenlose Broschüre **RUN Guide** mit aktuellen Infos. Viele Büros bieten lokales Kunsthandwerk an.

Réunion im Internet
■ **www.insel-reunion.de** (private Website mit vielen Informationen)
■ **www.reunion-nature.com** (Aktivitäten, Wandern, Unterkünfte)
■ **www.franceguide.com** (Französisches Fremdenverkehrsamt)

Anreise

Mit dem Flugzeug

Die Insel wird von Frankreich aus direkt angeflogen. Nationale Fluggesellschaft ist Air France (AF), sie fliegt ab Frankfurt/M. über Paris nach Réunion. Weiterhin werden Flüge von Air Austral, Corsair und Air Mauritius (mit Stopp auf Mauritius) angeboten. Der Flughafen Roland Garros (Tel. 02 62 48 81 81) liegt 10 km östlich von St-Denis. Einige Flüge landen in Pierrefonds (Tel. 02 62 96 80 00), 5 km nördlich von St-Pierre.

Tägliche Flugverbindungen bestehen zwischen Mauritius und Réunion mit Air Mauritius (MK) und Air Austral (UU). Letztere bietet auch Flüge von Réunion nach Afrika und verschiedenen Inseln an, darunter die Seychellen sowie Madagaskar. Air Austral mit Sitz in Frankreich bietet einen Indian Ocean Air Pass an, der auf den Strecken zwischen Réunion und den Komoren, Madagaskar, den Seychellen und Mauritius eingesetzt werden kann.

Air France-Vertretungen in Deutschland
■ **Air France,** Zeil 5, 60313 Frankfurt/M., Tel. (0180) 583 08 30, www.airfrance.de

in Österreich
■ **Air France,** Kärntnerstr. 49, 1010 Wien, Tel. (01) 502 22 24 00, Fax 502 22 24 07.

in der Schweiz
■ **Air France,** Kanalstr. 31–33, 8152 Glattbrugg, Tel. (01) 439 18 18, Fax 439 18 12.

Französische Fluggesellschaften
■ **Air Austral,** 122, rue de la Boétie, 75008 Paris, Tel. 01 44 95 11 30, Fax 01 44 95 11 37, www.air-austral.com
■ **Corsair (Corse Air International),** 2, avenue Charles Lindbergh, 94528 Rungis, Tel. 01 49 79 49 79, www.corsair.fr

Büros von Flugesellschaften auf Réunion
■ **Air Austral,** 4, rue de Nice, BP 611, 97473 St-Denis, Tel. 02 62 90 90 90 bzw. 02 62 48 80 20 am Flughafen Roland Garros, Fax 02 62 90 90 91.
■ **Air France,** 7, avenue de la Victoire BP 845, 97477 St-Denis, Tel. 02 62 40 38 38 bzw. 02 62 48 80 86 am Flughafen Roland Garros, Fax 02 62 40 38 38.
■ **Air Mauritius,** 13, rue Charles Gounod, 97400 St-Denis, Tel. 02 62 94 83 83 bzw. 02 62 48 80 18 am Flughafen Roland Garros, Fax 02 62 48 18 60.
■ **Corsair** (Aérolyon und Nouvelles Frontières), 37, rue Juliette Dodu, 97400 St-Denis, Tel. 02 62 94 82 82 bzw. 08 20 04 20 42 am Flughafen Roland Garros, Fax 02 62 40 96 72.

Transport vom Flughafen
Am Flughafen Roland Garros gibt es diverse Autovermieter (s. S. 389). Ein Taxi nach St-Denis kostet 18 bis 25 Euro, nach 20 Uhr sowie an Feiertagen liegt der Preis noch höher. Eine billigere Alternative ist der Pendelbus (»navette aéroport«), der regelmäßig zwischen 7 und 19.45 Uhr nach St-Denis verkehrt, Fahrtdauer ca. 20 Min.

Mit dem Schiff

Mehrmals im Monat pendeln die Frachter **MS Mauritius Pride** und **MS Trochettia** zwischen Mauritius und Réunion. Die nächtliche Überfahrt in Kabinen unterschiedlicher Preisklasse dauert etwa 12 Std. Buchungen auf Réunion:
■ **Mauritius Shipping Corporation,** 47, rue Évariste-de-Parny, 94720 Le Port, Tel. 02 62 42 78 00 oder -10 oder 02 62 42 19 45, Fax 02 62 43 25 47.

Unterwegs auf Réunion

Mit dem Bus

Réunions Busverbindungen sind gut organisiert und preisgünstig. Bei Haltewunsch klatscht man einfach in die Hände und ruft »devant«. Zwölf Linien verbinden die Orte zwischen 5 und 20 Uhr. Informationen zu Abfahrtszeiten geben die folgenden Bahnhöfe:

- **St-André:** Tel. 02 62 46 80 00.
- **St-Benoît:** Tel. 02 62 50 10 69.
- **St-Denis:** Tel. 02 62 41 51 10.
- **St-Joseph:** Tel. 02 62 56 03 90.
- **St-Paul:** Tel. 02 62 22 54 38.
- **St-Pierre:** Tel. 02 62 35 67 28.

Mit dem Taxi

Taxis sind eine teure Alternative zu Bussen und Leihwagen, so kann die Fahrt von St-Denis nach Boucan-Canot (40 km) rund 40 Euro kosten. Nach Einbruch der Dunkelheit aber sind sie das sicherste Verkehrsmittel für allein reisende Frauen. In den Städten findet man überall Taxistände, bei der Vermittlung helfen die Hotels gerne weiter.

Mit einem Reiseveranstalter

Folgende Agenturen bieten organisierte Rundfahrten an:

- **Atlas Voyages,** 104, rue du Général de Gaulle, 97434 St-Gilles-les-Bains, Tel. 02 62 33 02 20, Fax 02 62 33 02 84, E-Mail: atlas@wanadoo.fr
- **Bourbon Tourisme,** 14, rue Rontaunay, 97400 St-Denis, Tel. 02 62 94 76 94, Fax 02 62 41 03 09, E-Mail: bourbon.s-clotilde@travel-run.com
- **Euro-Voyages Réunion,** 20, rue de l'Est, 97400 St-Denis, Tel. 02 62 21 89 00, Fax 02 62 41 30 00, E-Mail: eurov@wanadoo.fr
- **Objectif,** 28, chemin Summer, 97434 St-Gilles-les-Bains, Tel. 02 62 33 08 33, Fax 02 62 24 26 80, E-Mail: objectif.reunion@wanadoo.fr
- **Papangue Tours,** 5, rue dla Guadeloupe, 97490 Ste-Clotilde, Tel. 02 62 41 61 92, Fax 02 62 41 61 96, E-Mail: papangueprod@wanadoo.fr
- **Tropic Voyages,** 15, avenue de la Victoire, 97400 St-Denis, Tel. 02 62 21 03 54, Fax 02 62 21 54 44.

Mit dem Auto

Am einfachsten lässt sich Réunion mit einem Leihwagen bereisen. Die Straßen sind gut ausgeschildert und das Fahrverhalten ähnelt dem in Frankreich. Es herrscht Rechtsverkehr; die Höchstgeschwindigkeit beträgt 110 km/h bzw. 50 km/h in geschlossenen Ortschaften. In den Hauptverkehrszeiten sollte man die Küstenstraße zwischen St-Denis und St-Paul meiden, da hier regelmäßig Staus entstehen.
Da auf allen Straßen (auch auf den vierspurigen Routes Nationales) Fußgänger unterwegs sind, sollte man überall langsam fahren. Vorsicht ist an Kreuzungen geboten, denn nicht immer werden die Ampeln beachtet. Bei Dunkelheit muss man mit Radfahrern rechnen, die ohne Licht fahren.
Die Küstenstraße ist in sehr gutem Zustand, andere Hauptstraßen sind oft weniger gut unterhalten, schmal und kurvenreich (die Straße nach Cilaos hat 450 Kurven). Bei heftigen Regenfällen kann die Küstenstraße zwischen St-Denis und La Possession innerhalb von zehn Minuten überschwemmt sein.

Mietwagen

Wer sich einen Leihwagen nehmen möchte, muss mindestens 21 Jahre alt sein und benötigt einen gültigen Führerschein des Heimatlandes. Mit einer Kreditkarte vermeidet man die Hinterlegung einer Kaution. Anbieter von Leihwagen gibt es wie Sand am Meer, am verlässlichsten sind jedoch die Agenturen, die dem französischen Verband CNPA angehören und von denen die meisten eine Zweigstelle am Flughafen besitzen, z. B.:

- **Au Bas Prix,** 43, rue Suffren, 97460 St-Paul, Tel. 02 62 22 69 89 oder 02 62 48 81 89, Fax 02 62 22 54 27.
- **Budget,** 2, rue Pierre Auber, ZI du Chaudron, 97490 Ste-Clotilde, Tel. 02 62 28 92 00, Fax 02 62 28 93 00.
- **Aux bas prix,** 43, rue Suffren, 97460 St. Paul, Tel. 02 62 22 69 89
- **Europcar,** Gillot La Ferme, 97438 Ste-Marie, Tel. 02 62 93 14 15, Fax 02 62 93 14 14.
- **Hertz LO.CA.MAC,** 29, avenue Bourbon, 97434 St-Gilles, Tel. 02 62 24 53 75, www.hertzreunion.com
- **Pop's Cars,** Hotel Apolonia, 97436 St-Leu, Tel. 02 62 34 72 10, Fax 02 62 34 62 98.

Fahrtzeiten

Die folgenden Fahrtzeiten können je nach Verkehrsaufkommen und Wetterverhältnissen von den Normalwerten abweichen.
St-Denis – Hell-Bourg (55 km): 70 Min.; St-Denis – Vulkan (150 km): 2,5 Std.; St-Denis – Cilaos (113 km): 2 Std.;
St-Gilles – Hell-Bourg (100 km): 1,5–2 Std.;
St-Gilles – Vulkan (100 km): 2 Std.;
St-Gilles – Cilaos (75 km): 1,5 Std.;
Hell-Bourg – Vulkan (135 km): 2 bis 2,5 Std.;
St-Pierre – Hell-Bourg (96 km): 2 Std.;
St-Denis – Flughafen Roland Garros (14 km): 20 Min.;
St-Gilles – Flughafen Roland Garros (51 km): 50 Min.

Mit dem Hubschrauber

Auf großartige Weise erlebt man die Vulkanlandschaft der Insel auch bei einem Hubschrauberrundflug, der u. a. von folgenden Unternehmen angeboten wird:

- **Hélilagon,** Altiport de l'Éperon, 97460 St-Paul, Tel. 02 62 55 55 55, Fax 02 62 22 86 78.

Rundflüge mit kleinen Flugzeugen:

- **Felix Ulm Run,** Ulm-Basis Cambaie von Le Port, Tel. 02 62 45 58 38, oder Tel. 06 92 87 32 32.

Mit dem Fahrrad

Auf Réunion gibt es eine Vielzahl von Fahrradverleihstationen, die zumeist Mountain-Bikes anbieten. Um das gebirgige Inselinnere zu bezwingen, benötigt man allerdings eine ziemlich gute Kondition.

Wandern & Trecken

Die dramatische Berglandschaft von Réunion ist ein hervorragender Schauplatz für vielerlei Sportarten. Details über alle Aktivitäten in den Bergen sowie praktische Infos, Unterkunftsmöglichkeiten und Landkarten erhält man bei:

■ **Maison de la Montagne,**
5, rue Rontaunay, 97400 St-Denis,
Tel. 02 62 90 78 78,
Fax 02 62 41 84 29, oder
Cilaos, 2 Rue Mac-Auliffe,
Tel. 02 62 31 71 71,
Fax 02 62 31 80 54;
E-Mail: resa@reunion-nature.com
(s. auch Top 10 Aktiv, S. 365).

Übernachtungsmöglichkeiten
Für Wandertouren, die länger als einen Tag dauern, kann man für die Übernachtungen zwischen verschiedenen Unterkunftsmöglichkeiten wählen, die sehr einfach oder etwas komfortabler sein können.
Für Informationen und Reservierungen wenden Sie sich an die lokalen Touristenbüros oder an die **Maison de la Montagne.** Alle gîtes stellen jeweils Leinentücher, ein Kissen und zwei Decken bereit.

■ **Gîte d'étape:** Einfache Übernachtung in einer Unterkunft mit Schlafsaal und einer behelfsmäßigen Küche.

■ **Gîte de montagne:** Unterkunft in Kojenbetten, manchmal ohne Dusche oder heißes Wasser. Auf Selbstversorger ausgelegt, bei Vorreservierung und ab zwei Personen werden auch Gerichte gekocht.

■ **Refuge:** Einfache Privatunterkunft, in der der Besitzer das Abendessen und manchmal auch das Frühstück zubereitet.

■ **Chambre d'hôte:** Frühstückspension, das Abendessen wird auch als table d'hôte angeboten.

■ **Gîte rural:** Hütten auf dem Land, in der man sich selbst versorgen muss. Normalerweise sind sie gut ausgestattet und die beste Alternative für Familien, Gruppen.

■ **Abris:** Einfache Unterstände an Treckingrouten, bestehend aus einem Dach, unter dem man sein Zelt aufstellen kann.

Sicherheitsvorkehrungen

Um Unfälle zu vermeiden, sollte man folgende Regeln, die von der Maison de la Montagne (s. o.) aufgestellt wurden, befolgen:

■ Vor Beginn der Tour auf jeden Fall die Wettervorhersage anrufen, Tel. 00 33-8 92 68 08 08 (in Französisch).

■ Immer die Telefonnummer der Bergwacht (Peleton de Gendarmerie secours en montage) dabei haben: Tel. 02 62 93 09 30.

■ Ausreichend Wasser mitnehmen, ebenso Sonnen- und Regenschutz, warme Kleidung und feste Schuhe.

■ Nie von markierten Wegen abweichen.

Geführte Touren

Wanderungen mit einem qualifizierten Führer und von unterschiedlich langer Dauer können über die Maison de la Montagne (Adresse s. o.) arrangiert werden. Dort wird ebenfalls Hilfe für die Planung der Route angeboten.
Es zahlt sich aus, einen »guide péi«, einen einheimischen Führer, im Touristenbüro in der Rue Georges Pompidou, Cilaos (Tel. 02 62 47 50 14), oder über die zentrale Telefonnummer 02 62 90 78 78 anzufordern.
Folgende Veranstalter organisieren Trecks und Wandertouren:

■ **Anne le Garrec,**
73, allée des Roberts, St-André,
Tel. 02 62 58 37 44.

■ **Maham,** Place Artisanale,
Hell-Bourg, Tel. 02 62 47 82 82.

Infos von A–Z

Banken

Die Banken haben von Montag bis Freitag 8–16 Uhr geöffnet. Am Flughafen gibt es nur Geldautomaten.

Elektrizität

Die Stromspannung beträgt 220 Volt; europäische zweipolige Standardstecker.

Feiertage

An den gesetzlichen Feiertagen (jours feriés) sind alle Büros und die meisten Geschäfte geschlossen:
1. Januar: Neujahr (Jour de l'An); Ostern (Pâques); 1. Mai: Tag der Arbeit (Fête du Travail); 8. Mai: Kriegsende 1945 (Victoire 1945); Christi Himmelfahrt; 14. Juli: Nationalfeiertag (Fête National); 15. August: Mariä Himmelfahrt (Assomption); 1. November: Allerheiligen (Toussaint); 11. November: Waffenstillstand 1918; 20. Dezember: Tag der Sklavenbefreiung (Abolition de l'Esclavage); 25. Dezember: Weihnachten (Noël).

Frauen unterwegs

Allein reisende Frauen werden auf Réunion keine nennenswerten Probleme haben, sollten aber gewisse Verhaltensmaßnahmen beachten. In unangenehmen Situationen tritt man am besten selbstsicher auf, lässt sich nicht auf albernes Gerede ein und vermeidet Blickkontakte.

Höfliche und resolute Ablehnung hilft im Allgemeinen rasch gegen unerwünschte Annäherungsversuche. An den Stränden von St-Gilles-les-Bains ist »oben ohne« akzeptabel. Wer in anderen Inselteilen unterwegs ist, sollte bedenken, dass allzu freizügige Kleidung falsche Signale aussenden kann.

Geschäftsreisende

Bei formellen Treffen empfiehlt sich für Männer ein kurzärmliges Hemd mit Krawatte und eine lange Hose; für Frauen leichte Baumwollkleidung. Ansonsten kann man in den Tropen auch legerer angezogen sein. Geschäftssprache ist gewöhnlich Französisch, doch auf Wunsch kann jemand hinzukommen, der Englisch spricht.

■ **Industrie- und Handelskammer,** 5 bis, rue de Paris, BP 120, 97463 St-Denis Cédex, Tel. 02 62 94 20 00, Fax 02 62 94 22 90.

Homosexuelle

Homosexualität wird toleriert, jedoch nicht offenkundig zur Schau gestellt. Sowohl Homosexuelle als auch Heterosexuelle sollten in der Öffentlichkeit keine übertriebenen Zärtlichkeiten austauschen, da dies auf Réunion als anstößig empfunden wird.

Kinder

Kinder sind überall willkommen. Viele Hotels bieten Kinderprogramme an, darunter Babysitting, Familienzimmer und Preisnachlässe für Kinder bei Exkursionen. Mit ganz kleinen Kindern sollte man besser nicht in den heißen Monaten Dezember und Januar nach Réunion reisen. In den Supermärkten bekommt man Babynahrung europäischer Hersteller und Windeln. Ein Moskitonetz zum Schutz vor Mückenstichen sollte möglichst mitgebracht werden.

Öffnungszeiten

Geschäfte und Büros sind täglich außer So 8–18 Uhr geöffnet. Viele halten jedoch von 12 bis 14.30 Uhr eine Mittagspause, auch einige Museen schließen mittags für eine Stunde.

Post

Schilder mit der Aufschrift »La Poste« oder »PTT« weisen auf Postämter hin. Sie bieten zahlreiche Dienstleistungen an und verkaufen Telefonkarten (télécartes) für die öffentlichen Fernsprecher. Briefmarken und Telefonkarten sind auch in den meisten Tabakgeschäften (tabacs) erhältlich. Ein Brief oder eine Postkarte ist von Réunion nach Europa ca. eine Woche unterwegs.

Alle Städte haben Postämter und einen Poste-restante-Dienst. Die Öffnungszeiten sind üblicherweise Mo–Fr 8–12, 14–18 Uhr und Sa 8 bis 12 Uhr. Am Flughafen Roland Garros kann man kurz vor dem Abflug noch die letzten Postkarten frankieren (Mo–Fr 9.30–12.30, 13.30–16.30, Sa 8–11 Uhr).

■ **Hauptpostamt:** Rue Maréchal Leclerc, St-Denis.

Rundfunk und Fernsehen

Alle Fernsehprogramme werden in französischer Sprache ausgestrahlt. Es gibt viele private Fernseh- und Radiostationen. Hotels haben oft Satellitenanschluss und empfangen Sender in englischer und manchmal auch in deutscher Sprache.

Telefon, Handy, E-Mail

Telefonkarten (télécartes) erhält man in Postämtern und Tabakgeschäften.

Dank eines Abkommens zwischen Mobiltelefongesellschaften in Übersee kann man auf Réunion mit dem **Handy** telefonieren. Vor der Abreise sollte man sicherheitshalber Rücksprache mit der eigenen Gesellschaft halten.

Internationale Vorwahlen

■ für **Réunion** ist 002 62, dann folgt die lokale Nummer mit neun Ziffern.

■ nach **Deutschland** 00 49,

■ nach **Österreich** 00 43,

■ in die **Schweiz** 00 41.

Die meisten Hotels versenden für ihre Gäste **E-Mails** und haben einen Internet-Zugang sowie Anschlüsse für Laptops auf den Zimmern.

Umgangsformen

Es ist sinnvoll, einige einfache Sätze auf Französisch zu beherrschen, bevor man auf Réunion Urlaub macht. Schon die Tatsache, dass man sich bemüht, französisch zu sprechen, wird gerne gesehen.

Trinkgeld

Auf Restaurantrechnungen wird gewöhnlich ein Bedienungszuschlag erhoben. Ist dies nicht der Fall (service non compris), sollte man ein Trinkgeld in Höhe von 10 % geben. Taxifahrer erwarten kein Trinkgeld.

Zeit

Die Uhren müssen für Réunion um 3 Stunden vorgestellt werden (MEZ + 3 Std.), während der europäischen Sommerzeit um 2 Stunden.

Zeitungen

Die größte Auswahl an internationalen Publikationen hat Le Tabac du Rallye, Avenue de la Victoire in St-Denis. Zu den einheimischen Tageszeitungen gehören **Le Quotidien** (mittwochs eine Nachrichtenseite in Englisch), **Journal de l'Île** und **Témoignages.**

Notfälle

Sicherheit & Kriminalität

Man sollte auf Réunion dieselben Sicherheitsvorkehrungen treffen wie zu Hause: Weder teuren Schmuck noch Geld zur Schau stellen; keine Wertsachen offen im Auto liegen lassen; immer auf die persönliche Sicherheit bedacht sein; bei Abwesenheit in der Unterkunft Fenster und Türen schließen; bei Dunkelheit keine Fremden im Auto mitnehmen und nicht alleine unterwegs sein.
Diebstähle müssen angezeigt werden, um Unterlagen für die Reiseversicherung zu bekommen. Auf den Polizeidienststellen wird Französisch gesprochen, die Hotels sind aber gerne bei der Vermittlung eines Dolmetschers behilflich.

Zyklonwarnungen

Auf Réunion gibt es drei Stufen von Zyklonwarnungen:
- **Vigilance cyclonique** (Erhöhte Wachsamkeit): Es wird zum Kauf der wichtigsten Lebensmittel sowie Kerzen und Wasser geraten; man muss in regelmäßigen Abständen die Nachrichten anhören.
- **Alerte Orange** (Alarmbereitschaft): Zyklon nähert sich in den nächsten 24 Stunden. Schulen und viele Geschäfte schließen. Die Bewohner sind dazu gehalten, alle beweglichen Gegenstände und Haustiere in Gebäuden unterzubringen sowie Fenster und Türen zu sichern.
- **Alerte rouge** (Alarm): Unmittelbare Gefahr. Alle müssen im Haus bleiben und sich in regelmäßigen Abständen im Radio oder Fernsehen über die aktuelle Lage informieren.

Wichtige Telefonnummern
- Infos über bevorstehende Zyklone: Tel. 08 97 65 01 01 (0,51 Euro/Min. aus dem französischen Netz).
- Infos über das Wetter der nächsten 24 Std.: Tel. 08 92 68 08 08 (0,30 Euro/Min. aus dem französischen Netz).
- Infos über Vulkananktivität: Tel. 02 62 27 52 92.

Diplomatische Vertretungen

- **Honorarkonsulat der Bundesrepublik Deutschland,** 9c, rue de Lorraine, St-Denis, Tel. 02 62 21 62 06, Fax 02 62 21 74 55, E-Mail: h.mellano@wanadoo.fr.
- **Konsulat der Schweiz,** 107, chemin Crève Cœur, St-Paul, Tel./Fax 02 62 45 55 74, E-Mail: poldestpol@wanadoo.fr.
- Das nächste **österreichische Konsulat** ist auf Mauritius (s. S. 383).

Notrufnummern

- **Rettungswagen:** 15
- **Polizei:** 17
- **Feuerwehr:** 18

Medizinische Versorgung

Über 1800 Ärzte, etwa 400 Apotheken und ein effizienter Notfalldienst gewährleisten im Krankheitsfall fachgerechte und rasche Hilfe. Die Behandlungskosten entsprechen in etwa dem Niveau in Frankreich.

Krankenhäuser
- **Centre Hospitalier Départemental (CHD) Félix Guyon,** Bellepierre, 97400 St-Denis, Tel. 02 6290 50 50, Notfälle: Tel. 02 62 20 15 15
- **Hôpital des Enfants Association Saint François d'Assise,** 60, rue Bertin, 97400 St-Denis, Tel. 02 62 90 87 00.
- **Centre Hospitalier Sud de la Réunion,** Avenue Président Mitterand, St-Pierre, Tel. 02 62 35 91 81.
- **Clinique de Saint Clothilde** (Privatklinik), 127, route Bois de Nèfles, 97400 St-Denis, Tel. 02 62 48 20 20.

Gesundheitsrisiken

Das Trinkwasser in Hotels ist in Ordnung; wer jedoch auf Nummer sicher gehen will, kann auch auf Mineralwasser oder abgekochtes Wasser zurückgreifen. Abgesehen von Haien vor der gesamten Küste gibt es keine gefährlichen Tiere auf der Insel.
Moskitos können vor allem in Sommernächten und windstillen Gebieten eine Plage sein. Zur Abwehr dienen Rauchspiralen und elektrische Duftverbreiter, die vor Ort angeboten werden. Vorsichtsmaßnahmen gegen eine Infektion mit dem Chikungunya-Virus s. unter Mauritius, S. 384.

Sprache

Offizielle Landessprache ist Französisch (nützliche Wörter und Redewendungen s. S. 407). Créole wird von Einheimischen als Umgangssprache benutzt, jedoch nicht geschrieben. Englisch und Deutsch sind kaum verbreitet.

Literaturtipps

- Gauvin, Axel: **Kindheitshunger.** Roman. Peter Hammer Verlag, Wuppertal 2002 (nur antiquarisch).
- Ders.: **Wenn du aufwachst, bin ich da.** Roman. Peter Hammer Verlag, Wuppertal 1997.
- Georges, Eliane: **Indischer Ozean. Madagaskar, Réunion, Mauritius, Seychellen.** Taschen Verlag, Köln 1999 (nur antiquarisch).

Infoteil Seychellen

Landeskunde

Geografie

Bei der Anzahl der Seychellen-Inseln scheiden sich die Geister: Während in vielen Quellen immer wieder von 115 Inseln die Rede ist, gibt es laut Verfassung 155 Eilande, die in fünf Hauptgruppen untergliedert werden: die Granitinseln sowie die Amiranten-, Alphonse-, Farquhar- und Aldabra-Gruppe.

Die 40 **Granitinseln** sind die einzigen Ozeaninseln der Welt, die aus Kontinentalgestein bestehen. Es handelt sich um die Spitzen der unter Wasser liegenden, rund 750 Mio. Jahre alten Seychellenbank. Zu dieser Gruppe gehören unter anderem die Hauptinsel der Seychellen, Mahé, sowie La Digue, Praslin, Silhouette und North. Die beiden Letzteren bestehen aus einem jüngeren Syenitgestein mit einem Alter von rund 63 Mio. Jahren. Am Nordrand der Seychellenbank liegen die kleinen Koralleneilande **Bird** und **Denis.** Die genannten Inseln werden als **Innere Seychellen** bezeichnet – sie stellen zwar nicht das geografische Zentrum dar, dafür dienen sie als Lebensraum der meisten Seychellois.

Die Koralleninseln der Amiranten-, Alphonse-, Farquhar- und Aldabra-Gruppe werden auf Grund ihrer Entfernung zu den bewohnten Granitinseln **Äußere Inseln** genannt. Die 26 Amiranten- und 3 Alphonse-Inseln liegen im Südwesten der Granitinseln. Die **Amiranten** erheben sich über eine seichte Bank, die Tiefen zwischen 11 m am Rand und 70 m im Zentrum aufweist. Ein tiefer Kanal trennt die Amiranten- von der **Alphonse-Gruppe,** doch Ursprung und Erscheinungsbild aller Inseln sind ähnlich, so dass sie gewöhnlich als Einheit betrachtet werden.

Die erste Landfläche südlich der Alphonse-Gruppe ist Providence in der **Farquhar-Gruppe,** das 300 km südwestlich von St-François liegt. Die Gruppe aus 13 Inseln besteht aus dem Providence-Atoll (zwei Eilande), dem Farquhar-Atoll (zehn Eilande) und der erhöhten Korallenplattform St-Pierre.

Auch die westlich des Farquhar-Atolls gelegene **Aldabra-Gruppe** (67 Inseln) besteht aus gewachsenen Koralleninseln. Sie umfasst Assomption sowie die drei Atolle Astove (nur eine Insel), Cosmolédo (19 Inseln) und Aldabra (46 Inseln).

Die beiden südlich der Granitgruppe gelegenen Eilande **Coëtivy** und **Plate** können keiner Gruppe zugeordnet werden.

Insgesamt beträgt die Landfläche der Seychellen 455 km^2; die Inseln sind über eine Wirtschaftssonderzone von 1 340 000 km^2 verteilt. Die bewohnten Granitinseln Mahé (mit der Hauptstadt Victoria), Praslin und La Digue liegen ungefähr 1600 km östlich von Afrika bzw. 1600 km nordöstlich der Insel Madagaskar. Der Archipel erstreckt sich zwischen 4° und 10° südlicher Breite sowie 46° und 54° östlicher Länge.

Bevölkerung

Auf den Seychellen leben etwa 84 000 Menschen, davon rund 73 000 auf Mahé, 7600 auf Praslin, 2100 auf La Digue und 200 auf Silhouette. Die übrigen Bewohner verteilen sich auf andere Inseln, von denen jedoch die meisten gänzlich unbewohnt sind.

Religion

Die meisten Seychellois bekennen sich zum Katholizismus, haben jedoch eine eher lockere Beziehung zur Religion. In den Kirchen sieht man überwiegend Frauen in ihren schönsten Sonntagsgewändern. Die zweitgrößte christliche Gemeinschaft sind die Anglikaner, daneben gibt es Adventisten vom Siebten Tag, die Pfingstbewegung, Hindus, Muslime sowie Bahai.

Wirtschaft

Der Tourismus ist der Grundpfeiler der Wirtschaft, in den vergangenen Jahren hat außerdem der Fischfang an Bedeutung zugenommen. Nach einem Jahrzehnt des Wachstums liegt die Zahl der ausländischen Besucher seit 1995 bei jährlich rund 130 000. Im selben Zeitraum vervierfachten sich die Deviseneinnahmen aus dem Fischfang. Dies ist in erster Linie auf die Thunfisch verarbeitende Konservenfabrik in Mahé zurückzuführen. Die Gewässer der Seychellen sind reich an Fischen, und Victoria avancierte zum bedeutendsten Verschiffungshafen des Indischen Ozeans.

Die jetzige Situation steht in deutlichem Kontrast zu der Zeit vor Eröffnung des internationalen Flughafens, der ab 1972 die Ära des Tourismus einleitete und die kommerziellen Beziehungen ermöglichte, von denen die Fischfangindustrie heute abhängt. Darüber hinaus werden noch immer geringe Mengen an Zimtrinde exportiert (neben Kopra einst das wichtigste Exportprodukt), allerdings haben die Seychellen keine nennenswerte Agrarproduktion.

Die Bewohner von Praslin und La Digue arbeiten mit Ausnahme einiger selbstständiger Fischer und Bauern vorwiegend im Tourismussektor, der den Seychellen einen gewissen Wohlstand bescherte und die Einkommen auf ein mittleres Niveau anhob. Gesundheitsversorgung und Schulbildung sind kostenlos; Alphabetisierungs- und Kindersterblichkeitsraten decken sich mit jenen der westlichen Welt.

Trotzdem leidet die Wirtschaft unter Devisenmangel, und die Regierung musste strenge Maßnahmen ergreifen, um die Bilanzen auszugleichen. Im Kalten Krieg zwischen Ost und West flossen von beiden Supermächten Hilfsgelder zu den Seychellen, weil man sich deren strategischer Lage zu den Brandherden im Nahen Osten und Asien durchaus bewusst war. Ungeachtet seiner

Größe hatte das Land eine wichtige Stimme in Organisationen wie den Vereinten Nationen. Nach dem Zerfall der Sowjetunion stellte Russland die Zahlung von Hilfsmitteln ein. Auch der Westen setzte neue Prioritäten, und den Seychellen ging es zu gut, um Aufmerksamkeit zu erregen. Die amerikanische Botschaft schloss ebenso ihre Pforten wie eine Satellitenstation der USA, die verlassen oberhalb von Victoria steht. Über Nacht hatte man viele Millionen Dollar an Einkommen verloren und war auf sich alleine gestellt.

Ein Großteil der wirtschaftlichen Probleme ist hausgemacht. Private Unternehmen klagen über Restriktionen und prangern den aufgeblähten öffentlichen Sektor des kleinen Landes an. Die Geschwindigkeit, mit der fiskalische Maßnahmen eingeführt, verändert, zurückgenommen und erneuert wurden, sorgte unter potenziellen Investoren für große Unsicherheit. Ausländische Anleger zögerten mit Investitionen, da sie an der Rendite zweifelten. Die Regierung verzeichnet enorme Haushaltsdefizite und investierte immer wieder in ambitionierte Kapitalprojekte, die keine oder wenig Einkünfte brachten. Nach den satten Jahren fällt es schwer, den Gürtel wieder enger zu schnallen.

Einige innovative Maßnahmen schüren nun die Hoffnung, dass die Krise überwunden werden kann. Ein Programm zur Investitionsförderung setzt Anreize für neue Devisenbringer, und es besteht die Möglichkeit, Partnerschaften mit dem Privatsektor zu schmieden. Der gehobene Tourismus dürfte nach wie vor seine Schlüsselrolle behalten, während andere Bereiche auch weiterhin nur eine Nebenrolle spielen.

Steckbrief Geografie & Bevölkerung

- **Fläche:** 455 km^2, verteilt auf 115 Inseln
- **Hauptstadt:** Victoria auf Mahé
- **Höchster Berg:** Morne Seychellois (905 m) auf Mahé
- **Bevölkerung:** 84 000 Einw.
- **Bevölkerungswachstum:** 0,7 %/Jahr
- **Sprachen:** Kreol, Englisch, Französisch

Politik

Die Seychellen sind eine Republik mit einem demokratisch gewählten Präsidenten und einer Nationalversammlung. Der Präsident ernennt ein nicht gewähltes Kabinett aus insgesamt elf Ministern. Das Kabinett entscheidet über die Gesetzgebung, die wiederum der Zustimmung der Nationalversammlung bedarf.

Drei politische Parteien sind in der Nationalversammlung vertreten: **Seychelles People's Progressive Front (SPPF), Seychelles Democratic Party (SDP)** und **Seychelles National Party (SNP).** Präsident und Nationalversammlung werden alle fünf Jahre gewählt.

Reiseplanung

Klima & Reisezeit

Auf den Seychellen sind die jahreszeitlichen Klimaunterschiede nur sehr gering. Es herrscht immer ein tropisches Klima mit nahezu beständigen Temperaturen zwischen 24 °C und 30 °C. Die Niederschlagsmenge ist insgesamt sehr hoch, besonders der Nordwestmonsun zwischen November und April bringt heftige Schauer. Am häufigsten regnet es zwischen Dezember und Ende Januar. Die Luftfeuchtigkeit erreicht im März und April ihre höchsten Werte.

Der Südostmonsun (Mai bis Oktober) beschert die trockensten Monate. In dieser Zeit ist es windig und das Meer ist besonders zwischen Juli und September aufgewühlt – Segler und Surfer werden es vielleicht mögen, Taucher und Hochseeangler eher weniger. An nach Südost ausgerichteten Stränden kann zu dieser Zeit die kräftige Brandung das Schwimmen unmöglich machen. Auf Grund der kühlen Brise und geringeren Niederschläge eignen sich diese Monate aber gut zum Wandern.

Während der Monsunumschlagzeiten im April bzw. im Oktober/November herrscht oft totale Windstille, entsprechend drückend sind dann die Temperaturen. Das Wasser weist das ganze Jahr über wohlig warme Temperaturen um 26 °C auf.

Auf den Koralleninseln fällt wesentlich weniger Regen als auf den Granitinseln: Aldabra erhält nur 17 mm Niederschlag, Mahé dagegen 300 mm. Die südlichen Inseln erleben zwischen September und Oktober eine Art Trockenzeit.

Obwohl die Seychellen außerhalb des Zyklongürtels liegen, können die weiter südlich tobenden Winde zwischen Januar und März ihre Ausläufer bis zu den Inseln schicken.

- **Tauchen:** ganzjährig möglich; beste Bedingungen herrschen jedoch von März bis Mai bzw. September bis November (klare und ruhige See).
- **Vogelbeobachtung:** April (Beginn der Brutzeit); Mai bis September (Rußseeschwalben nisten auf Bird Island); Oktober (Beginn der Migration).
- **Wandern:** Mai bis September (Monate mit dem wenigsten

Klima und Reisezeit

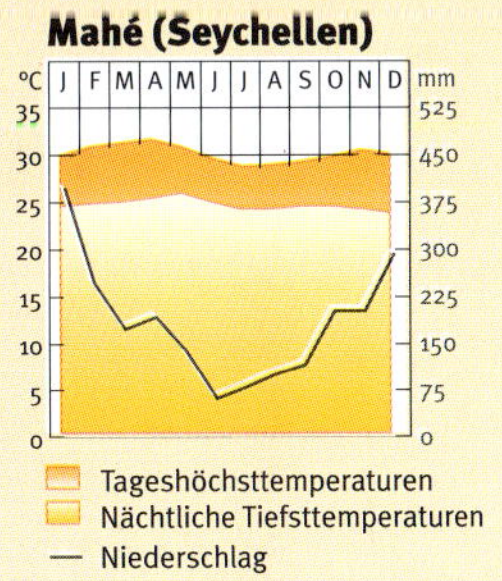

Niederschlag und der geringsten Luftfeuchtigkeit).

- **Wellenreiten/Windsurfen:** Juni bis September (starke Südostpassatwinde).
- **Fischen:** ganzjährig großer Fischreichtum; angenehmste Bedingungen von Oktober bis April (gemäßigte Winde).
- **Segeln:** ganzjährig.

Diplomatische Vertretungen

In Deutschland

Honorarkonsulate der Republik Seychellen,
www.konsulat-seychellen.de

- Joachimstaler Str. 34, 10623 Berlin, Tel. (030) 885 95 60, 24-Std.-Hotline 01 73/258 31 08 (mobil), Fax 88 59 56 80.
- Alter Wall 40, 20457 Hamburg, c/o Dorint Hotel, Tel. (040) 34 66 06, Fax 369 50 29 00, seygeneralkonsul@aol.com.
- Wöhlerstr. 5, 60323 Frankfurt/M., Tel. (069) 710 42 31 50, Fax 710 42 34 00, konsulat-seychellen@hunzinger.de.
- Summerstr. 8, 82211 Herrsching, Tel. (081 52) 56 94, Fax 53 67, w.daerr@seyco.de.

In Österreich

- **Honorarkonsulat der Republik Seychellen,** Gusshausstr. 12, 1040 Wien, Tel. (01) 5 05 32 15, Fax 5 05 13 73, ofnce@pisec.at

In der Schweiz

- **Honorarkonsulat der Republik Seychellen,** Général-Guisan-Quai 22, 8002 Zürich, Tel. (044) 2 85 29 79, Fax 2 02 67 38, info@ocmlaw.ch

Reisedokumente

Besucher benötigen kein Visum, sondern lediglich einen noch sechs Monate gültigen Reisepass sowie ein Rückflugticket, einen Unterkunftsnachweis und ausreichende Finanzmittel für den Aufenthalt. Bereits im Flugzeug werden Einreiseformulare ausgehändigt, die am Zoll abgestempelt werden und bei der Ausreise zusammen mit dem Pass wieder vorgelegt werden müssen. Bei der Einreise wird eine 30-tägige Aufenthaltserlaubnis ausgestellt, die bei der **Immigration Division** (im 1. Stock des Independence House, Victoria, Mahé) gebührenfrei bis zu drei Monate verlängert werden kann; die Bearbeitung dauert eine Woche. Für Aufenthalte über drei Monate werden Gebühren erhoben.

Impfungen

Spezielle Impfungenen sind nicht erforderlich, empfehlenswert ist die Immunisierung gegen Typhus und Hepatitis A sowie die Auffrischung der Polio-, Diphterie- und Tetanusimpfung. Gelbfieber und Malaria gibt es auf den Seychellen nicht. Die Kabinen eintreffender Flugzeuge werden vor der Landung durch Sprühen desinfiziert, um das Einschleppen von Krankheiten zu verhindern. Wer aus Gelbfiebergebieten (z. B. Kenia) einreist, muss bei der Einreise einen Impfnachweis vorlegen. Das Chikungunya-Fieber kam bisher nur vereinzelt vor.

Krankenversicherung

Sinnvoll ist der Abschluss einer Auslandskrankenversicherung, die auch einen Rücktransport im Krankheitsfall einschließt.

Rund ums Geld

Währung

Einheimische Währung ist die Seychellen-Rupie (SR), unterteilt in 100 Cents. Die Banknoten der Seychellen-Rupie (Rupees) haben folgende Werte: 500 SR, 100 SR, 50 SR, 25 SR und 10 SR. Münzen gibt es im Wert von 5 SR und 1 SR sowie von 25, 10 und 5 Cents. 1 Euro entspricht etwa 8 SR, 1 CHF ca. 4,93 SR (Stand: Frühjahr 2007). Leistungen im Tourismusbereich (Hotels, Restaurants, Transport, Touren etc.) müssen in Euro oder anderer harter Währung beglichen werden. Ladenpreise werden oft auf- oder abgerundet (meist aufgerundet), es sei denn, man bezahlt mit Kreditkarte.
Hotels, viele Gästehäuser und größere Restaurants akzeptieren die gängigen Kreditkarten wie Visa und Mastercard, seltener Diners Club oder American Express. In Hotels kann man nur mit harten Währungen (z. B. Euro, Schweizer Franken, Dollar) bezahlen.

Geldwechsel

Der Geldwechsel auf dem Schwarzmarkt ist illegal. Zum Rücktausch von Rupien benötigt man Wechselbelege der Banken. Für Reiseschecks gelten günstigere Wechselkurse als für Bargeld, Banken haben bessere Kurse als Hotels. Den besten Kurs erhält man beim **Saymore Bureau de Change** am Zollausgang am Flughafen von Mahé.

Reisegepäck

Leichte Baumwollkleidung ist die beste Wahl, es gehören auch Sonnenhut, Sonnenbrille, Sonnencreme mit hohem Lichtschutzfaktor, Regenjacke bzw. Schirm ins Gepäck. Badeschuhe schützen vor Seeigeln und scharfkantigen Korallen. Feste Schuhe mit Profilsohle sollte man für Wanderungen mitnehmen. Nützlich sind ein Fernglas für Vogelbeobachtungen und eine Taschenlampe, da Stromausfälle häufig sind.
Manche Hotels erwarten für abendliche Restaurantbesuche bei Männern lange Hosen, doch insgesamt ist die Kleiderordnung eher leger. Mit wenigen Ausnahmen trägt man auf den Seychellen keine Krawatte, und selbst abends ist es zu warm für ein Jackett.
Es wird nicht gerne gesehen, wenn man sich knapp bekleidet in Ort-

schaften oder Bussen zeigt, v. a. in Kirchen sollte man angemessen bedeckt gekleidet sein. Strandmode gehört an den Strand, vielerorts wird auch »oben ohne« toleriert.

Zoll

Eingeführt werden dürfen 2 l Spirituosen, 400 Zigaretten oder 500 g Tabak, 2 l Wein, 200 ml Parfüm oder Eau de Toilette. Der Import von Obst, Samen, Pflanzen, Tee, Gemüse und tierische Produkte ist strikt verboten, das Gleiche gilt für Harpunen und Waffen. Drogenbesitz wird schwer bestraft.
Für die Mitnahme einer Seychellennuss ins Heimatland benötigt man eine Ausfuhrgenehmigung, die man sich beim Kauf gleich ausstellen lassen kann.

Infoadressen

Deutschland, Österreich und Schweiz

- **Seychelles Tourism Board,** c/o AVIREPS MANGUM, Sonnenstr. 9, 80331 München, Tel. (089) 23 66 21 69, Fax 23 66 21 99, www.seychelles.travel, E-Mail: seychelles@stoger.de

Seychellen

- **Seychelles Tourim Board,** PO Box 1262, Victoria, Mahé, Tel. 62 00 00, 67 13 00, Fax 62 06 20, E-Mail: info@seychelles.com, www.seychelles.travel
- **Seychelles Tourist Office,** Independence House, P.O. Box 92, Victoria, Mahé, Tel. 22 53 13 oder 62 08 01.

Weitere Büros befinden sich am Flughafen und an der Anlegestelle für Fähren auf Praslin sowie nahe der Post auf La Digue (Mo–Fr 8–13, 14–15, Sa 9–12 Uhr).

Anreise

Mit dem Flugzeug

Condor und Air Seychelles bieten Direktflüge von München auf die Seychellen. Der Flug nach Mahé dauert etwa 9,5 Stunden (direkt) oder 12 Stunden (mit Stopp). Air Seychelles fliegt darüber hinaus einmal wöchentlich von Zürich non stop nach Mahé.
Flüge ab Deutschland gibt es auch mit Air France (über Paris), Emirates (über Dubai) und Air Mauritius (über Mauritius).
Air Austral mit Sitz in Frankreich, Tel. (00 33) 1 41 92 01 30, Fax 1 41 92 01 37) und Air Seychelles bieten einen interessanten Indian Ocean Air Pass an, den man auf allen Strecken zwischen den Komoren, Madagaskar, den Seychellen, Réunion und Mauritius einsetzen kann.
Der Seychelles International Airport befindet sich rund 10 km südlich von Victoria auf Mahé. Gleich neben der Ankunfts- und Abflugshalle für internationale Flüge liegt das Terminal für Inlandsverbindungen, von wo kleinere Propellermaschinen zu verschiedenen Inseln starten.
Den Rückflug sollte man spätestens 72 Stunden vor Reiseantritt rückbestätigen; zum Einchecken werden etwa zwei Stunden benötigt.
Eine Flughafensteuer ist bereits im Ticketpreis enthalten.

Air Seychelles-Vertretung in Deutschland

- Landsberger Str. 155, 80687 München, Tel. (089) 55 25 33 38, Fax 54 50 68 55, E-Mail: info@airseychelles.de, www.airseychelles.de

Büros von Fluggesellschaften auf den Seychellen

Die folgenden Büros befinden sich alle im Stadtzentrum von Victoria auf Mahé.

- **Air Austral:** Tel. 32 31 29, Fax 32 15 97.
- **Air France:** Tel. 29 71 80, Fax 32 13 66 oder 22 50 48.
- **Air Mauritius:** Tel. 29 71 90, Fax 32 39 51.
- **Air Seychelles:** Tel. 38 10 00, Fax 32 41 94.
- **Emirates:** Tel. 29 27 00, Fax 29 27 05.
- **Kenya Airways:** Tel. 32 25 36, Fax 32 41 62.
- **Lufthansa (Condor):** Tel. 28 28 88, Fax 22 52 73.
- **Qatar Airways:** Tel. 22 45 18/-19.

Unterwegs auf den Seychellen

Die meisten Granitinseln sind von Mahé oder Praslin aus gut zu erreichen. Mahé bietet sich als Ausgangspunkt für Besuche des Ste-Anne Marine National Park sowie der Inseln Silhouette und Thérèse an. Praslin ist eine gute Basis für Exkursionen nach Aride, Cousin, St-Pierre und Curieuse. Von Praslin und La Digue gelangt man leicht nach Petite Sœur, Grande Sœur, Marianne und Cocos. La Digue lässt sich im Rahmen eines Tagesausflugs von Praslin aus besuchen, um jedoch die ganze Insel kennen zu lernen, empfiehlt sich ein längerer Aufenthalt. Ausflüge nach Bird, Denis und den Äußeren Inseln erfordern eine Übernachtung.

Mit dem Flugzeug

Air Seychelles (Tel. 38 10 00) bietet täglich mehrere Flüge von Mahé nach Praslin an. Dieselben Maschinen können von Gästen der Lodges auf Frégate, Bird und Denis Island zum Transfer gechartert werden (Tagesausflüge sind nicht möglich). Die Flugzeuge der **Islands Development Corporation** (IDC, Tel. 22 46 40/-41, Fax 22 44 67), steuern die Resorts auf Desroches und Alphonse an und können für Exkursionen zu anderen Inseln mit geeigneten Pisten gechartert werden.

- **Flugzeiten:**

Mahé – Praslin: 15 Min;
Mahé – Bird 25 Min.;
Mahé – Denis 25 Min.;
Mahé – Desroches 50 Min);
Mahé – Frégate (15 Min);
Mahé – Alphonse (1 Std).

Mit dem Hubschrauber

Das Unternehmen **Helicopter Seychelles** (Tel. 38 58 58, www.helicopterseychelles.com) bedient Mahé (Domestic Terminal, Ste-Anne und Plantation Club), Praslin (Amitié Airfield, Château des Feuilles Hotel), La Digue (L'Union Estate) sowie die Inseln Aride, Bird, Ste-Anne, Denis, Félicité, Frégate, Cousine, Silhouette und North. Rundflüge für Touristen werden auch angeboten. Pro Hubschrauber können maximal vier Passagiere befördert werden; Kinder über zwei Jahre müssen einen eigenen Sitzplatz haben. Ohne vorherige Rücksprache sollte man nicht mehr als 10 kg Gepäck pro Person mitnehmen.

Mit dem Schiff

Zwischen Mahé (Inter-Island Quay in Victoria), Praslin (Baie Ste-Anne) und La Digue (La Passe) verkehren regelmäßig Fähren. Auf der Strecke von Mahé nach Praslin fährt man mit dem schnellen Katamaran Cat Cocos (ca. 1 Std.).
Der moderne, 25 m lange australische Katamaran **Cat Cocos** hat auf dem Oberdeck eine Lounge für 34 Passagiere sowie eine Hauptkabine für 125 Personen (beide klimatisiert). Außerdem gibt es an Bord ein Sonnendeck und eine Bar. Reservierungen, die insbesondere an Wochenenden erforderlich sind, können unter folgenden Rufnummern vorgenommen werden:

- **Mahé:** Tel. 32 48 43.
- **Praslin:** Tel. 23 34 38, 23 26 16.
- **La Digue:** Tel. 23 44 11.

Die **Schoner** verkehren montags bis freitags zwischen Mahé und La Digue (3,5 Std.). Sie sind stärker auf Warentransporte als auf Passagiere ausgerichtet, bieten dafür aber die günstigste Reisealternative. Abfahrtszeiten und Preise findet man am Schwarzen Brett des **Le Marinier Restaurant** an Mahés Inter-Island Quay in Victoria.
Praslin und La Digue sind durch tägliche Fähren miteinander verbunden. Sitzplätze sind unbedingt zu reservieren unter Tel. 23 23 29 oder 23 23 94; man sollte 15 Min. vor Abfahrt an der Anlegestelle sein.
Zu vielen anderen Inseln werden Tagesausflüge oder längere Exkursionen mit Yachten oder Motorbooten offeriert. Maßgeschneiderte Touren bieten die **Marine Charter Association** (Tel. 32 21 26) sowie diverse lokale Agenturen.

Mit dem Bus

Busfahren ist preiswert, und die Busse sind üblicherweise in recht gutem Zustand. Auf Mahé muss man sich während der Hauptverkehrszeiten mit übervollen Bussen rechnen und an Wochenenden und Feiertagen lange Wartezeiten in Kauf nehmen; die Busse verkehren zwischen 5.30 und 19 Uhr. Praslin verfügt nur über wenige Busse (6 bis 18.30 Uhr), und auf La Digue übernehmen kleine Lastwagen (camiones) deren Funktion – einen Fahrplan gibt es hier nicht. Auf allen anderen Inseln stehen keine öffentlichen Transportmittel zur Verfügung.

Mit dem Taxi

Auf Mahé und Praslin stehen ausreichend Taxis zur Verfügung, die alle mit einem Taxameter ausgestattet sind. Allerdings muss man die Fahrer oft dazu auffordern, diese einzuschalten, um sich spätere Preisdiskussionen zu ersparen. Ansonsten ist es unbedingt ratsam, vor Fahrtantritt einen festen Preis auszuhandeln. Auf Mahé warten Taxis am Flughafen, an einem Stand in der Albert Street (neben Camion Hall) sowie am Uhrturm in der Independence Avenue; die Hotels sind bei der Vermittlung gerne behilflich. Da sich Taxifahrer oft als gute, amüsante und informierte Führer erweisen, lohnt es sich durchaus, einen Wagen mit Fahrer zu einem vorab vereinbarten Preis für den ganzen Tag (oder länger) zu mieten.
Auf La Digue gibt es nur wenige Taxis ohne Taxameter, dafür ein paar Lastwagen sowie Ochsenkarren, die in La Passe oder an der Fähre aus Praslin nach Passagieren Ausschau halten. Auf allen anderen Inseln gibt es keine Taxis.

Mit dem Auto

Wie in anderen ehemaligen britischen Kolonien herrscht auch auf den Seychellen Linksverkehr. Generell ist beim Fahren Vorsicht geboten: Autos nehmen auf den engen Straßen häufig beide Spuren in Anspruch, verwirrte Touristen fahren auf der falschen Seite und mangels Bürgersteigen in den Orten muss man sich die Straße mit Fußgängern teilen. In Victoria empfiehlt es sich, die Stoßzeiten gegen 8 und 16 Uhr zu meiden.
Im Stadtzentrum von Victoria gibt es überwiegend gebührenpflichtige Parkplätze; kostenlose Parkflächen findet man in der Nähe des zentral gelegenen Stadions. Für das Parken auf Victorias Straßen und Stellflächen benötigt man Parkscheine, die im Einzelhandel erhältlich sind. Da die Verkehrspolizei in Victoria wenig

zu tun hat, führen nahezu alle Verkehrsdelikte zu einer Geldstrafe.
Die Straßen auf Mahé sind in einem guten Zustand. Auf Praslin gibt es gute Straßen zwischen Grand Anse, Baie Ste-Anne und Anse Volbert. Das Tempolimit in geschlossenen Ortschaften beträgt 40 km/h, ansonsten 65 km/h. Nur an Mahés Ostküste sind 80 km/h erlaubt.

Mietwagen

Leihwagen gibt es nur auf Mahé und Praslin. Mehrere Agenturen bieten ihre Dienste am Internationalen Flughafen und in den großen Hotels an. Man kann natürlich auch schon von daheim einen Leihwagen bestellen. Für die Anmietung benötigt man den nationalen Führerschein sowie möglichst eine Kreditkarte. Da die Fahrzeuge teilweise in schlechtem Zustand sind, sollte man sie vor der Übernahme genau prüfen. Eines der beliebtesten – und billigsten – Leihautos ist der Mini Moke, ein an allen Seiten offenes Fahrzeug, das bei Regen allerdings kaum Schutz bietet. Die meisten Agenturen vermieten auch Jeeps und Limousinen.
Auf den Seychellen gibt es insgesamt nur ein paar Tankstellen, davon sechs auf Mahé (in Victoria, am Flughafen, in Beau Vallon, in der Anse Royale, in Baie Lazare sowie beim Mahé Beach Hotel) und zwei auf Praslin (in Grand Anse und in Baie Ste-Anne). Sie sind gewöhnlich von 7 bis 18 oder 19 Uhr geöffnet, auch am Wochenende und an Feiertagen.

Mit dem Fahrrad

Auf La Digue benutzen die Einheimischen v. a. das Fahrrad als Transportmittel; Touristen können sich an mehreren Stellen Räder ausleihen. Auch auf Praslin bietet sich das Fahrrad zur Erkundung der Insel an.

Organisierte Touren

Verschiedene Reiseagenturen bieten organisierte Ausflüge und z. T. sogar maßgeschneiderte Exkursionen an, darunter:

- **7°South,** Kingsgate House, Victoria, Tel. 29 28 00, Fax 29 28 99, www.7south.net
- **Creole Travel Services,** Orion Building, Victoria, Tel. 29 70 00, Fax 22 58 17, www.creoletravelservices.com
- **Mason's Travel,** Michel Building, Victoria, Tel. 28 88 88, Fax 32 41 73 oder 22 52 73, www.masonstravel.com
- **Sea Shell Travel,** Trinity House, Victoria, Tel. 32 43 61 oder 37 31 38, Fax 32 42 74 oder 37 31 06, seashell@seychelles.net

Vogelbeobachtung

Vogelkundler zieht es aus drei Gründen auf die Seychellen: wegen des Vorkommens seltener endemischer Landvögel, beeindruckender Vogelkolonien, wie z. B. auf Bird Island oder Cousin, und der Möglichkeit, außergewöhnliche Zugvögel zu sehen. Die Landvögel sind natürlich das ganze Jahr über auf den Inseln, ebenso viele Arten von Wasservögeln. Die großen Kolonien der Meeresschwalben sind zwischen Mai und September am schönsten. Die beste Zeit, um Zugvögel aus Europa und Asien zu beobachten, ist zwischen Oktober und Dezember, darunter sind auch seltene Exemplare, die bisher lediglich in Westindien und in Regionen Westmadagaskars gesichtet wurden.
Zu den besten Beobachtungsplätzen zählen die Naturreservate Cousin und Aride. Auf Mahé sind die Schlammniederungen, die sich an den Inter-Island Quai anschließen, der beste Ort, um wandernde Watvögel zu sehen. Der Sumpf beim Plantation Club und die Feuchtgebiete von La Passe (La Digue) sind ideal, um die Rohrdommel zu beobachten, die es nur hier gibt.
Auf Praslin sieht man mit etwas Glück am frühen Morgen oder am späten Nachmittag um den Eingang des Vallée de Mai und in Obstbäumen schwarze Papageien. Vogel-Beobachtungstouren können über Agenturen gebucht werden.

Hochseeangeln

Tagestouren zum Hochseeangeln können von Mahé, Praslin, La Digue und allen Inseln mit Lodges aus organisiert werden. Maßgeschneiderte Ausflüge für bis zu sechs Personen, die drei Tage oder länger dauern, sind nicht überall zu buchen.
Für Tagesreisen verkehren auf Mahé kleine Schiffe (The Boat House, Beau Vallon, Tel. 24 74 64, Mobil 51 02 69, Fax 24 79 55). Auf Praslin und La Digue veranstalten einige kleine Unternehmen, z. B. Zico 1 Boat Charter (Tel. 51 55 57) auf La Digue Ausflüge.
Die Marine Charter Association, P.O. Box 204, Victoria, Mahé, Tel. 22 46 79, Fax 32 21 26, ist Mitglied der Internationalen Gesellschaft für Hochseefischerei (International Game Fishing Association, igfa) und vermietet bzw. vermittelt eine große Auswahl an Booten, inklusive einem Skipper, Getränken und Mittagessen. Nach Wunsch kann man auch mit anderen zu einer vierköpfigen Gruppe zusammengestellt werden, dies reduziert den Mietpreis.
Die Boote sollten alle eine Sicherheitsausrüstung, einen Erste-Hilfe-Kasten und Funkverbindung aufweisen.
Andere Veranstalter von Hochseeangeltouren sind:

- **Island Charters,** Victoria, Tel. 32 37 90 oder 51 52 78, Fax 32 40 56, www.seychelles.net/islandcharters
- **Water World,** The Wharf Hotel & Marina, Roche Caiman, Mahé, Tel. 24 74 53 oder 51 47 35,

Fax 24 76 07, www.seychelles.net/wworld

■ **Striker,** Beau Vallon, Mahé, Tel. 24 78 48, Fax 24 77 97.

Ein interessantes Ereignis, an dem Besucher teilnehmen können, ist die Fishing Competition, die alljährlich im April vom Rotary Club in Victoria ausgetragen wird. Besonders spannend ist auch Fliegenfischen auf Alphonse Island.

Wassersport

Tauchen & Schnorcheln

Der Zugang zur Unterwasserwelt ist auf den Seychellen sehr einfach und viele Tauchbasen bieten die notwendige Ausstattung zum Schnorcheln und Tauchen (zur Ausrüstung s. auch S. 379). Jeder, der gesund ist und schwimmen kann, kann ohne Probleme Schnorcheln und Tauchen lernen, und die meisten Tauchbasen bieten Einführungskurse an.

Für die, die noch nicht wissen, ob Tauchen das Richtige für sie ist, bietet ein Tageskurs die ideale Möglichkeit, dies auszutesten. Die Kurse werden von ausgezeichneten PADI-Tauchbasen (Professional Association of Diving Instructors) abgehalten.

Man beginnt mit einer Einführung im Swimmingpool des Hotels, um sich mit der Ausrüstung vertraut zu machen und die grundlegenden Techniken zu lernen. Nach dem Mittagessen beginnt man unter der Aufsicht des Lehrers mit einer kleinen Tour im seichten Riff. Zwar erhält man für diesen Kurs keine Bescheinigung, aber wenn man beschließt, weiter zu machen, wird er als der erste Tag eines weiteren Kurses angerechnet. Nach mindestens drei weiteren Tagen erhält man die PADI-Tauchlizenz fürs offene Wasser – Open Water Diver (s. a. Magische Unterwasserwelt, S. 271 ff.).

■ **Association of Professional Divers Seychelles (APDS)** und **Underwater Centre Seychelles,** P.O. Box 384, Victoria, Tel. 34 54 45, Fax 34 42 23, E-Mail: divesey@seychelles.net, www.diveseychelles.com.sc. mit Basen im Coral Strand Hotel, Mahé (Tel. 24 73 57), Beau Vallon Bay Beach Resort und in der Desroches Island Lodge (Tel. 22 91 19).

■ **Big Blue Divers,** Vacoa Village, Mahé, Tel. 26 11 06, www.bluedivers.net.

■ **Bleu Marine Diving Centre,** La Vanille Bungalows, Anse à La Blague, Praslin, Tel. 51 35 18, www.bleumarine-seychelles.com.

■ **Angel Fish Dive Center,** Mahé, Tel. 34 41 33, Fax 34 41 34, www.dive-angelfish.com. Neues Tauchzentrum mit eigener Anlegestelle an der Ostküste Mahés.

■ **Octopus Diving Center Praslin,** Anse Volbert, Praslin, Tel. 23 23 50 oder 71 54 41, Fax 23 26 02, www.octopusdiver.com. Tauchschule an der Anse Volbert, die auch Ausflüge auf Inseln und Picknicks organisiert.

Sicherheitsvorkehrungen

Die Association of Professional Divers Seychelles (APDS) hat Richtlinien für die Sicherheit und Professionalität der Tauchbasen festgelegt. Viele der Mitglieder wurden von der APDS mit fünf Sternen ausgezeichnet. Alle Boote, die fürs Tauchen benutzt werden, besitzen von der zuständigen Behörde ausgestellte Lizenzen, und als Zusatz zu den notwendigen Sicherheitsvorkehrungen haben sie auch noch Sauerstoff und zusätzliche Notfallausstattung dabei. Im seltenen Fall eines Unfalls stehen im Krankenhaus von Victoria eine Druckausgleichskammer und ein Team von Ärzten und Technikern bereit.

Glasbodenboote

Um die Wunder der Korallenriffe zu sehen, ohne dabei nass zu werden, ermöglicht ein Boot mit Glasboden die Sicht nach unten auf das Riff. Das Boot ist halb offen mit einem breiten Rumpf und einer Scheibe entlang des Schiffsbodens. Von Holzbänken an beiden Seiten entlang des Schiffes blickt man direkt ins Wasser. Eine Alternative bieten U-Boote, hier hat man eine horizontale Sicht auf die Riffe. Schiffe mit Glasboden können auch in extrem seichten Gewässern fahren, wo die Unterwasserwelt besonders lebendig und vielseitig ist, leider verscheucht es viele Fische. U-Boote verursachen weniger Störung, können aber nicht in seichten Gewässern fahren; Manche bekommen im U-Boot u. U. Platzangst.

■ **Teddy's Glass Bottom Boat,** Coral Strand Hotel, Beau Vallon, Mahé, Tel. 21 11 25 oder 51 11 25. Infos auch bei allen Veranstaltern.

■ **Mare Sports Ltd,** Mahé, Tel. 51 10 10, Fax 37 68 14. Tagestouren zum Ste-Anne Marine National Park, Gäste werden von der Unterkunft abgeholt. Buchungen auch über lokale Veranstalter.

Ausflüge von Mahé nach **Ste-Anne Marine National Park** können durch einheimische Veranstalter organisiert werden (s. S. 399), entweder für einen halben oder einen ganzen Tag inklusive Mittagessen auf Moyenne, Round oder Cerf. Der Nationalpark ist das Hauptquartier der Behörde der Marine Parks. Leider wurde der Marine Park 1998 durch die Auswirkungen von El Niño arg in Mitleidenschaft gezogen. Mehr als 90 % der Korallen gingen aufgrund der Wassererwärmung zu Grunde, und wegen Landgewinnungsmaßnahmen entlang der Ostküste von Mahé kam es zu einer Verschlammung und zusätzlichen Beschädigung des Riffs.

Schifffahrten

Eine Fahrt an Bord eines Schiffes ist die ideale Art, viele Inseln zu sehen, ohne dabei die Unterkunft wechseln zu müssen. Es ist ebenfalls hervorragend geeignet, um entlegene

Buchten und Inseln zu erreichen. Verschiedene Möglichkeiten sind vorhanden, abhängig davon, ob man lieber segelt, fischt, taucht, Wassersport betreibt oder einfach schnellstmöglich weiterkommen möchte.
Die meisten Fahrten starten am Wharf Hotel südlich von Victoria. Viele Charterboote sind gleich neben dem Hotel festgemacht. Die **Seychelles Marine Charter Association** (Tel. 22 46 79, Fax 32 21 26, www.seychelles.net/mca) ist eine nützliche Informationsquelle, um Angebote kleinerer Boote zu finden. Den meisten Schiffen ist es nur erlaubt, innerhalb der Inner Islands zu fahren, ausgenommen Kreuzfahrtschiffen und einigen speziellen Charterbooten (besonders Tauchboote). Anlegeplätze werden gegen eine kleine Gebühr vergeben. Neben den kleineren, schwierig erreichbaren Inseln sind auch die entlegenen Buchten eine Erkundung wert.

Beste Zeit für eine Schifffahrt

Der Südostmonsun von Mai bis Oktober bringt den Seychellen stabile Winde. Im Juli und August ist die Windstärke besonders hoch und lässt das Meer rau werden. Leute, die leicht seekrank werden, sollten während dieser Zeit auf eine Schiff-Fahrt verzichten. Der Nordwestmonsun bringt von November bis April eher unbeständige Winde, welche Mitte Dezember bis Ende Januar sehr stürmisch werden können. Zum Glück liegen die Seychellen jedoch nicht innerhalb der zyklongefährdeten Gebiete.

Aktivitäten an Bord

Größere Schiffe (mit 10 Kojen und mehr) bieten die Möglichkeit, zu tauchen. Das kann entweder als hauptsächliche Tätigkeit, mit drei oder vier Tauchtouren am Tag, oder als unverbindliche Möglichkeit gewählt werden, wenn der Tagesplan es erlaubt. Die Skipper auf den Schiffen sind zum größten Teil qualifizierte Tauchexperten. Die Mehrzahl der Schiffe bietet eine Mindestausrüstung an, bestehend aus Brille bzw. Maske, Schnorchel und Flossen.
Einige der größeren Schiffe führen ein noch breiteres Wassersportangebot und stellen Surfbretter oder Wasserski zu Verfügung. So gut wie alle Schiffe haben Angeln dabei. Die beste Art, Fische wie den Bonito oder den Dorado zu fangen, ist, während der Fahrt seine Angelschnur ins Wasser zu hängen. Liegt das Schiff vor Anker, kann man sich mit ein bisschen Glück frisch für das Abendessen einen Fisch angeln.
Schifffahren an sich fordern aber auch schon einen gewissen sportlichen Einsatz; vor allem wenn es darum geht, das wichtigste Zubehör, das Begleitschiff, zu benutzen. Denn lediglich so kann man an den meisten Inseln an Land gehen, denn nur die größeren besitzen einen richtigen Hafen.

Charterunternehmen

In kleinerem Umfang werden auch Katamarane vermietet. Ebenso ist es möglich, professionelle Skipper, die mit den Inseln gut vertraut sind, anzuheuern. Als Alternative kann man auch an einer organisierten Fahrt an Bord eines romantischen Zweimasters oder eines geeigneten Tauchbootes teilnehmen. Und für diejenigen, die ihren Bestimmungsort schnell erreichen möchten, werden kleine, schnelle Motorboote angeboten. All diese Angebote erhalten Sie bei den zahlreichen einheimischen Veranstaltern, aber während des nördlichen Winters laufen auch Kreuzfahrtschiffe die Inseln an.
Yachtausflüge zu den verschiedenen Inseln an, die eine Woche an Bord umfassen, werden von folgenden Reiseveranstaltern angeboten:

- **Dream Tours Touristic GmbH,** Schachenwaldstr. 28, 63456 Hanau, Tel. (061 81) 65 97 94, Fax 66 12 50, www.dream-tours.de
- **NAUTIC-TOURS Charterbüro,** Ecksteins Hof 2, 45721 Haltern am See, Tel. (023 64) 50 88 99-0, Fax 50 88 99-9, www.nautic-tours.de

Auf den Seychellen gibt es folgende Charterunternehmen:

- **Charter Maritimo,** Ulrich Zimmermann, Erlenstr. 28, 76726 Germersheim, E-Mail: info@charter-maritimo.com, www.charter-maritimo.com. Internationale Gesellschaft zum Verleih von Yachten und Katamaranen mit ca. 15 Booten auf den Seychellen, mit und ohne Crew zu mieten.
- **Angel Fish Yacht Charter,** Bayside Marina, Roche Caiman, Mahé, Tel. 34 46 44, Fax 34 45 55, www.seychelles-charter.com. Yachten und Katamarane mit guter Ausstattung, mit und ohne Crew zu mieten. Gute Betreuung vor Ort, auf Wunsch Tauchkurse an Bord.
- **Indian Ocean Explorer,** Tel./Fax 22 58 44, www.ioexplorer.com. Indian Ocean Explorer ist das einzige geeignete Tauchboot, auf dem man wohnen kann. Es ist ebenfalls das einzige Boot, das regelmäßig, von Oktober bis April, Ausflüge zu der Gruppe der Aldabrainseln unternimmt. Während der restlichen Zeit wechselt das Angebot zwischen Wasserhai-Expeditionen und Ausflügen zu den Amiranten.
- **Silhouette Cruises Ltd.,** s. Top 10 Aktiv, S. 367.
Die »Sea Shell«, »Sea Pearl« und »Sea Star«, können bis zu 18 Passagiere an Bord unterbringen. Wassersportaktivitäten, wie Tauchen, Fischen u. a., werden zusätzlich angeboten.
- **Sunsail (Seychelles) Ltd.,** Tel./Fax 22 57 00, www.sunsail.de. Ein Unternehmen, das weltweit über 1000 Schiffe in vielen Urlaubsorten vermietet, die man aber auch von zu Hause aus buchen kann: Buchung in Deutsch-

land über Tel. (07 11) 16 48 40, Fax 1 64 84 65. Die »Flotte« besteht zum Großteil aus Monohulls mit bis zu neun Kojen, besitzt aber auch Katamarane mit acht Kojen. Diese können mit oder ohne Skipper gemietet werden (Lebensmittel müssen selbst mitgebracht werden). Touren für eine bestimmte Zeit oder für einen Tag können ebenfalls arrangiert werden. Auf Anfrage stellt das Unternehmen auch Lebensmittelvorräte bereit.

■ **VPM Yacht Charter,**
Tel. 34 47 19 oder 22 56 76, Fax 34 56 98. Ein weiteres internationales Unternehmen mit Hauptsitz auf den Seychellen, das eine Flotte von Wasserfahrzeugen, darunter vor allem Katamarane, betreibt. Einige können mit, einige auch ohne Crew gemietet werden. Die Crews bestehen aus professionellen Seglern, die die Gewässer um die Seychellen bestens kennen. Für Schiffe ohne Crew wird die Bereitstellung von Lebensmittelvorräten auf dem Schiff angeboten.

■ **Water World (Pty.) Ltd.,**
Tel. 51 47 35 oder 24 74 53, Fax 24 76 07. Das Motorschiff Shamal fährt durchschnittlich 24 Knoten, maximal 31 Knoten. Es besitzt zwei Standard-Kabinen und eine VIP-Kabine, alle mit eigenem Bad/Dusche und WC. Für Tagesausflüge können auch kleinere Schiffe gemietet werden.

Wandern

Das Tourismusministerium hat eine Reihe von ausführlichen Broschüren über Wanderwege herausgegeben. Sie können im Fremdenverkehrsbüro (Independence House) in Victoria erstanden werden. Die Wege sind alle gut beschildert, und die Broschüre bietet darüber hinaus zusätzliche Informationen über das, was man am Weg entlang sieht.

Die meisten Wege führen in die Berge, wo es sich am besten in den kühleren Monaten von Juni bis September wandern lässt. Die gefährlichste Zeit ist auf dem Höhepunkt der Regenzeit, von Mitte Dezember bis Januar, weil dann die Pfade schlammig und rutschig sind. Die Monate März und April können auch sehr anstrengend für Wanderungen sein, denn dann ist es heiß und schwül und zudem so gut wie windstill. Die kühleren Tageszeiten, wie frühmorgens oder spät nachmittags, eignen sich am besten zum Wandern, aber man darf dabei nicht vergessen, dass es recht schnell, etwa um 18.30 Uhr, dunkel wird. Man sollte immer sein eigenes Wasser dabei haben und nie von Bergbächen oder anderen Wasserquellen der Insel trinken. Selbst wenn das Wasser kristallklar ausschaut, enthält es dennoch in vielen Fällen unangenehme und schädigende, mikroskopisch kleine Parasiten. Man sollte auch immer eine Kopfbedeckung tragen.

Es wird davon abgeraten, die Bergwege ohne einen Führer zu verlassen. Die besten geführten Wanderungen werden von Basil Beaudouin (Tel. 24 17 90) angeboten, der Touren von unterschiedlicher Dauer zwischen ein bis zwei Stunden bis hin zu einem Tag) und Schwierigkeitsgraden im Programm hat. Interessierte können sich mit ihm jeden Montag um 18 Uhr im Coral Strand Hotel treffen. Im Preis enthalten sind außerdem ein Lunchpaket, der Transport zum Ausgangspunkt und vom Endpunkt zurück, eine Versicherung und nicht zuletzt Basil Beaudouins umfangreichen Kenntnisse über die Insel und ihre Flora und Fauna.

Auf Praslin bietet der Naturführer Cap Samy (Tel. 51 33 70, 57 57 33) mehrere Touren an. Das Coco de Mer Hotel (Tel. 23 39 00) organisiert Führungen auf dem nahe gelegenen Jean-Baptiste-Lehrpfad.

Feste und Veranstaltungen

Unterwasserfotografie-Festival

Es gibt nur wenige Ereignisse auf den Seychellen, nach denen man seine Urlaubsreise festlegt. Für alle Taucher ist diese Ausnahme das dreiwöchige SUBIOS-Festival, das jedes Jahr im März oder November, den zugleich besten Monaten fürs Tauchen, stattfindet. Das Unterhaltungsprogramm, das sich um die wichtigsten Hotels auf Mahé und Praslin konzentriert, umfasst u. a. Diashows von professionellen Unterwasserfotografen und das Austragen von Fotowettbewerben. Weitere Auskünfte erteilt die Tourism Marketing Authority in Victoria (Tel. 67 13 00 oder 62 00 00, Fax 62 06 20, www.subios.com).

Festival Kreol

Das größte Ereignis des Jahres ist das Festival Kreol, das alljährlich in der letzten Oktoberwoche stattfindet. Kreolische Künstler aus anderen Ländern, wie z. B. aus Mauritius oder der Karibik, treffen sich in Victoria, das für dieses Ereignis aufs Festlichste geschmückt wird. Tänze, Theaterstücke, Konzerte und Umzüge werden organisiert, und jedermann ist herzlich eingeladen, daran teilzunehmen. Weitere Infos gibt das Kreol Festival Komitee, Mont Fleuri, Mahé, Tel. 22 54 77.

Infos von A–Z

Banken

Auf Mahé gibt es Banken in Victoria, Beau Vallon, Anse Royale und am Flughafen; auf Praslin in Baie Ste-Anne und Grand Anse sowie auf La Digue. Die Öffnungszeiten sind nicht einheitlich, meist Mo–Fr 8.30–14, Sa 8.30–11 Uhr. Am Flughafen sind die Banken bei Ankunft und Abflug der internationalen Maschinen geöffnet sowie Mo–Fr 8.30–12.30, Sa 8.30–10.45 Uhr.

Behinderte

Nur wenige größere Hotels sind auf Rollstuhlfahrer eingerichtet, sonst findet man nur wenig entsprechende Einrichtungen. Auf Victorias schmalen und bevölkerten Bürgersteigen ist es sehr schwierig, sich mit dem Rollstuhl fortzubewegen.

Elektrizität

Die Stromspannung beträgt 240 Volt. Für die Steckdosen benötigt man dreipolige Stecker wie in Großbritannien; Adapter sind in den meisten Hotels erhältlich.

Feiertage

1./2. Januar: Neujahr; März/April: Karfreitag, Ostersamstag und Ostersonntag; 1. Mai: Tag der Arbeit; Juni (Donnerstag nach Trinitatis). Fronleichnam; 5. Juni: Tag der Befreiung; 18. Juni: Nationalfeiertag; 29. Juni: Unabhängigkeitstag; 15. August: Mariä Himmelfahrt; 1. November: Allerheiligen; 8. Dezember: Mariä Empfängnis; 25. Dezember: Weihnachtsfeiertag.

Fotografieren

Filme, Filmentwicklung und Zubehör bekommt man in Victoria bei **Photo Eden** (Kodak) und **Kim Koon** (Fuji) in der Independence Avenue. Auch die meisten Geschäfte in Hotels verkaufen Filme, allerdings sind diese meist teuer und von geringer Qualität. Denken Sie für Ihre Digitalkamera an genügend Speicherkapazität und an die Mitnahme von Ersatzbatterien.

Geschäftsreisende

Geschäftsleute tragen kurzärmlige Hemden und leichte Baumwollhosen; Jackett und Krawatte sind in den Tropen nicht erforderlich. Verabredungen werden etwas lockerer gehandhabt und so können sich Termine durchaus ein wenig verzögern. Auf Regierungsbeamte zu warten, gehört zur Norm. Wer mit einem Laptop reist, sollte schon vorab klären, ob das Hotel mit entsprechenden Anschlüssen ausgestattet ist.

Karten

Detaillierte und preiswerte Karten für alle Inseln gibt es bei **Survey Division,** Erdgeschoss, Independence House, Independence Avenue in Victoria auf Mahé.

Kinder

Die Seychellois lieben Kinder, und die Inseln eignen sind wunderbar für einen Familienurlaub.
Eltern sollten sich jedoch dessen bewusst sein, dass es abseits der Strände nur wenig Unterhaltung für die Kleinen gibt. Einige größere Hotels bieten zeitweise Kinderbetreuung, nach vorheriger Ankündigung werden Babysitter zur Verfügung gestellt. Manche Hotels akzeptieren Kinder erst ab einem gewissen Alter (z. B. ab 12 Jahren). Informieren Sie sich beim Veranstalter bzw. direkt beim Hotel.

Maßeinheiten

Es gilt das metrische System.

Öffnungszeiten

- **Büros:** Mo–Fr 8–16 Uhr.
- **Geschäfte:** Victoria (Mahé): 8.30 bzw. 9 Uhr bis 17 bzw. 17.30 Uhr, Sa 8.30–12.30 Uhr.

Manche Geschäfte schließen mittags von 12.30 bis 13.30 Uhr.
In anderen Orten haben kleine Geschäfte länger geöffnet.

Post

Victorias Hauptpostamt befindet sich am Uhrturm in der Independence Avenue (Mo–Fr 8–16 Uhr, Sa 8–12 Uhr). Weitere Postämter bzw. Nebenstellen gibt es in Grand Anse und Baie Ste-Anne auf Praslin sowie in La Passe auf La Digue. Briefkästen befinden sich häufig vor Polizeistationen. Hotels verkaufen Briefmarken und nehmen Postkarten und Briefe zur Beförderung entgegen. Luftpost wird Mo bis Fr um 15 Uhr und Sa um 12 Uhr eingesammelt.

Rundfunk

Das staatliche Radio Seychelles und das private Paradise FM sind die einzigen Radiosender. Auf Mahé gibt es eine Relaisstation der BBC. Über UKW sendet BBC World Service Programme, die auf den Granitinseln empfangen werden.
Die lokale Fernsehgesellschaft Seychelles Broadcasting Corporation (SBC) bringt morgens Nachrichten von CNN und BBC. In den besseren Hotels kann man via Satelliten- und Kabelfernsehen mehrere Kanäle und Videoprogramme empfangen. Auf den Äußeren Inseln sind Radio- und Fernsehempfang nur in Hotels mit Satellitenanlage möglich.

Souvenirs

Die Produktion von Kunsthandwerk ist auf den Seychellen nicht sehr tief verwurzelt, weil sie der zunehmenden Nachfrage auf Seiten der Tourismusindustrie entwachsen ist. Dennoch werden nur wenige Produkte zum Kauf angeboten.
Einer der besten Orte für den Einkauf von Urlaubsandenken ist das

Codevar Crafts Centre in der Camion Hall in der Albert Street in Victoria (s. S. 291). Ebenfalls in Victoria an der Market Street befindet sich die Sunstroke Gallery mit einem großen Angebot an Strandkleidung, Schmuckstücken, bedruckte Tischdecken und Kissen. In der Kunstgalerie im oberen Stock sind Werke einiger ausgezeichneter Künstler der Region ausgestellt. Im Kenwyn House in Victoria befindet sich eine wunderschöne Einkaufsgalerie, in der man Souvenirs, Kunsthandwerk, Gemälde einheimischer Künstler, Schmuck, Diamanten aus Südafrika und weitere Andenken kaufen kann (s. Top 10 Shopping, S. 363). Ein weiteres Zentrum für Souvenirs und Geschenke ist das Kunsthandwerkerdorf auf Mahé.

Falls Sie Michael Adams Galerie in Anse aux Poules Bleus besuchen – die Pineapple Galerie nebenan verkauft selbst gefertigte Andenken, wie handgefärbte Pareos in individuell gewebten Jutetaschen, bemalte Skulpturen und Wandplatten voll mit Fischen, Strandkleider, Schlüsselanhänger, Briefständer und bemalte Kokosnüsse (Mo–Fr 10–16.30 Uhr, die Besitzer wohnen nebenan und öffnen in Ausnahmefällen für Besucher auch außerhalb der Zeiten).

Am Nordende von Mahés Beau-Vallon-Bucht gleich neben The Boat House verkauft Wild Ginger ausgezeichnetes Kunsthandwerk, darunter Tonwaren, Bilder, Mobiles, Glasplatten und Lampenschirme sowie Stoffe und Skulpturen.

Kunst

Es gibt einige Kunstgalerien vor allem auf Mahé, die einen Besuch wert sind. Die meisten Künstler, wie Michel Adams, Tom Bowers, George Camille, Verney Cresswell, Gerard Devoud und Barbara Jenson werden in den Kapiteln zu Mahé und La Digue vorgestellt (s. S. 263).

Im Kunsthandwerkerdorf Craft Village in Anse aux Pins an Mahés Ostküste kann man ebenfalls Kunstwerke kaufen.

Batik

Für die Herstellung von Badetüchern, Shirts und Pareos in anziehend bunten Farben und in Kombination mit selbst entworfenen Mustern wendet Ron Gerlach eine alte indonesische Drucktechnik an. Die Stoffe spiegeln seine Liebe zur Natur wider (er ist ebenfalls Vorsitzender des Naturschutzbundes der Seychellen). Seine Galerie befindet sich auf Mahé am Strand von Beau Vallon, gegenüber von The Boat House.

Coco de Mer/ Seychellenkokosnuss

Der schwerste Samen der Welt, der frisch vom Baum ebenso viel wiegt wie das erlaubte Höchstgewicht Ihres Gepäcks, ist ausgehöhlt ein originelles Präsent für zu Hause. Zu kaufen gibt es die Nüsse in der Forststation, Fond B'Offay, Praslin (Mo–Fr 8–16 Uhr).

Souvenirläden verkaufen sie ebenfalls, Sie müssen beim Kauf aber darauf achten, dass Sie ein Exportzertifikat erhalten. Ohne Zertifikat riskieren Sie, dass man Ihr Stück am Flughafenzoll konfisziert.

Produkte aus Kokospalmen

Die Kokospalme findet wahrlich vielseitige Verwendung: Ihre Blätter werden zu Taschen geflochten, die Nuss wird zu Serviettenringen, Kerzenständern und Trinkbechern verarbeitet, Kokosöl als Duftstoff für Seifen und Badeöle verwendet, und aus dem ungewöhnlich gepunkteten Holz entstehen Kästchen, Knöpfe und Perlen für Halsketten. Produkte aus Kokospalmen gibt es in der Maison Coco beim Kunsthandwerkerdorf in Anse aux Pins (Mahé) und in vielen Hotelshops (z. B. im Plantation Club).

Schmuck

Kreolor (Tel. 34 45 51) entwirft wunderschöne Schmuckgegenstände aus Gold, Perlmutt, Muscheln und anderen lokalen Materialien. Sie werden in seinen Geschäften in Camion Hall, Victoria, La Passe und La Digue sowie im Café des Arts auf Praslin zum Kauf angeboten. Die verarbeiteten Muscheln stammen von einer bankrott gegangenen Knopffabrik, die Riffe wurden somit nicht in Leidenschaft gezogen und der Vorrat reicht für weitere hundert Jahre. Die Firma produziert ebenfalls äußerst einfallsreiche Stücke, indem sie Granitgestein, Samen, Kokosholz und anderes miteinander kombiniert und zu Platzdeckchen, Tabletts, Kästchen, Armreifen, Spiegel und Bilderrahmen gestaltet. Eine Perlenfarm auf Praslin (gegenüber vom Flughafen) verkauft neben Rohperlen auch hochwertige Schmuckartikel in einer interessanten Ausstellung (Praslin Ocean Farm, Tel. 23 31 50).

Modellschiffe

La Marine fertigt eine Vielzahl von Modellschiffen an, die Preisspanne reicht von günstig bis teurer als Flug und Hotelunterkunft zusammen. Die nautischen Kunstwerke können in der Werkstatt im Craft Village auf Mahé und in Victoria bei Souverains des Mers in Camion Hall besichtigt werden.

Parfum und Kosmetik

Über 100 verschiedene einheimische Pflanzen werden von Kreol Fleurage Parfums am North East Point auf Mahé für die Herstellung verschiedener Parfums verarbeitet. Sie werden in vielen Hotels und Souvenirläden auf der Insel zum Kauf angeboten.

Bei Everglow (Tel. 22 57 09) auf der Sans Soucis Road findet man hochwertige Kosmetikprodukte und Seifen, hergestellt unter Verwendung natürlicher einheimischer Produkte.

Buntglas

Les und Sharon Masterson fertigen wunderschöne, juwelenartige Anhänger, Lampen, Paneele und Fenster in ihrem Atelier »Thoughts« an der Sans Souci Road nahe Victoria (Tel. 32 12 54). Einige ihrer Arbeiten sind im Fisherman's Cove Hotel in Mahé ausgestellt. Sharons Buntglasfenster schmücken außerdem die St. Paul's Cathedral und die Apostolische Kirche in Victoria und eine Wand in der Benedetti Galerie in Soho, New York.

Tee und Gewürze

Gewürzpäckchen können an vielen Orten gekauft werden, so z. B. auf dem Markt von Victoria und im Jardin du Roi in der Anse Royale. Das zu Recht so bezeichnete Höllenfeuer – eingelegte scharfe Paprika – und getrocknete Vanilleschoten sind ebenfalls auf dem Markt erhältlich. Tee mit Zimt, Zitrone, Orange und Vanille der Seychelles Tea Company ist in fast allen Supermärkten erhältlich.

Telefon, Handy, Internet

Die Gebühren für Telefongespräche und Faxsendungen aus Hotels sind hoch. Die meisten der öffentlichen Fernsprecher funktionieren mit Telefonkarten, die man in Postämtern, Tankstellen, kleinen Läden und manchen Boutiquen kaufen kann.
Von Mahé, Praslin und La Dique kann man per Handy mit GSM-900-Standard telefonieren. Erkundigen Sie sich am besten vor der Reise bei Ihrem Provider nach den Empfangsmöglichkeiten.
In Victoria gibt es mehrere Internetcafés, auf Praslin befindet sich eines in Grand Anse, nahe der Jetty auf La Digue liegen drei Internetcafés. Von dort kann man auch Faxe senden.

Internationale Vorwahlnummern:

- für die Seychellen: 0 02 48. Innerhalb der Seychellen gibt es keine Vorwahlnummern.
- nach Deutschland: 00 49.
- nach Österreich 00 43.
- und in die Schweiz 00 41.

Trinkgeld

Trinkgelder werden nicht unbedingt erwartet, doch in der Größenordnung von 5 % des Rechnungsbetrags dankbar angenommen. In den Restaurantrechnungen ist meistens ein Bedienungszuschlag enthalten.

Zeit

Die Seychellen sind der mitteleuropäischen Zeit um drei Stunden, der europäischen Sommerzeit um zwei Stunden voraus. Auf Denis gehen die Uhren noch eine weitere Stunde vor. Sonnenaufgang ist zwischen 6 und 6.30 Uhr, Sonnenuntergang zwischen 18 und 18.30 Uhr.

Zeitungen

Die staatliche Zeitung **Seychelles Nation** erscheint täglich außer sonntags und bringt Beiträge in englischer, französischer und kreolischer Sprache. Sie enthält nicht nur Internationale Nachrichten, sondern auch Infos über Wechselkurse, Gezeitenstand sowie Kino-, Fernseh- und Radioprogramme.
Die donnerstags erscheinende unabhängige Zeitung **Regar** ist überwiegend auf Englisch verfasst und vermittelt ein etwas anderes, vielleicht unbekannteres Bild von den Seychellen.
Das Geschäft **Antigone Trading** in der Passage des Palmes von Victoria hält internationale Magazine bereit (gewöhnlich ab Montagnachmittag).
Das Magazin **Silhouette** der Air Seychelles veröffentlicht ausgezeichnete Beiträge über die Inselwelt. Weitere Magazine sind **New Wave** (befasst sich auch mit Mauritius und Réunion) und **Seychelles Today.**

Zoll bei der Rückreise

Die folgenden Mengen von Waren dürfen EU-Bürger und Schweizer abgabenfrei ins Heimatland mitbringen:
Tabakwaren: 200 Zigaretten, 100 Zigarillos oder 50 Zigarren oder 250 g Rauchtabak;
Alkohol und alkoholhaltige Getränke: 1 l Spirituosen mit einem Alkoholgehalt von mehr als 22 % vol (für Schweizer 15 % vol) oder 2 l Spirituosen, Aperitifs aus Wein oder ähnliche Getränke mit einem Alkoholgehalt von 22 % vol (für Schweizer 15 % vol) oder weniger oder 2 l Schaumweine oder Likörweine und 2 l nicht schäumende Weine:
Parfüms und Eau de Toilette: 50 g Parfüms und 0,25 l Eau de Toilette;
andere Waren bis zu einem Warenwert von maximal 175 EUR bzw. 300 CHF.
Verboten ist die Einfuhr von Pflanzen und Tieren bzw. Produkten daraus, die unter das Washingtoner Artenschutzabkommen und die EU-Artenschutzverordnung fallen, z. B. die Gehäuse von Riesenfechterschnecken, Schalen von Riesenmuscheln, Korallen und Orchideen.

- Details siehe www.artenschutz-online.de/artenschutz_im_urlaub/

Notfälle

Sicherheit & Kriminalität

Obwohl natürlich auch auf den Seychellen kriminelle Handlungen begangen werden, gelten die Inseln als sehr sicheres Reiseland. Die Freundlichkeit der Einheimischen vermittelt manchen Besuchern ein so großes Gefühl der Sicherheit, dass sie gar ihre Wertsachen unbeaufsichtigt am Strand liegen lassen – was wie überall sonst auf der Welt zu herben Enttäuschungen führen kann. Sofern man dieselben Sicherheitsvorkehrungen wie daheim trifft, wird kaum etwas passieren.

Diplomatische Vertretungen

- **Honorarkonsulat der Bundesrepublik Deutschland,** P. O. Box 132, Victoria, Tel. 60 11 00 oder 60 11 01, Fax 60 11 02, germanconsul@natureseychelles.org
- **Konsularagentur der Schweiz,** MG Building, Providence Industrial Estate, P.O. Box 935, Victoria, Tel. 37 42 78, 51 11 04 oder 51 28 86, Fax 37 43 04, swissconsul@seychelles.sc
- **Österreichisches Honorarkonsulat,** Bodco Building, Harbour Trading Estate, Port Victoria, P.O. Box 1181, Mahé, Tel. 22 46 66, Fax 22 40 65, 61 19 98, pconsult@seychelles.net

Notrufnummern

- **Polizei, Feuerwehr** und **Ambulanz:** 999.

Medizinische Versorgung

Für die Seychellois ist die medizinische Grundversorgung kostenlos, von Ausländern wird jedoch eine geringe Gebühr verlangt. Besonders auf Mahé gibt es viele Kliniken, allerdings muss man mit langen Wartezeiten rechnen – inbesondere an Montagen schnellt die Zahl der Erkrankungen rasant in die Höhe.
Man kann sich auch an einen der Privatärzte wenden, die gut und nicht teuer sind (telefonische Terminvereinbarung empfehlenswert).
Auf Mahé gibt es einen so genannten **Touristenarzt,** der rund um die Uhr im Einsatz (Kontakt über das Hotel erfragen). In einigen Hotels gibt es einen Krankendienst.

Krankenhäuser

- **Victoria Hospital,** Mont Fleuri, Mahé, Tel. 38 80 00.
- **Anse Royal Hospital,** Anse Royale, Mahé, Tel. 37 12 22.
- **Praslin Hospital,** Baie Ste-Anne, Tel. 23 23 33, 23 34 14.
- **Logan Hospital,** La Passe, La Digue, Tel. 23 42 55.
- **Dr. Chetty** (Privatklinik), Quincy Street, Victoria, Tel. 32 19 11.
- **Le Chantier Medical Services** (Privatklinik), Le Chantier, Victoria, Tel. 32 28 31 oder 32 40 08, Mo–Fr 8–13, 14–17 Uhr, Sa 8–12 Uhr.

Zahnkliniken

- **Le Chantier Dental Clinic** (Privatklinik), Le Chantier, Victoria, Tel. 22 43 54.
- **Oceangate Dental Clinic** (Privatklinik), Oceangate House, Victoria, Tel. 22 48 52.

Apotheken

- **Behram's Pharmacy,** Victoria Arcade, Victoria, Tel. 22 55 59.
- Auf Praslin und La Digue gibt es nur die Krankenhausapotheken.

Sprache

Offizielle Landessprachen sind Englisch, Französisch und Kreol. Letzteres wird von allen Seychellois gesprochen, und zur Förderung der Sprache hat man sogar ein entsprechendes Institut gegründet (s. u.). Englisch ist vor allem auf Mahé sowie unter Jugendlichen weit verbreitet. Englisch sprechende Touristen haben in Hotels, Geschäften und Dienststellen keine Verständigungsschwierigkeiten. Außerhalb von Hotels und abseits der ausgetretenen Touristenpfade können eini paar Wörter Créole – vor allem im Gespräch mit älteren Menschen – sehr hilfreich sein.
Die Bewohner der Seychellen haben ein Institut gegründet, das sich sowohl der Erhaltung der kreolischen Sprache als auch der Verbreitung der kreolischen Kultur widmet. Das Institut Lenstiti Kreol befindet sich neben dem Kunsthandwerkerdorf in Anse aux Pins auf Mahé und zählt etwas mehr als 20 Mitarbeiter, die mehrere Abteilungen, darunter Literatur, Forschung, (Sprach-)Verbreitung, Graphik und Kunst, Dokumentation sowie Schulung), betreuen.
Die Örtlichkeiten werden das Jahr über für eine Fülle von Anlässen genutzt, die von Theaterstücken und Gedichtvorträgen bis hin zu Maskenbällen und Karaokeabenden reicht. Das Institut ist auch zentraler Veranstaltungsort des Festival Kreol, das alljährlich im Oktober stattfindet (s. S. 402).

Literaturtipps

Naturführer

- Paolillo, Vincenzo: **Seychellen. Enzyklopädie der Unterwasserwelt**. Jahr Top Spezial, Hamburg 1997.
- Hofrichter, Robert: **Naturführer Seychellen.** Diverse Auflagen.

Bildbände

- Prager, Christian/Kolf, Johanna: **Seychellen.** Artcolor, Ascheberg 2001.
- Friedel, Michael: **Seychellen.** MM Photodrucke 2007.

Belletristik

- Groult, Benoîte: **Salz auf unserer Haut.** Droemer/Knaur 2004.
- Makepeace, Maggie: **Goodbye, Mrs. Redcliffe.** Droemer/Knaur 1999.

Mini-Dolmetscher

Allgemeines

Guten Tag.	Bonjour. [bö~~sch~~**ur**]
Hallo!	Salut! [ßa**lü**]
Wie geht's?	Ça va? [ßa **wa**]
Danke, gut.	Bien, merci. [bjẽ mär**ßi**]
Ich heiße ...	Je m'appelle ... [~~sch~~ö ma**päll**]
Auf Wiedersehen.	Au revoir. [o rö**woar**]
Morgen	matin [ma**tẽ**]
Nachmittag	après-midi [aprämi**di**]
Abend	soir [ßoar]
Nacht	nuit [nüi]
morgen	demain [dö**mẽ**]
heute	aujourd'hui [o~~sch~~ur**düi**]
gestern	hier [jär]
Sprechen Sie Deutsch?	Parlez-vous allemand? [par**le** wu al**mã**]
Wie bitte?	Pardon? [par**dõ**]
Ich verstehe nicht.	Je ne comprends pas. [~~sch~~ö nö kõ**prã** pa]
Sagen Sie es bitte nochmals.	Pourriez-vous répéter, s'il vous plaît? [purie wu repete ßil wu **plä**]
..., bitte.	..., s'il vous plaît. [ßil wu **plä**]
danke	merci [mär**ßi**]
Keine Ursache.	De rien. [dö **rjẽ**]
was / wer / welcher	quoi / qui / quel [koa / ki / käll]
wo / wohin	où [u]
wie / wie viel	comment / combien [ko**mã** / kõ**bjẽ**]
wann / wie lange	quand / combien de temps [kã / kõbjẽ dö **tã**]
warum	pourquoi [pur**koa**]
Wie heißt das?	Comment ça s'appelle? [ko**mã** ßa ßa**päll**]
Wo ist ...?	Où est ...? [u ä]
Können Sie mir helfen?	Pouvez-vous m'aider? [pu**we** wu mä**de**]
ja	oui [ui]
nein	non [nõ]
Entschuldigen Sie.	Excusez-moi. [äksküse **moa**]
Das macht nichts.	Ça ne fait rien. [ßa nö fä **rjẽ**]

Sightseeing

Gibt es hier eine Touristen-information?	Est-ce qu'il y a une information touristique ici? [äskil**ja** ün ẽforma**ßjõ** turis**tik** i**ßi**]
Haben Sie einen Stadtplan / ein Hotelverzeichnis?	Avez-vous un plan de la ville / une liste des hôtels? [a**we** wus ẽ plã dö la wil / ün list des‿o**täll**]
Wann ist das Museum / die Kirche / die Ausstellung geöffnet?	Quelles sont les heures d'ouverture du musée / de l'église / de l'exposition? [käl ßõ les‿ör duwär**tür** dü müse / dö le**glihs** / dö läksposi**ßjõ**]
geschlossen	fermé [fär**me**]

Shopping

Wo gibt es ...?	Où est-ce qu'il y a ...? [u äskil**ja**]
Wie viel kostet das?	Ça coûte combien? [ßa kut kõ**bjẽ**]
Das ist zu teuer.	C'est trop cher. [ßä tro **schär**]
Das gefällt mir. / Das gefällt mir nicht.	Ça me plaît. / Ça ne me plaît pas. [ßa mö **plä** / ßa nö mö plä **pa**]
Gibt es das in einer anderen Farbe / Größe?	Ça existe dans une autre couleur / taille? [ßa äk**sist** dãs‿ün otrö ku**lör** / taj]
Ich nehme es.	Je le prends. [~~sch~~ö lö prã]
Wo gibt es hier eine Bank?	Où est-ce qu'il y a une banque ici? [u äskil**ja** ün bãk i**ßi**]
Ich suche einen Geldautomaten.	Je cherche un guichet automatique. [~~sch~~ö schärsch ẽ gi**schä** otoma**tik**]
Geben Sie mir 100 g Käse / zwei Kilo Pfirsiche.	Donnez-moi cent grammes de fromage / deux kilos de pêches. [done **moa** ßã gram dö tro**ma~~sch~~** / döh ki**lo** dö päsch]
Haben Sie deutsche Zeitungen?	Avez-vous des journaux allemands? [a**we** wus de ~~sch~~ur**no** al**mã**]
Wo kann ich telefonieren / eine Telefonkarte kaufen?	Où est-ce que je peux téléphoner / acheter une télécarte? [u äskö ~~sch~~ö pöh tele**fone** / asch**te** ün tele**kart**]

Notfälle

Ich brauche einen Arzt / Zahnarzt.	J'ai besoin d'un médecin / dentiste. [~~sch~~e bösoẽ dẽ medsẽ / dã**tist**]
Rufen Sie bitte einen Kranken-wagen / die Polizei.	Appelez une ambulance / la police, s'il vous plaît. [ap**le** ün ãbü**lãs** / la po**lis** ßil wu **plä**]
Wir hatten einen Unfall.	On a eu un accident. [õ‿na ü ẽn‿akßi**dã**]
Wo ist das nächste Polizeirevier?	Où est le poste de police le plus proche? [u ä lö post dö po**lis** lö plü **prosch**]
Ich bin bestohlen worden.	On m'a volé. [õ‿ma wo**le**]
Mein Auto ist aufgebrochen worden.	On a fracturé ma voiture. [õn‿a frak**türe** ma woa**tür**]

Essen und Trinken

Die Speise-karte, bitte.	La carte, s'il vous plaît. [la **kart** ßil wu **plä**]
Brot	pain [pẽ]
Kaffee	café [ka**fe**]
Tee	thé [te]
mit Milch / Zucker	au lait / sucre [o lä / **ßü**krə]
Orangensaft	jus d'orange [~~sch~~ü do**rã~~sch~~**]
Suppe	soupe [ßup]
Fisch / Mee-resfrüchte	poisson / fruits de mer [poas**sõ** / früi dö **mär**]
Fleisch / Geflügel	viande / volaille [wjãd / wo**laj**]
Beilage	garniture [garni**tür**]
vegetarische Gerichte	cuisine végétarienne [küi**sin** we~~sch~~etar**jänn**]
Eier	œufs [öh]
Salat	salade [ßa**lad**]
Dessert	dessert [des**sär**]
Obst	fruits [früi]
Eis	glace [glass]
Wein	vin [wẽ]
weiß / rot / rosé	blanc / rouge / rosé [blã / ru~~sch~~ / ro**se**]
Bier	bière [bjär]
Aperitif	apéritif [aperi**tif**]
Wasser	eau [o]
Mineralwasser	eau minérale [o mine**ral**]
mit / ohne Kohlensäure	gazeuse / non gazeuse [ga**sös** / nõ ga**sös**]
Limonade	limonade [limo**nad**]
Frühstück	petit déjeuner [pöti de~~sch~~**öne**]
Mittagessen	déjeuner [de~~sch~~**öne**]
Abendessen	dîner [di**ne**]
eine Kleinig-keit	un petit quelque chose [ẽ pöti källkə **schohs**]
Ich möchte bezahlen.	L'addition, s'il vous plaît. [ladi**ßjõ** ßil wu **plä**]
Es war sehr gut. / Es war nicht so gut.	C'était très bon. / Ce n'était pas si bon. [ße**tä** trä **bõ** / ßö ne**tä** pa ßi **bõ**]

Im Hotel

Ich suche ein gutes Hotel / ein nicht zu teures Hotel.	Je cherche un bon hôtel / un hôtel pas trop cher. [~~sch~~ö schärsch ẽ bõn‿o**täll** / ẽn‿o**täll** pa tro **schär**]
Ich habe ein Zimmer reserviert.	J'ai réservé une chambre. [~~sch~~e resär**we** ün **schãbr**]
Ich suche ein Zimmer für … Personen.	Je cherche une chambre pour … personnes. [~~sch~~ö schärsch ün schãbr pur … pär**ßonn**]
Mit Dusche und Toilette.	Avec douche et toilette. [a**wäk** dusch e toa**lätt**]
Mit Balkon / Blick aufs Meer.	Avec balcon / vue sur la mer. [a**wäk** bal**kõ** / wü ßür la **mär**]
Wie viel kostet das Zimmer pro Nacht?	Quel est le prix de la chambre par nuit? [käll‿ä lö pri dö la **schãbr** par **nüi**]
Mit Früh-stück?	Avec petit déjeuner? [a**wäk** pöti de~~sch~~**öne**]
Kann ich das Zimmer sehen?	Est-ce que je peux voir la chambre? [äskö ~~sch~~ö pöh **woar** la **schãbr**]
Haben Sie ein anderes Zimmer?	Est-ce que vous avez une autre chambre? [äskö wus‿awe ün otrə **schãbr**]
Das Zimmer gefällt mir / gefällt mir nicht.	La chambre me plaît / ne me plaît pas. [la schãbr mö **plä** / nö mö plä **pa**]
Kann ich mit Kreditkarte bezahlen?	Est-ce que je peux payer avec une carte de crédit? [äskö ~~sch~~ö pöh pä**je** a**wäk** ün kart dö kre**di**]
Wo kann ich parken?	Où est-ce que je peux laisser ma voiture? [u **äskö** ~~sch~~ö pöh läs**se** ma woa**tür**]
Können Sie das Gepäck in mein Zimmer bringen?	Pourriez-vous apporter mes bagages dans la chambre? [pur**je** wu apor**te** me ba**ga~~sch~~** dã la **schãbr**]
Haben Sie einen Platz für ein Zelt / einen Wohn-wagen / ein Wohn-mobil?	Vous avez de la place pour une tente / une caravane / un camping-car? [wus‿awe dö la plass pur ün **tãt** / ün kara**wan** / ẽ käping**kar**]
Wir brauchen Strom / Wasser.	On a besoin de courant / d'eau. [õn‿a bösoẽ dö ku**rã** / **do**]

Zahlen

0	zéro [se**ro**]
1	un / une [ẽ / ün]
2	deux [dö]
3	trois [troa]
4	quatre [katr]
5	cinq [ßẽk]
6	six [ßiß]
7	sept [ßät]
8	huit [**üit**]
9	neuf [nöf]
10	dix [dis]
11	onze [õs]
12	douze [dus]
13	treize [träs]
14	quatorze [ka**tors**]
15	quinze [kẽs]
16	seize [ßäs]
17	dix-sept [di**ßät**]
18	dix-huit [dis**üit**]
19	dix-neuf [dis**nöf**]
20	vingt [wẽ]
21	vingt et un [wẽt‿e ẽ]
22	vingt-deux [wẽ dö]
30	trente [trãt]
40	quarante [ka**rãt**]
50	cinquante [ßẽ**kãt**]
60	soixante [ßoa**ßãt**]
70	soixante-dix [ßoaßãt diß]
71	soixante et onze [ßoa**ßãt**‿e õs]
72	soixante-douze [ßoa**ßãt** dus]
80	quatre-vingts [katr wẽ]
81	quatre-vingt-un [katr wẽ‿ẽ]
90	quatre-vingt-dix [katr wẽ dis]
91	quatre-vingt-onze [katr wẽ õs]
100	cent [ßã]
101	cent un [ßã‿ẽ]
110	cent dix [ßã dis]
200	deux cents [dö ßã]
300	trois cents [tro**a** ßã]
400	quatre cents [katr ßã]
500	cinq cents [ßẽ ßã]
600	six cents [ßi ßã]
700	sept cents [ßät ßã]
800	huit cents [üi ßã]
900	neuf cents [nöf ßã]
1000	mille [mil]
2000	deux mille [dö mil]
3000	trois mille [troa mil]
10 000	dix mille [di mil]
100 000	cent mille [ßã mil]
1 000 000	un million [ẽ mil**jõ**]
1.	premier/première [prömj**e**/prömj**är**]
2.	deuxième [dösj**äm**]; second,–e [ßögõ,–d]
3.	troisième [troas**jäm**]
4.	quatrième [katri**äm**]
5.	cinquième [ßẽk**jäm**]
$^{1}/_{2}$	un demi [ẽ dö**mi**]
$^{1}/_{3}$	un tiers [ẽ tjär]
$^{1}/_{4}$	un quart [ẽ kar]
$^{1}/_{5}$	un cinquième [ẽ ßẽk**jäm**]
1,5	un virgule cinq [ẽ wir**gül** ßẽk]
10 %	dix pour cent [di pur ßẽ]

Bildnachweis

AKG London 50/51, 62, 245
N. Akhoun/Reunion Tourist Board 184 (links), 217, 230
J. L. Allegre/Reunion Tourist Board 182
Jane Anderson 111, 324
Heather Angel 86
theartarchive 242, 244
Axiom/Chris Caldicott 48/49, 76, 334
Mike Birkhead/Oxford Scientific Films 267 (links)
Chris Caldicott 68/69, 70/71, 85, 146
Camerapix 1, 16/17, 18, 20, 40, 41, 84, 147, 154, 256, 257, 258 (links), 258 (rechts), 259, 260 (links), 262, 272, 273, 275, 293 (Randspalte), 296, 299, 300, 301, 302, 304, 305, 310, 323, 326 (Randspalte), 333 (Randspalte), 338, 346 (Randspalte), 351
Marina Carter 19, 55, 58, 61, 64, 67, 250
Cephas/Top/Daniel Czao 238, 280
Gerald Cubitt 130, 143, 352
Michael Dick/OSF 129 (Randspalte)
Tony Disley 321
H. Douris/Reunion Tourist Board 183
Rainer Ertl 3 (Mitte, unten)
David B. Fleetham/OSF 42
Ffotograff 65, 66, 87, 90, 96, 106 (Randspalte), 107, 110, 113, 126, 154 (Randspalte), 158 (Randspalte), 162, 174, 180, 264, 313, 322, 322 (Randspalte), 331
Glyn Genin 8/9, 24/25, 28, 31, 144
Max Gibbs/OSF 270
Giraudon 54, 56, 57, 59, 60, 247, 248 (rechts)
Michel Gotin 22, 23, 26, 30, 78, 79, 82, 106, 108, 116, 133, 136, 140, 149, 153, 172, 176, 194, 195, 199, 204, 207, 215, 216, 220, 221, 231
Malo Guderjahn 3 (oben)
Emily Hatchwell 35, 105 (Randspalte), 115 (Randspalte), 119, 125, 125 (Randspalte), 141, 143 (Randspalte), 146 (Randspalte), 148, 175, 199 (Randspalte), 206 (Randspalte), 210, 219, 221 (Randspalte), 228, 228 (Randspalte)

Henon-Hilaire/Reunion Tourist Board 184 (rechts)
Richard Herrmann/OSF 97, 276
Les Holliday 43, 94, 319 (Randspalte), 343, 345
Andrew Holt 294 (Randspalte)
Dave G. Houser 290 (Randspalte), 295
Michael Jenner 291, 292
Tom Leach/OSF 265
Fred Mawer 37, 119 (Randspalte), 214
Buddy Mays/Travel Stock 281, 297, 319
Sheila McKinnon 303
National Maritime Museum 246
NHPA/Daniel Heuclin 179
NHPA/Dave Watts 91
NHPA/Julie Meech 268
NHPA/Martin Harvey 200
NHPA/Patrick Fagot 327 (Randspalte)
Stan Osolinski/OSF 308 (Randspalte)
Popperfoto 252
Michael W. Richards/OSF 325
Eric Roberts 14, 21 (links), 32, 52, 75, 83, 88, 89, 98/99, 100, 102, 103, 105, 109, 112, 115, 117, 117 (Randspalte), 118, 121, 123, 127, 128, 129, 131, 134, 135, 135 (Randspalte), 137, 145, 149 (Randspalte), 150, 151, 156, 157, 159, 160, 161, 161 (Randspalte), 163, 170, 171, 173, 177, 181, 185, 186, 187, 190/191, 192, 201, 205, 206, 208, 209, 211, 212, 213, 214 (Randspalte), 222, 222 (Randspalte), 224, 225, 227, 227 (Randspalte), 229
David Sanger 21 (rechts), 74, 77, 109 (Randspalte), 120, 122, 153 (Randspalte), 155
Carolin Schmitt 5
Seychelles Underwater Centre 271
Adrian Skerrett 236/237, 243, 248 (links), 249, 251, 266, 267 (rechts), 269, 294, 297 (Randspalte), 298 (Randspalte), 303 (Randspalte), 308, 311, 317, 339, 341 (Randspalte), 346, 351 (Randspalte)
Richard Paine Smith 263, 291 (Randspalte), 298, 307, 317 (Randspalte), 318
Still Pictures 166/167, 168, 178, 223
Soames Summerhays/Biofotos 38/39
Nigel Tisdall 334 (Randspalte), 340, 340 (Randspalte), 341
Ian Took/Biofotos 274
Topham Picturepoint 253
Paul Turcotte 6/7, 12/13, 27, 29, 33, 34, 36, 92, 234/235, 240/241, 254/255, 260 (rechts), 261, 277, 278, 279, 282/283, 289, 293, 301 (Randspalte), 309, 314, 315, 320, 328, 330, 333, 335, 336, 337, 342, 344 (Randspalte), 347, 348, 349
Nigel Westwood 132
Duncan Willetts/Camerapix 232/233
Marcus Wilson-Smith 10/11, 72, 93, 95, 306, 312, 327
W. Wisniewski/OSF 329

Im Bild:

Seiten 46/47: Obere Reihe von links nach rechts: Michael Jenner, Cephas/Alain Proust, Michel Gotin, Paul Turcotte. Mittlere Reihe: Adrian Skerrett, Adrian Skerrett, NHPA/N. A. Callow. Untere Reihe: Paul Turcotte, Heather Angel, G. I. Bernard/OSF, Adrian Skerrett.

Seiten 80/81: Obere Reihe von links nach rechts: David Sanger, Michel Gotin, Ffotograff, Chris Caldicott. Mittlere Reihe: Emily Hatchwell, Eric Roberts, Ffotograff. Untere Reihe: Michel Gotin, Ffotograff, David Sanger, Ffotograff.

Seiten 138/139: Obere Reihe von links nach rechts: Densey Clyne/OSF, Eric Roberts, Eric Roberts, Glyn Genin. Mittlere Reihe: Ffotograff, Eric Roberts, Michel Gotin. Untere Reihe: David Sanger, Roger Viollet/Cap-Viollet.

Seiten 188/189: Obere Reihe von links nach rechts: Serge Gelabert, Eric Roberts, Eric Roberts, Reunion Tourist Board. Mittlere Reihe: Heather Angel, Robert Harding. Untere Reihe: Emily Hatchwell, Marcus Wilson-Smith, Eric Roberts.

Top 50:

Anja Bech 357-2, 358-1, 361-1, 367-2, 370-1
Blue Safari 353-1, 368-2
Comité du Tourisme Réunion 360-1
Domaine Les Pailles 358-3, 369-1
Reiner Ertl 362-3, 363-1
Norbert Frick 353-2, 371-3
Malo Guderjahn 358-2, 362-1, 368-3
Michael Hannwacker 355-2, 359-2
Volkmar Janicke 355-3, 362-2, 365-2
Gerold Jung 361-2
Barbara Kastrup 369-2
Dorothee Kern 356-1, 368-1, 365-1
laif/ Biskup 354-1, 363-2
laif/ Heuer 360-2
laif/ Huber 366-1
Lemuria Resort of Praslin/Hotels Constance 357-1
Mare Sports 371-2

Harald Mielke 364-1, 364-2, 364-3
Naiade Resorts 355-1
Paradise Consult 367-1
Prince Maurice/Hotels Constance 354-3
Ulrich Quack 354-2
Sainte Anne Resort & Spa/ Beachcomber Hotels/ New Mauritius Hotels Ltd. 357-3
STMA/ Frank Schneider 371-1
Martin Thomas 359-1, 363-3
www.helicopterseychelles.com 360-3

Titel: Chris Simpson/Getty Images
Umschlag hinten: Camerapix (oben), Lemuria Resort (Mitte)
Rücken: Michel Gotin

Register

Orts- und Sachregister

Personenregister

O

P

Q

R

S

T

U

V